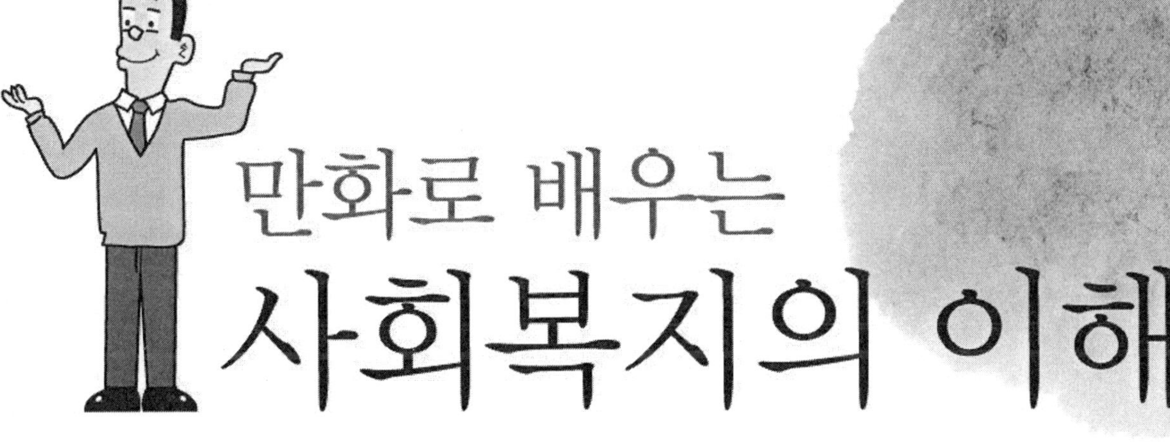

만화로 배우는 사회복지의 이해

신현석 최윤정

KNOWLEDGE COMMUNITY 공동체

- 머리말 -

오늘날 우리 사회는 경제수준이 높아짐에 따라서 삶의 질에 대한 관심이 증대되면서 사회복지에 대한 관심이 증가하고 사회복지현장이 확장되고 있다. 이러한 추세에 따라 사회복지사를 양성하는 교육기관도 급증하여 1970년대 초까지만 하더라도 10여 개 대학에 불과하던 것이 현재는 대부분의 대학에서 사회복지관련 학과를 개설하여 매년 수천 명의 졸업생이 배출되고 있다. 이렇듯 사회복지실천현장과 학문의 발전은 사회복지를 공부하고 싶어하는 학생들의 증가로 이어져 2013년 현재 해마다 약 2만여 명의 사회복지전공 졸업생들이 배출되고 있다. 이러한 사회복지전공자들이 반드시 학습해야 할 과목 중의 하나가 사회복지개론서이다.

사회복지개론서는 사회복지학도들에게 사회복지전반에 대하여 개괄적 이해를 할 수 있도록 도와주며, 더 나아가 학생들의 세부 관심분야 및 미래의 직업에 대한 방향성을 결정짓는 중요한 과목이다. 그러나 사회복지개론서는 학생들이 수학하기에 어려운 과목 중의 하나이다. 왜냐하면 사회복지에 대한 지식이 없는 입도학도들이 최초로 접하는 전공과목이기 때문이며, 또한 사회복지 전반에 대한 복잡하고 방대한 내용을 한정된 교육기간 내에 학습해야 하기 때문이다.

본 만화로 배우는 『사회복지의 이해』는 수요자 중심의 사회복지환경에 보다 능동적으로 대응하여 대학 사회복지전공자 및 사회복지를 처음 접해보는 입문자들이 최근의 사회복지환경을 보다 실제적으로 이해하고 사회복지전문가로서 사회복지 문제에 보다 적절히 개입할 수 있는 다양한 지식과 정보를 만화로 쉽게 제공해 주는 것을 목적으로 하였다.

이 책은 총 12장으로 구성되어 있으며 최근 일어나고 있는 사회복지환경의 변화와 사회복지서비스를 직접 제공하는 사회복지 실천현장의 의견을 최대한 반영하여 수요자 중심의 교육이 이루어질 수 있도록 하는 데 최대한 초점을 맞추었다.

이 책을 출판하기 이전, 그리고 이후에도 영원히 우리의 삶을 주관해 주시고 축복내려 주시는 하나님 아버지께 항상 감사드리며 영광을 드린다. 그리고 이 책을 출판하는 데 도움을 주신 공동체 출판사 사장님과 이하 임직원 여러분께도 감사의 말씀을 드린다.

마지막으로 이 책을 사회복지분야를 접하시는 모든 분들께 사회복지를 보다 쉽게 이해할 수 있는 좋은 기회의 책이 되기를 희망한다.

2014. 2.

저자일동

- 목 차 -

제1장 사회복지의 개념

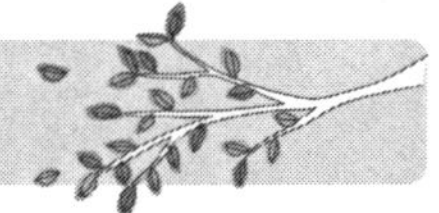

제2장 사회복지의 구성체계

제3장 사회복지실천

제4장 사회복지실천기술

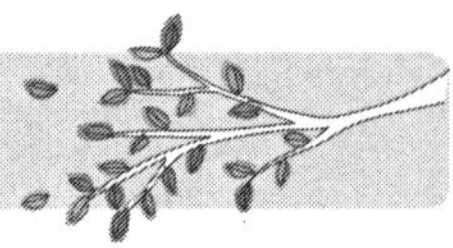

제5장 사회복지정책

제6장 사회복지행정

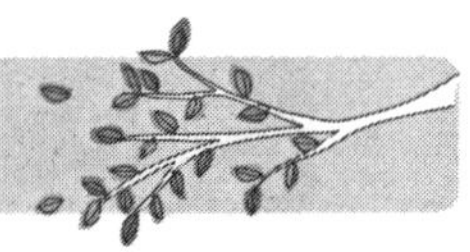

제7장 지역사회복지

제8장 아동복지

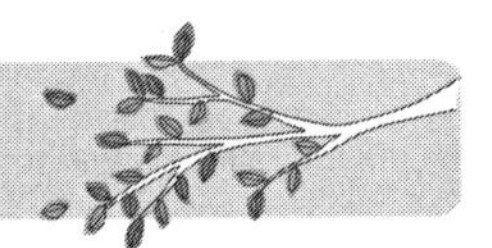

제9장 노인복지

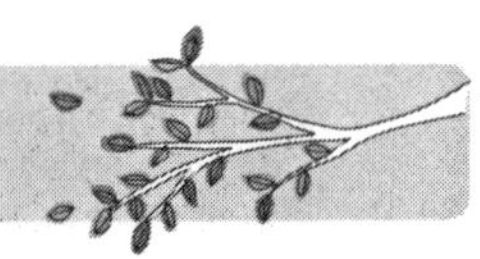

제10장 장애인복지

제11장 의료사회복지

제12장 만화로 배우는 사회복지역사의 이해

Chapter 1

사회복지의 개념

1. 인간의 욕구와 사회문제
2. 사회복지의 정의
3. 사회복지와 사회사업
4. 사회복지의 개념변화

Focus

사회복지는 인간의 욕구와 사회문제에 대응하여 클라이언트가 보다 인간다운 삶을 유지할 수 있도록 원조해 준다.

이러한 사회복지의 개념은 사회적 환경, 경제적인 환경, 복지수준의 변화, 정치적 이데올로기의 변화, 시대적 상황 등에 따라서 과거로부터 현재까지 변화되어 왔고, 앞으로도 지속적인 변화가 이루어질 것이다.

1. 인간의 욕구와 사회문제

사회복지(social welfare)는 인간의 다양한 욕구와 문제에 대응하여 대상자가 보다 인간다운 삶을 유지할 수 있도록 따라서 사회복지는 활동의 전제로서 인간의 욕구와 사회문제가 그 기본적인 요인이 되며, 이러한 다양한 인간의 욕구 충족 또는 사회문제의 해결을 도모하는 실천적 또는 정책적 활동이 바로 사회복지로 나타나게 되는 것이다.

1) 욕구

사회사업사전(Social Work Dictionary)에 의하면 욕구란 "생존이나 안녕의 충족을 위한 물리적, 심리적, 경제적, 사회적인 필요"라고 정의되어 있다(Barker, 1996). 일반적으로 욕구는 "무엇이 부족하여 필요로 한 상태"를 의미하는 것으로, 어떠한 상황에서 인간에게 "필수적인 것", "없어서는 안 되는 것" 등의 "반드시 필요한 것들"을 의미한다고 볼 수 있다.

이러한 욕구는 인간을 둘러싸고 있는 사회환경 속에서 다양하게 나타나며, 욕구가 충족되지 않으면 경제적, 사회적, 신체적, 주거적, 직업적, 교육적, 문화적 등의 다양한 생활영역 중에서 하나 또는 여러 가지의 문제나 부적응 등을 경험 할 수 있다. 이는 인간이 인간다운 생활을 유지함에 있어 다양한 욕구를 적절히 충족하는 것이 필요한 것임을 보여준다. 여기서는 욕구를 인간적 욕구, 사회적 욕구, 기본적 욕구로 나누어 살펴보고자 한다.

(1) 인간적 욕구

사회복지는 주된 관심부분을 인간이 지닌 욕구에 두고 있다. 인간적 욕구(human need)는 인간이 그 존립을 위해 필수불가결하게 충족해야 하는 본질적인 현상을 말한다.

매슬로우(A. Maslow)는 인간의 욕구를 생리적 욕구(physiological need), 안전의 욕구(safety need), 사랑의 욕구(love need), 존경의 욕구(esteem need), 자아실현의 욕구(self-actualization need)의 다섯 가지로 분류하였으며, 이를 살펴보면 다음과 같다(Hjelle & Ziegler, 1981).

첫째, 생리적 욕구는 인간의 욕구 중에서 가장 기본적이고 필수적인 욕구를 의미한다. 예컨대 생물학적 생존의 욕구로서 배고픔, 갈증, 수면, 산소 등의 기본적인 부분에 대한 필수적인 욕구를 의미한다.

둘째, 안전의 욕구는 일단 생리적인 욕구가 충족되면 새로운 안전한 것에 관심을 갖는 욕구를 의미한다. 예컨대 자신의 환경 내에서 안전성, 안락함, 평정, 평온 등으로 적절히 유지하고자 하는 욕구를 말한다.

셋째, 사랑의 욕구는 주로 생리적 및 안전의 욕구가 충족되었을 때 사회적 관계 내에서 사랑을 추구하는 욕구를 의미한다. 사랑의 욕구는 사랑을 받거나 주고자 하는 욕구를 모두 포함하며 사회적으로 소속감 및 사회적 관계성을 갈망하는 욕구도 포함된다.

넷째, 존경의 욕구는 자기존중과 타인의 존경을 받고자 하는 욕구를 의미한다. 사람들은 세상을 살아감에 있어서 남에게 인정받고자하는 욕구, 즉 명예, 신망, 위신, 지위, 존경에 대한 욕구를 가진다. 이러한 욕구에 대한 충족은 강한 자신감을 심어주고 긍정적인 마인드를 안겨주지만, 이러한 욕구가 좌절되면 열등감을 가지거나 낙심하게 된다.

다섯째, 자아실현의 욕구는 자기의 잠재적 역량을 최대한 실현하려는 욕구이며, 이상의 모든 욕구가 충족됨으로서 마지막으로 성취되는 욕구를 의미한다. 자아를 실현한다는 것은 자신의 재능, 능력, 잠재력을 충분히 발휘하여 자기가 원하는 최상의 욕구를 실현하는 것을 의미한다. 예컨대 일을 통한 성장과 성숙을 바라는 것도 이에 해당된다. 즉 자기에게 적합한 일을 찾아 꾸준히 성장함으로써 자기가 되고자 하는 인물이 되는 것에 대한 욕구이고 가장 최상층의 욕구이다.

매슬로우, Abraham H. Maslow(1908~1970)

Maslow는 1908년 미국 뉴욕 브루클린의 빈민가에서 7남매 중 장남으로 출생하였다. 1928년 뉴욕시립대학에서 법학전공을 시작하였으나, 1930년 위스콘신대학으로 전학하여 심리학으로 전공을 바꾸었다. 심리학 박사학위를 받은 후 브루클린 대학에서 14년간 강의하였으며, 기본적인 생리적 욕구부터 안전, 사랑, 존경, 자아실현에 이르기까지 충족되어야 할 욕구에 위계가 있다는 '욕구5단계설'을 주장하였다.

(2) 사회적 욕구

브래드쇼(Bradshaw)는 사회적 욕구는 인간이 지닌 기본욕구가 사회적 차원에서 발생한다고 보며, 사회적 욕구를 다음과 같이 네 가지로 제시하고 있다.

첫째, 규범적 욕구는 전문가가 주어진 사회적 상황에서 욕구라고 정의한 것을 의미한다. 즉 사회적으로 욕구의 바람직한 수준이 정해지고, 실질적으로 존재하는 수준과 비교하여 개인이나 집단이 바람직한 수준에 미치지 못하면 그들은 욕구상태에 있다고 본다.

둘째, 느낀 욕구는 욕망(want)과 동일시되는 것으로 통상 관련된 사람들에게 특정 서비스가 필요하다고 느끼고 있는지 여부를 물음으로써 측정된다. 즉 이 욕구는 대상자의 주관적 지각에 초점을 맞춘다.

셋째, 표현된 욕구는 사람들이 어떤 서비스가 필요하다고 느끼면서 욕구가 충족되길 요청하거나 요구하는 행동을 취하는 경우의 욕구를 의미한다. 즉 느낀 욕구를 가지고 실제로 행동에 취하는 수요(demand)라고 할 수 있다.

넷째, 비교적 욕구는 어떤 서비스를 받고 있는 사람들과 비슷한 특성을 갖고 있으면서도 서비스를 받지 않고 있는 사람들을 욕구상태에 있는 것으로 규정하는 것을 말한다. 즉 비슷한 상황과 조건에 있으면서 어떤 사람은 서비스 수급자이고 다른 사람은 아닐 경우 후자는 욕구상태에 있는데, 이러한 욕구를 의미한다.

(3) 기본적 욕구

기본적인 욕구는 인간의 욕구 중에서 모든 개인에게 존재하는 공통적이면서 필수 불가결한 최소한의 욕구를 의미하며, 다음의 세 가지로 나누어 질 수 있다(Richard & Thomson, 1984).

첫째, 공통적인 욕구이다. 이는 특정 개인이 갖는 인종, 종교, 성, 연령, 교육수준, 사회경제적 지위 등에 관계없이 모든 인간이 지니는 욕구를 말한다. 이 욕구의 원리는 사회복지 서비스를 제공함에 있어서 가끔 무차별적 평등의 원리로 표현되고 있다. 공통적인 욕구에는 의식주를 중심으로 직업, 건강, 가족 등이 포함될 수 있다.

둘째, 필수불가결한 욕구이다. 이는 인간의 생활유지에 필수적으로 요구되는 욕구를 의미한다. 이러한 욕구가 충족되지 않는다면 인간다운 생활이 보장될 수 없다. 오늘날 국가 존립의 핵심적인 근거로서 헌법상 생존권의 규정을 설정한 것은 이와 같이 필수 불가결한 기본욕구의 이념을 부각시키고자 하는데 있다.

셋째, 최소한의 욕구이다. 이는 개인이 인간으로서의 생활을 영위할 수 있을 정도로 충족되어야 하는 인간의 욕구를 의미한다. 즉 앞의 공통적인 욕구와 필수불가결한 욕구가 기본욕구의 '내용적' 측면이라면 최소한의 욕구는 '수준적'측면에 관한 것이라 할 수 있다. 이러한 최소한의 욕구개념은 '국민적 최저수준(national minimum)' 혹은 '사회적 최저수준(social minium)'으로 표현되면서 한 국가의 사회정책에 대한 기본원리가 되고 있다.

2) 사회문제

(1) 개인문제

문제는 인간의 욕구가 충족이 되지 않는 상태로서, 충족되지 않는 욕구의 수준에 따라서 그 문제의 심각성도 달라진다. 즉 욕구가 어떠한 원인에서든 충족되지 못했을 경우, 문제발생이 가능하며 그 결과 한 인간의 삶을 영위하는데 먼저 개인적으로 어려움을 겪게 되며, 이는 가족, 지역 그리고 사회전체에까지 부정적인 영향을 미칠 수도 있다.

문제의 발생은 인간과 환경에 의해 야기된 갖가지 사건(events)과 그 사건에 대한 인간의 문제의식(problem identification)의 두 가지 요인이 함께 작용함으로써 이루어지게 된다. 즉 수많은 사건이 연이어 일어난다고 해도 그것을 불만족스럽게 느끼지 않는 한, 사건만 있을 뿐 문제는 존재하기 않는 것이다(안해균, 1997).

사회복지에서의 개인문제는 일단 욕구와 연관된 것이며 사회복지의 중요한 대상이자 관심사이다. 개인문제는 자신이 지닌 다양한 욕구의 충족과 대응하면서 발생하는 동시에 잠재되어 소멸되기도 한다. 문제와 욕구는 일대일의 상대적인 대응관계를 지니고 있어서 사회복지를 통한 욕구의 충족은 문제해결과 예방으로 연결된다. 또한 이는 인간다운 생활의 보장이라는 목표달성에도 연결된다(박용순, 2008).

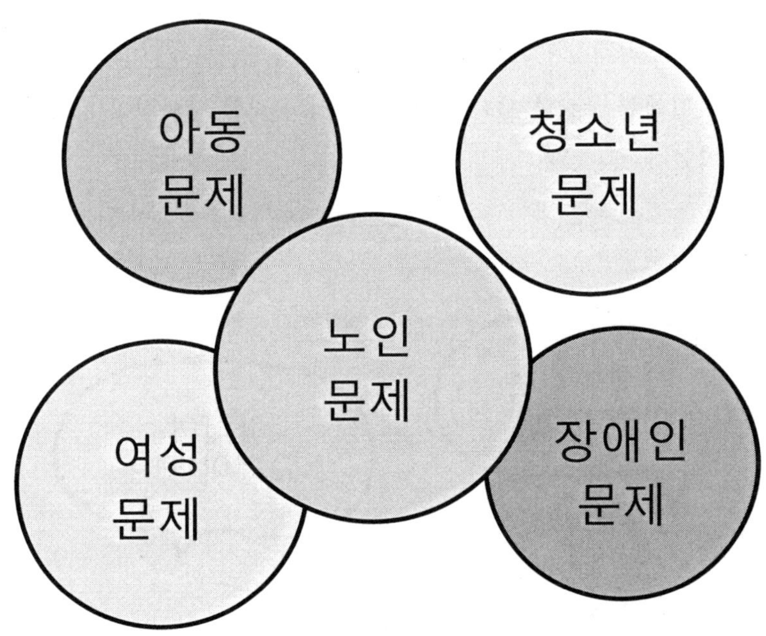

(2) 사회문제

사회문제(social problems)는 문제발생의 원인과 특성에 있어서 개인적인 측면보다는 사회적 측면을 강조하는 개념이다. 슈나이더 등(Schneider et al., 1981)은 사회문제의 특성으로서 ① 그 원인이 사회적인 것이라는 점, ② 그것이 사회구성원들의 가치 지향에 비추어 문제로서 정의되고 평가된다는 점, ③ 광범위한 공적 관심을 불러 일으킨다는 점, ④ 그 문제의 직접적인 피해자 외에 많은 사람들에게도 영향을 미친다는 점, ⑤ 그 문제에 대처하기 위한 행동이나 개입을 만들어 낸다는 것 등을 들고 있다.

사회문제는 개인문제와 다음의 두 가지 특성에서 확연하게 구분되는데, 이는 사회성(社會性)과 보편성(普遍性)이다. 첫째, 사회성이란 개인의 욕구충족이 어려운 사건과 상태가 특정문제에 직면한 개인의 책임보다는 상대적으로 사회적 제도나 구조상의 결함과 실패로 인하여 야기되는 경우를 의미한다. 즉 문제발생의 사회적 맥락을 강조하는 것이다. 둘째, 보편성이란 사회문제가 지닌 부정적 영향력이 특정 개인에게만 한정된 것이 아니라 사회구성원 전체에 보편적으로 미칠 수 있는 영향력이 크다는 의미를 가지고 있다.

특히 현대 자본주의사회로 발전하게 되면서 경험한 산업화, 도시화, 핵가족화 등은 사회전반적으로 경제적 · 문화적인 수준은 향상시켰지만, 동시에 다양한 사회문제를 발생시켜 왔다. 문제 영역에 따라서는 불평등문제, 공해문제, 주택문제, 교육문제, 환경문제, 빈곤문제, 실업문제, 비행문제, 범죄문제 등이 있으며, 문제의 대상에 따라서는 아동문제, 청소년문제, 여성문제, 노인문제, 장애인문제 등이 있다. 따라서 이러한 다양한 사회문제를 해결하기 위한 사회적인 노력이 사회복지(social welfare)로 나타나게 되었다.

2. 사회복지의 정의

1) 어의적 정의

사회복지(social welfare)는'사회적(social)'이라는 형용사와 '복지(welfare)'라는 명사의 두 단어가 합쳐진 것이다. 복지(welfare)란 'well'과 'fare'의 합성어이다. 사전적으로 'well'은 '잘', '만족스럽게', '건강하게', '유복하게', '적절하게', '성공적으로' 등의 의미를 포함하며, 'fare'는 상태를 의미한다. 따라서 복지(welfare)란 만족스러운 상태, 건강한 상태, 행복하게 잘 지내는 상태 등을 의미한다.

Webster사전에 의하면 '복지'란 '안락하고 만족스런 생활상태' 또는 '인간의 건강과 번영의 상태'라고 정의되어 있다. 즉 복지란 건강하고 안락한 인간의 이상적인 상태, 즉 안녕(well-being)의 상태를 나타내는 개념이라고 할 수 있다.

여기에 '사회적(social)'이라는 형용사를 붙이면 '사회적으로 안락하고 만족스러운 상태', '사회적으로 행복한 상태', '사회적으로 안녕의 상태' 등으로, 사회복지의 어의적 의미는 '사회적 차원에서 만족스럽고, 행복하며, 잘 지내는 상태'를 의미한다.

한자의 어원에서 복지(福祉)를 살펴보면 다음과 같다. '福祉'의 '福'을 분석해 보면 먼저 '시(示)'행이 붙는 자는 대개 신(神)과 관계되는 자가 많으며, 이는 정신적인 부분을 의미한다. 다음 '福'자의 右 하단의 '田'은 곡물을 수확하는 밭을 의미하며, 그 위의 '口'는 '高'자의 약자로 곡물이 높이 쌓여 있는 모습, 즉 물질적인 풍요를 의미한다(高須裕三, 1979; 김기태 외, 1990에서 재인용). 따라서 복지(福祉)의 '복(福)'자는 '물질적인 풍요'와 '정신적인 행복'을 함께 일컫는다. 또한 '지(祉)'도 '복(good fortune)'을 의미하므로, 복지(福祉)는 복이 둘이나 겹쳐 있을 정도로 굉장히 복이 많다는 의미이다.

어의적으로 사회복지(social welfare, 社會福祉)는 사회적으로 만족스럽고, 행복하며, 잘 지내는 안녕(well-being)의 상태이며, 이는 물질적 또는 정신적인 차원에서 종합적으로 이루어지는 이상적이고 광범위한 개념이다.

사회복지의 가치

사회복지는 인간을 대상으로 행해지는 접근방법으로서 실천과정에서 중요한 가치를 바탕으로 서비스가 제공된다. 프리드랜더(Friedlander)는 사회복지사업의 기본적 가치관을 다음과 같이 제시하고 있다.

①인간존중의 원리 : 모든 사람은 인간으로서의 가치 · 품위 · 존엄을 가진다.

②자기존중의 원리 (자기결정의 원리) : 개인이 무엇을 요구하며 그것을 어떻게 충족할 것인가를 자기 스스로 결정할 권리를 가진다.

③기회균등의 원리 : 모든 인간에 대한 균등한 기회를 말하며 이는 각자의 능력에 따라 제한될 수 있다.

④사회연대의 원리 (상호부조의 원리) : 사람은 자기 자신 · 가족 및 사회에 대해 책임을 진다.

이상의 사회복지의 가치는 개인주의적인 측면을 강하게 반영하고 있으며 사회복지가 사회의 복지이기 이전에 개인의 사회적 복지임을 깊이 인식해야 한다고 강조하고 있다. 사회복지 관점에서 상호부조 · 인간존중 등의 가치관은 계승발전 시켜나가야 하며, 이와 같은 가치관의 확립을 통해서 현존의 복잡한 제 사회문제를 해결하고 복지국가와 복지사회의 형성에 복지의 새로운 패러다임이 설정되어야 한다.

2) 기능적 정의

사회복지의 개념은 사회적 · 정책적 · 역사적인 환경에 따라서 끊임없이 변화되고 있다. 윌렌스키와 르보(Wilensky & Lebeaux)는 변화하는 사회복지의 개념을 '잔여적 개념'과 '제도적 개념'으로 구분하여 설명하고 있다(Wilensky & Lebeaux, 1965).

첫째, 잔여적(residual) 개념은 보충적 또는 보완적 개념이라고도 하며, 사회복지는 가족이나 시장과 같은 정상적인 공급구조가 제 기능을 발휘하지 못하는 경우에 한해서 비로소 개입하기 시작하는 것으로 본다. 즉 가정이 가족구성원의 문제로 제 기능을 수행하지 못하거나, 그 구성원이 실직이나 병고로 제 기능을 수행하지 못하거나, 시장체계가 경기침체나 그 밖의 요인으로 인하여 제 기능을 하지 못할 때, 사회복지가 가정이나 시장체계를 대신하여 개입하게 되는 것이다. 그러므로 이 경우의 사회복지는 보충적, 일시적, 대체적인 성격을 지니게 된다. 잔여적인 개념에서 사회복지는 비상대책으로서의 기능을 수행하므로 가정이나 시장경제가 그 기능을 회복했을 때는 사회복지는 개입을 중단하게 된다. 따라서 잔여적 사회복지의 수급자는 주로 요보호 상태에 놓인 사회적인 약자가 되며, 이러한 면 때문에 사회복지 수혜자는 시혜나 자선을 받는 사람이라는 낙인(stigma)이 부여되기도 한다.

둘째, 제도적(institutional) 개념은 사회복지가 현대 산업사회에서의 정상적인 '제일선의 기능'을 수행한다는 것을 전제로 한 개념이다. 즉 산업사회에서 사회복지는 각 개인의 인간다운 생활을 보장하기 위한 정상적이고 기본적인 기능으로 본다. 따라서 제도적인 관점에서는 국민 모두가 대상이 될 수 있으며, 보편적인 관점이므로 급여와 서비스를 제공받는데 낙인이 따르지 않는다. 즉 현대 산업사회에서 전체국민과 가정의 경제적 안정을 도모하는 수단으로서 사회복지제도는 매우 중요한 기능을 수행할 수 밖에 없다는 것이 제도적 개념이다. 영국 베버리지보고서(Beveridge Report)의 "요람에서 무덤까지"의 이념은 이러한 제도적(institutional) 개념을 잘 나타내 주고 있는 부분이다.

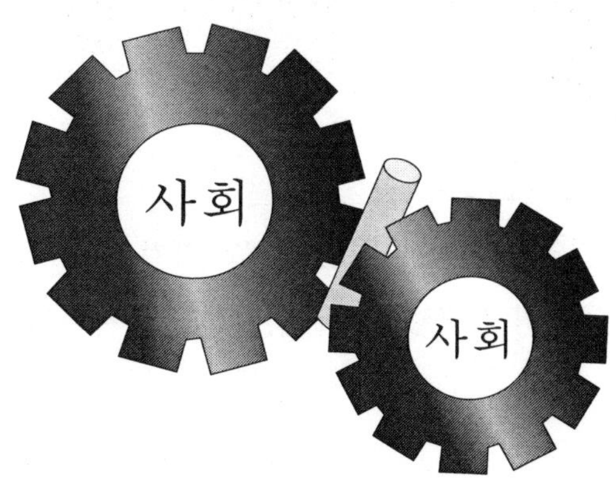

3) 범위를 구분으로 한 정의

(1) 협의적 사회복지

사회복지를 소극적이고 한정된 협의의 개념으로 받아들이는 견해로서 스스로의 노력으로는 도저히 물질적 자원이나 건강유지가 곤란하거나 불가능한 개인 또는 가족들에게 정상적인 생활을 유지할 수 있도록 보호 · 치료 · 지원하는 정책이나 서비스를 제공하는 경우를 말한다. 즉, 개인과 그 가족의 삶에 대한 일차적 책임은 먼저 그 개인에게 있다는 자유주의적 사상과 삶을 위한 모든 재화는 시장에서 얻어야 한다는 시장경제의 원칙을 바탕으로 하며, 국가와 사회의 공동체적 책임과 노력은 그 다음의 문제로 인식한다. 이 협의적 사회복지는 최소한의 복지를 지향하여 지금 당장 현저하게 삶의 질이 떨어져서 개인과 그 가족의 노력으로는 정상적인 사회생활을 영위할 수도, 회복할 수도 없는 상태에 이르러 삶 자체가 파괴될 정도에 이른 경우에만 한정하여 국가가 개입해야 한다는 입장이다. 따라서 사회복지는 실업자, 극빈자, 요보호 아동, 노인, 장애인 등 사회복지 원조를 절실히 필요로 하는 대상영역에 한정하여 제공되어야 한다고 본다(남일재외, 2008).

윌렌스키와 르보(Wilensky & Lebeaux)의 잔여적(residual) 개념은 이러한 협의적 사회복지의 개념을 의미한다고 할 수 있다.

(2) 광의적 사회복지

광의적 사회복지는 모든 국민의 보편적 욕구를 충족시키기 위한 접근방법이다. 프리드랜더(W. Friedlander)는 "사회복지는 국민의 복지증진과 사회질서를 유지하기 위하여 국민에게 기본적으로 생기는 사회적 욕구를 충족시키는데 필요한 다양한 혜택을 제공해 주는 법, 프로그램, 물질적 지원, 그리고 서비스의 종합적인 체계"라고 정의하고 있다. 최근의 사회복지는 사회성원 일반을 대상으로 하여 보다 확대된 광의의 개념으로 받아들이는 경향이 높아지고 있다.

따라서 사회복지는 특수한 처지에 놓은 요보호자만을 대상으로 하는 일시적 · 선별적 · 보충적 개념이 아니라 모든 사회구성원을 대상으로 하는 항구적 · 보편적 · 제도적 개념으로서 모든 인류가 생애의 전 과정을 통하여 언제, 어디서나 제공받게 되는 개념이 되는 것이다.

윌렌스키와 르보(Wilensky & Lebeaux)의 제도적(institutional) 개념은 이러한 광의적 사회복지의 개념을 의미한다고 할 수 있다.

3. 사회복지와 사회사업

사회복지와 사회사업은 혼용되어 사용되는 경우가 많다. 그러나 사회복지와 사회사업의 개념적인 특성은 여러 학자들에 의하여 구분되어 사용되고 있다. 프리드랜더(Friedlander, 1974)는 사회복지와 사회사업을 구분하여 다음과 같이 정의 내리고 있다. 사회복지란 개인의 안녕과 사회질서유지를 위해 기본적으로 필요하다고 인식된 욕구를 충족시키기 위한 규정들을 강화하거나 보장하는 법률, 프로그램, 급여 및 서비스들의 조직화된 체계라고 정의 내리며, 이 체계들은 국가의 경제수준이 향하고 국민들의 기대감이 커지는 사회변천에 따라 변화하게 된다고 한다. 반면에 사회사업은 개인, 집단, 지역사회가 사회적 혹은 개인적 만족을 얻고 독립할 수 있도록 돕는 인간관계에 있어서의 과학적 지식과 기술에 기초한 전문적 서비스라고 정의 하고 있다. 즉 프리드랜더는 사회복지라는 용어를 사회사업이라는 용어보다 포괄적인 의미로 사용하고 있다.

던햄(Dunham)은 사회복지와 사업사업을 다음과 같이 구분하여 정의하고 있다. 즉 사회복지는 국민의 일부 또는 전체의 경제적 조건, 건강, 사회적응, 여가, 생활수준 및 사회적 관계성 등을 개선유지함으로써 사회적 행복을 유지하려는 조직적인 노력이며, 사회사업은 개인 · 집단 · 지역사회의 인구집단을 대상으로 그들의 능력을 개발하고 만족스러운 관계와 생활수준을 유지할 수 있도록 도와주는 전문적이고 실천적인 서비스라고 하였다.

장인협은 사회복지와 사회사업의 성격을 어의적, 목적적, 대상적, 기능적 측면에서 비교검토하고 있다(장인협, 1993).

첫째, 어의적 측면에서 사회복지는 제도나 정책의 목적적 개념을 중시하며 이상적인 면을 강조하지만, 사회사업은 사회복지 운영의 실질적 · 전문적 활동면을 포함하며 이상보다는 구체적인 실천이 강조되는 용어이다.

둘째, 목적적 측면에서 사회복지는 바람직한 사회건설에 목표를 두는 데 비해 사회사업의 목표는 인간을 중심으로 하는 활동으로서 개인의 사회적 기능향상을 통한 바람직한 인간화에 있다.

셋째, 대상적 측면에서 사회복지는 인간생활의 기본적인 욕구해결을 그 대상영역으로 하고 있어 매우 광범위하고 일반적인 개념이지만, 사회사업은 인간관계에 관한 과학적 지식과 기술에 기반을 둔 전문적이고 개별적인 개념이다.

넷째, 기능적 측면에서 사회복지는 사회제도, 정책, 사회계획을 통해 인간의 삶의 수준을 향상시키는 데에 있으며, 사회사업의 기본 기능은 인간의 사회적 적응력을 향상시키는 필요한 지식과 기술을 역동적으로 활용하는 데에 있다.

이상의 내용을 바탕으로 사회복지와 사회사업의 용어를 핵심적으로 구분해 보면, 사회복지는 대체로 '이상적'인 면을 중시하며, '바람직한 사회건설'에 목표를 두고, 전국민을 대상으로 하기 때문에 대상 면에서 '일반적'이고 현대적 사회복지를 추구하여 이에 요구되는 광범위한 '제도나 정책'의 기획과 조직화를 강조한다. 반면에 사회사업은 대체로 '실천적'인 면을 중시하며, '바람직한 인간화'에 역점을 두고 인간의 존엄성과 독자성을 강조하기 때문에 대상 면에서 '개별적'이며, 개인의 사회적 기능수행의 향상에 도움이 될 수 있는 '지식과 기술'을 활용한다.

〈표1-1〉 사회복지와 사회사업의 개념비교

구분 / 분류	사회복지(Social Welfare)	사회사업(Social Work)
어의적 측면	이상적	실천적
목적적 측면	바람직한 사회	바람직한 인간
대상적 측면	일반적(광범위)	개별적
기능적 측면	제도, 정책(macro)	지식, 기술(micro)

그러나 이상과 같은 차이에도 불구하고 사회복지와 사회사업의 개념은 깊은 상관성과 공통성을 지니고 있으며, 역사적으로 사회복지영역에서 상호 혼용되어 사용되어 왔다.

4. 사회복지의 개념변화

사회복지의 개념은 사회적 환경, 경제적인 환경, 복지수준의 변화, 정치적 이데올로기의 변화, 시대적 상황 등에 따라서 과거로부터 현재까지 변화되어 왔고, 앞으로도 지속적인 변화가 이루어질 것이다. Romanyshin은 이러한 사회복지의 개념변화에 대해 자신의 저서 『사회복지: 자선에서 정의(Social Welfare : Charity to Justice)』에서 다음과 같이 변화의 방향을 제시하고 있다(Romanyshin, 1971; 박경일 외, 2001에서 재인용).

〈표1-2〉 Romanyshin의 사회복지의 개념변화

구분 / 분류	변화 이전	변화의 방향
개념 체계	보완적	제도적
개념 성격	자선	시민권
서비스활동영역	특수한 서비스활동	보편적인 서비스 활동
복지달성수준	최저기준의 달성	최적기준의 달성
개혁의 대상	개인적인 개혁	사회적인 개혁
복지적 주체	자발적인 것	공적인 것
궁극적 방향	빈민구제	복지사회 건설

특히 사회복지에 대한 국민적인 관심이 높아지고 전체적인 복지수준이 향상됨에 따라 전반적인 사회복지의 개념은 패러다임 차원의 변화가 이루어지고 있으며, 이를 요약하면 다음과 같다.

① 최저생활의 보장에서 최적생활의 보장으로

② 공급자 중심에서 수요자 중심으로

③ 선별주의에서 보편주의로

④ 시설중심에서 지역사회중심으로

⑤ 보호, 수용, 격리에서 생활, 정상화, 사회통합으로

⑥ 개인적 책임에서 국가적 책임으로

⑦ 자선에서 권리로

전반적으로 이러한 사회복지패러다임의 변화는 잔여적인 복지체계에서 제도적인 복지체계로 나아가는 변화의 과정을 보여주고 있으며, 한 사회의 경제 · 사회 · 정치적 환경 및 시대적 상황 등에 따라서 변화의 수준과 방향은 달라질 수 있을 것이다.

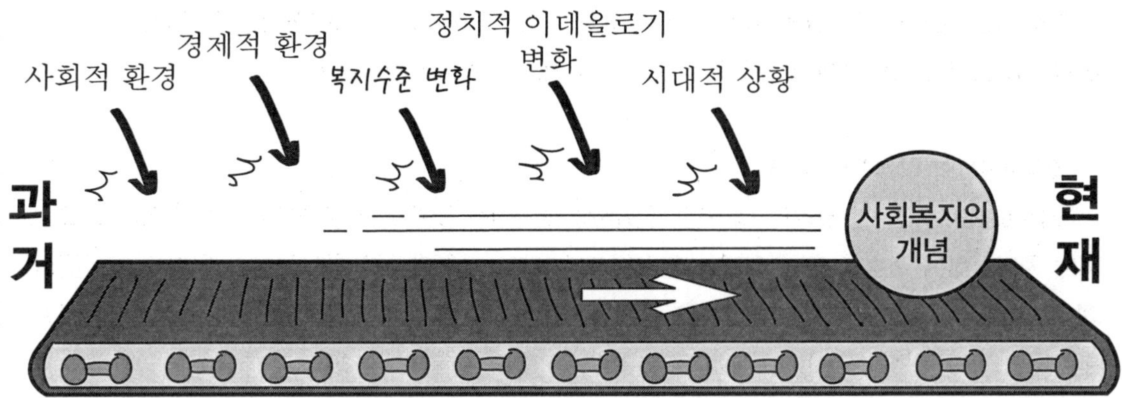

탈시설화 : 시설중심에서 지역사회중심으로

탈시설화는 미국에서 국가정책으로 제시되면서 시작되었다. 1940년대 후반부터 기사를 통해 수용시설내 열악한 상황이 알려지기 시작하면서 대규모 수용시설에 대한 사회적인 관심이 증대되었다. 이후 1950년대에 미국은 점차적으로 사회문제를 해결하고 시설 내에서의 생활조건을 개선하기 위한 제도적인 대안으로써 탈시설화 정책을 입안하였다. 1970년대 이후 장기간의 시설보호로 인한 시설병의 예방과 시설거주자의 삶의 질 향상, 대규모 수용시설에 부적절하게 수용된 시설거주자를 시설이 아닌 지역사회에서 보호하고 서비스를 제공하기 위한 목적으로 탈시설화 정책이 본격적으로 추진되었다. 또한 지역사회보호는 시설보호에 비해 국가지출을 감소시킬 수 있을 것이라는 정치적인 목적도 탈시설화 정책을 촉진하는 요인이 되었다. 이러한 탈시설화 정책의 영향으로 시설중심의 보호는 일대 전환을 가져와 낮병원, 자조집단, 중간 거주지시설, 자립생활프로그램 등 지역사회에 기반을 둔 다양한 형태의 서비스 프로그램이 등장하게 되었다.

영국은 1950년대부터 시작된 '시설로부터 지역사회'라는 새로운 접근방법의 개발과 실천으로 지역사회를 중심으로 노인 인구와 정신장애인의 보호를 위한 프로그램이 점차 확대되었으며, 치료방법이 발전되고 새로운 치료제가 도입되면서 환자의 조기 퇴원과 정신병원의 폐쇄가 촉진되었다. 이러한 변화들은 사회 정책적 측면으로 고려되기 시작하였다. 1988년 '그리피스 보고서(Griffiths Report)'에서 지방정부는 지역사회보호의 일차적인 책임을 가지고, 대인사회서비스의 직접적인 제공자가 아닌 계획, 조정, 구매자로서 역할을 수행하고, 그리고 주거보호에 대한 욕구를 사정해야 된다는 점을 강조하였다. 이처럼 선진국에서는 장애인이나 노인 등을 중심으로 탈시설화 정책을 지역사회에 기초하는 프로그램으로 확대하여 실시하게 되었다.

〈탈시설화의 긍정적인 측면〉

탈시설화의 가장 큰 장점은 대규모 시설에서 제공되는 보호에 비해 보다 더 인간적이고 효과적인 지역사회에 기초를 둔 보호라는 점이다(NASW). 구체적으로 탈시설화의 영향으로 나타나게 된 긍정적인 측면은 ① 입원 환자의 감소, ② 입원기간의 단축, ③ 시설의 소규모화, ④ 다양한 서비스 프로그램의 등장, ⑤ 시설 의존으로부터 탈피 등을 들 수 있다.

〈탈시설화의 부정적인 측면〉

탈시설화 정책은 시설 거주자의 거주지를 강제로 이전시켰으며, 이전보다 더 열악한 지역사회에 기초를 둔 시설에의 수용을 증가시켰다(NASW, 1995). 따라서 ① 회전문현상(Revolving Door Phenomenon)의 증가, ② 보호자부담의 증대, ③ 부랑인의 증가 등의 부정적인 측면이 초래되었다.

출처: 전재일 외, “탈시설화의 지역사회복지 실천적 함의”, 사회복지개발연구 제6권 제2호, 2000.

참고문헌

김기태 · 박병현 · 최송식. 1999. 사회복지의 이해. 박영사.

남일재외. 2008. 사회복지개론. 공동체.

박용순. 2008. 사회복지개론. 학지사.

안해균. 1997. 정책학원론. 다산출판사.

장인협, 1993. 사회복지학개론. 서울대학교출판부.

전재일 외, 2000. "탈시설화의 지역사회복지 실천적 함의", 사회복지개발연구 제6권 제2호.

Barker. R. L. 1996. Social Work Dictionary.

Hjelle L. & Ziegler D., Personality Theories, London: McGraw-Hill International Book Co., 1981.

Richards, P. & Thomson A., Basic Need and the Urban Poor, London: Croom Helm, 1984 .

Romanyshin. J. M. Social Welfare : Charity to Justice. Random House. 1971.

Schneider, L. et al. Human Responses to Social Problems. The Dorsey Press.

Wilensky H. & Lebeaux C., Industrial Society and social Welfare, New York: Free Press, 1965.

만화로
다시 정리하기

사회복지는 인간의 욕구와 사회문제에 대응하여 클라이언트가 보다 인간다운 삶을 유지할 수 있도록 원조해 줍니다.

이러한 사회복지의 개념은 사회적 환경, 경제적인 환경, 복지수준의 변화, 정치적 이데올로기의 변화, 시대적 상황 등에 따라 과거로부터 현재까지 변화되어 왔고, 앞으로도 지속적인 변화가 이루어질 것이다.

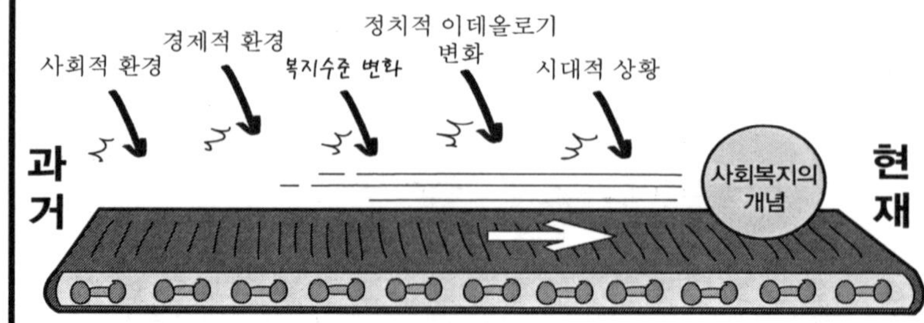

인간의 욕구와 사회문제

사회복지는 인간의 다양한 욕구와 문제에 대응하여 사람들이 보다 인간다운 삶을 유지할 수 있도록 도와주는 것을 말합니다.

사회복지를 이해하기 위해서는 먼저 인간의 욕구와 사회문제에 대해서 살펴볼 필요가 있습니다.

일반적으로 욕구란 "무엇이 부족하여 필요로 하는 상태"를 의미하는 것으로,

어떠한 상황에서 인간에게 "필수적인 것","없어서는 안 되는 것" 등의 "반드시 필요한 것들"을 의미한다.

인간적 욕구는 인간이 그 존립을 위해 필수불가결하게 충족해야 하는 본질적인 현상을 말하는데,

매슬로우(A. Maslow)의 5가지 욕구체계가 여기에 속한다.

아브라함 매슬로우

그 다섯 가지란 생리적 욕구, 안전의 욕구, 사랑의 욕구, 존경의 욕구, 자아실현의 욕구이다.

사회복지는 인간의 욕구뿐만이 아니라 다양한 문제에도 대응하여 그들이 보다 인간다운 삶을 유지할 수 있도록 도와주는 역할을 한다.

문제에는
개인문제와 사회문제가 있는데

일반적으로 개인문제가 커져서 공적인 문제가 되었을 때 사회문제가 된다고 볼 수 있지.

예를 들어 한 농촌총각이 결혼을 하고 싶어도 결혼을 못하는 상황일 때, 우선 그 문제는 개인문제라고 볼 수 있지만....

그렇게 결혼을 못하는 농촌총각이 많아지고, 그러한 문제가 공적인 문제가 되면 비로소 사회문제가 되지.

이러한 문제는 인간의 욕구가 충족이 되지 않는 상태로서, 욕구가 어떠한 원인에서든 충족되지 못했을 경우,

개인 가족, 지역 그리고 사회전체에까지 부정적인 영향을 미칠 수도 있다.

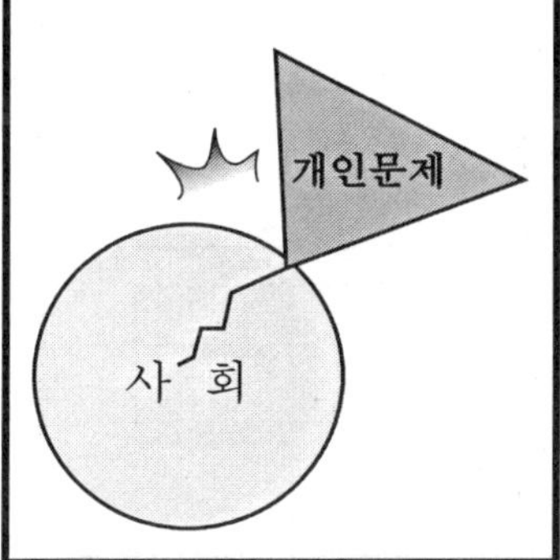

특히 현대 자본주의사회로 발전하게 되면서 경험한 산업화, 도시화, 핵가족화 등은 사회전반적으로 경제적・문화적인 수준은 향상시켰지만,

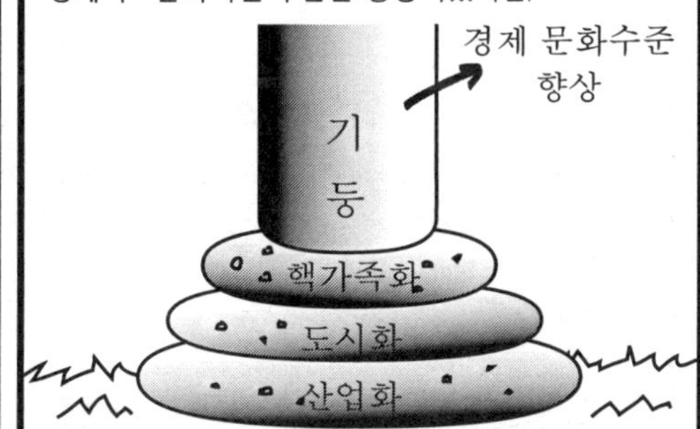

동시에 다양한 사회문제를 발생시켜 왔다.

문제 영역에 따라서는 주택문제, 교육문제, 환경문제, 빈곤문제, 실업문제, 비행문제 등이 있으며,

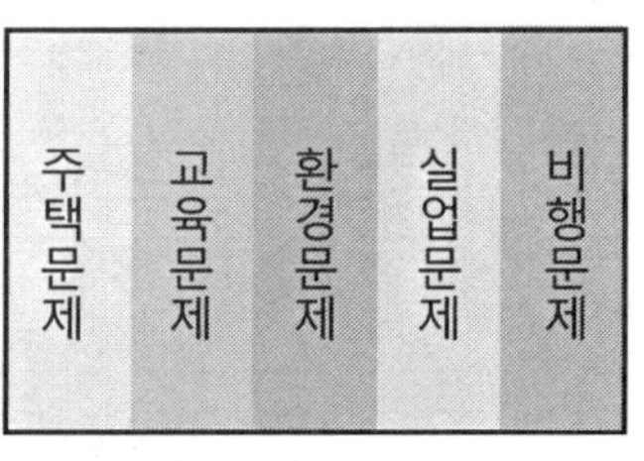

문제의 대상에 따라서는 아동문제, 청소년문제, 여성문제, 노인문제, 장애인문제 등이 있다.

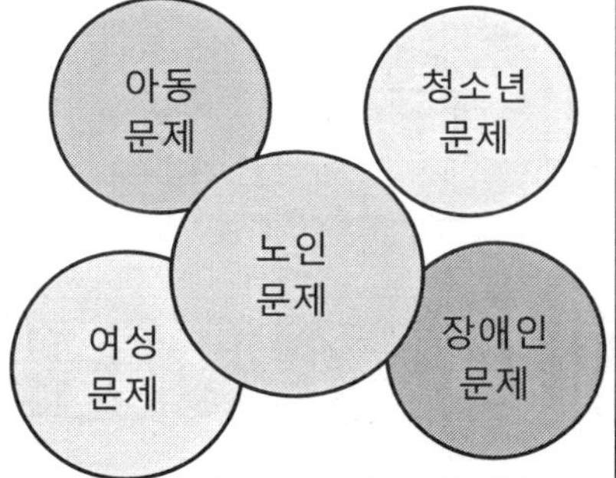

따라서 이러한 다양한 사회문제를 해결하기 위한 사회적인 노력이 사회복지(social welfare)로 나타나게 되었지~

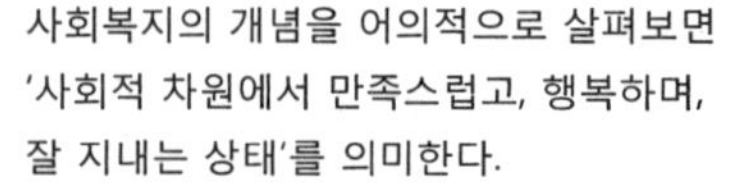

좁은 의미의 사회복지란 사회복지 원조를 절실히 필요로 하는 사람에게 제공되는 서비스나 정책을 의미한다.

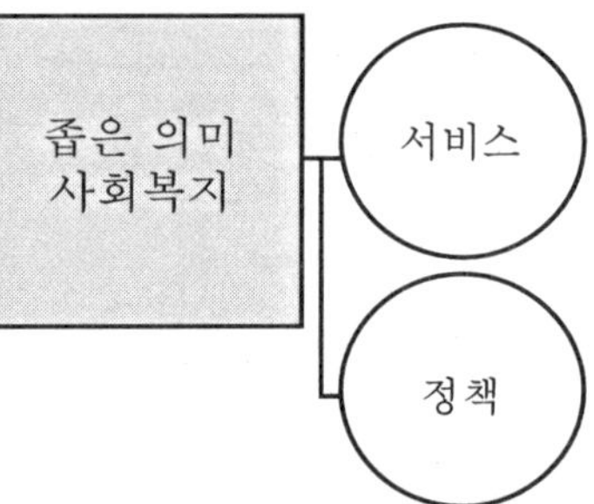

즉 좁은 의미의 대상에는 빈민, 요보호 아동, 요보호 여성, 노인, 장애인 등이 있다.

넓은 의미의 사회복지란 모든 국민의 삶의 질을 향상시키고, 인간다운 생활을 할 수 있도록 지원하는 지원체계를 의미한다.

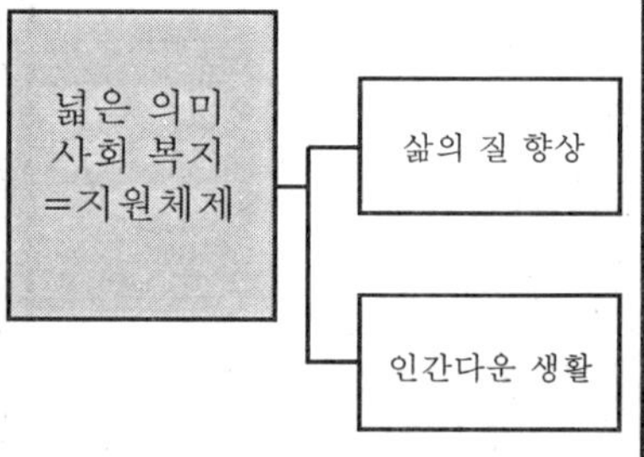

따라서 넓은 의미의 사회복지란 모든 인류가 생애의 전 과정을 통하여 언제, 어디서나 제공받게 되는 개념이다.

또한 윌렌스키와 르보(Wilensky & Lebeaux)는 변화하는 사회복지의 개념을

'잔여적 개념'과 '제도적 개념'으로 구분하여 설명하고 있는데...

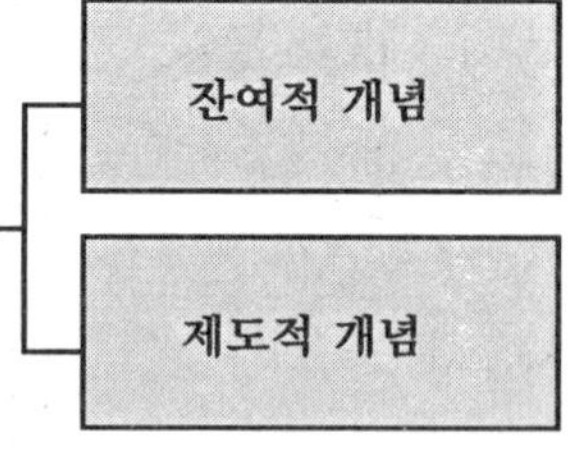

잔여적 개념은
좁은 의미의 사회복지를 의미하고

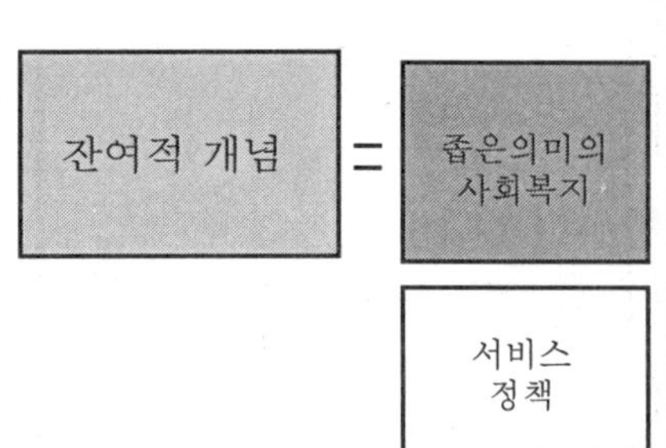

제도적 개념은
넓은 의미의 사회복지를 의미한다.

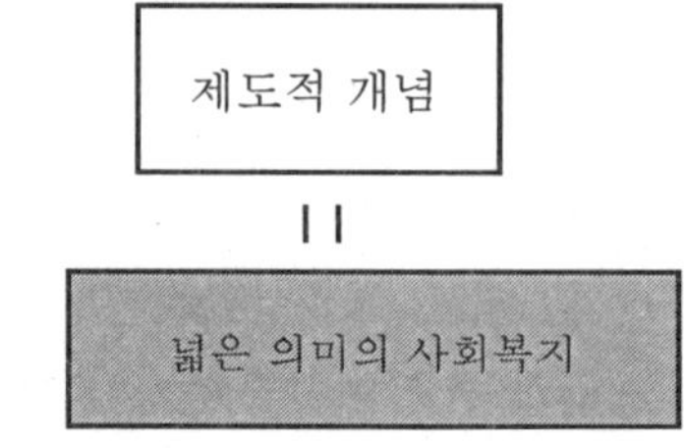

다음은
사회복지와 사회사업에
대해서 알아봅시다.

사회복지와 사회사업은 혼용되어 사용되는 경우가 많다.

그러나 사회복지와 사회사업의 개념적인 특성은 구분되어 사용되고 있다.

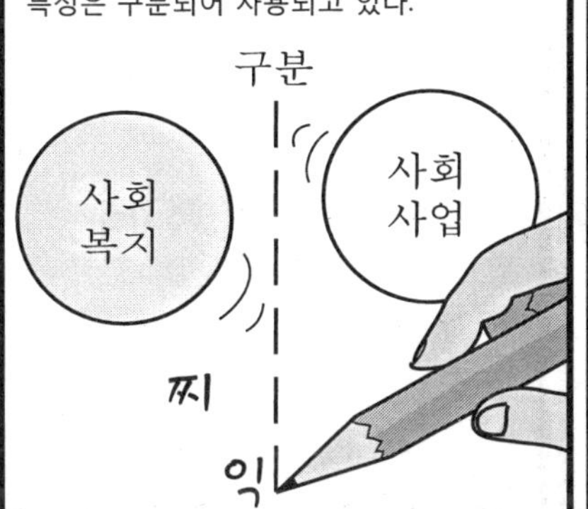

어의적 측면에서 사회복지는 이상적인 면을 강조하지만, 사회사업은 실천이 강조되는 용어이다.

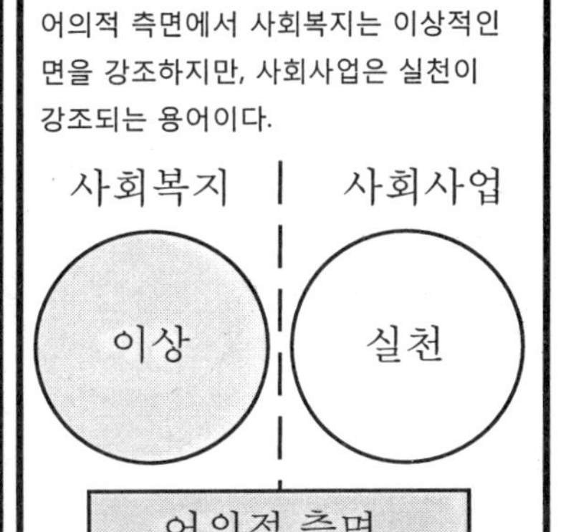

목적적 측면에서 사회복지는 바람직한 사회건설에 목표를 두는 데 비해

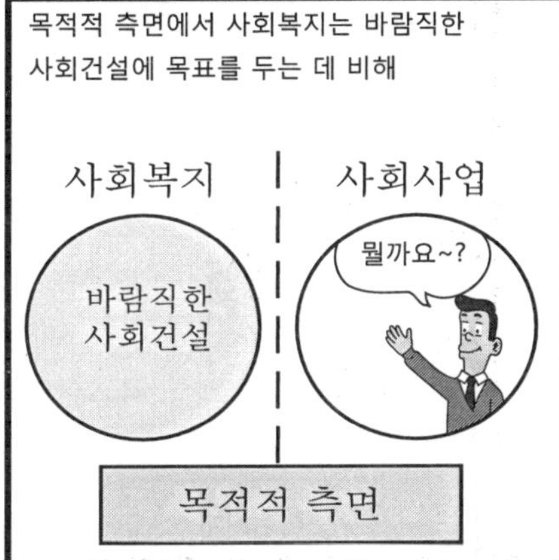

사회사업은 바람직한 인간화에 초점을 맞춘다.

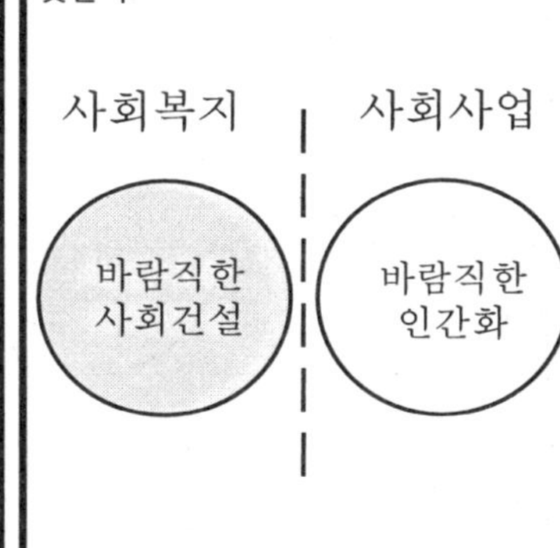

대상적 측면에서 사회복지는 광범위하고 일반적이지만, 사회사업은 개별적인 경향이 있다.

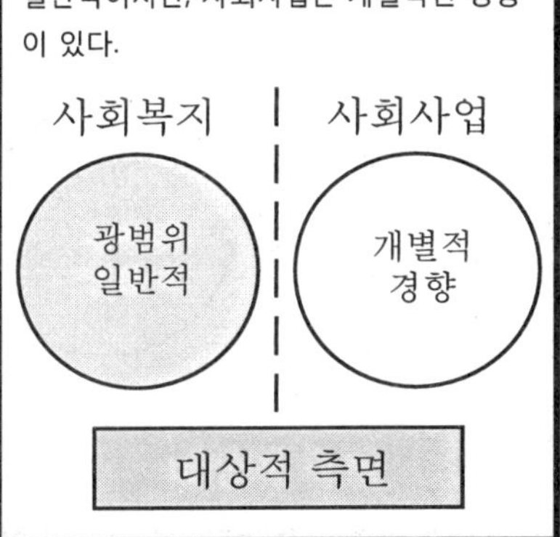

기능적 측면에서 사회복지는 사회제도 및 정책을 통해 인간의 삶의 수준을 향상시키는 데에 있으며,

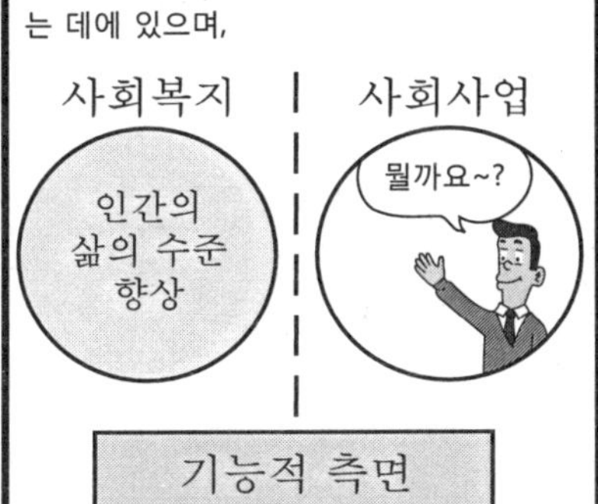

사회사업은 인간의 사회적응력을 향상시키는 필요한 지식과 기술을 활용하는 데에 있다.

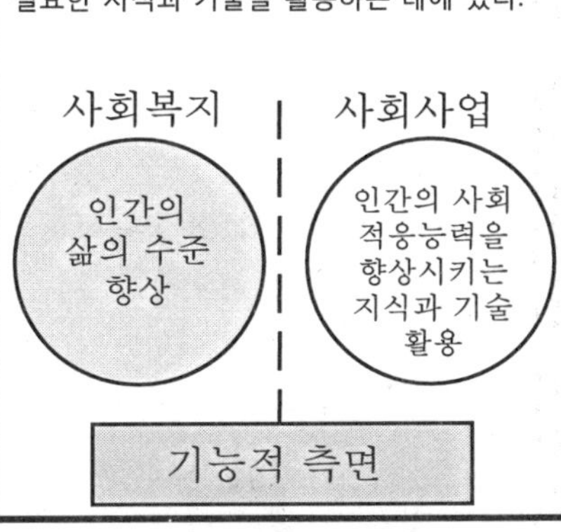

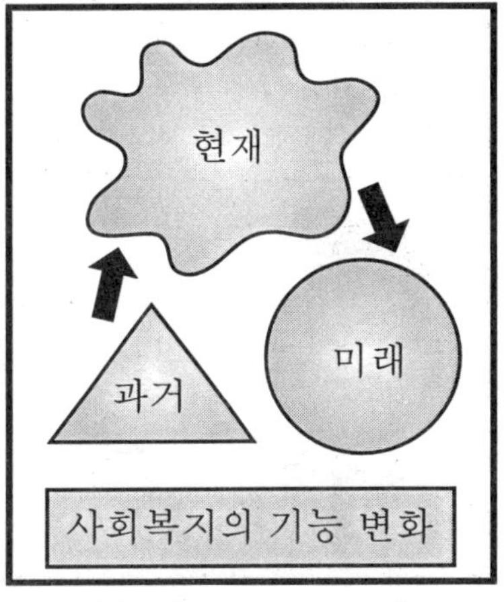

사회복지의 개념은 사회적 환경, 경제적인 환경, 복지수준의 변화, 정치적 이데올로기의 변화, 시대적 상황 등에 따라서 지속적인 변화가 이루어지고 있다.

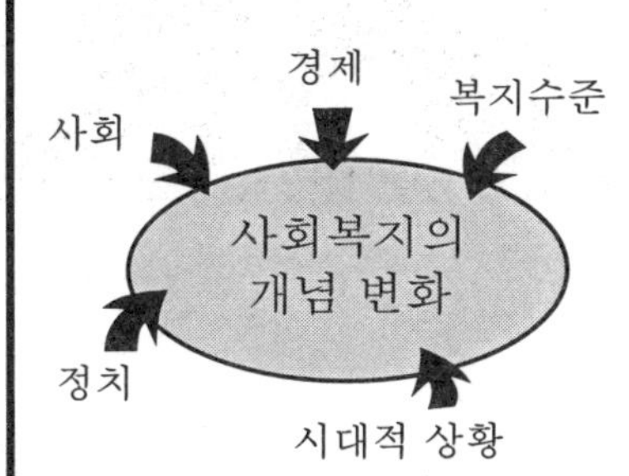

특히 사회복지에 대한 국민적인 관심이 높아지고 전체적인 복지수준이 향상됨에 따라 많은 변화가 일어나고 있다.

최저생활의 보장에서 최적생활의 보장으로

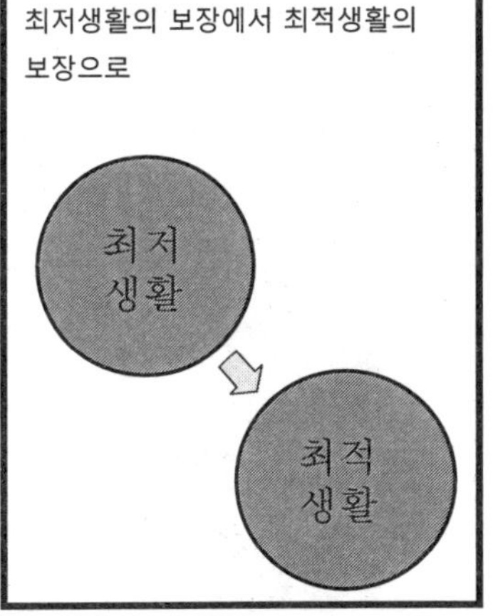

공급자 중심에서 수요자 중심으로
공급자 중심
수요자 중심
선별주의에서 보편주의로
선별주의
보편주의
시설중심에서 지역사회중심으로
시설중심
지역사회 중심
보호, 수용, 격리에서
생활, 정상화, 사회통합으로
보호 수용 격리
생활 정상화 사회통합
개인적 책임에서 국가적 책임으로
개인적 책임
국가적 책임
자선에서 권리로
자선
권리
이러한 사회복지패러다임의 변화는 잔여적에서 제도적인 복지체계로 나아가는 변화의 과정을 보여주고 있습니다.
잔여적 ➡ 제도적
그리고 변화의 궁극적인 방향은 복지국가의 실현입니다!
복지국가
아하, 그렇구나~

Chapter 2

사회복지의 구성체계

1. 사회복지의 목적
2. 사회복지의 주체
3. 사회복지의 대상
4. 사회복지의 전달체계

Focus

오늘날 많은 국가들이 복지사회를 향해 나아감에 따라 사회복지의 체계는 더욱 다양화 · 복잡화 · 세분화되고 있다. 사회복지의 효과적인 구성체계를 통하여 달성되는 모든 국민의 총체적인 삶의 질 향상은 사회복지의 중요한 목적이며, 사회복지의 주체와 대상, 전달체계 등은 그 사회의 사회복지적 특성을 나타내는 중요한 분석틀이 되고 있다.

1. 사회복지의 목적

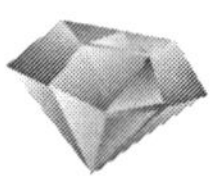

오늘날 사회복지가 추구하는 목적은 모든 국민의 인간다운 생활을 보장하는 것이다. 즉 사회복지의 과정을 통해서 달성되는 모든 국민의 총체적인 삶의 질 향상은 사회복지의 중요한 목적이며, 여기서는 이를 인간의 존엄성 구현, 자립적인 생활유지, 정상화, 사회통합 등으로 나누어 살펴보고자 한다(김만두 외, 2001; 박용순, 2008).

1) 인간의 존엄성 구현

사회복지의 가장 중요한 목적은 인간의 존엄성을 인정하고 존중하는데 있다. 이러한 가치는 인권사상에 기초한 것으로 인권은 어떤 자격과 조건을 필요로 하지 않는다. 그에게 권리가 있다는 것은 단지 인간이라는 것, 그 사람이 존재하고 있다는 것으로 '인간은 누구나 인간으로서 존엄하고, 인간으로서의 평등한 가치를 가진다.'는 인식을 기반으로 하는 것이다. 특히 우리나라 헌법 제10조에서 "모든 국민은 인간으로서의 존엄과 가치를 가지며, 행복을 추구할 권리를 가진다."고 선언하고 있다. 이는 사회복지에 있어서 가장 기초적인 사상과 가치이다.

예컨대 남녀노소(男女老少)는 물론이고, 장애 및 질병의 유무, 경제적 능력과 빈곤, 인종 및 국적, 출신과 사상의 차이에 있어서도 인간은 차별받지 않아야 하며, 어느 누구에게나 똑같이 가치 있고 존엄한 존재로서 존중받아야 한다는 사실이다. 즉 인간은 누구나 고귀한 인격을 가지는 존재이기 때문에 차별대우를 받지 않아야 하며 공평하고 균등한 기회를 보장받으며 그 존엄성을 존중받아야 한다는 것이다(권육상 외, 2003).

인간의 존엄성은 국민의 인간다운 삶을 보장할 때 확보될 수 있다. 인간다운 삶이란 기본적인 생활을 보장받을 뿐만 아니라 건강하고 행복한 삶을 영위할 수 있을 때에 비로소 가능하다. 곧 이러한 인간의 존엄성을 보장받는 사회를 구현하는 것이 사회복지의 목적이자 가치이다.

세계인권선언문

제1조
모든 사람은 태어날 때부터 자유롭고, 존엄하며, 평등하다. 모든 사람은 이성과 양심을 가지고 있으므로 서로에게 형제애의 정신으로 대해야 한다.

제2조
모든 사람은 인종, 피부색, 성, 언어, 종교 등 어떤 이유로도 차별받지 않으며, 이 선언에 나와 있는 모든 권리와 자유를 누릴 자격이 있다.

제3조
모든 사람은 자기 생명을 지킬 권리, 자유를 누릴 권리, 그리고 자신의 안전을 지킬 권리가 있다.

제4조
어느 누구도 노예가 되거나 타인에게 예속된 상태에 놓여서는 안 된다. 노예제도와 노예매매는 어떤 형태로든 일절 금지한다.

제5조
어느 누구도 고문이나 잔인하고 비인도적인 모욕, 형벌을 받아서는 안 된다.

제6조
모든 사람은 법 앞에서 ' 한 사람의 인간'으로 인정받을 권리가 있다.

제7조
모든 사람은 법 앞에 평등하며, 차별 없이 법의 보호를 받을 수 있다.

제8조
모든 사람은 헌법과 법률이 보장하는 기본권을 침해당했을 때, 해당 국가 법에 의해 효과적으로 구제받을 권리가 있다.

제9조
어느 누구도 자의적으로 체포, 구금, 추방을 당하지 않는다.

제10조
모든 사람은 자신의 행위가 범죄인지 아닌지를 판별받을 때, 독립적이고 공평한 법정에서 공평하고 공개적인 심문을 받을 권리가 있다.

제11조
범죄의 소추를 받은 사람은 자신을 변호하는 데 필요한 모든 것을 보장받아야 하고, 누구든지 공개재판을 통해 유죄가 입증될 때까지 무죄로 추정될 권리가 있다.

제12조
개인의 프라이버시, 가족, 주택, 통신에 대해 타인이 함부로 간섭해서는 안 되며, 어느 누구의 명예와 평판에 대해서도 타인이 침해해서는 안 된다.

제13조
모든 사람은 자기 나라 영토 안에서 어디든 갈 수 있고, 어디서든 살 수 있다. 또한 그 나라를 떠날 권리가 있고, 다시 돌아올 권리도 있다.

제14조
모든 사람은 박해를 피해, 타국에 피난처를 구하고 그곳에 망명할 권리가 있다.

제15조
누구나 국적을 가질 권리가 있다. 누구든지 정당한 근거 없이 국적을 빼앗기지 않으며, 자기 국적을 바꾸거나다른 국적을 취득할 권리가 있다.

제16조
성년이 된 남녀는 인종, 국적, 종교의 제한을 받지 않고 결혼할 수 있으며, 가정을 이룰 권리가 있다. 결혼에 관한 모든 문제에 있어서 남녀는 똑같은 권리를 갖는다.

제16조

성년이 된 남녀는 인종, 국적, 종교의 제한을 받지 않고 결혼할 수 있으며, 가정을 이룰 권리가 있다. 결혼에 관한 모든 문제에 있어서 남녀는 똑같은 권리를 갖는다.

제17조

모든 사람은 혼자서 또는 타인과 공동으로 재산을 소유할 권리가 있다. 어느 누구도 자기 재산을 정당한 이유 없이 남에게 함부로 빼앗기지 않는다.

제18조

모든 사람은 사상, 양심, 종교의 자유를 누릴 권리가 있다.

제19조

모든 사람은 의사표현의 자유를 누릴 권리가 있다.

제20조

모든 사람은 평화적인 집회 및 결사의 자유를 누릴 권리가 있다.

제21조

모든 사람은 직접 또는 자유롭게 선출된 대표자를 통해, 자국의 정치에 참여할 권리가 있다. 모든 사람은 자기 나라의 공직을 맡을 권리가 있다.

제22조

모든 사람은 사회의 일원으로서 사회보장을 받을 권리가 있다.

제23조

모든 사람은 일할 권리, 자유롭게 직업을 선택할 권리, 공정하고 유리한 조건으로 일할 권리, 실업상태에서 보호받을 권리가 있다. 모든 사람은 차별 없이 동일한 노동에 대해 동일한 보수를 받을 권리가 있다.

제24조
모든 사람은 노동시간의 합리적인 제한과 정기적 유급휴가를 포함하여, 휴식할 권리와 여가를 즐길 권리가 있다.

제25조
모든 사람은 먹을거리, 입을 옷, 주택, 의료, 사회서비스 등을 포함해 가족의 건강과 행복에 적합한 생활수준을 누릴 권리가 있다.

제26조
모든 사람은 교육받을 권리가 있다. 초등교육과 기초교육은 무상이어야 하며, 특히 초등교육은 의무적으로 실시해야 한다. 부모는 자기 자녀가 어떤 교육을 받을지 '우선적으로 선택할 권리'가 있다.

제27조
모든 사람은 자기가 속한 사회의 문화생활에 자유롭게 참여하고, 예술을 즐기며, 학문적 진보와 혜택을 공유할 권리가 있다.

제28조
모든 사람은 이 선언의 권리와 자유가 온전히 실현될 수 있는 체제에서 살아갈 자격이 있다.

제29조
모든 사람은 자신이 속한 공동체에 대해 한 인간으로서 의무를 진다.

제30조
이 선언에서 말한 어떤 권리와 자유도 다른 사람의 권리와 자유를 짓밟기 위해 사용될 수 없다. 어느 누구에게도 남의 권리를 파괴할 목적으로 자기 권리를 사용할 권리는 없다.

출처: 세계인권선언, 1948년 12월 10일 유엔총회 제정

2) 자립적인 생활유지

자립적인 생활유지는 자기 스스로 삶을 영위할 뿐만 아니라 주체적으로 자신의 책임 아래 자유로운 의사결정권을 행사하는 것을 말한다. 자립(自立)이란 한자로 스스로 일어선다는 의미이며, 또한 자립(independence)은 영어로 의존(dependence)의 반의어(反意語)로서 타인에 대한 의존 또는 종속에서 벗어나는 것을 의미한다.

Ronald Wilson Reagan 대통령은 "성공적인 복지정책의 여부는 얼마나 많은 사람들이 복지혜택(Welfare Benefit)의 우산 속에서 벗어나느냐에 있다."고 하여 복지수혜자들이 복지의 그늘에 안주하고 의존하기를 원하는 빈곤함정(poverty trap)현상에 대한 경계를 나타냈다. 진정한 복지패러다임은 클라이언트로 하여금 의존에서 벗어나 스스로 결정하며 생활할 수 있는 환경을 만들어 주는 것이며, 이는 사회복지의 가장 중요한 목적 중의 하나이다(신현석, 2006).

사회복지실천에서 자립의 목표는 스스로 선택하고 결정할 수 있는 자기결정권을 가지며, 요보호자에게 내제되어 있는 잠재적 능력을 최대한 개발하여 자립성의 증진을 이루도록 촉진하고 원조하는 데 그 가치를 둔다. 자기결정권은 개인이 주체적 인격성을 가지고 자유로운 의사결정권을 행사할 자율권을 갖는 것을 의미한다. 따라서 사회복지사는 클라이언트가 스스로 적절한 결정을 내릴 수 있는 기반을 마련해 주고 그러한 결정을 존중해 주어야 한다는 것이다.

자립생활을 위한 장애인정책

- 자립생활 원하는 장애인에 주거공간 역할, 자립생활가정은 최장 5년까지 -

서울시가 내놓은 자립생활 지원대책 중 장애인전환서비스지원센터를 신설하는 방안과 함께 장애인계의 주목을 끌고 있는 방안은 체험홈과 자립생활가정을 도입하겠다는 것이다.

체험홈과 자립생활가정은 장애인전환서비스지원센터가 시설에서 퇴소해 자립생활을 원하는 장애인을 위해 개인별 상황에 맞는 전환계획을 수립, 사회정착까지 지원하는 역할을 할 수 있도록 결정적 역할을 하게 된다.

우선 체험홈은 시설에서 퇴소하려고 하는 장애인이나 집에서 독립하고자 하는 장애인들이 지역사회로 나와 당장 갈 곳이 없을 때 일시적으로 거주할 공간의 역할을 하게 된다.

체험홈에 입소하면, 3개월에서 6개월 정도 거주하면서 자립생활 체험 훈련도 받을 수 있다. 시설과 지역사회의 중간단계로 완충역할을 하게 되는 것이다.

단독주택, 아파트 등 주택을 활용하며 1곳당 3~4명의 장애인이 입소할 수 있도록 계획을 세웠다. 시설장의 추천을 받고, 전환서비스지원센터의 전문가위원회를 거쳐 대상자를 최종 확정한다.

체험홈은 일부 민간단체에서 자체적으로 운영하는 곳은 몇 곳 있지만, 지자체에서 지원하는 것은 이번이 최초이다. 서울시는 올해 5곳을 시범적으로 운영한 뒤, 평가를 통해 연차별로 확대 운영할 계획이다. 장애인행복도시프로젝트에 따르면 서울시는 매년 10곳씩 확대할 예정이다.

'자립생활가정'은 시설에서 퇴소한 장애인이 자립 시까지 일정기간 동안 거주한다는 점에서 체험홈과 유사하지만 입소기간이 체험홈보다 훨씬 길다는 점에서 대비된다.

자립생활가정의 입소기간은 기본이 2년이고, 1년씩 3회 연장할 수 있고 최장 5년까지 거주할 수 있다. 체험홈이 3~6개월 정도 거주하면서 자립생활 훈련을 받는 것에 비하면 상대적으로 입소기간이 길어 장애인에게 보다 안정적이다.

공공임대주택(다세대주택 등 지역사회 주택)을 활용하고 1곳당 2~5명의 장애인이 거주하도록 하겠다는 계획이다.

생활시설에서 퇴소하는 장애인이나 체험홈 수료자가 우선적으로 입소할 수 있도록 하겠다는 계획이나 재가장애인도 입소할 수 있다. 서울시는 내년에 20곳을 시범운영하고, 평가를 통해 연차별 확충한다는 계획이다. (출처: 에이블뉴스, 2009년 8월 4일)

3) 정상화

정상화(normalization)는 모든 사람들은 정상적인(normal) 생활을 할 권리가 있다는 전제로부터 시작된다. 즉 사회의 구성원으로서 인간은 격리되거나 차별받거나 비정상적인 환경에서 생활하는 것이 아니라 정상적이고 일반적이며 보편적인 삶을 누릴 수 있다는 것이다.

이러한 정상화 이념은 덴마크의 지적장애인부모회에서 처음으로 사용하게 된 용어로서, 지적장애인을 대상으로 '지적장애인을 가능한 한 최대로 정상적인 생활조건에 가깝게 생활하도록 하는 것'이라고 정의한 덴마크 지적장애인법에서 출발하였으며, 장애인의 시설보호에 대하여 반대하며 장애인의 생활방식과 내용도 비장애인의 생활과 같은 정상적인 생활을 하도록 강조하는 개념이다.

따라서 요보호자들을 격리하거나 배제하는 것이 아니라 사회의 한 구성원으로서 정상적인 생활을 할 수 있도록 사회적 환경을 개선하는 노력은 사회복지의 중요한 목적이라고 할 수 있는 정상화의 실현을 위하여 매우 필요한 부분이라고 할 수 있다.

사회복지시설과 정상화를 위한 노력

미국 일리노이주 Chicago에 있는 Misericordia시설은 지적장애인과 자폐성장애인을 대상으로 하는 장애인생활시설이다. 특별한 점은 이 시설에서 운영하고 있는 레스토랑(Greenhouse Inn)은 점심시간만 되면 지역사회주민들이 와서 식사를 하는 장소로 붐비고 있다는 것이다.

식사를 한 후에는 바로 옆에 있는 베이커리(Hearts and Flour Bakery)에서 빵과 케이크를 구입하기도 하며 선물가게(Heartworks Gift Shpo)에서 시설생활자들이 직접 만든 제품들을 사기도 한다. 물론 레스토랑에서 테이블 세팅을 하거나 서빙을 하는 사람들은 모두 시설생활자이며, 베이커리의 빵과 선물가게의 제품들은 모두 시설생활자들이 정성들여 만든다.

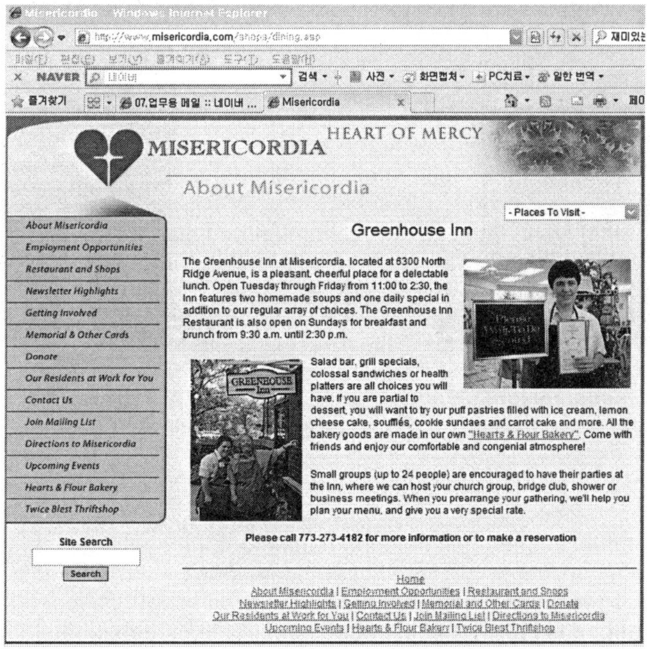

Misericordia시설 홈페이지 (http://www.misericordia.com)

출처: 신현석, 2001. "Misericordia시설의 사례를 통한 우리나라 생활시설의 클라이언트 중심 환경정립을 위한 제언". 미국장애인복지연수보고서. 한국장애인재활협회.

중요한 점은 이러한 시설환경에서 시설장애인들은 지역사회주민과 자연스럽게 접촉할 기회가 많아진다는 것이다. 또한 일반적으로 서비스의 대상자였던 시설장애인들이 반대로 서비스 제공자의 역할을 수행함으로서 주체적 의지가 향상된다. 즉 사회복지시설과 지역사회의 상호적 교류는 클라이언트 정상화를 실현하는 기본적인 초석(礎石)이다.

4) 사회통합

사회통합은 더불어 사는 사회를 의미하며, 모든 사람(장애인과 비장애인, 노인과 젊은이, 아동과 성인, 실업자와 취업자, 병든 사람과 건강한 사람, 여성과 남성 등)들이 사회생활을 함에 있어서 서로 공동·협력해 갈 가능성을 위한 조건추구를 지향하는 과정을 말한다.

특히 현대사회에서는 인권사상에 기초하여 요보호자를 전체 사회체계 속에 적극적으로 참여케

하고 통합시키는 것이 전체 사회의 발전을 위하여 바람직하며, 모든 국민의 인간다운 생활을 확보하는 첩경이 된다는 신념 하에서 사회통합을 사회복지의 중요한 목적으로 삼고 있다.(김만두 외, 2001).

곰두리와 사회통합

곰두리는 1988년에 개최된 서울장애인올림픽의 마스코트이다. 곰 두 마리가 함께 앞으로 나아가는 모습으로서 장애인과 비장애인이 함께 더불어 나아간다는 것을 의미한다. 사회통합은 장애인이 소외되거나 차별을 받지 않는 환경에서 비장애인과 함께 하는 사회적 환경을 만들어 가는 것이다. 특히 장애인복지영역에서 사회통합의 이념은 장애인의 인간다운 생활을 확보하는 첩경이 된다는 신념 하에서 사회복지실천의 중요한 목적으로 삼고 있다.

2. 사회복지의 주체

사회복지의 주체는 "누가 사회복지를 행하는가?"에 대한 것으로서, 사회복지를 실천하는 주된 체계를 의미한다. 이러한 사회복지의 주체는 오늘날 많은 국가들이 복지사회를 향해 나아감에 따라 더욱 다양화 · 복잡화 · 세분화되고 있다. 여기서는 사회복지의 주체를 정책주체 · 운영주체 · 실천주체와 사회복지서비스의 공급주체로 나누어 살펴보고자 한다.

1) 정책주체, 운영주체, 실천주체

사회복지의 주체는 세부적인 관점에 따라서 다양한 측면에서 접근할 수 있다. 여기서는 구체적인 실시주체라는 관점에서 사회복지의 주체를 정책주체, 운영주체, 실천주체로 나누어 살펴보고자 한다.

정책주체는 사회복지정책을 계획하고 집행하는 주체로서 일반적으로 국가와 지방자치단체가 여기에 해당된다. 예컨대 아동복지정책의 정책주체는 아동이 아니라 국가이며, 외국인근로자정책의 정책주체도 외국인 근로자가 아니라 국가가 된다. 즉 정책의 주체는 실제로 정책을 집행하는 국가와 지방자치단체가 된다.

운영주체는 사회복지시설 및 기관을 실제로 운영하는 주체로서, 사회복지법인과 그 산하 시설, 기관, 단체 등이 있다. 사회복지시설 및 기관은 설립 및 운영주체에 따라 공립공영, 공립민영, 사립공영, 사립민영 등의 형태로 운영되며, 사회복지법인 외에도 재단법인, 의료법인, 종교단체, 사단법인 등이 운영의 주체가 되기도 한다.

실천주체는 사회복지서비스 제공을 직접 실천하는 주체로서 사회복지사 또는 사회복지시설의 종사자 등이 여기에 해당한다. 최근에는 자원봉사의 확대로 인하여 자원봉사자들도 사회복지의 실천주체로서의 역할이 확대되고 있는 추세이다.

2) 사회복지서비스의 공급주체

사회문제와 사회적 욕구들이 복잡하지 않았던 산업화 이전의 시대에는 가족, 친구, 친척과 같은 비공식적 부문 내에서 욕구충족과 문제해결이 이루어졌으나, 산업화 이후 사회문제가 복잡해지고 다양해지면서 국가적인 차원에서 개입을 하게 되고 사회복지서비스의 공급주체도 다양해 졌다. 여기서는 사회복지서비스의 공급주체를 비공식적부문, 공공부문, 민간비영리부문, 민간영리부문 등으로 나누어 살펴보고자 한다.

(1) 비공식적 부문

전통적 사회에서 인간의 욕구는 주로 가족이나 친척, 이웃, 즉 1차적 집단 내에서 해결이 되었다. 비공식적 부문에 의한 사회복지의 공급은 주로 가족 및 친구, 친척 그리고 이웃들에 의한 보호를 의미한다(성민선 외, 2005). 예컨대 가정 내에서 이루어지는 부양 및 양육, 경제적 원조, 정서적 지지 등은 중요한 사회복지서비스의 공급 주체로서의 역할을 감당하고 있으며, 현대사회에서도 이를 화폐적으로 환산한다면 적지 않은 부분을 차지하는 사회복지서비스의 공급주체이다.

(2) 공공부문

산업화 이후 비공식적 부문으로서는 충분히 대처할 수 없게 된 다양하고 수많은 복지욕구에 대응하기 위하여 국가와 지방자치단체가 개입을 하게 되었으며, 이러한 영역이 공공부문의 사회복지서비스 공급체계이다. 사회복지를 국가가 제공해야 하는 이유는 첫째, 국가는 사회복지의 가치를 실현하여야 하는 의무를 가지기 때문이다. 사회복지는 평등, 인간의 존엄성, 소득재분배, 사회구성원의 유대 및 사회통합 등의 가치를 가지며 국가는 국민의 인간다운 삶의 보장을 위하여 이러한 가치를 실현할 수 있도록 하는 의무를 가진다. 둘째, 국가는 안정적이고 지속적인 사회복지서비스를 제공할 수 있기 때문이다. 국가에서 집행하는 사회복지서비스는 제도와 정책을 기반으로 이루어지기 때문에 민간부문에서 실시하는 사회복지서비스보다 안정적이고 지속적인 특성을 가진다. 셋째, 국가는 보편적인 서비스 제공을 하는데 효과적이다. 보편적인 사회복지서비스는 대규모의 재원을 필요로 하며, 국가는 재원의 확보를 위한 강제성을 지닌다. 이는 보편적인 사회복지서비스가 국가적인 차원에서 이루어 질 수 있도록 하는 중요한 요인이다.

(3) 민간비영리부문

민간비영리부문은 전통적으로 강조되어 온 사회복지서비스의 공급주체로서, 국가가 아닌 민간이 운영한다는 측면에서 공공부문과는 구별이 되며 영리를 추구하지 않는다는 측면에서 영리부문과도 구별된다. 우리나라에서도 대부분의 사회복지서비스는 민간비영리부문에 의해 제공되고 있다. 대체로 민간비영리부문은 국가의 책임이 강조되기 이전까지는 비공식부문과 함께 복지의 주된 공급체계로서 중요한 역할을 수행해 왔다. 최근 국가의 복지책임, 즉 공공부문의 복지에 대한 책임이 축소되는 경향이 나타나면서 민간 비영리부문의 중요성이 다시 부각되고 있다(성민선 외, 2005). 사회복지법인과 관련 시설 및 기관 등이 여기에 해당한다.

(4) 민간영리부문

민간영리부문은 복지서비스를 경제적 시장에서 공급하는 체계를 의미한다. 복지서비스를 제공함에 있어 공급자는 경제적인 이윤을 추구하며, 이용자는 서비스에 대한 일정한 금액을 지불하게 된다. 이와 같은 영역은 미국, 일본과 같은 국가에서는 이미 상당히 발전하였다. 우리나라에서도 민간영리부문은 실버타운을 중심으로 시작되어 점차적으로 다양한 영역에서 시도되고 있으며, 특히 사용자 부담을 통한 서비스 질의 향상은 민간영리부문의 가장 큰 강점으로 평가되고 있다.

그러나 민간영리부문의 확대는 사회복지의 지나친 시장화 현상, 소득계급간 서비스 갈등의 조장 등과 같은 비복지적 요소가 개입되어 있으므로(조홍식 외, 2008), 민간영리부문의 확대는 민간비영리부문 및 공공부문과의 적절한 균형을 통하여 발전하는 것이 필요하다.

사회
복지의
대상

3. 사회복지의 대상

사회복지의 대상은 사회복지정책이나 서비스의 객체로서, 주로 클라이언트(client)로 표현된다. 사회복지의 대상은 사회경제체제가 발전함에 따라 변화되어져 왔다. 사회경제체제가 신분에 기초했던 봉건사회에서는 그 대상이 빈곤한 개개인이나 소외된 일부 및 특정계층의 사람들로서 이들에 대한 해결책으로 주로 자선과 박애사업이 이루어졌다. 근대 시민사회에서는 대량빈곤의 발생과 더불어 사회복지의 대상은 4D(destitution: 빈곤, disease: 질병, delinquency: 비행, dependency: 의존)와 5대 사회악인 결핍, 질병, 무지, 나태, 불결 등과 같은 심각한 사회적 문제에 한정되었다(임춘식 외, 2007).

그러나 오늘날 사회복지의 대상은 전 국민으로 확대되었으며, 이는 복지국가의 시대를 맞이하여 사회복지의 대상이 선별주의에서 보편주의로 확대됨을 보여준다. 선별주의와 보편주의를 비교하여 살펴보면 〈표2-1〉과 같이 정리할 수 있다.

〈표2-1〉 선별주의와 보편주의의 비교

구 분	선별주의	보편주의
범위	특수 문제집단에 한정	전국민에 확대
자격	제한 강화	제한강화
급여수준	최저수준으로 인하	적절한 보상률로 인상
급여기간	단축	연장
자기부담	강화	경감
장점	유효성, 효율성 높음, 경비절감	공평성, 접근성, 편익성이 높음
단점	스티그마(stigma)	경비가 많이 들고, 낭비가 많음

출처: 박경일 외(2006)

4. 사회복지의 전달체계

사회복지 전달체계는 사회복지의 주체로부터 사회복지의 대상에 이르기까지 연결되는 사회복지 급여 및 서비스의 전달망을 의미한다. 즉 사회복지를 공급하는 자와 수요자를 연결시켜 주는 체계를 의미하며, 이러한 체계가 효율적으로 마련되어 있으면 사회복지 급여 및 서비스가 효과적으로 수요자에게 전달된다. 여기서는 사회복지 전달체계의 유형과 원칙을 살펴보고자 한다.

1) 사회복지 전달체계의 유형

사회복지 전달체계를 공급의 주체에 따라 구분하자면 국가 및 지방자치단체가 주체가 되는 공적 전달체계, 민간 사회복지 기관 및 조직이 주체가 되는 사적 전달체계, 국가와 민간이 함께 전달체계의 과정에 포함되는 공사혼합 전달체계 등으로 구분되며, 이를 살펴보면 다음과 같다.

첫째, 공적전달체계는 국가 또는 지방자치단체가 운영주체인 경우를 말한다. 일반적으로 복지 선진국에서는 사회보험, 공공부조 및 사회복지서비스의 대부분을 국가에서 공공복지정책을 통하여 제공하고 있다. 우리나라의 경우 사회보험은 공단을 설립하여 국가에서 직접 관장하고 있으며, 공공부조는 중앙정부 및 지방자치단체에서 분담하는 형태를 취하고 있다. 구체적으로 살펴보면 산재보험과 고용보험은 중앙정부의 부처 중에서 노동부 소관으로 하면서 근로복지공단에서 실제적인 업무를 하고 있으며, 근로복지공단은 지방사무소를 설치하여 지역단위로 산재보험과 고용보험을 맡고 있다(현외성, 2000). 반면에 국민연금은 국민연금공단, 건강보험과 노인장기요양보험은 국민건강보험공단이 소관부서로 되어 있으며, 산하에 지역단위로 지부가 관련 업무를 처리하고 있다. 또한 사회복지서비스의 경우에는 일반적으로 중앙정부 및 지방자치단체에서 관장을 하고 민간 차원에서 사회복지서비스를 제공하는 형태를 취하고 있다.

둘째, 사적전달체계는 민간이 서비스의 운영주체인 경우를 말한다. 민간단체나 시설이 주체가 되어 사회복지 수요자를 대상으로 서비스를 제공하는 형태이며, 일반적으로 민간이라 함은 사회복지법인 및 단체, 재단법인, 의료법인 등 사회복지관련 민간조직 및 단체를 의미한다. 따라서 사적인 전달체계는 이러한 민간기관이 사회복지 서비스의 공급주체로서 클라이언트를 대상으로 서비스를 제공하는 체계를 말한다.

셋째, 공사혼합전달체계는 국가(중앙정부 및 지방자치단체)와 민간이 전달체계의 과정에 함께 혼합되어 있는 체계를 의미한다. 우리나라의 경우 일반적으로 민간 사회복지시설 및 기관들은 국가의 재정적 지원과 관리를 기반으로 시설의 행정적 운영을 통하여 클라이언트에게 서비스를 제공한다. 이는 엄밀히 말하자면 공적인 전달체계와 사적인 전달체계가 혼합되어 있는 공사혼합전달체계이다.

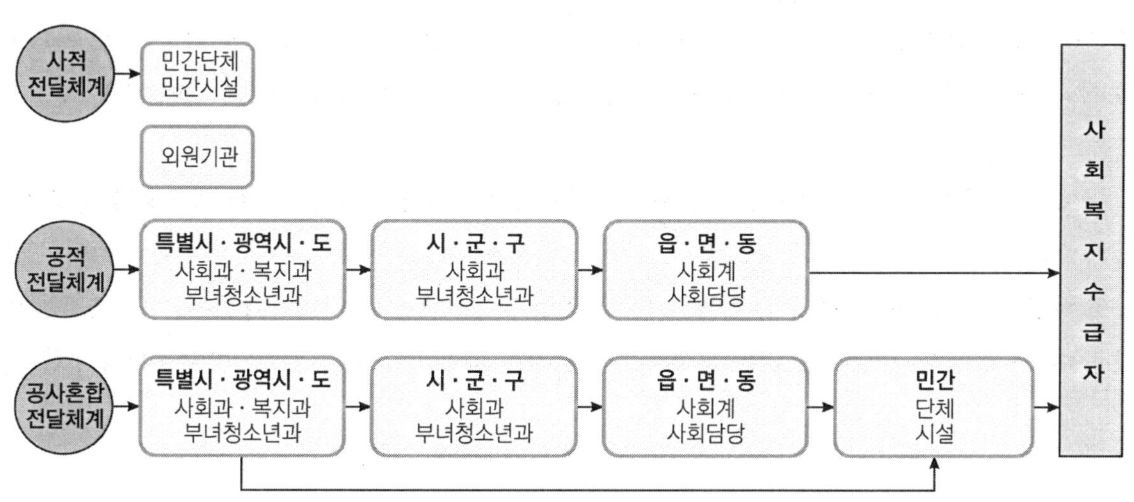

〈그림 2-1〉 사회복지 전달체계의 유형

2) 사회복지 전달체계의 원칙

사회복지 전달체계가 효율적으로 마련되어 있으면 사회복지 급여 및 서비스가 효과적으로 수요자에게 전달된다. 따라서 사회복지 수요자에게 사회복지서비스를 성공적으로 제공하기 위해서는 사회복지 전달체계를 구축함에 있어 다음과 같은 원칙이 전재되어야 한다.

첫째, 책임성의 원칙이다. 서비스 제공자는 서비스가 효과적으로 수요자에게 제공되는 것에 대한 사회적 책임을 가진다. 따라서 서비스 제공자는 주어진 자원을 가지고 주어진 목적을 얼마나 효과적 또는 효율적으로 달성했는가에 대한 책임성을 가지게 된다.

둘째, 접근성의 원칙이다. 서비스 제공자는 수요자가 가깝고 편리한 곳에서 필요한 시기에 서비스를 받을 수 있도록 하여야 한다. 즉 지리적으로도 서비스를 제공하는 장소가 클라이언트의 거주지로부터 교통이 편리할 곳에 위치할 뿐만 아니라, 심리적으로도 소외의식이나 차별대우를 받지 않는다는 인식을 줄 수 있는 장소라야 한다(임춘식 외, 2007).

셋째, 충분성의 원칙이다. 사회복지 서비스를 제공함에 있어서 공급자는 수요자에게 서비스의 궁극적인 목적인 자립과 사회통합을 위해서 충분한 서비스의 양과 질을 제공하여야 한다(성민선 외, 2005). 즉 클라이언트의 다양한 욕구와 문제에 대응하는 충분한 서비스와 급여가 제공되어야 한다.

넷째, 전문성의 원칙이다. 사회복지서비스를 제공하는 과정에서 전문적인 업무는 원칙적으로 전문적인 지식과 기술을 지닌 전문가에 의하여 수행되어야 한다. 물론 사회복지서비스를 제공하는 과정에서 필요한 업무는 전문성이 요구되는 업무와 전문성이 덜 요구되는 업무가 있으며, 업무 내용에 따라 준전문가와 자원봉사자 등이 활용되기도 한다. 그러나 사회복지영역에서 가장 보편적인 전문가는 사회복지사이다.

다섯째, 지역참여의 원칙이다. 클라이언트의 다양하고 복잡한 문제와 욕구에 대응하기 위해서는 지역사회의 다양한 자원을 활용할 필요가 있다. 지역사회 참여는 자원의 동원 및 활용에 있어서 효율성을 증대시키고, 지역사회주민 전체의 복지의식을 향상시키는 데 기여한다. 특히 사회복지는 인간을 대상으로 하는 서비스 영역이므로 지역사회 문화를 바탕으로 하는 서비스가 제공되어야 한다.

참고문헌

권육상 외. 2003. 사회복지개론. 유풍출판사.

김기태 · 박병현 · 최송식. 1999. 사회복지의 이해. 박영사.

김만두 외. 2001. 현대사회복지개론. 홍익제.

박경일 외. 2006. 사회복지학강의. 양서원.

박용순. 2008. 사회복지개론. 학지사.

성민선 외. 2005. 사회복지개론. EM커뮤니티.

신현석. 2006. 『자립생활패러다임에서 시설의 역할 토론문』. 부산장애인복지엑스포 자료집. 부산장애인복지시설협회.

임춘식 외, 2007. 사회복지학개론. 공동체.

조흥식 외. 2008. 사회복지학개론. 창지사.

현외성. 2000. 사회복지정책강론. 양서원.

만화로
다시 정리하기

사회복지의 목적

오늘날 사회복지가 추구하는 목적은 모든 국민의 인간다운 생활을 보장하는 것이다.

첫째, 사회복지의 가장 중요한 목적은 인간의 존엄성을 인정하고 존중하는데 있지.

예컨대 남녀노소(男女老少)는 물론이고, 장애 및 질병의 유무, 경제적 능력과 빈곤, 인종 및 국적, 출신과 사상의 차이에 있어서도 인간은 차별받지 않아야 하며,

어느 누구에게나 똑같이 가치 있고 존엄한 존재로서 존중받아야 한다는 사실이다.

둘째, 클라이언트로 하여금 의존에서 벗어나 스스로 결정하며 생활할 수 있는 환경을 만들어 주는 것이지.

이러한 자립은 자기 스스로 삶을 영위할 뿐만 아니라

주체적으로 자신의 책임 아래 자유로운 의사결정권을 행사하는 것을 의미한다.

셋째로 사회복지는 정상화(normalization)의 실현이라는 목적을 가지고 있어.

즉 클라이언트가 격리되거나 차별받거나 비정상적인 환경에서 생활하는 것이 아니라 정상적이고 일반적이며 보편적인 삶을 누릴 수 있다는 것이다.

(보편적인 삶)

넷째로 사회복지는 사회통합이라는 목적을 가지고 있어...

사회통합은 더불어 사는 사회를 의미하며,

장애인과 비장애인,

노인과 젊은이,

아동과 성인

실업자와 취업자,

병든 사람과 건강한 사람,

여성과 남성들이 사회생활을 함에 있어서 서로 통합되어 살아가는 것을 의미합니다.

예컨대 1988년 서울에서 개최된 장애인올림픽의 마스코트는 곰 두 마리가 함께 앞으로 나아가는 모습으로서 장애인과 비장애인이 함께 더불어 나아간다는 것을 의미하는데, 바로 사회통합을 의미한다.

사회복지의 주체

사회복지의 주체는 "누가 사회복지를 행하는가?"에 대한 것으로서, 사회복지를 실천하는 주된 체계를 의미한다.

사회복지의 주체를 먼저 정책주체, 운영주체, 실천주체로 나누어 살펴보면..

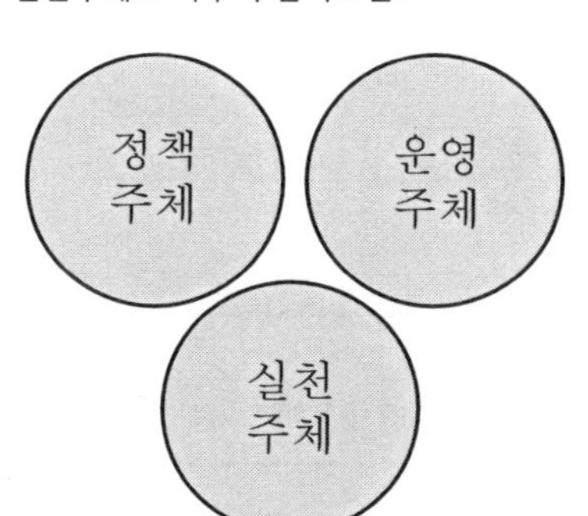

정책주체는 사회복지정책을 계획하고 집행하는 주체로서 국가와 지방자치단체를 말하지.

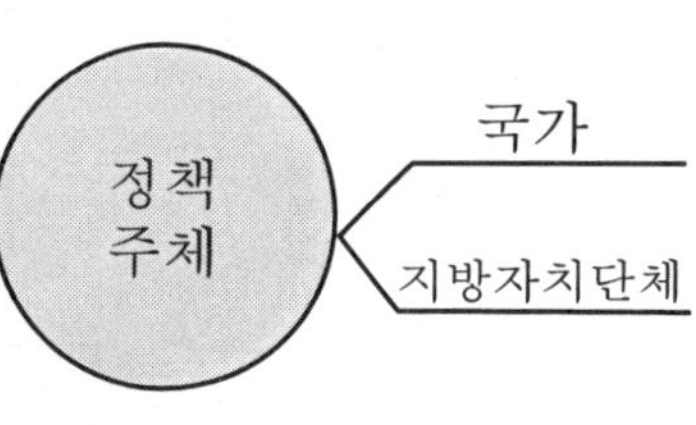

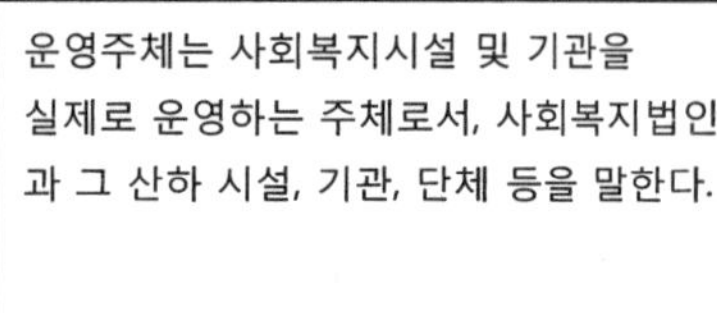

운영주체는 사회복지시설 및 기관을 실제로 운영하는 주체로서, 사회복지법인과 그 산하 시설, 기관, 단체 등을 말한다.

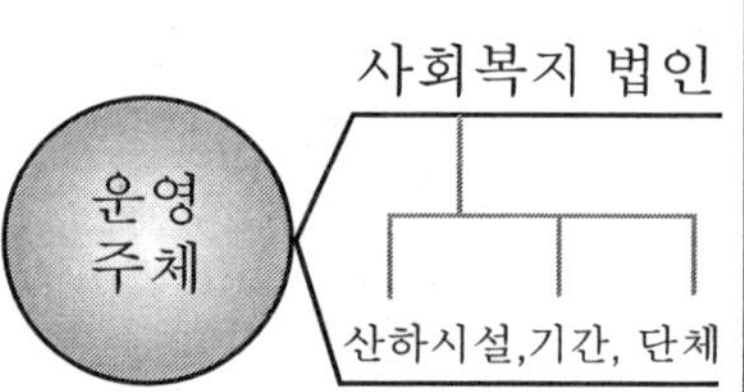

실천주체는 사회복지서비스 제공을 직접 실천하는 주체로서 사회복지사

또는 사회복지시설의 종사자 등이 실천의 주체가 되지.

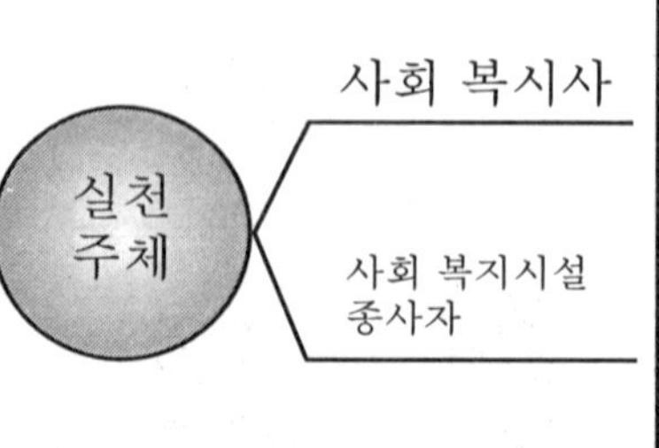

또한 사회복지의 공급주체는 비공식적부문, 공공부문, 민간비영리부문 ,민간영리부문 등으로 나누어 지는데,

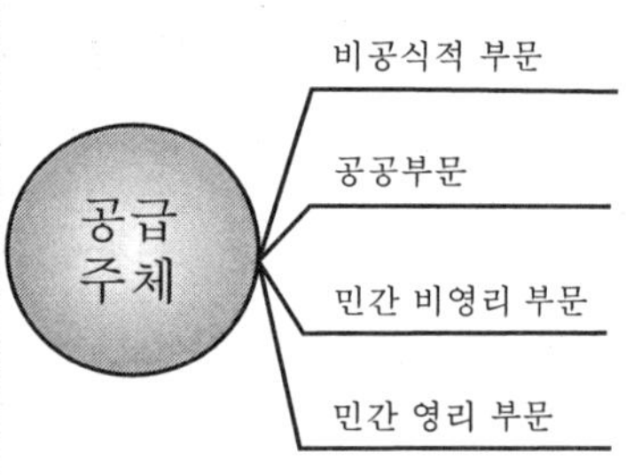

첫째, 비공식적 부문의 주체는 가족이나 친척, 이웃 등에서 이루어지는 복지적 지원을 의미한다.

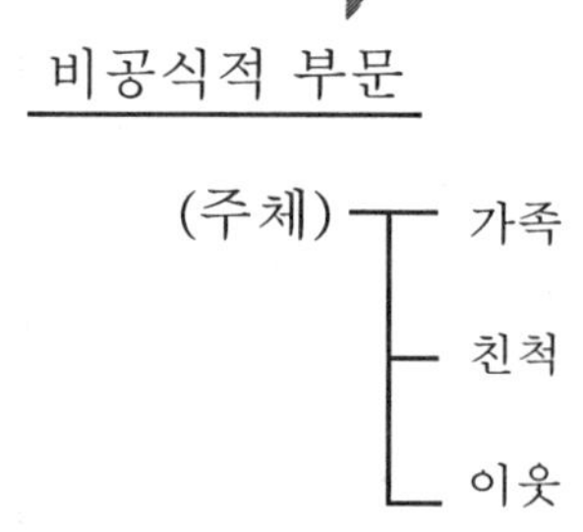

예컨대 가정 내에서 이루어지는 양육과 보호도 중요한 사회복지의 역할을 한다는 것이다.

둘째, 공공부문의 주체는 국가라고 할 수 있는데,

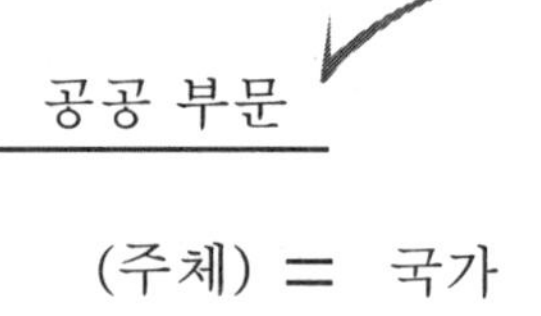

이는 산업화 이후 사회문제가 심각해지면서 개인이나 가족이 문제를 해결하기 어려워진 상태에서 국가의 역할이 중요하게 되었기 때문이라고 볼 수 있다.

셋째, 민간비영리부문의 주체는 사회복지법인과 관련 시설 및 기관 등이라고 할 수 있는데,

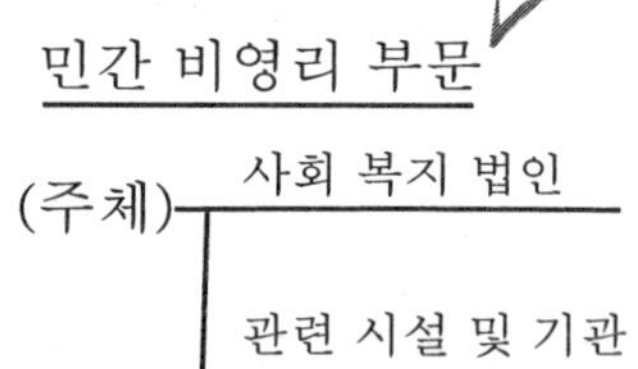

이는 복지의 주된 공급체계로서 중요한 역할을 수행해 왔다

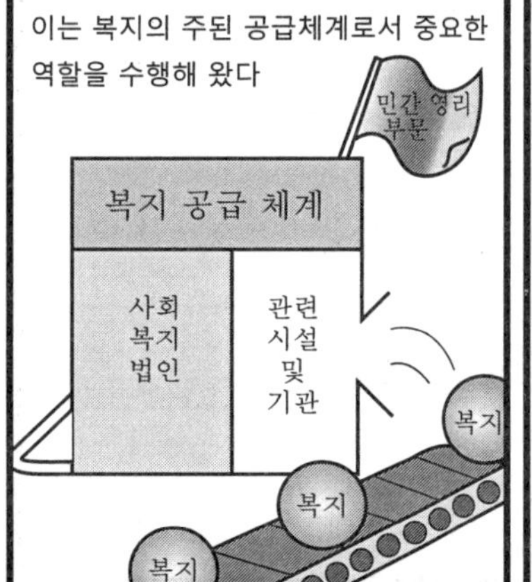

넷째, 민간영리부문의 주체는 유료복지시설이나 영리를 추구하는 복지서비스를 의미하는데,

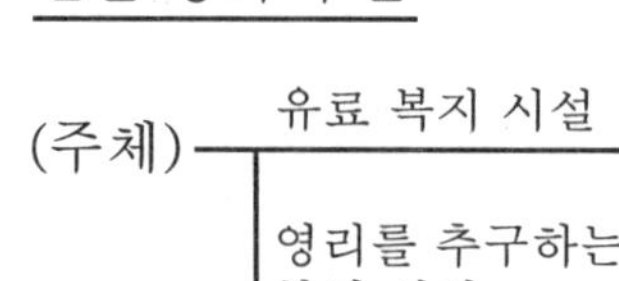

이는 실버타운을 중심으로 시작되어 점차적으로 다양한 영역에서 시도되고 있다.

이렇게 사회복지의 공급주체는 다양한 측면에서 사회복지적인 욕구를 충족시키기 위하여 역할을 담당하고 있다.

사회 복지

공급주체

사회복지의 대상

사회복지의 대상은 사회복지정책이나 서비스의 객체를 의미한다.

객 체

이러한 사회복지의 대상은 복지사회로 발전하면서 점차적으로 넓어지고 있다.

즉 과거에는 노인, 요보호아동, 요보호여성, 장애인, 저소득층, 실업자, 노숙자 등으로 한정적인 성격이 강했지만,

(과거)

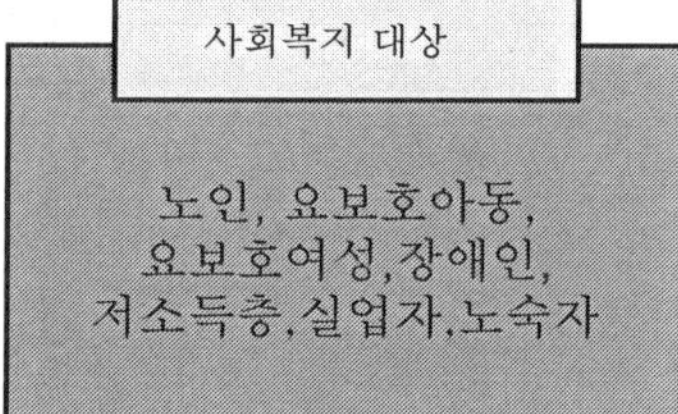

최근에는 그 범위가 계속 넓어져 모든 국민으로 확대되기에 이르렀다.

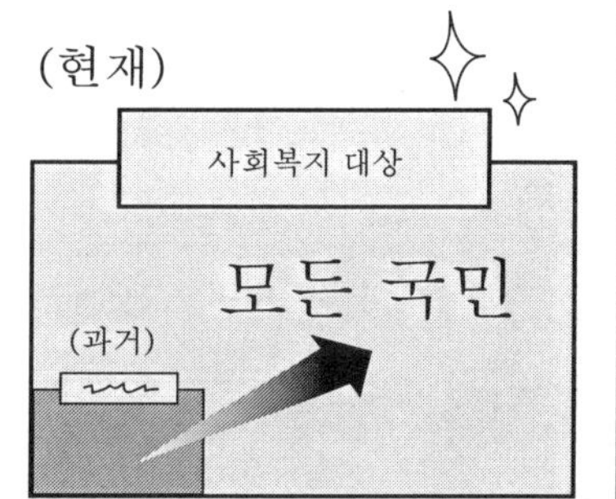

또한 사회복지의 대상을 해결해야 할 문제로 보았을 때, 빈곤, 질병, 장애, 비행, 의존, 결핍 등의 다양한 문제가 사회복지의 대상이 될 수 있다.

즉 사회복지는 다양한 문제나 욕구에 대응하여 모든 국민들이 인간다운 생활을 할 수 있도록 원조하는 활동이라고 볼 수 있습니다.

사회복지의 전달체계

사회복지 전달체계는 사회복지의 주체로부터 사회복지의 대상에 이르기까지연결되는 사회복지 급여 및 서비스의 전달망을 의미한다.

즉 사회복지를 공급하는 자와 수요자를 연결시켜 주는 체계를 의미하며,

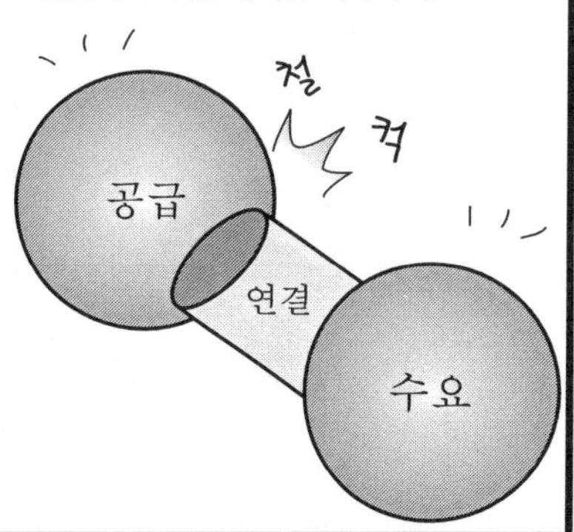

이러한 체계가 효율적으로 마련되어 있으면 사회복지 급여 및 서비스가 효과적으로 수요자에게 전달된다.

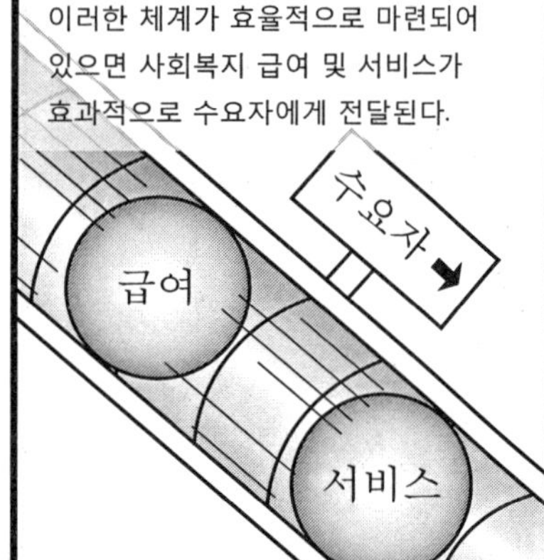

이러한 사회복지 전달체계는 공적전달체계, 사적 전달체계, 공사혼합 전달체계로 구분된다.

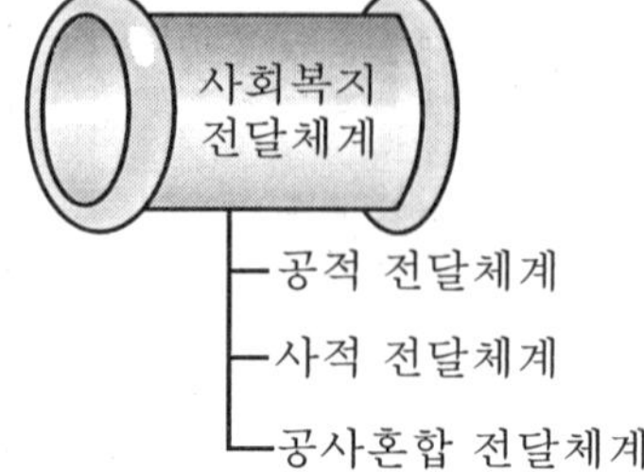

첫째, 공적전달체계는 국가 또는 지방자치단체가 운영주체인 경우를 말한다.

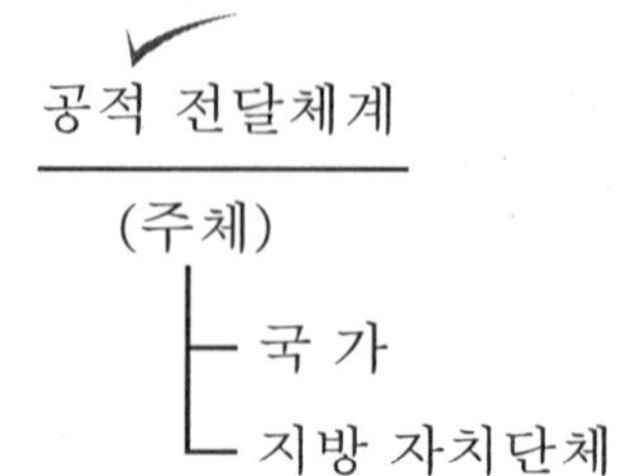

실제로 선진복지국가에서는 사회보험, 공공부조 및 사회복지서비스의 대부분을 국가에서 사회복지정책을 통하여 제공하고 있다.

둘째, 사적전달체계는 민간이 서비스의 운영주체인 경우를 말한다

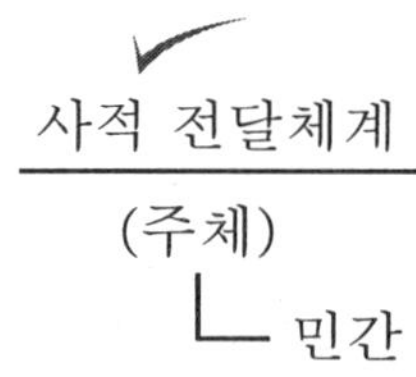

즉 민간단체나 시설이 주체가 되어 사회복지 수요자에게 서비스를 제공하는 형태이다.

일반적으로 민간이라 함은 사회복지법인 및 단체, 재단법인, 의료법인 등 사회복지 관련 민간조직 및 단체를 의미한다.

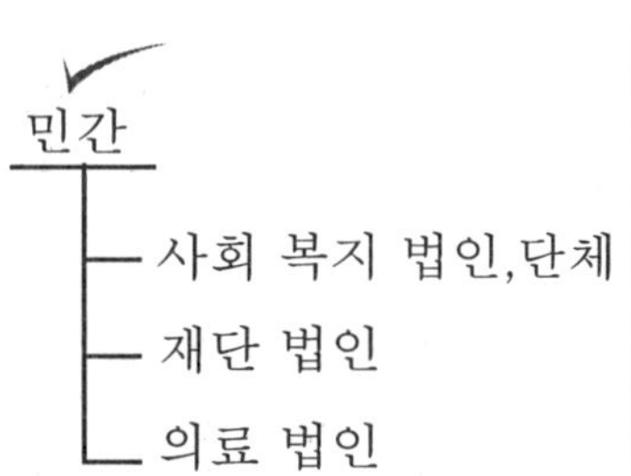

공사혼합전달체계는 국가와 민간이 전달체계의 과정에 함께 혼합되어 있는 체계를 의미한다

공사혼합전달체계

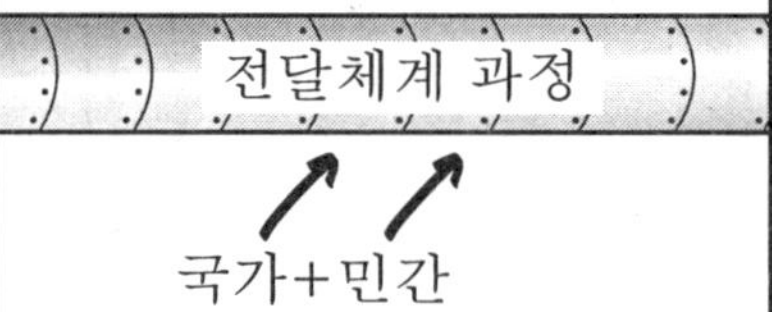

우리나라의 경우 일반적으로 민간 사회복지 시설 및 기관들은 국가의 재정적 지원과 관리를 기반으로 시설의 행정적 운영을 통하여 클라이언트에게 서비스를 제공한다.

이는 정확히 말하면 공적인 전달체계와 사적인 전달체계가 혼합되어 있는 공사혼합전달체계이다.

결국 이러한 사회복지 전달체계가 효율적으로 마련되어 있으면 사회복지 급여 및 서비스가 효과적으로 수요자에게 전달된다.

Chapter 3

사회복지 실천

1. 사회복지실천의 개념
2. 사회복지실천 관계론
3. 사회복지실천의 면접
4. 사회복지실천 과정
5. 사회복지실천 현장과 사회복지사의 활동

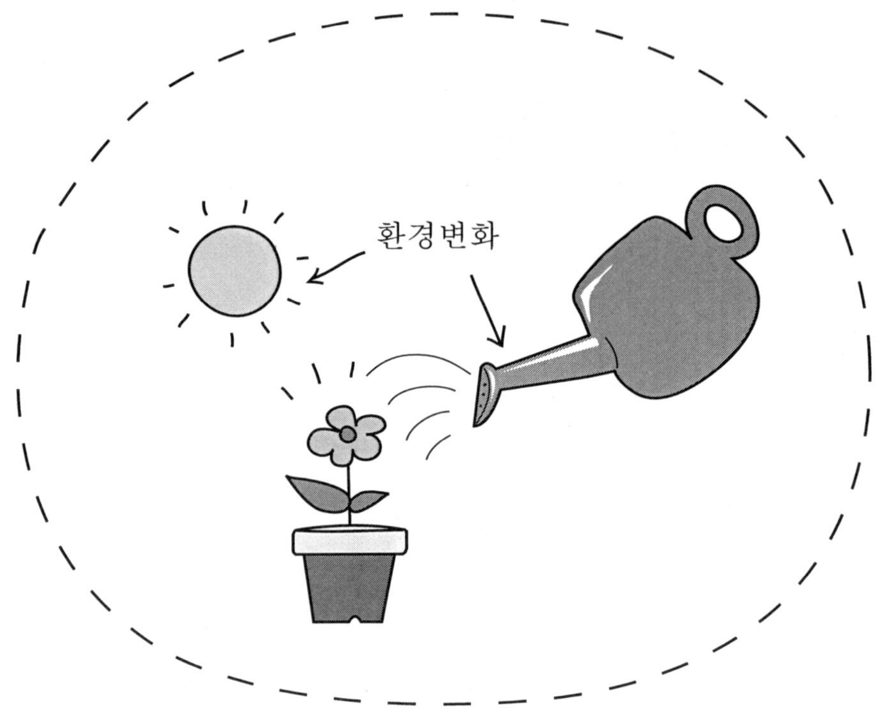

Focus

사회복지라는 큰 틀 속에서 볼 때 사회복지실천은 사회복지 제도 및 정책이라는 하나의 축과 함께 나머지 하나의 축으로 작동하는 중요한 내용이다. 그렇지만 사회복지실천 단순하게 하나의 개념으로 설명하는 것은 무척이나 힘든 일이다. 이에 본 장에서는 사회복지실천의 개념, 사회복지실천 관계론, 사회복지실천 면접론, 사회복지실천 과정론으로 나누어 간략히 살펴보고자 한다.

1. 사회복지실천의 개념

현대 사회를 한마디로 표현하기가 상당히 어렵기는 하지만 대체적으로 급격한 전환과 변화에 휩싸여 있음은 분명하다. 이것은 산업과 기술의 발달이 기반이 된 것으로 이러한 변화는 생활방식의 변화 뿐 아니라 사람들의 가치와 사고에 대한 변화를 불러일으켰다. 산업화 · 도시화로 대변이 되는 이러한 사회의 변화는 많은 사회문제의 출현과 더불어 개인과 가족, 지역사회, 집단에 역기능적인 상황을 불러일으키고, 이들의 적응에 다양한 어려움을 초래하게 되었다. 이러한 맥락에서 자신과 가족의 스트레스 및 역기능적 결과를 줄이기 위하여 전문적인 도움이 필요하게 되었다. 이러한 맥락에서부터 사회복지실천을 이해해 볼 수 있겠다.

사회복지실천은 일반적으로 심리적 · 사회적 기능상의 문제를 가진 클라이언트들을 도움에 있어 사회복지사에 의해 사용되는 지식, 기술, 그리고 가치의 집합체로 정의된다. 사회복지실천은 또한 변화과정에 참여하는 사회복지사와 클라이언트에 의해 이루어지는 활동으로 개념화할 수 있다. 따라서 사회복지실천의 기본 아이디어를 '행동하는 사회복지사'에서 찾는 사람도 있다(김기태 외, 2004: 157). 즉, 전문가로서 사회복지사는 어려움을 가지고 있는 클라이언트를 위하여 사회복지라는 전문적인 지식과 기술을 적용하는 활동을 하게 되는데 이것이 사회복지실천이라는 것이다.

사회복지실천은 사회사업, 사회사업실천, 임상사회사업 등의 여러 가지 용어로 사용되고 있는데 이들 용어는 대부분 비슷하거나 동일한 의미로 이해된다고 하겠다(김기태 외, 2007). 사회복지를 이해할 때 제도적이고 정책적인 것에 초점을 두는 것에 대응한 미시적인 측면을 강조한 것으로 개인, 가족, 집단, 지역사회 등에 대하여 보다 구체적이고 직접적인 서비스를 제공하는 것을 의미한다.

사회복지실천의 주요한 초점은 클라이언트의 심리사회적 기능에 영향을 미치는 여러 가지 개인적 · 사회적 조건이나 상태이다. 따라서 사회복지사들은 클라이언트의 이러한 심리사회적 기능을 향상시키기 시키기 위하여 개인, 가족, 집단, 지역사회 등을 대상으로 다양한 활동을 진행시키게 된다. 이 과정을 Boehem(1958)이 잘 설명하고 있는데, 그에 따르면 사회복지실천으로서의 사회복지를 일련의 계획된 변화활동을 통해 개인, 집단, 지역사회의 사회적 기능을 향상시키는 도구적 전문직으로 보고 전문적 지식과 기술을 강조하면서 인간과 환경 사이의 상호작용을 구성하고 있는 사회적 관계형성에 초점을 두고 손상된 능력의 재활, 개인적 또는 사회적 자원의 제공, 사회적 역기능의 예방 등을 포함한다(이종복 외, 2007: 16).

2. 사회복지실천 관계론

1) 사회복지실천에서의 관계

사회복지실천에서 클라이언트에 대한 사회복지사의 개입이 원활하고 효과적으로 이루어지기 위해서는 이들 간의 상호작용이 활발해야하는 것은 지극히 당연하며, 그 결과 좋은 관계가 형성되어야 할 것이다. 따라서 사회복지실천에 있어서 "관계"는 매우 중요한 의미를 지닌다고 하겠다.

일반적으로 관계란 공통된 이해관계를 지닌 두 사람 사이에 정기적 또는 일시적으로 감정의 상호작용이 일어나는 조건이다(이종복 외, 2007: 119). 사회복지실천에서의 관계는 클라이언트와 사회복지사 간에 정서적 교감을 기초로 이루어지는 관계이기 때문에 일반적인 인간관계와는 다르다. Biestek은 1957년 "개별사회사업의 관계"란 저서에서 케이스워크(개별사회사업) 관계란 개인과 환경간의 보다 나은 적응을 위해 클라이언트를 원조할 목적으로 하는 케이스워커(개별사회사업가)와 클라이언트간의 태도와 정서의 역동적 상호작용이라고 정의내렸으며, 관계를 기술과 분리할 수 없는 것으로 보았다(김기태 외, 2004: 159). 즉, 사회복지실천에서의 관계는 전문적인 관계로서 분명한 의도와 목적, 시간제한, 권위 등의 특성을 포함한다. 전문적 관계도 모든 관계와 마찬가지로 클라이언트와의 상호작용에 의해 형성되고 유지될 수 있으나 클라이언트는 도움을 요청하고 사회복지사는 도움을 주는 관계이기 때문에 언제나 클라이언트의 입장에서 출발해야 하며 사회복지사는 관계의 전반적 과정에 대한 전문적 책임을 지게 된다(이종복 외, 2007). 이러한 사회복지실천에서의 관계의 원리에 대해서 구체적으로 살펴보면 다음과 같다.

2) 사회복지실천 관계의 기본 원리

Biestek은 『개별사회사업의 관계(Casework Relationship)』라는 책에서 사회복지사와 클라이언트 간의 원조관계의 기본 원칙을 제시하고 있다. 이것은 사회복지사가 클라이언트와 전문적 관계를 설정하는데 중요한 지침이 될 수 있다.

(1) 개별화

모든 클라이언트는 다르다는 전제하에 클라이언트의 독특한 자질을 인정하고 이해하는 것을 의미한다. 따라서 각 클라이언트의 감정, 사고, 행동, 독특한 생활양식, 경험 등은 존중되어야하며, 이들이 보다 나은 적응을 하도록 하기 위해 개별 클라이언트들을 도움에 있어 각각 다른 방법을 활용한다. 따라서 개별화는 일반적인 한 사람의 인간이 아닌 개별적으로 차별성을 가진 특정한 인간으로 이해되며, 이를 위한 기본적인 인간의 권리에 기초를 두고 있다고 하겠다.

따라서 클라이언트는 특정한 개인으로서 인정받고 있다고 느끼며, 자신의 문제가 이해되고 있다고 느낄 때에만 사회복지사와 전문적 관계에 들어갈 수 있다. 그러므로 관계의 성공은 각 클라이언트의 개별화에 달려 있다(김기태 외, 2004; 김기태 외, 2007).

(2) 의도적 감정표현

의도적 감정 표현은 클라이언트가 자신의 감정을 자유롭게 표현하도록 하는 것이다(이종복 외, 2007). 특히 자신이 비판받을 수 있는 감정 혹은 부정적 감정 등을 자유롭게 표현하도록 하는 것이다. 이 때 사회복지사는 클라이언트의 이러한 감정 표현을 저지하거나 비난하지 않고, 의도적으로 경청해야한다.

클라이언트가 자신의 감정을 자유롭게 표현할 수 있도록 하기 위하여 사회복지사는 안정된 환경을 조성하고, 클라이언트가 자유롭게 감정을 표현할 수 있도록 허용적인 태도와 편안한 분위기를 마련해주어야 한다. 또한 감정을 표현하기 위한 좋은 시간과 장소를 선택하고, 적절한 정서적 지지를 제공하여야 한다. 또한 클라리언트 감정의 환기를 위해 도움을 주기 위하여 클라이언트의 감정 상태를 파악해야 한다(엄명용 외, 2006).

(3) 통제된 정서적 관여

통제된 정서적 관여란 클라이언트의 감정에 대한 사회복지사의 민감성과 그 감정들이 의미하는 것에 대한 이해, 클라이언트의 감정에 대한 의도적이고 적절한 반응을 말한다(이종복 외, 2006). 클라이언트의 감정에 대한 사회복지사의 반응은 사회복지실천에서 가장 중요한 심리적 요소이며, 고도의 기술이 필요한 부분이다.

(4) 수용

수용이란 사회복지사가 클라이언트의 강점과 약점, 성격의 바람직한 부분과 바람직하지 못한 부분, 긍정적 감정과 부정적 감정, 건설적이거나 파괴적인 태도와 행동을 있는 그대로 인정하고 존중해주는 것을 의미하는 행동의 원칙이다. 즉, 클라이언트가 자신에 관해 말한 것을 사회복지사가 시인하느냐의 여부와 관련없이 사회복지사가 클라이언트에 대해 긍정적이며 이해하는 태도를 계속해서 표시하는 것이다.

클라이언트의 존엄성을 인정하는 것이지만, 그렇다고 하여 이것이 클라이언트의 일탈적인 행동을 허용하고 반사회적인 행동을 받아들인다는 의미는 아니다. 여러 가지 약점을 가진 개인을 존재하는 그대로 편견 없이 받아들이는 것을 뜻한다(엄명용 외, 2006).

(5) 비심판적 태도

비심판적 태도는 문제의 원인이 클라이언트의 잘못 때문인지 아닌지, 클라이언트에게 어느 정도의 책임이 있는지, 유죄인지 무죄인지 하는 것을 심판하지 않고, 클라이언트의 특성 및 가치관을 비난하지 않는다는 원칙이다(양옥경 외, 2005: 141). 그러나 클라이언트의 태도, 기준, 행동에 대한 평가적 판단은 내릴 수 있다.

(6) 클라이언트의 자기 결정

클라이언트의 자기 결정의 원칙이란 사회복지실천과정에서 클라이언트가 자신의 삶에 대해 스스로 결정할 수 있는 권리와 욕구를 실제로 인정하는 것이다. 이것은 사회복지사가 클라이언트를 위해 무엇을 해주는 것이 아니라 클라이언트와 함께 해결해나가는 것으로 클라이언트의 잠재력을 발휘하도록 돕는 것이다. 그러나 자기결정의 원칙에서 클라이언트가 스스로 결정할 능력이 없는 경우에 이 원칙은 제한된다.

(7) 비밀보장

비밀보장은 클라이언트가 사회복지사와 맺게 되는 전문적인 관계에서 노출한 비밀 정보를 사회복지사가 전문적 치료목적 외에 타인에게 알려서는 안된다는 원리에 바탕을 두고 있다. 비밀보장은 사회복지사의 윤리적인 의무이며 사회복지실천의 효과성을 위하여 필요하다. 또한 클라이언트의 비밀이 기관 내의 전문가들 사이에 공유되기도 하는데 이 경우에도 모든 직원은 비밀을 보장해야 한다. 생명의 안전이 위협받는 경우 등은 비밀보장이 한계를 갖게되는 경우도 있다.

3) 관계 형성의 방해요인

사회복지사와 클라이언트의 관계를 건설적으로 확립해나가야 하지만 클라이언트의 불신, 비자발성, 저항, 치료의 전이 역전이 현상, 클라이언트에 대한 사회복지사의 선입견 등은 관계를 형성하는데 부정적인 영향을 미친다.

3. 사회복지실천의 면접

1) 사회사업실천에서 면접의 의미

사회복지사가 개인이나 집단의 문제를 해결하기 위해서는 이들의 정보를 수집하고 이를 바탕으로 구체적인 개입과정을 수립하게 되는데 면접은 클라이언트의 문제를 파악하고 해결을 하기 위한 주요한 도구이다. 면접은 사회복지사 외에도 여러 전문직에 종사하는 사람들이 활용하고 있는 방법으로 클라이언트에 대한 정보수집과 진단적, 치료적 성격을 가지고 있다. 실제로 사회복지사들은 많은 시간을 면접으로 보내고 있다.

면접은 과학과 예술의 양 측면을 내포하고 있는 것으로, 지식 기반을 가지고 있기 때문에 과학이라고 할 수 있으며, 사회복지사가 면접에서 창의적 방법을 사용하므로 예술이라고 할 수도 있다(Brown, 1992; 김기태 외, 2004 재인용). 면접의 방법은 면접의 목적에 따라 상당히 달라지게 된다. Kadushin(1990; 김기태 외, 2004: 169-170 재인용)은 사회사업 면접의 목적을 정보수집 혹은 사회조사 면접, 진단적 · 결정적 면접, 치료적 면접의 세 가지로 설명하고 있다.

2) 사회복지실천에서 면접의 특징

사회복지실천에서의 면접은 다음과 같은 특징을 가진다. 첫째, 면접을 위한 장소가 존재하고, 둘째, 구체적인 목표를 달성하기 위해 의도적으로 이루어지며, 방향성이 있다. 셋째, 계약성을 내포하고, 마지막으로 클라이언트와 사회복지사는 특정한 역할을 가지고 있고, 이 역할에 입각해서 상호작용을 한다(Compton and Galaway, 1994; 양옥경 외, 2005). 이러한 특성을 지닌 사회복지실천의 면접 지속시간은 일반적으로 55분 정도이다(Brown, 1992; 김기태 외, 2004).

3) 면접의 구조

면접은 시작, 중간 및 종결 단계로 구성될 수 있다. 실제적인 면접이 시작된 경우 사회복지사는 면접인의 이름을 부르면서 맞이하는 것이 좋다. 날씨, 일상적인 관심사 등 가벼운 주제를 중심으로 이야기를 시작한다. 면접의 시작단계에서는 만남의 목적, 계약의 이유, 해야할 일 등에 대해서 이야기 나누고, 면접이 연속적으로 이루어지는 가운데 하나라면 지난번 이루어진 내용을 재검토한다.

4. 사회복지실천 과정

사회복지실천의 과정은 각 학자들마다 3단계, 4단계, 5단계 등 다양하게 구분짓고 있다. 그러나 단계를 몇 개로 구분하든지 관계없이 포함하고 있는 내용은 유사하다. 여기서는 사회복지실천 과정을 초기단계, 개입단계, 종결단계의 3단계로 구분하여 각 과정에서 어떠한 과정이 이루어지는지 간략히 살펴보고자 한다.

1) 초기단계

초기단계에서는 접수(intake)가 이루어지고 클라이언트를 대상으로 하여 다양한 자료수집과 심리사회적사정, 목표설정과 계약이 이루어진다.

(1) 접수(intake)

접수(intake, 인테이크)란 어려움을 가진 사람이 사회복지기관을 찾아왔을 때 사회복지사가 그의 문제와 욕구를 확인하여 그것이 기관의 정책과 서비스에 부합되는지 여부를 판단하는 과정이다. 접수를 통해 그 기관에서 적합한 서비스를 줄 수 있다고 판단될 때 사회복지사를 찾아온 사람은 클라이언트가 되어 그 다음 실천과정인 자료수집, 사정의 단계를 거쳐 적절한 서비스를 받게 된다(양옥경 외, 2005: 169).

(2) 자료수집

자료수집은 클라이언트의 문제를 이해하고 분석하며, 문제를 해결하기 위하여 필요한 자료를 모으는 것을 말한다. 자료수집은 원조과정 전체를 통해서 계속되는 활동이지만 특히 초기단계에 집중적으로 이루어진다. 자료수집은 말 그대로 정보를 모으는 것이기 때문에 사회복지사는 자료를 수집하면서 문제를 분석하고 분석하는 과정에서 정보가 더 필요하면 필요한 정보를 더 수집해야 한다(이종복 외, 2007). 일반적으로 자료는 다양한 출처로부터 얻어지는데, 클라이언트 자신의 이야기,

클라이언트가 작성한 서류, 심리검사결과, 친척, 친구 선생님 등 유의미한 사람들에게서 수집되는 정보, 클라이언트의 비언어적 행동 등이 있다(Zastrow, 1992; 김기태 외, 2004).

(3) 사정(assessment)

자료수집이 끝나면 수집된 자료에 기초하여 사정을 하게 된다. 사정은 문제가 무엇인지, 어떤 원인 때문인지 그리고 그 문제를 해결하거나 줄이기 위해 무엇이 변화되어야 하는지에 대한 답을 찾는 사회복지실천과정의 핵심적인 단계이다. 과거에는 '진단(diagnosis)'이라고도 했으나 진단이라는 용어는 의료모델에서 나온 것으로 클라이언트의 역기능과 문제에 주로 초점을 두었으나, '사정'은 그들의 자원, 동기, 장점, 능력들을 모두 보는 개념으로 이해할 수 있다(양옥경 외, 2005; 이종복 외, 2007).

사정에 포함되는 내용은 다음과 같다(김기태 외, 2004). 첫째, 문제, 둘째, 촉진적 요인, 셋째, 신체적 · 정서적 병, 넷째, 클라이언트의 장점, 다섯째, 클라이언트의 기능, 여섯째, 동기, 일곱 번째, 환경적 요인, 마지막으로 클라이언트의 해결 노력 등이다.

(4) 목표설정

목표는 본질적으로 개입과정의 바람직한 결과 혹은 기대를 의미한다(Brown, 1992). 사회복지실천 과정에서 목표설정이 중요한 이유는 사회복지사와 클라이언트에게 개입과정의 방향성을 명확하게 제시하여 방황 없이 진행할 수 있도록 도와주고 개입이 끝난 후에도 그 결과를 효과적으로 평가해 줄 수 있기 때문이다(이종복 외, 2007).

Hepworth와 Larsen은 목표의 선정지침으로 몇 가지를 제안하였는데, 그 내용을 살펴보면 다음과 같다(엄명용 외, 2006: 283). 첫째, 목표는 클라이언트가 희망하는 결과와 관련이 있어야 동기부여가 가능하다. 둘째, 목표는 명시적이며 측정 가능한 형태여야 하고 달성 가능한 것이어서 클라이언트가 성취감을 느낄 수 있어야 한다. 셋째, 사회복지사의 지식과 기술에 상응해야 하고 사회복지사의 가치나 권리를 크게 위배하지 않아야 한다. 넷째, 성장을 강조하는 긍정적 형태로 기술되어야 하고, 다섯째, 기관의 기능과 일치해야 한다.

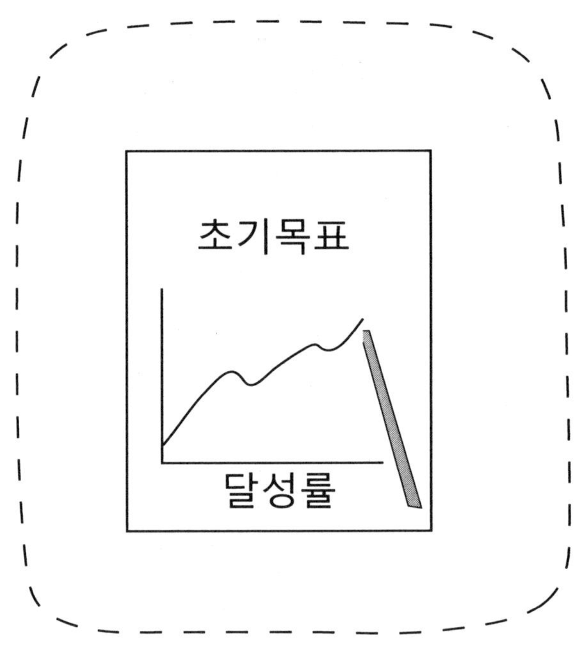

(5) 계약

목표가 설정되면 서로의 목표, 과업, 역할, 원조기간 등에 대한 상호동의와 약속을 하는 계약 단계로 들어간다. 계약을 중시하는 것은 개입활동의 성공여부는 클라이언트가 자기가 해야 할 일과 역할을 분명하게 인식하고 적극적 참여가 요구된다는 사실을 인정하는 데 달려 있다고 해도 과언이 아니기 때문이다. 계약은 동시에 클라이언트로 하여금 문제해결과정에서 자신이 수동적 존재가 아니라 중심적 역할을 하며 사회복지사와 동등한 인격으로 대우받는다는 사실을 일깨워줄 수 있다. 결국사회복지실천은 사회복지사와 클라이언트 사이의 일종의 계약관계이다(이종복 외, 2007).

2) 개입단계

이 과정은 목표설정을 통한 계획을 수행하는 과정으로 사회복지사의 활동, 즉 개입을 통해 목표에 도달하려는 것을 말한다. 사회복지사는 클라이언트와 함께 목표를 성취하기 위해서 자신의 지식과 기술을 활용하게 된다. 따라서 사회복지사는 특정한 상황에서 적용할 수 있는 다양한 이론을 숙지하고 있어야 하는데 사회복지사의 활동은 크게 직접적 개입과 간접적 개입으로 나누어 설명할 수 있다.

개입과정에서 사회복지사의 역할을 매우 다양하다. 클라이언트와 서비스나 자원을 연결해주는 중개자로서의 역할, 클라이언트가 스스로 문제를 해결할 수 있는 능력을 기르고 필요한 자원을 찾아낼 수 있도록 돕는 조력자 역할, 새로운 정보나 지식, 그리고 기술을 배울 수 있도록 도와주고 직접 가르치는 교사 역할, 논쟁이나 갈등에 개입하여 타협 또는 외부체계를 조정하여 상호 만족스러운 합의에 도달하도록 하는 중재자 역할, 마지막으로 클라이언트를 대신해서 클라이언트의 이익을 대변해주는 옹호자 역할 등으로 이해될 수 있다(Compton and Galaway, 1984; 엄명용 외 2006).

직접적 개입은 클라이언트의 심리적 ·내적 측면의 욕구나 문제 등에 초점을 두며, 중재를 통하여 클라이언트가 생활에서 필요한 대처능력을 향상시키는 데 목적이 있다(전재일 외, 2004: 316). 이와 같은 개인에 대한 개입활동을 Hamilton은 직접적 치료라고 하였는데 주로 대인관계의 문제, 클라이언트 사회적 기능 지원, 문제상황분석하고 대안 창출, 위기상황에서의 활동, 클라이언트의 가능한 자원 인식하고 이용할 수 있게 하는 활동, 클라이언트와 다른 사람의 사회적 기능 조정하기 위한 활동 등이 포함된다(엄명용 외, 2006).

간접적 개입이란 사회복지사가 목표달성을 위하여 사회복지사와 상호작용할 계획에 합의하지 않은 체계에서 변화를 일으키는 행동에 개입하는 것이다. 클라이언트의 어려움과 문제를 다룰 때 개인보다는 환경의 변화를 통해서 목표에 도달하게 되는 개입활동을 의미한다. 간접적 개입의 중요한 영역은 자원서비스에 해당하며, 그 외 서비스 조정, 프로그램 계획과 개발, 환경조작, 옹호활동 등으로 설명된다(엄명용 외, 2006; 이종복 외, 2007).

3) 종결과정

종결과정은 사회복지실천의 마지막 과정으로서 서비스 목표가 달성되든지의 여부에 관련없이 사회복지사와 클라이언트 간의 전문적 관계를 끝맺는 과정이다. 이 때는 문제해결의 목표를 달성함으로써 더 이상 사회복지사의 원조가 필요 없는 경우와 클라이언트의 문제가 기관 혹은 사회복지사의 능력을 벗어나거나 혹은 여러 다른 이유로 사회복지사가 계속적으로 서비스 제공하지 못할 경우로 구분될 수 있다.

종결과정에서는 개입활동 전반에 걸친 평가를 하게 된다. 사회복지실천의 전 과정에서 계속적으로 일어나는 일로서 사회복지실천의 목적과 목표의 달성정도를 결정하며, 동시에 목적과 목표를 성취하기 위해 사용된 수단의 적합성을 심사하는 과정이기도 하다. 평가는 개입의 전 과정에서 지속적으로 시행되지만 특히 개입이 끝날 때 더욱 중요하다. 종결단계에서의 평가는 일어나도록 기대되었던 일들이 정말로 일어났는지를 보는 것이다(엄명용 외, 2006)

5. 사회복지실천 현장과 사회복지사의 활동

사회복지는 어떤 학문분야보다도 실천이 중요시되고 있으며, 현대사회의 여러 분야에서 사회복지실천이 이루어지고 있다. 사회복지실천 현장에서의 사회복지사 활동은 사회복지사로서의 기본적인 활동에는 공통점이 있으나 각 분야마다의 고유한 특성을 가지고 있다. 이러한 사회복지실천 현장과 그곳에서 이루어지는 사회복지사의 활동에 대한 이해는 사회복지사가 될 학생들에게 필수적일 것이다.

1) 행정기관

과거에는 직접적인 사회복지서비스를 제공하는 기관이나 시설만을 사회복지실천의 현장으로 보는 경향도 있었으나 현재는 사회복지실천 현장의 범위에 간접적인 서비스를 제공하는 기관까지를 포함하는 것이 더 타당하다고 여겨진다. 사회복지행정기관은 사회복지서비스가 효과적으로 복지 대상자에게 전달되도록 다양한 사회복지기관 및 단체, 인력을 지원해 주는 것을 목적으로 한다. 이는 설립주체에 따라 공공부문인 정부기관과 민간기관으로 구분된다(남세진, 조홍식, 1995; 이경남 외, 2008).

사회복지행정기관은 주로 정책입안에 관한 사무를 관장하는 중앙정부기관과 그 집행사무를 담당하는 지방정부기관으로 구분된다.

중앙정부의 사회복지행정을 담당하는 주무부서는 보건복지부이며 노인복지시설, 아동복지시설, 장애인복지시설, 모・부자복지시설, 정신보건시설, 부랑인 노숙인시설 및 사회복지관, 지역자활센터 등의 사회복지시설에 관한 업무를 관장하고 있다. 보건복지부 외에도 사회복지실천과 관련되어 있는 장은 고용노동부 산하의 장애인고용공단, 근로복지공단, 한국고용정보원, 한국사회적기업진흥원 등이 있으며, 그밖에 여성가족부에서 청소년관련업무, 성매매폐해 지원시설, 성폭력피해 보호시설, 다문화가족사회통합 등의 업무에 관여하고 있으며 이 외에도 고용노동부, 안전행정부, 교육부, 국가보훈처 등 여러 부서가 사회복지 업무에 관여하고 있다.

민간조직 중 대표적인 것은 사회복지협의회, 사회복지공동모금회 등이 있으며 이외 에도 다양한 사회복지관련 협의회와 직능단체들이 있다.

2) 사회복지실천의 1차 현장과 2차 현장

1차 사회복지실천 현장이란 사회복지기관 혹은 시설의 설립목적 자체가 사회복지사업 수행을 위한 현장을 뜻하고 이는 다시 이용시설과 거주시설로 나뉜다. 이용시설의 경우 주로 '사회복지기관'이라 칭하여도 무방하며 생활시설의 경우 협의의 '사회복지시설'로 불린다. 2차 사회복지실천 현장은 사회복지사업을 설립목적으로 하지는 않지만 사회복지사의 활동이 이루어지고 있는 현장을 뜻한다. 각각의 실천현장에 대해서 살펴보면 다음과 같다(이경남 외, 2008).

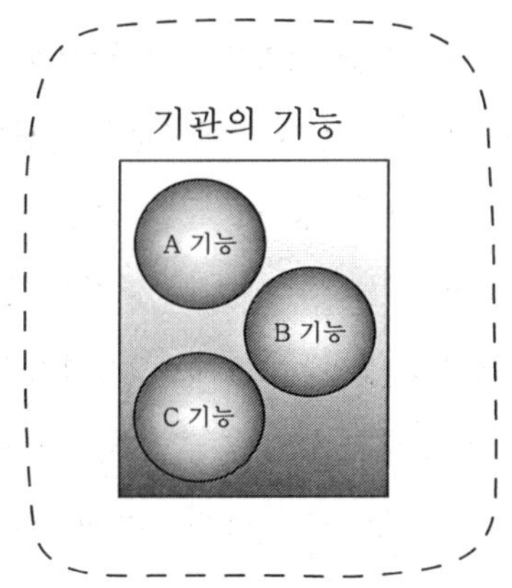

(1) 1차 사회복지실천 현장과 사회복지사의 활동

1차현장은 대체적으로 지역사회복지, 노인복지, 아동복지, 장애인복지, 여성가족복지 등으로 나뉘어 각각의 분야로 나누어 살펴볼 수 있다.

첫째, 지역사회복지 실천현장에 해당하는 곳으로는 종합사회복지관, 부랑인 · 노숙인 시설, 지역자활센터 등이 있다. 그 중에서 가장 우리에게 익숙하고 잘 알려져 있는 곳은 사회복지관이다. 사회복지관은 지역사회 내에서 일정한 시설과 전문인력을 갖추고 지역사회의 인적 · 물적 자원을 동원하여 지역사회 문제를 해결하고 주민의 복지욕구를 충족시키기 위한 종합적인 사회복지사업을 수행하는 사회복지시설이다. 사회복지관은 대표적인 지역사회복지실천 현장으로 가족복지사업, 지역사회보호사업, 지역사회조직사업, 교육문화사업, 재가복지사업 등이 있다.

지역자활센터는 기초생활수급자와 차상위 저소득층이 스스로의 힘으로 자활할 수 있도록 근로기회를 제공하고 자활능력을 배양하고자 하는 기관이다. 참여자는 지역자활센터 지원 속에서 사업단을 통해 기술을 습득함과 동시에 공공적인 사회적 서비스의 생산 및 공동체적 창업을 할 수 있다. 여기에는 자활공동체, 자활근로사업, 사회적응프로그램 등의 사업이 있다.

노숙인쉼터는 노숙인을 입소시켜 숙소를 제공하고 재활 및 자활프로그램 등의 서비스를 제공하며 일시보호의 기능, 사회성 회복을 위한 지지기능, 지역사회와의 연계를 통한 예방기능, 사회복지서비스 보완의 기능 등이 있다.

둘째, 노인복지시설은 노인주거복지시설, 노인의료복지시설, 노인여가복지시설, 재가노인복지시설, 노인보호전문기관 등이 있다. 노인주거복지시설은 양로시설, 노인공동생활가정, 노인복지주택 등이 있으며, 노인의료복지시설은 노인요양시설, 노인요양공동생활가정 등이 있다. 노인여가복지시설은 노인복지관, 경로당, 노인교실 등이 있으며, 재가노인복지시설은 방문요양서비스, 주·야간보호서비스, 단기보호서비스, 방문목욕서비스 중 하나 이상의 서비스를 제공함을 목적으로 하는 시설을 말한다. 그 위에 노인학대를 예방하고, 관련 업무를 수행하기 위한 노인보호전문기관이 있다.

셋째, 장애인복지시설은 장애인거주시설, 장애인 지역사회재활시설, 장애인 직업재활시설, 장애인 의료재활시설 등이 있다. 장애인 거주시설은 거주공간을 활용하여 일반가정에서 생활하기 어려운 장애인에게 일정 기간 동안 거주·요양·지원 등의 서비스를 제공하는 동시에 지역사회생활을 지원하는 시설을 말한다. 장애인 지역사회재활시설은 장애인을 전문적으로 상담·치료·훈련하거나 장애인의 일상생활, 여가활동 및 사회참여활동 등을 지원하는 시설로 장애인복지관, 장애인 주간보호시설 및 단기보호시설 등이 이에 해당한다. 장애인직업재활시설은 일반 작업환경에서는 일하기 어려운 장애인이 특별히 준비된 장업환경에서 직업훈련을 받거나 직업생활을 할 수 있도록 하는 시설이다. 그 외 장애인 의료재활시설은 장애인을 입원 또는 통원하게 하여 상담, 진단·판정, 치료 등 의료재활서비스를 제공하는 시설이 이에 해당한다.

넷째 아동복지시설은 아동양육시설, 아동일시보호시설, 아동보호치료시설, 공동생활가정, 자립지원시설, 아동상담소, 아동전용시설, 지역아동센터 등이 있다.

다섯째, 여성가족복지시설 중 이용시설로는 여성회관, 여성복지상담소, 성폭력피해상담소, 가정폭력피해상담소, 가족치료센터 등이 있다. 생활시설로는 모자보호시설, 모자자립시설, 모자일시보호시설, 미혼모시설, 가정폭력피해자 보호시설, 성폭력 피해자 보호시설 등이 있다.

(2) 2차 사회복지실천현장과 사회복지사의 활동

2차 사회복지실천현장 중 대표적인 곳은 의료사회복지이다. 의료사회복지는 각종 질병으로 인해 어려움을 겪고 있는 환자에 대한 재활의 개념이 의료적 재활 뿐 아니라 심리적, 사회적 재활 개념이 생겨나면서 사회복지적 접근이 시작된 분야이다. 의료법에 종합병원에는 사회복지사 자격을 가진 요원을 1인 이상 두도록 명시되어 있는 것에 근거하여 의료사회복지사는 환자의 경제적, 심리적, 사회적, 가족적인 다양한 지원을 하고 있으며, 의료팀과의 협동, 환자와 가족에 대한 가족치료, 집단치료와 교육 등을 실시한다. 그 외에도 병원이나 환자의 문제를 돕는 과정에 필요한 자원을 지역사회 내에서 조직화하고 동원하는 일과 지역사회에 유용한 기관을 알선해 준다.

둘째, 정신보건사회복지는 과거 병원을 주요 실천현장으로 할 때는 2차 사회복지실천 현장에 전적으로 해당되었다. 최근 정신건강증진센터, 사회복귀시설 등이 주요 실천현장이 되면서 1차와 2차 현장의 성격을 동시에 띠고 있다. 정신보건사회복지사들은 정확한 진단을 위한 환자 개인, 가족, 사회력에 관한 사정, 환자 및 가족에 대한 직접적인 서비스로 개별, 집단치료, 가족치료, 작업요법, 오락요법 등을 활용한 치료, 지역사회자원활용, 퇴원계획, 자원봉사자 관리, 실습생 및 수련생 지도 등의 전형적인 임상, 교육, 행정 업무 뿐 아니라 지역주민의 정신건강 증진을 위한 다양한 업무를 폭넓게 수행하고 있다.

셋째, 학교사회복지는 학교의 교육 기능과 목적을 달성하도록 도와주는 사회복지실천의 전문분야로 사회복지사가 이를 위하여 초 · 중 · 고등학교에 투입되어 활동하는 것이다. 학교사회복지사는 개인이나 집단에게 진단, 상담, 치료서비스를 제공하거나 대변자나 인권옹호자로서 학생과 교사 혹은 학생과 학교운영자 사이의 이해 부족이나 오해에서 발생하는 학습에서의 실패문제를 중재하며 학교체계 내에서 지속성과 변화 모두를 위해 노력한다.

그 외에도 교정사회복지, 산업복지, 군사회복지의 영역이 사회복지실천영역에 포함된다.

이상으로 간략하게 사회복지실천에 대해서 살펴보았다. 사회복지라는 큰 틀 속에서 볼 때 사회복지실천은 사회복지 제도 및 정책이라는 하나의 축과 함께 나머지 하나의 축으로 작동하는 중요한 내용이다. 그렇지만 사회복지실천 단순하게 하나의 개념으로 설명하는 것은 무척이나 힘든 일이다. 이에 본 장에서는 사회복지실천의 개념, 사회복지실천 관계론, 사회복지실천 면접론, 사회복지실천 과정론으로 나누어 간략히 살펴보았다. 보다 자세한 내용은 각 전공과목과 실습을 통해 익혀야 할 것이다.

참고문헌

김기태 · 박병현 · 최송식. 2004. 『사회복지의 이해』 박영사.

김기태 · 김수환 · 김영호 · 박지영. 2007. 『사회복지실천론』 공동체.

남세진 · 조흥식. 1995. 『한국사회복지법의 이해』나남출판.

이종복 · 전남련 · 김덕일. 2007. 『사회복지실천론』 학현사.

이경남 외 9인. 2008. 『사회복지실천론』학지사.

엄명용 · 김성천 · 오혜경 · 윤혜미. 2006. 『사회복지실천의 이해』 학지사.

양옥경 · 김정진 · 서미경 · 김미옥 · 김소희. 2006. 『사회복지실천론』 나남출판.

전재일 외. 2004. 『사회복지실천론』 형설출판사.

Biestek, E. P. 1957. The Casework Relationship Illinios: Loyola Univ. Press.

Brown, J. A. 1992. Handbook of Social Work Practice Springfield, Illinois: ThomasPublisher.

Compton, B. P. and B. Galaway. 1984. Social Work Processes Belmont: Wadsworth.

만화로
다시 정리하기

사회복지실천의 개념

우리가 살고 있는 사회는 산업과 기술의 발달로 급격한 변화를 경험하고 있습니다.

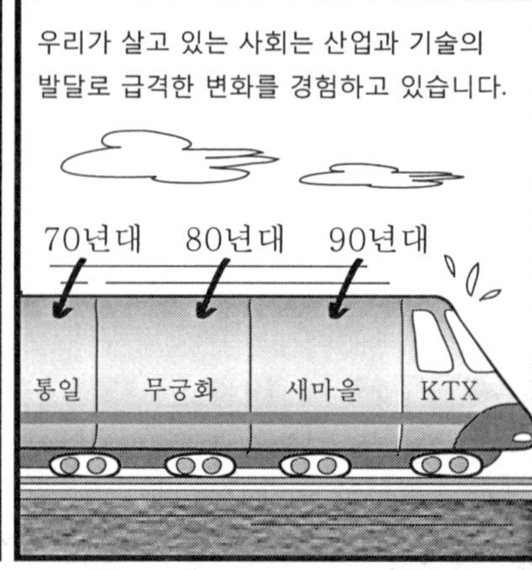

- 산업화와 도시화 -
> 개인주의의 만연화, 가족의 분열

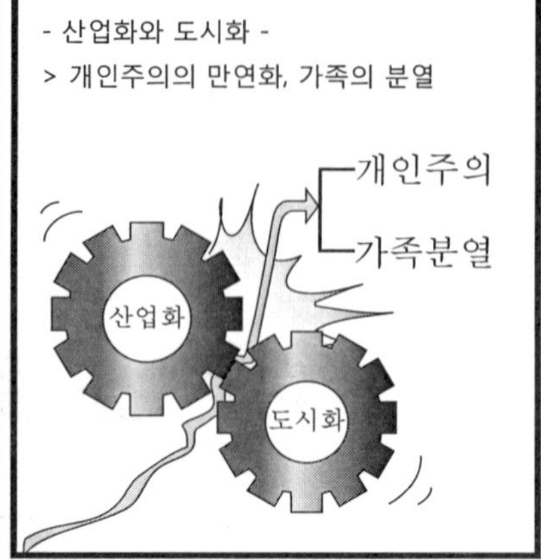

이러한 사회변화는 많은 사회문제를 야기시키고, 개인/가족/지역사회/집단에게도 어려움을 초래합니다.

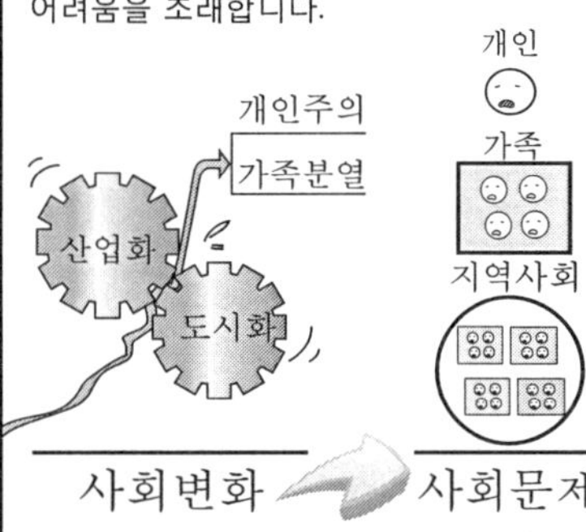

> 가족적응의 어려움 -

가족해체
개인
개인
개인

> 학교생활 어려움

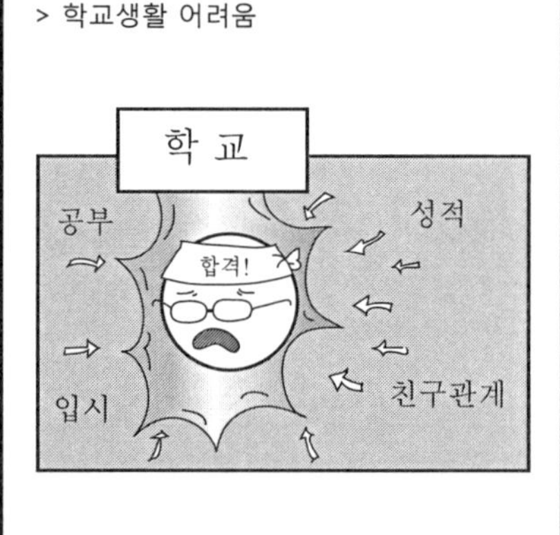

이런 개인과 가족의 스트레스를 줄이기 위해서는 전문적인 도움이 필요합니다.

- 전문적인 조력자 필요

사회복지실천(social work practice)은 클라이언트를 위하여 전문적인 원조를 제공하는 방법과 관련된 것입니다.

또한 다양한 사회복지기관에서 적용될 수 있는 지식과 기술에 관한 내용을 다룹니다.

다양한 사회복지기관: 아동복지기관, 노인복지기관, 병원, 학교 등이 있음

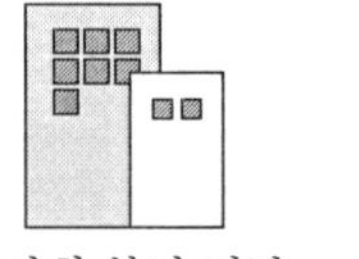

사회 복지 기관

노인 복지 기관

병 원

학교

각각의 대상에 따라서 사용되어지는 지식과 기술이 달라짐

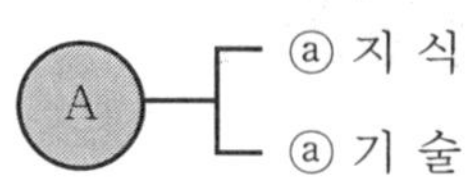

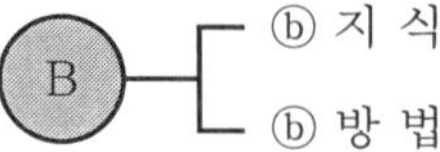

좋은 일을 하고 싶어서?
개인적인 경험 때문에? 등등..

그러나 사회복지사는 좋은 의도만을 가진 것이 아니라, 전문적 원조를 위한 기술, 기법, 도구를 가지고 있어야 합니다.

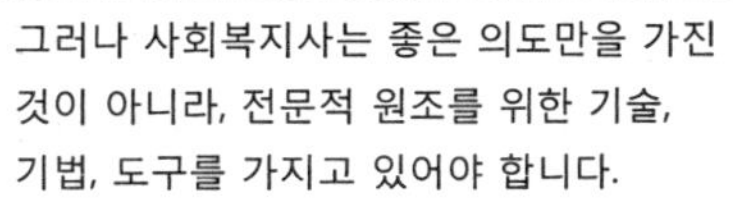

예) 훌륭한 피겨스케이팅 선수가 되기 위해서는 선수의 노력, 코치의 능력, 주변의 지지 등이 필요하듯이

– 김연아 선수

사회복지실천 관계론

클라이언트에 대한 사회복지사의 개입이 효과적이기 위해서는 둘 사이의 '관계'가 중요합니다.

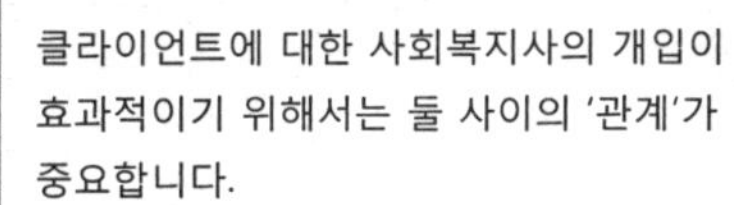

클라이언트와 사회복지사 간의 상호작용이 활발해야 하며, 그 결과 좋은 관계를 형성할 수 있습니다.

즉, 일반적인 인간관계인 친구/부모-자녀 관계와는 달리..

일반적인 인간관계

사회복지실천에서 '관계'는 전문적인 관계로서 의도와 목적, 시간제한, 권위 등의 특성을 포함합니다.

전문적인 관계
(특 성)
- 의도와 목적
- 시간제한
- 권위

클라이언트는 도움을 요청하고, 사회복지사는 도움을 주는 관계이기 때문에 언제나 클라이언트의 입장에서 출발해야 합니다.

사회복지 실천관계

Biestek은 원조관계의 7가지 기본원칙을 제시합니다.

첫 번째는 개별화입니다. 이것은 클라이언트를 일반적인 한 사람이 아닌, 개별적 차이를 가진 특정한 인간으로 이해합니다.

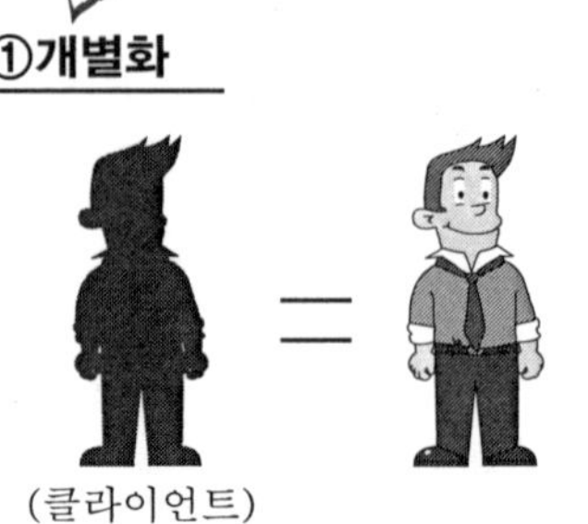

예) 나와 너는 독특한 특성을 가진 개별적인 존재

예) 수능시험시 시각장애를 가진 학생에게는 시험시간을 연장해주는 것은 일반학생과 장애를 가진 학생의 특성을 고려한 처우임.

두 번째는 의도적 감정표현입니다. 이것은 클라이언트가 자신의 감정을 자유롭게 표현하는 것입니다.

사회복지사는 클라이언트의 감정표현을 지지하거나 비난하지 않고 경청해야 합니다.

또한 편안한 분위기 및 장소, 정서적 지지를 제공해야 합니다.

세 번째는 통제된 정서적 관여입니다. 이것은 클라이언트의 감정에 대한 의도적이고 적절한 반응입니다.

예. 클라이언트의 표현에 대하여
언어적으로 "아~그렇군요"라고 표현하거나,

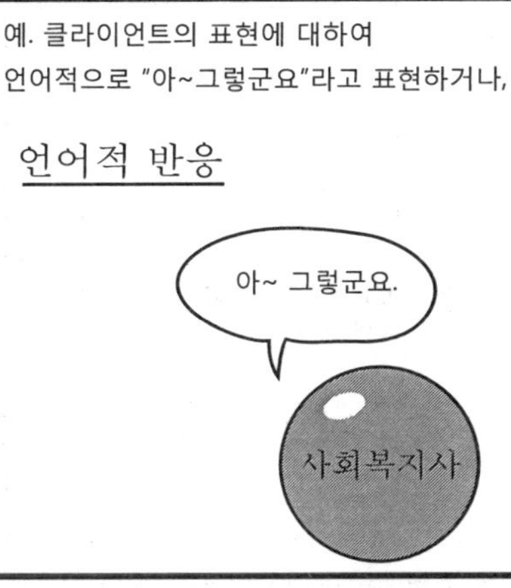

비언어적인 반응으로는 미소짓는 것 등이
있습니다.

네 번째는 수용입니다.
이것은 클라이언트의 강점/약점,
건설적/파괴적 행동 등을 있는 그대로
인정하는 것입니다.

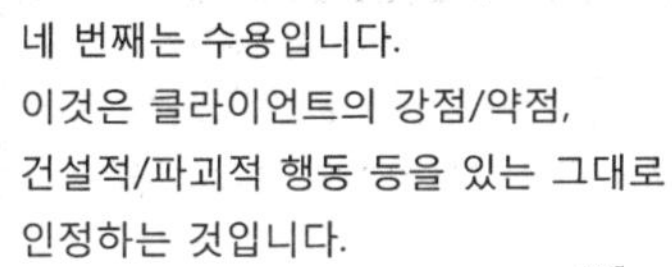

예) 인간은 강점과 단점 모두를 가지고
있다는 것을 인정.

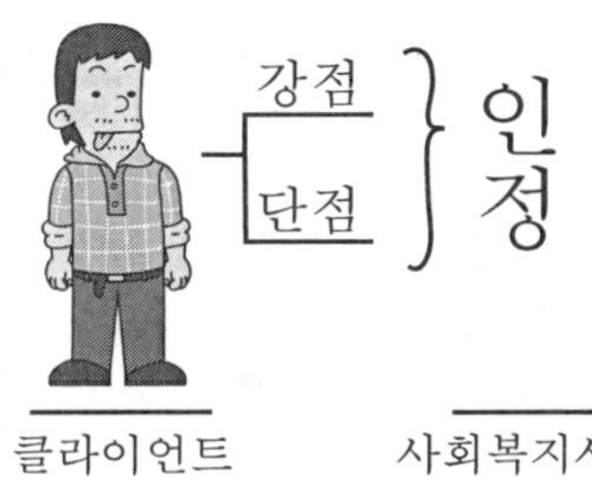

다섯 번째는 비심판적 태도입니다.
클라이언트가 유지인지 무죄인지 심판하지
않는 것입니다.

⑤비심판적 태도

여섯 번째는 클라이언트의 자기결정입니다.
이것은 클라이언트에게 다양한 자원과 정보
를 제공하고, 스스로 결정하도록 원조하는
것입니다.

예) 클라이언트가 스스로 결정하도록
정보제공

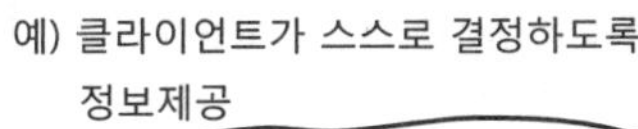

예) '미혼모가 아동을 양육할 것인지? 입양
보낼 것인지?'는 사회복지사가 결정할 수
없음.

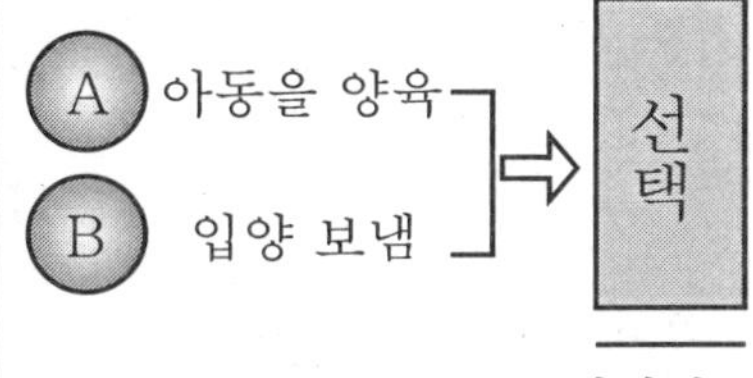

일곱 번째는 비밀보장입니다.
사회복지사는 클라이언트에 관한 정보를
치료 목적 외에 타인에게 알려서는
안됩니다.

⑦ 비밀 보장

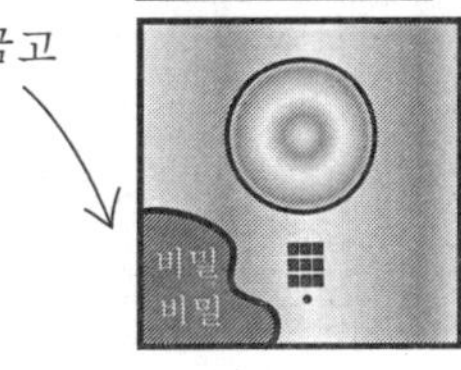

예) 미혼모가 아동을 입양 보낸 사실에 대하여 다른 사람들에게 이야기해서는 안 됨

사회복지실천의 면접의 의미와 특성

사회복지사가 개인이나, 집단의 문제를 해결하기 위해서는 이들의 정보를 수집해야 합니다.

클라이언트

정보수집

예를 들면 부모의 아동폭력 문제를 해결하기 위해서는 폭력을 행하는 부모 및 폭력을 받고 있는 아동에 대한 정보가 필요해요.

사회복지사는 수집된 정보를 바탕으로 개입과정을 수립하는데, 이 때 면접이 중요한 도구가 된다.

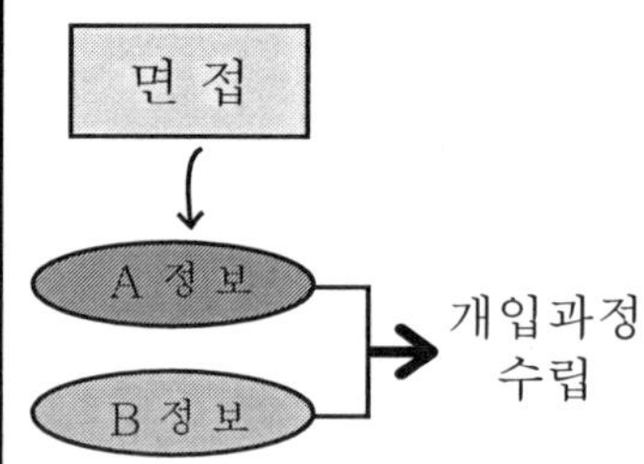

예) 부모의 아동폭력 문제를 해결하고자 할 때, 폭력의 주체인 부친 및 부친의 폭력을 묵인하고 있는 모친에 대한 면접이 필요.

면접은 사회복지사 외에도 전문직에 종사하는 사람들(의사, 변호사 등)이 다양하게 활용하고 있는 방법이다.

예) 병원에서 진료를 받을 경우, 의사는 면담을 통하여 환자가 불편해 하는 부분에 대한 정보를 얻게 됨

실제로 사회복지사들은 클라이언트와의 면접으로 많은 시간을 보내고 있다.

사회복지사가 클라이언트와 면접을 하기 위해서는 면접 장소가 필요하다.

예) 클라이언트가 자신의 이야기를 편안하게 할 수 있는 공간이 필요함. 공개 된 사무실에서 면접을 하는 것은 부적합함.

또한 면접은 클라이언트의 목표를 달성하기 위하여 의도적으로 이루어진다.

예) 사회복지사와 클라이언트는 면접약속을 통하여 의도적으로 만남을 가지고, 만남을 지속함.

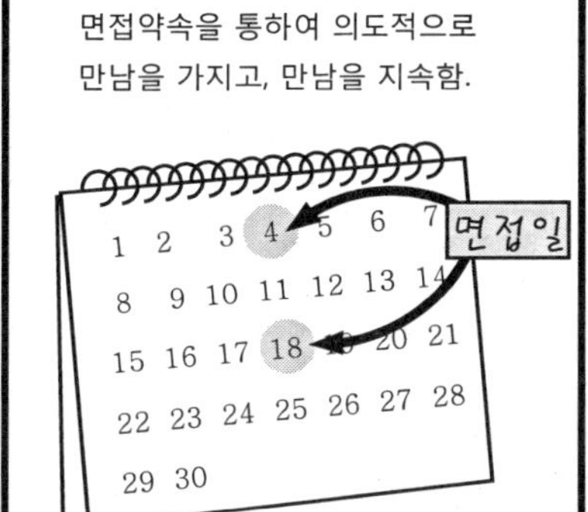

면접에서 클라이언트와 사회복지사는 각자의 역할을 가지고 있고,

예) 클라이언트가 자신의 문제 상황이나 욕구에 대하여 이야기 할 경우,

사회복지사는 클라이언트의 이야기를 경청하는 역할을 하게 됨

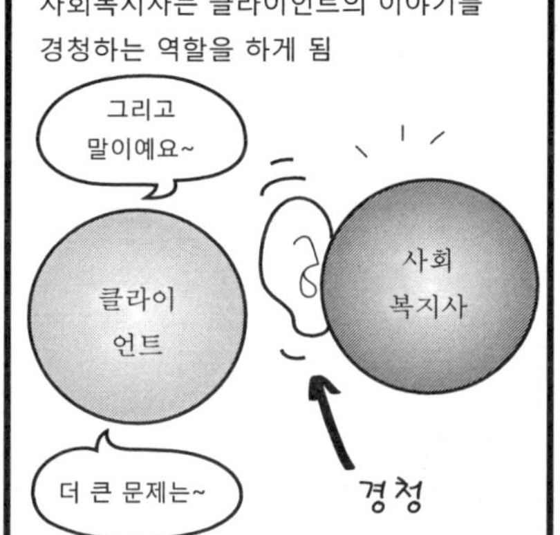

면접은 클라이언트나 사회복지사가 일방적으로 이야기 하는 것이 아니라 서로의 이야기에 대하여 반응하면서 서로 상호작용함

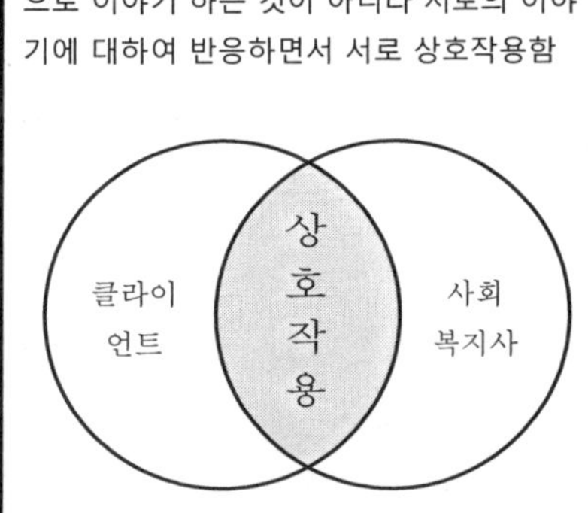

일반적으로 면접 지속시간은 55분 정도이다.

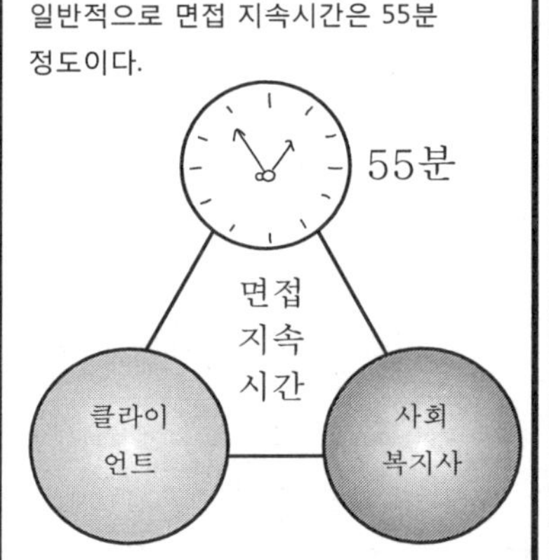

예) 클라이언트의 집중정도에 따라서 시간은 유동적일 수 있음. 아동과 면접을 할 경우 면접 시간은 줄어듦

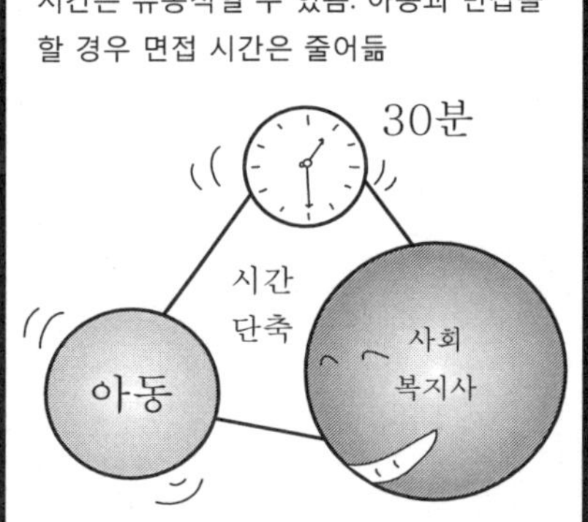

사회복지실천 과정

사회복지실천 과정은 초기단계, 개입단계, 종결단계의 3단계로 구분됩니다.

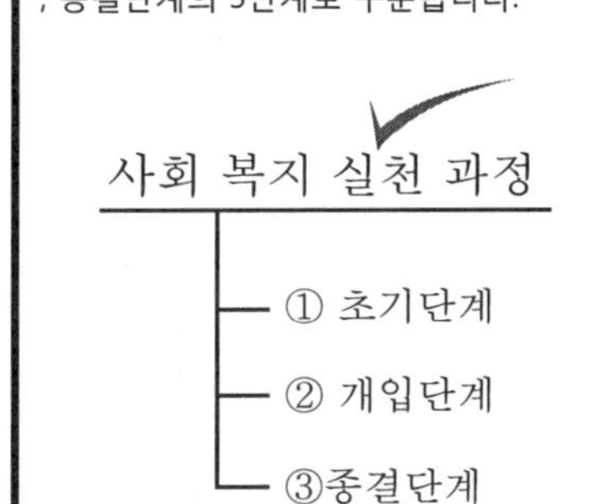

초기단계는 먼저 접수(intake)가 이루어진다. 접수는 클라이언트가 사회복지기관을 찾아왔을 때,

예) 어머니가 아동의 언어치료를 위하여 장애인복지관을 방문한 경우

사회복지사가 클라이언트의 문제와 욕구를 확인하고, 그것이 기관의 정책과 서비스에 부합하는지 판단하는 것입니다.

예) 장애아동은 언어치료 이외에도 재활치료가 필요한 것으로 확인되었고, 장애인복지관에서 실시되고 있는 서비스가 적합한지 판단.

기관에서 적합한 서비스를 제공할 수 있을 경우, 사회복지사는 자료 수집을 하게 됩니다.

예) 장애아동을 대상으로 하는 언어치료가 가능하달 경우, 기존에 아동이 받아왔던 언어치료에 대한 자료를 수집하게 됨.

자료 수집은 문제해결을 위하여 클라이언트의 문제를 이해하고 분석하며, 필요한 자료를 모으는 것입니다.

일반적으로 자료는 다양한 출처로부터 얻을 수 있습니다.

예) 장애아동이 이전에 치료를 받았던 기관으로부터 자료 협조 요청을 할 수 있고,

장애아동 어머니로부터 아동이 받았던 언어치료에 대해 질문할 수 있습니다.

예)클라이언트 자신의 이야기, 클라이언트가 작성한 서류, 심리검사결과,친구/가족들에 의한 정보, 클라이언트의 비언어적 행동

사정은 문제가 무엇인지, 이를 해결하기 위해 무엇이 변화되어야 하는지에 대한 답을 찾는 과정입니다.

사정(assessment)은 클라이언트의 자원, 동기, 장점, 능력 등을 모두 살펴보는 개념입니다.

예) 장애아동의 경우 경제적/비경제적인 자원을 포함하여 현재 수행할 수 있는 신체적 능력 등.

다음으로 목표를 설정합니다. 목표설정은 사회복지사와 클라이언트의 개입과정의 방향성을 결정하기에 중요합니다.

예) 음주문제를 가진 클라이언트는 자신의 음주 후 폭력적인행동으로 인해 고통스러하기 때문에 단주를 하고자 함

또한 목표설정은 개입의 결과를 효과적으로 평가할 수 있게 합니다.

예) 알코올 섭취 체크리스트를 만들어 자신의 음주 상태를 확인

목표는 첫째, 클라이언트가 희망하는 결과와 관련되어야 합니다.

예) 나는 과도한 음주 문제를 해결하고 싶다.

두번째, 목표는 명시적이고, 측정가능하며, 달성 가능한 것이어야 클라이언트가 성취감을 느낄 수 있습니다.

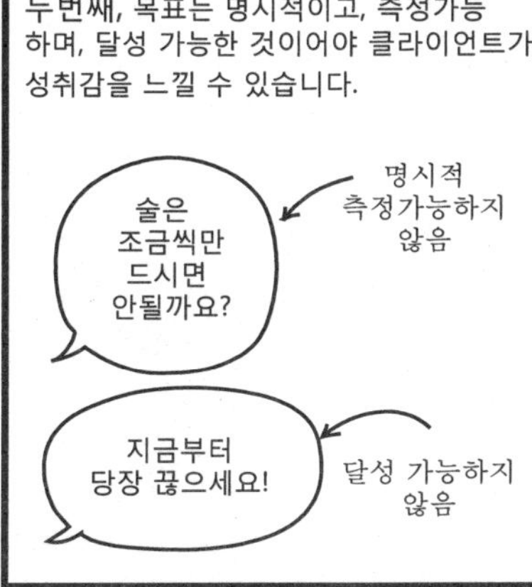

예) 술을 1달에 4회만 마신다 -

> (2달후) 술을 1달에 1회만 마신다 -

> (2달후) 단주한다.

세번째, 사회복지사의 지식과 기술에 상응해야 합니다.

예) 사회복지사는 음주 문제를 가진 클라이언트에 대한 정보 및 제공 가능한 자원들을 인지하고 있어야 함.

네번째, 긍정적인 형태로 기술되어야 합니다.

예) 나는 술 마시는 횟수를 줄여서 단주를 하겠다.

다섯째, 기관의 기능과 일치해야 합니다.

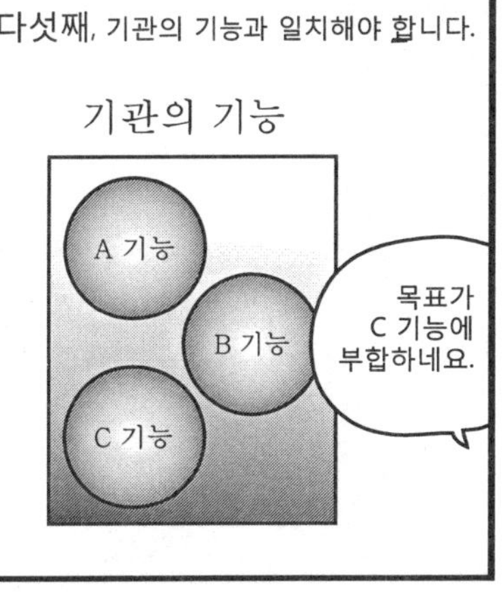

예) 현재 복지관에서는 음주문제 와 관련된 '자조집단'을 형성하여, 프로그램을 진행하고 있음.

목표가 설정되면, 사회복지사와 클라이언트는 목표, 과업, 역할, 원조기간에 대한 약속인 계약을 실시합니다.

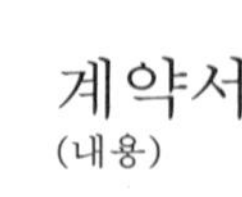

예. 목표 및 원조기간에 대한 내용을 포함하고 있는 계약서를 작성함.

사회복지실천의 2단계는 개입단계입니다. 이 과정은 목표설정을 통해 수립된 계획을 수행하는 과정입니다.

사회복지사는 클라이언트의 목표 성취를 위하여 자신의 지식과 기술을 활용합니다.
예) 목표성취=지식+기술

사회복지사는 특정한 상황에서 작용할 수 있는 다양한 이론을 숙지해야 합니다.

예. 정신역동 모델, 행동수정 등을 비롯한 다양한 이론을 숙지한 후, 적재적소에 사용하는 것이 필요.

개입과정에서 사회복지사는 클라이언트와 서비스 및 자원을 연결해주는 중개자 역할을 할 수 있습니다.

또한 클라이언트가 스스로 능력을 기르고, 필요한 자원을 찾아낼 수 있도록 돕는 조력자 역할을 할 수 있습니다.

또한 새로운 정보나 지식, 기술을 배울 수 있도록 돕거나 직접 가르치는 교사 역할을 할 수 있습니다.

또한 논쟁이나 갈등에 개입하여 상호 만족스러운 합의에 도달하 도록하는 중재자 역할을 할 수 있습니다.

클라이언트를 대신하여 클라이언트의 이익을 대변하는 옹호자 역할을 할 수 있습니다.

사회복지사가 직접적으로 개입하는 것은 클라이언트의 심리적, 내적 욕구나 문제에 초점을 두며,

클라이언트가 생활에 필요한 대처능력을 향상시키는데 목적이 있습니다.

예) 클라이언트가 문제 상황을 분석하고, 대안을 생각해 내는 것.

예) 클라이언트가 사용 가능한 자원을 인식하고 이용하도록 하는 활동

간접적 개입은 계획에 합의되지 않은 체계에서 변화를 일으키는 행동에 개입하는 것입니다.

즉, 클라이언트의 환경 변화를 통하여 목표를 달성하게 하는 개입활동임.

예) 간접적 개입은 자원서비스, 서비스 조정 영역에서 중요함.

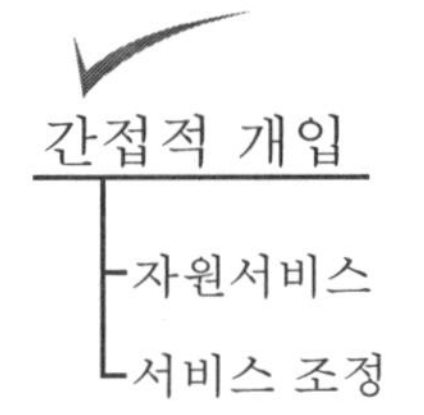

사회복지실천의 마지막 단계는 종결과정입니다. 이것은 사회복지사와 클라이언트의 전문적 관계를 끝맺는 과정입니다.

예) 사회복지실천과정은 영원한 관계가 아니라, 계약에 의한 관계이기 때문에 특정 상황에서는 종결을 하게 됨

종결은 목표를 달성하거나, 사회복지사가 더 이상 서비스를 제공하지 못할 경우 이루어집 니다.

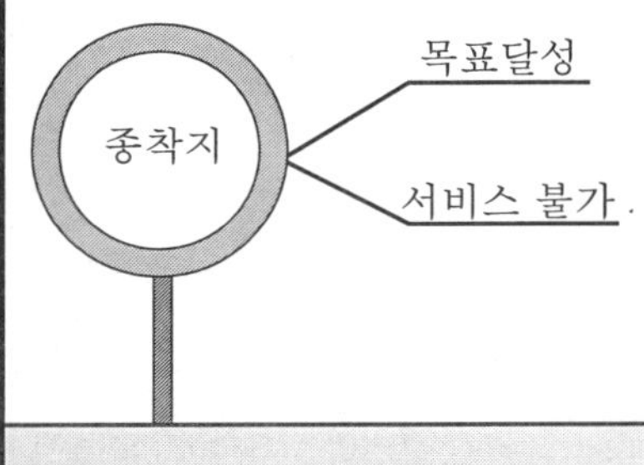

예) 복지관에서 실시하던 프로그램이 기관 내 사정으로 인하여 중단 될 경우도 포함.

종결과정은 개입활동에 대한 평가를 하는 것입니다.

예) 초기에 수립하였던 목표달성 정도에 대하여 평가

사회복지실천 현장과 사회복지사의 활동

사회복지는 다른 학문분야보다 실천이 중요 합니다.

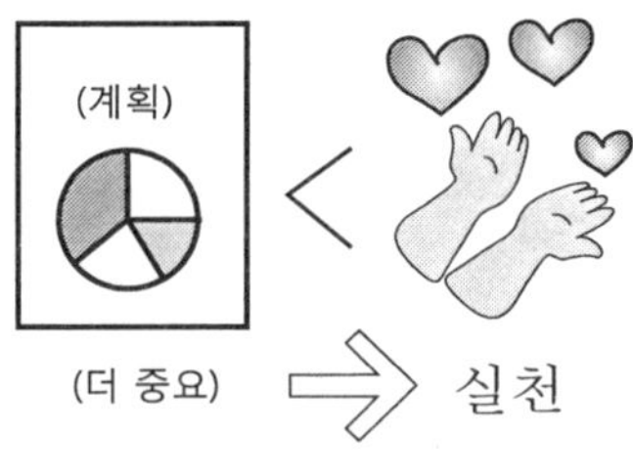

예)클라이언트의 문제나 욕구를 발견하여 이를 해결하거나 적합한 서비스를 제공받고자 함.

사회복지실천 현장에서 사회복지사의 기본적인 활동에는 공통점이 있으나,

예) 모든 사회복지사는 클라이언트와의 면담을 통하여 그들의 욕구와 문제상황을 인지하고,

이를 해결하고자 다양한 자원을 동원하는 공통점을 가지고 있음.

예) 노인/장애인/아동과 같이 대상이 다양할경우, 대상별로 접근하는 접근방법과 적용되 는 전문지식이 달라지게 됨

사회복지사가 되고자 희망하는 학생들은 이러한 각각의 실천 현장에서의 사회복지사 활동에 대해 이해해야 합니다.

중앙정부에서 사회복지행정을 담당하는 주무부서로는 보건복지부가 있습니다.

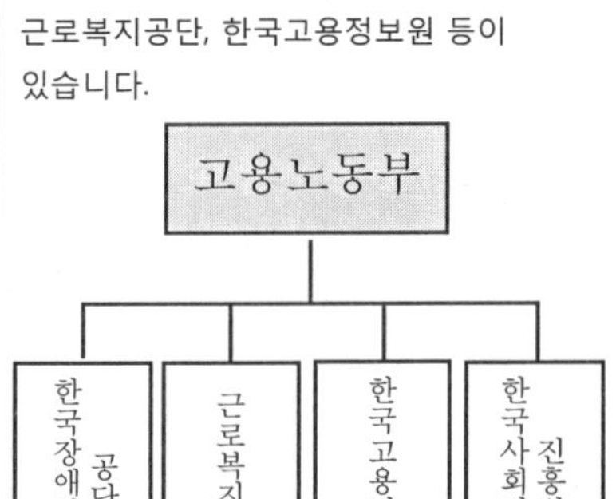

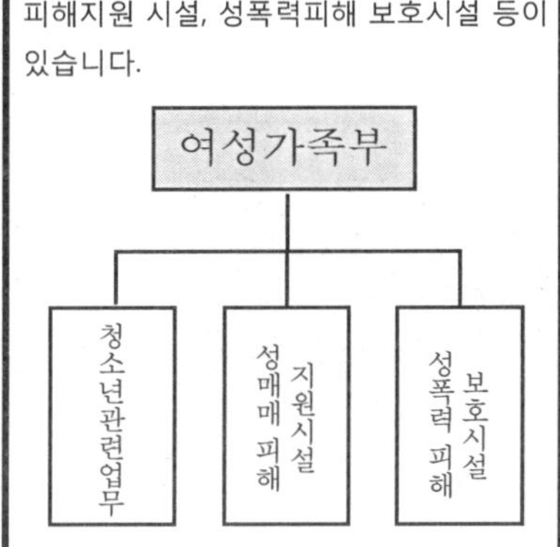

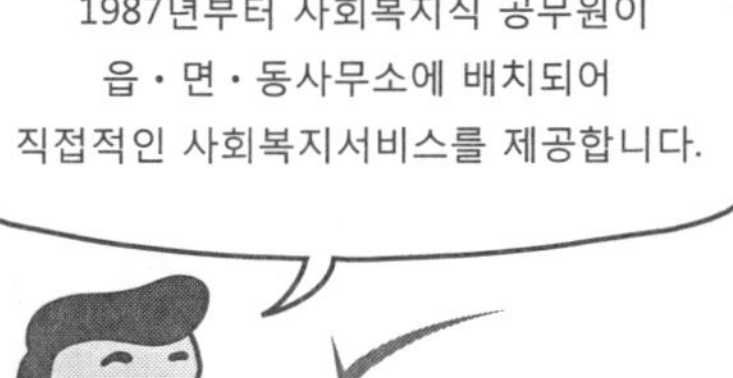

민간조직으로는 사회복지협의회, 사회복지공동모금회 등이 있습니다.

민간조직
- 사회복지협의회
- 사회복지공동모금회

예)사회복지공동모금회는 기부문화의 정착과 확산을 도모하고, 마련된 재원을 효율적으로 관리, 운영하는 사회복지기관임.

사회복지공동모금회
- 기부문화 정착 · 확산
- 재원의 효율적 관리 · 운영

사회복지실천의 1차 현장과 2차 현장

1차 사회복지실천 현장은 이용시설과 거주시설로 구분됩니다.

1차 사회복지 실천 현장
- 이용시설
- 거주시설

예) 이용시설은 사회복지기관으로 칭함. 대상별로 노인복지관, 장애인복지관, 종합복지관 등으로 나누어짐.

이용시설(사회복지기관)
- 노인복지관
- 장애인복지관
- 종합복지관

예)거주시설은 사회복지시설로 불리어짐. 대상별로 노인복지시설, 장애인복지시설, 아동복지시설 등으로 나누어짐.

생활시설(사회복지시설)
- 노인복지시설
- 장애인복지시설
- 아동복지시설

1차 현장은 분야별로 지역사회복지, 노인복지, 아동복지, 장애인복지로 나누어 집니다.

1차 현장

(분야별)
- 지역사회복지
- 노인복지
- 아동복지
- 장애인복지

우리에게 잘 알려진 1차 현장은 지역사회복지관입니다.

사회복지관은 지역사회 내에서 일정한 시설과 전문 인력을 가지고,

예) 일정한 기준에 부합하는 복지관 시설 사회복지사, 물리치료사, 영양사 등의 전문인력을 포함.

- 시설 — 일정한 기준에 부합해야 함.
- 전문인력
  - 사회복지사
  - 물리치료사
  - 영양사
  - etc

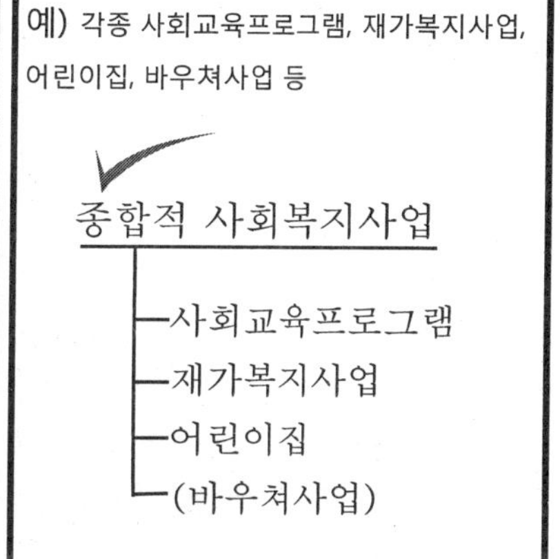

2차 사회복지실천 현장은 사회복지사업의 수행을 목적으로 하지 않지만, 사회복지사의 활동이 이루어지는 현장입니다.

2차 현장으로 대표적인 것이 의료사회복지입니다.

예) 종합병원, 정신과병원 등

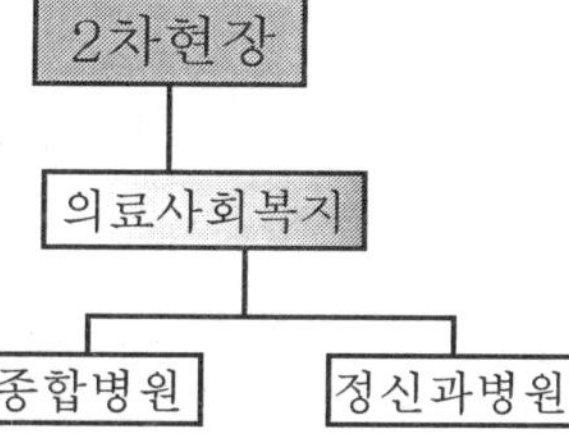

의료사회복지는 질병으로 힘들어 하는 환자에게 의료적 재활 뿐 아니라, 심리적/사회적 재활 서비스를 제공하는 것입니다.

이를 근거로 의료사회복지사는 환자의 경제적, 심리적, 사회적, 가족적인 다양한 지원을 하고 있고,

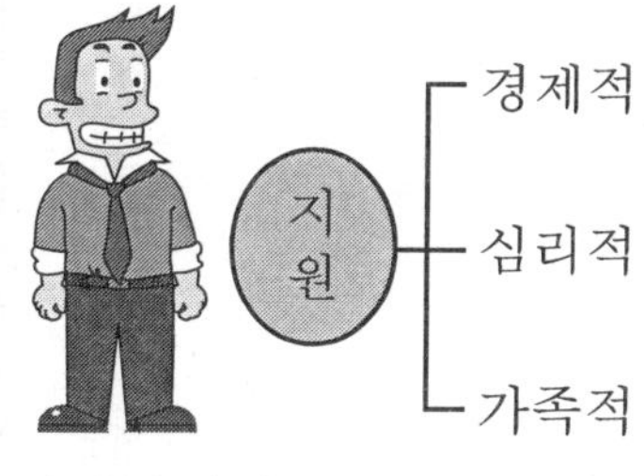

예)환자가 경제적으로 어려움을 호소할 경우, 병원 내부/외부 자원을 동원하여 경제적 지원을 하고 있음.

또한 환자를 비롯하여 가족에게도 지원하고 있음.

의료팀과 협동하며,

예) 사회복지사가 의료사회복지 세팅 내에 위치할 경우

병원 내의 다른 전문가(의사, 간호사, 임상병리사 등)들과의 팀접근이 필요.

환자와 가족에 대한 가족치료, 집단치료, 교육 등을 실시한다.
오늘은 환자 뿐만 아니라 가족 여러분도 함께 치료하겠습니다.
환자
가족

예)환자 개인의 문제만을 해결한다고 해서 환자의 문제가 완벽하게 해결되는 것이 아니기 때문에 가족치료가 함께 실시되는 경우가 있음.
아드님의 병은 아버님의 알콜중독과 밀접한 관련이...

또한 환자에 대한 이해를 돕기 위해 각종 교육이 실시 된다.
환자의 지금 상태는..

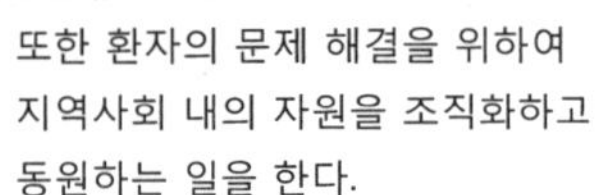
또한 환자의 문제 해결을 위하여 지역사회 내의 자원을 조직화하고 동원하는 일을 한다.

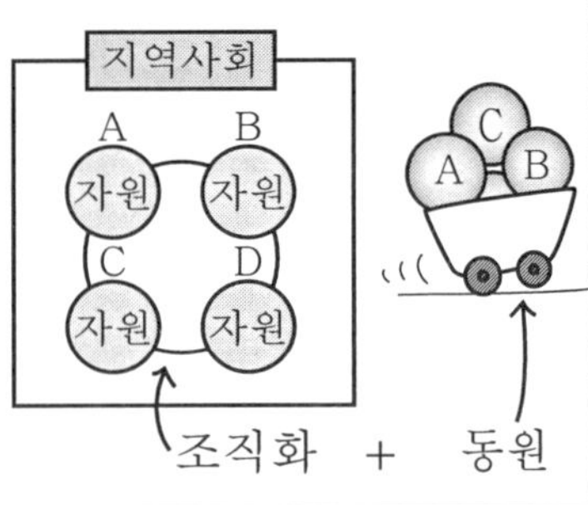
지역사회
A 자원
B 자원
C 자원
D 자원
C A B
조직화 + 동원

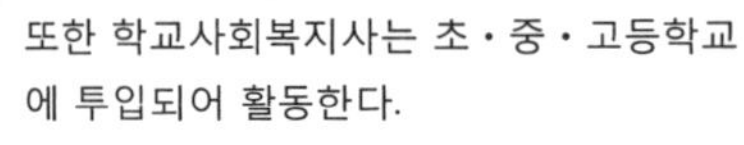
또한 학교사회복지사는 초・중・고등학교에 투입되어 활동한다.

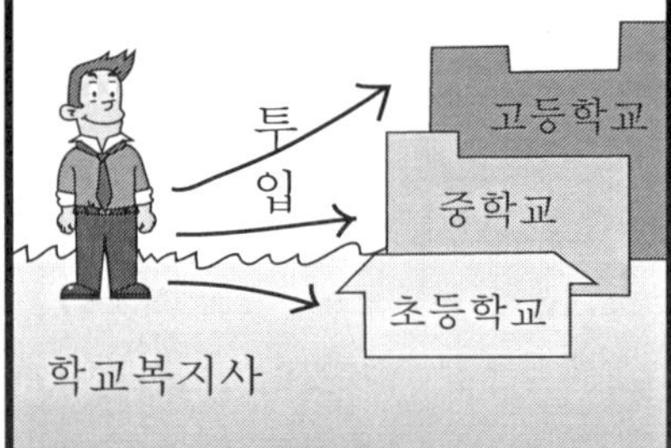
투입
고등학교
중학교
초등학교
학교복지사

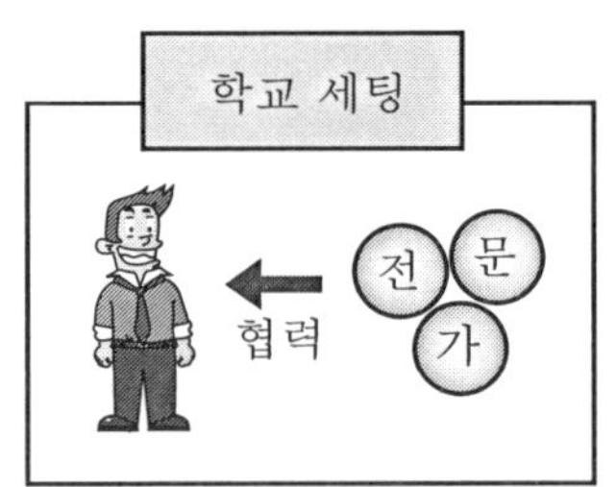
예)사회복지사가 학교 세팅 내에 위치할 경우, 의료사회복지사와 마찬가지로 다른 전문가(선생님)들과의 협력이 필요함.
학교 세팅
협력
전 문 가

이들은 개인이나 집단에게 상담 및 치료서비스를 제공하거나,
개인
진단
상담
서비스

예) 담배를 피는 학생들 대상으로 금연 프로그램을 실시.
이래도 필래?

학생 및 교사의 대변자나 인권옹호자가 되기도 합니다.
교육 평등권을 보장하라!

그 외에도 교정사회복지,

산업복지,

군사회복지 영역이 실천영역에 포함된다.
병영문화개선
요즘은 군대에서도 인터넷이 돼죠.

예) 아동을 대상으로 할 경우에는 아동복지에 대한 이해가 필요하고, 장애인을 대상으로 할 경우에는 장애인복지에 대한 이해가 필요.

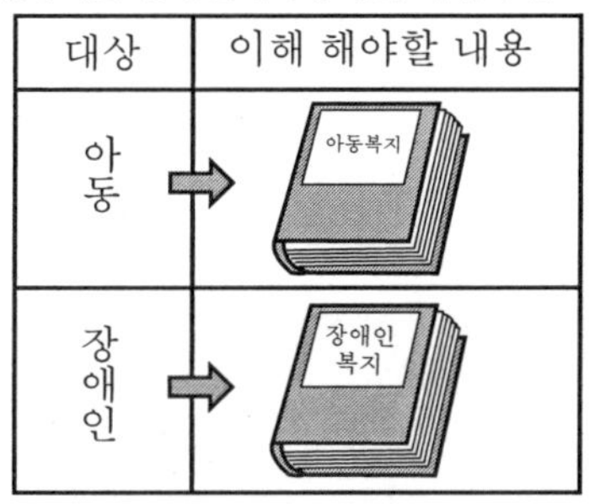

그렇기 때문에 영역별 세부 내용은 전공과목에서 내용을 습득하는 것이 필요하고,

Chapter 4

사회복지 실천기술

1. 사회복지실천기술의 개관
2. 면접기술과 의사소통기술
3. 가족대상 실천기술
4. 집단대상 실천기술
5. 사례관리(case management)

Focus

사회복지사는 공공기관, 사회복지관, 사회복지시설, 상담기관, 병원, 정신건강증진센터, 학교 등의 다양한 실천현장에서 활동하게 되면서 실천영역은 더욱 확대되어가고 있다. 여기서는 여러 분야의 실천 현장에서 다양한 문제를 갖고 있는 클라이언트들을 만나 그들의 문제에 개입하게 될 때 사용되는 사회복지실천기술을 이해하고, 이를 적용하기 위해서 사회복지사가 갖추어야 하는 자세와 과제에 대해서 살펴보도록 한다.

1. 사회복지실천기술의 개관

1) 사회복지실천기술의 개념

사회복지사는 다양한 이론적 이해를 바탕으로 사회복지실천의 목적 달성을 촉진시키기 위한 실천기술을 활용한다. 또한 사회복지실천은 다양한 상황에 처한 클라이언트의 문제 및 욕구에 개입하기 위하여 다양한 종류의 기술을 필요로 하기 때문에 특정한 상황에 적절한 기술을 선택하고 활용하는 능력이 요구된다(이영호, 2008: 15). 사회복지사 사회복지실천에 대한 전문 지식과 건강한 가치체계의 확립은 이러한 전문적인 판단을 위한 전제가 된다. 그러나 사회복지사가 아무리 견고한 지식과 가치를 가지고 있다고 하더라도 클라이언트와 협력적인 작업관계에 투입할 기술이 제대로 갖추어져 있지 않다면 클라이언트가 겪고 있는 어려움을 해결해 나갈 수 있도록 원조해나가는 과정이 제대로 이루어지기 어려울 것이다. 따라서 사회복지사는 개인, 가족, 집단, 지역사회 등과 함께 일 할 때 각 상황에 필요한 실천기술을 잘 익혀야 한다. 그러나 지식과 가치가 뒷받침되지 않은 기법(techniques)의 활용은 전문성 결여는 물론이거니와 클라이언트에게 유익한 업무는 기대할 수 없음을 우선적으로 인식해야 할 것이다.

사회복지실천기술의 정의를 살펴보기 이전에 기술의 사전적 의미를 우선적으로 살펴보면 "학습을 통해서 발달되는 신체적 · 언어적 행동의 복합적 조직이며, 특별한 목표를 지향하거나 특별한 활동에 집중하는 것"이라고 한다(전남련 외, 2009: 17). 사회복지실천기술에 대해 김융일 등(2000: 131)은 "클라이언트(개인, 집단, 지역사회 등)와의 관계 속에서 클라이언트와 관련된 특별한 상황 아래서의 사회사업의 가치와 지식에 근거한 변화를 위한 심리사회적 개입을 할 수 있는 사회복지사의 능력을 의미한다"고 하였고, 전재일 · 이성희(2004) 역시 "클라이이언트와의 관계 속에서 사회복지실천의 가치와 지식에 기초하여 클라이언트와 관련된 특별한 상황의 변화를 위하여 심리사회적 개입을 할 수 있는 사회복지사의 능력을 의미한다"고 하였다. 이영호(2008) 역시 여러 학자들의 견해를 종합하여 "사회복지실천기술은 클라이언트체계(개인, 가족, 집단, 지역사회)와의 관계에서 사회복지실천의 가치와 지식에 기초하여 클라이언트와 관련된 특별한 상황의 변화를 위하여 심리사회적 개입(정서와 환경적 차원의 변화)을 할 수 있는 사회복지사의 능력"을 의미한다고 하였다.

2) 사회복지실천기술의 내용

(1) 사회복지사의 실천지식

사회복지실천에 관한 관점이나 이론적 이해를 돕는 기초지식과 사회복지실천과정에 직접적으로 도움이 되는 전문적인 실천지식으로 나누어 이해할 수 있다. 기초지식에는 인간의 인지, 정서, 행동과 관련된 기초 심리이론과 그 외 사회적 맥락과 바람직한 사회변화에 관한 다양한 관점과 시각을 기르기 위한 심리학, 사회학, 정치학, 경제학, 문화인류학 등의 기초 사회과학의 포괄적 지식을 모두 포함한다(이영호, 2008).

사회복지사에게 필요한 전문지식은 사회복지대상자에 관한 이해로부터 실천과정, 사회정책에 이르기까지 다양하다. 이를 구체적으로 살펴보면 다음과 같다(Jonson et al., 1997; 김혜란 외 2006 재인용)

· 인간행동과 발달에 관한 지식

· 인간관계와 상호작용에 관한 지식 : 의사소통에 필요한 지식

· 실천이론과 모델에 관한 지식

· 특정 분야나 대상집단에 관한 지식 : 군 사회사업이나 새터민 지원, 다문화가정 지원사업 같은 경우

· 사회정책과 서비스에 관한 지식

· 사회복지사 자신에 관한 지식

(2) 사회복지사의 실천기술

사회복지사에게 필요한 주요 실천기술은 클라이언트와의 관계형성이나 의사소통, 물리적 자원이나 정서적 지지를 제공하는 활동에 필요한 기술과 기관의 서비스나 자원 활용을 위한 기술 등을 포함하는 실천능력과 스트레스 관리, 업무량/시간 관리, 조사, 기록, 문제분석과 해결능력 등의 업무수행기술이 포괄적으로 포함된다(이영호, 2008).

이상의 내용을 바탕으로 다음에서는 사회복지실천과정의 기초기술인 면접기술과 의사소통기술에 대해서 살펴보고, 집단, 가족을 대상으로 한 개입기술에 대해 알아보겠다. 그리고 마지막으로 복합적 욕구 문제를 가진 클라이언트에게 지속적으로 포괄적인 도움을 제공하는 실천방법으로 최근 들어 많이 활용되고 있는 사례관리에 대해 간략히 살펴보겠다.

2. 면접기술과 의사소통기술

1) 면접기술

(1) 면접의 준비기술

면접은 사회복지실천에서 매우 중요하다. 사회복지사는 면접을 통하여 의사소통을 촉진하고, 가능케 하고, 문제를 사정하고, 계획을 세우고, 개입하고 서비스를 제공하는 역할을 한다(CCETSW, 1995; 전재일, 2002; 이영호, 2008 재인용). 상담면접은 목적을 가지고 대화하는 것으로 훌륭한 계획과 준비는 성공적인 면접을 보증한다. 그럼에도 불구하고 상담면접 전의 준비단계는 사회복지 실천과정에서 중요한 과정이면서 관심을 받지 못한 부분이다(엄명용 외, 2005).

사회복지사가 면접에 임하기 전에 사회복지사의 태도와 준비사항은 사전 검토(클라이언트의 이전기록과 기본적 배경을 검토), 사전탐색(클라이언트의 의뢰자에게 클라이언트에 대한 정보 수집), 사전협의(수퍼바이저나 동료에게서 조언을 구하는 것), 사전정리(첫 면접을 위해 체계적인 물리적 준비를 하는 것), 사전공감(클라이언트의 느낌이나 상황에 민감하게 반응할 수 있도록 미리 공감), 사전 자기탐색(자기분석의 형태), 철저한 자기관리(사회복지사 개인사정이 서비스전달에 방해가 되지 않도록 하기 위해), 사전계획(면접 전에 면접의 목적과 목표 검토) 등으로 나누어 설명할 수 있다.

(2) 면접의 시작기술

① 시작과 맞이하기 기술

사회복지실천과정에서의 첫 면담은 사회복지사와 클라이언트 모두에게 다양한 감정과 반응을 불러일으킨다. 첫 면담은 이후에 이루어지는 면담 및 관계형성과 서비스 효과에 많은 영향을 줄 수 있기 때문에 중요하다ㅇ 또한 첫 면담을 성공적으로 이끄는 것은 개입이 조기에 종결되거나 중도탈락을 예방할 수 있게 한다.

면접에서 사회복지사는 클라이언트에게 신뢰감 있고 좋은 첫인상을 줄 수 있도록 해야하며, 여기에는 외모나 옷차림에 관한 부분까지 수 있. 첫 면담의 시작은 대부분 비공식적인 대화로 시작하는데 날씨라든지 기관에 찾아오는 과정에서의 어려움과 같은 주제를 택하여 대화를 시작하는 것이 바람직하다. 그리고 면접의 시작 단계에서부터 여러 스트레스와 어려움으로 자존감이 낮아진 클라이언트가 사회복지사와의 전문적 관계 속에서 존중을 경험할 수 있도록 할 수 있어야 한다.

② 면접의 시작단계

이 단계에서 사회복지사는 자기소개, 클라이언트에게 클라이언트 자신 및 동행인에 대한 소개를 요청하기, 첫 면담의 목적 설명, 클라이언트의 역할설명하기, 기관의 정책 및 윤리적 요건에 대해 설명하기, 피드백 요청하기 등과 같은 업무를 수행하게 된다(Cournoyer, 2000; 엄명용 외, 2005 재인용).

2) 의사소통기술

의사소통기술은 사회복지실천의 모든 단계와 모든 형태의 사회복지실천에서 필요한 것으로 이것은 인간의 사회적 관계 모든 측면에 적용된다. 메시지를 보내고 받는 기술이 좋지 않으면 긍정적인 전문적 관계를 맺기 힘들고 성공적인 결과를 맺을 수 없다. 기본적인 의사소통기술은 언어적 의사소통과 비언어적 의사소통으로 나누어지는데, 언어적 의사소통에서는 메시지 전달자는 자신의 메시지가 쉽게 수신되고 오해받지 않는 방법으로 전달되도록 할 책임이 있고, 수신자는 전달자가 의도한 대로 정확하게 메시지를 수신하고 왜곡하지 않아야 한다.

비언어적 의사소통에는 시선접촉, 목소리 어조, 팔과 손의 동작, 신체적 자세, 옷차림과 외모 등이 포함되는데 일반적으로 일상적인 대면적 의사소통의 90%이상이 비언어적인 만큼(이영호, 2008) 매우 중요한 기술이라고 할 수 있다.

효과적인 의사소통기술에는 학자마다 다르게 기술하고 있으나 여기서는 관찰기술, 경청기술, 해석기술, 질문기술 등 몇가지로 나누어 살펴보도록 하겠다(전남련 외, 2009)

(1) 관찰기술

사회복지사는 클라이언트의 비언어적 몸짓으로부터 민감하게 주제에 대한 신호를 알아낼 수 있으므로 신체언어, 처음 꺼내는 말과 종결하는 말의 내용, 화제의 이동, 반복적인 주제의 제시, 불일치 등에 관해서 자세히 관찰하여야 한다.

(2) 경청기술

경청기술은 클라이언트가 하는 말을 주의 깊게 듣는 것 뿐만 아니라 클라이언트의 비언어적 제스처나 자세를 관찰하고 클라이언트가 자유로이 표현할 수 있도록 적극 격려하고, 사회복지사와 클라이언트 양자 간의 대화를 기억하는 것을 모두 포함한다. 이와 관련하여 적극적 경청(active listening)은 경청기술에 더하여 사회복지사가 클라이언트의 메시지를 정확하게 받아들여 이해하고 있음을 끊임없이 클라이언트에게 전달해 줌으로써 클라이언트가 자신이 정확히 이해받고 있다는 생각을 갖도록 하는 행위까지를 포함한다. 따라서 이것은 피드백 과정의 일부라고 볼 수 있다.

(3) 해석기술

해석은 클라이언트의 표현과 행동상황에서 단서를 확보하고 그 결정적인 요인들을 이해하며 그것을 클라이언트가 깨달을 수 있도록 도와주는 방법이다. 즉, 다양한 클라이언트들 사이의 의미, 관계에 대한 설명이나 가정을 하는 것이다. 이러한 해석의 목적은 클라이언트의 함축적인 메시지와 행동사이의 관계를 파악하고, 클라이언트가 다른 견해를 가지고 자신의 행동을 검토해보도록 하기 위함과 동시에 클라이언트의 비효과적인 행동을 더욱 기능적 행동으로 대치하도록 동기화하기 위한 것이다. 그러나 사회복지사가 클라이언트에게 해석기술을 사용하는 것은 매우 조심스럽게 이루어져야 한다. 클라이언트가 사회복지사의 동기를 오해하여 방어적인 반응을 할 수 있으므로 신뢰관계가 형성되어 사회복지사의 좋은 의도를 믿을 수 있을 때가지 기다려야 하며, 사회복지사도 정보를 충분히 확보한 후 해석기술을 사용하여야 한다. 충분한 정보가 없는 너무 이른 해석은 하지 못하는 것보다 못한 결과를 가져온다. 해석은 어디까지나 사회복지사의 추론에 의한 것이므로 틀릴 수 있음을 항상 염두해두고 클라이언트가 해석에 대해 불쾌해하거나 부정적으로 반응하면 실수에 대해 인정하고, 반응에 공감하며 그 주제에 대해 보다 상세히 탐색하고자 하는 논의가 지속되어야 한다.

(4) 질문기술

질문기술은 클라이언트로부터 필요한 정보를 이끌어 내기 위해 가장 많이 사용하는 것으로서 개방형 질문과 폐쇄형 질문이 있다. 개방형 질문은 클라이언트가 자신의 생각대로 질문에 대답하도록 하는 것이고 폐쇄형 질문은 예, 혹은 아니오 등의 구체적인 대답을 구하는 것이다. 개방형 질문은 클라이언트가 자신의 감정을 표현할 기회를 제공해 주기 위해 사용하지만 폐쇄형 질문은 사실적, 구체적인 정보를 얻기 위해 사용한다.

질문을 행함에 있어서 가능하면 피해야하는 질문들의 유형은 폐쇄형 질문, 유도질문, '왜'라는 질문의 사용, 이중 혹은 삼중 질문의 사용, 모호한 질문의 사용, 단순한 호기심에서 나오는 질문 등이 이에 해당한다.

(5) 표현촉진기술

정보를 이끌어내기 위해 클라이언트의 표현을 촉진하기 위해서는 적극적 경청에서 사용되는 기술과 마찬가지로 클라이언트에게 이해하고 있음을 느끼게 하여 지속적으로 말을 하도록 하거나, 클라이언트가 말한 것을 반복하거나 새로운 단어로 바꾸어 재진술하는 것, 클라이언트의 표현을 촉진하도록 가급적 구체적으로 표현하도록 요구하는 것 등이 이에 해당한다.

(6) 초점유지기술

초점을 제공하고 유지하는 기술은 제한된 시간에 최대의 효과를 가져와야 하는 전문적 관계에서 불필요한 방황과 시간낭비를 막아주는 효과적인 기법이다. 주로 논의의 내용이 반복되거나 핵심에서 벗어나 있는 경우 등에 사용된다.

(7) 직면기술

해석과 마찬가지로 클라이언트의 자기인식을 증진시키고 변화를 촉진시키기위한 것으로 클라이언트의 감정, 행동, 사고 등에서 모순적이거나 일치하지 않는 면을 지적하는 것이다. 이것을 받아들일 준비가 되어 있지 안흔 클라이언트에게는 방어적인 반응을 일으킬 수 있기 때문에 세심하게 사용되어야 한다.

(8) 그 외 기술

의사소통기술에는 지금까지 살펴본 것 외에도 정보제공기술, 라포형성과 관계형성 기술, 명료화 기술, 요약기술, 종결기술 등이 있는데 그 간략한 내용은 다음과 같다. 첫째, 어떤 문제에 대해 클라이언트가 가능한 대안을 찾도록 돕기 위해서 이루어지는 정보제공기술이 있다. 둘째, 라포형성과 관계형성기술이다. 이것은 클라이언트가 사회복지사의 개인성 및 전문성에 신뢰감을 갖는 것에서부터 시작한다. 이를 위하여 클라이언트에 대한 존경, 수용, 신뢰로운 분위기, 공감적 이해, 진실성과 믿음 등이 이루어져야 한다. 셋째, 명료화기술이다. 이 기술은 클라이언트가 한 말을 사회복지사가 보다 이해하기 쉬운 말과 생각으로 정리하는 것으로 클라이언트가 겪고 있는 가장 중요한 문제나 어려움을 파악하고, 확인하고, 순위를 정할 때 사용된다. 넷째, 요약기술은 지금까지 클라이언트가 한 말의 내용과 그 속에 담겨 전해진 감정들을 전체적으로 묶어 정리하는 것을 의미한다. 마지막으로 종결기술은 원조관계를 무리 없이 종료하는데 사용되는 기술로 상당한 기술이 요구된다. 따라서 종결을 위한 준비는 면담초기에 계획해야 하며, 클라이언트가 종결을 준비하도록 돕기 위해 사회복지사는 초기단계부터 종결날짜에 대해 명확히 해주고 실제 종결 몇 주 전에 종결에 대해 인식시켜 주어야 한다.

3. 가족대상 실천기술

가족을 대상으로 사회복지실천을 하기 위해서는 가족을 하나의 체계로 이해하는 관점과 가족의 생애주기, 가족의 문화, 가치 관계 유형 등 세대간 전승을 이해하는 관점 등 가족에 대한 이해를 위한 기본적인 이론적 배경을 충분히 이해해야할 필요가 있다. 그러나 여기서는 지면의 한계상 이러한 이론적 내용은 세부적으로 다루지 않고 가족에 대한 개입기술을 간략히 살펴보기로 한다.

1) 가족개입의 초기단계에 적용되는 실천기술

(1) 관계형성 기법

개인, 가족, 집단에 대한 개입 어떤 종류이든 상관없이 개입의 초기단계에서 사회복지사와 클라이너트간의 관계를 형성하는 것은 매우 중요하다. 사회복지사가 클라이언트의 가족과 일할 위치를 찾고 새로운 체계, 치료적 체계를 형성하기 위해 합류 기법(joining)을 사용한다.

(2) 가족사정

가족사정을 하는 이유는 가족의 욕구와 문제를 파악하고 가족의 강점과 자원을 활용함으로써 가족의 목표를 달성하도록 지원하기 위해서이다. 가족에 대한 사정은 가족이 제시하는 문제, 생태학적 사정, 세대간 사정, 가족내부에 대한 사정으로 이루어진다(Hartman and Laird, 1983; 전남련 외, 2009 재인용). 가족사정을 위해 활용되는 도구로는 가계도와 생태도가 있다.

2) 가족개입의 중간단계에 적용되는 실천기술

(1) 환경적 개입

사회복지사가 가족의 사회환경을 변화하기 위하여 존재하지 않는 자원과 지지를 개발, 활성화 하며, 이를 위해 옹호자 역할을 수행한다.

(2) 세대간/가족간 변화를 위한 개입

여기에 해당하는 대대수의 기법들은 가족에 대한 미시적 실천 기법인 가족치료 기법에 기원을 두고 있다. 보웬의 가족치료, 정신역동적 가족치료, 경험적 가족치료, 구조적 가족치료, 전략적 가족치료, 해결중심 가족치료 등이 이에 해당하며, 이 각각의 치료적 기법은 많은 시간과 수련과정을 거쳐 습득될 수 있다. 사회복지들이 이러한 기술에 대해 익숙해 지기 위해서는 많은 노력이 필요하다.

가족세대간 혹은 가족 내부를 변화하기 위한 개입기술과 기법에 해당하는 내용은 탈삼각화 기법, 가족조각, 가족그림, 경계만들기 기법, 균형 깨뜨리기, 역설적 지시, 순환적 질문기법, 재구성(재명명) 기법, 긍정적 의미부여, 기적질문과 예외질문, 문제의 외현화, 역할연습 등이 이에 해당한다.

(3) 가족개입의 종결단계에 적용되는 실천기술

가족개입 종결시기에는 개입을 통한 가족구성원들의 변화를 확인하고, 가족이 변화를 유지할 수 있도록 지원하며, 필요한 경우 사후면접을 계획한다.

4. 집단대상 실천기술

사회복지사는 개인, 가족, 집단, 지역사회 등의 다양한 대상에 전문적인 지식과 기술을 적용하여 개입을 시도하고, 변화를 이끌어내고자 한다. 집단은 그 대상 중의 하나로 적어도 두 사람 이상이 공통된 목표나 비슷한 인지적 · 정서적 · 사회적 흥미나 관심을 갖고 반복적으로 모여 서로에게 영향을 주고 함께 기능할 수 있는 규범을 만들고 집단적 활동을 하기 위한 목표와 응집력을 발달시키는 모임(전남련 외, 2009: 355)이라 볼 수 있다. 집단의 종류는 학자에 따라 다양하게 나누고 있는데 Toseland와 Rivas는 지지집단, 교육집단, 성장집단, 치료집단, 사회화집단 등이 있다. 이러한 집단 개입단계별로 사회복지사의 실천기술은 다음과 같다(김혜란 외, 2006).

1) 준비단계

이 단계에서는 집단의 목적, 잠재적 성원의 모집과정, 집단의 구성, 집단의 지속기간과 회합의 빈도, 물리적 환경, 기관의 승인등이 결정되어야 한다.

2) 집단의 초기단계

집단의 초기단계에서는 집단구성원들이 공통적인 기초를 발견할 수 있도록 도와주기 위해서 사회복지사가 개방적이고 솔직한 의사소통을 촉진시키고, 집단의 신뢰로운 분위기를 확립시켜야 한다. 이 때 집단성원의 소개, 집단목적의 소개, 집단성원의 역할소개 등이 이루어진다.

3) 집단과정에 대한 사정

이 과정에서는 클라이언트에 대한 정보를 수집하고 조직화하여 판단하는 것으로 개별성원에 대한 사정과 전체집단에 대한 사정이 이루어진다.

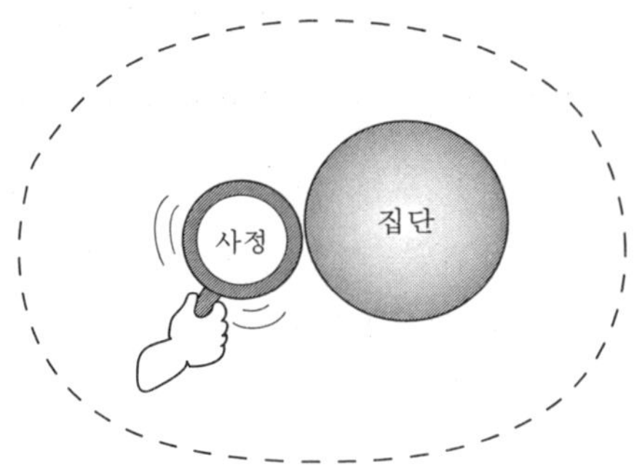

4) 집단의 중간단계

집단의 중간단계에서는 성원 간에 친밀감과 상호공유가 증가하고 집단응집력이 증가한다. 이 단계에서는 집단회합의 준비, 집단의 구조화, 성원의 참여와 권한부여, 성원의 목적성취원조, 저항적인 성원의 독려, 모니터링 등의 과업을 수행해야 한다.

5) 집단의 종결단계

집단과정의 마지막 단계에서 사회복지사의 주요 과업은 집단을 성공적으로 종결하는 것이다. 불만족스러운 종결이 이루어졌을 경우 그 사유에 대해 이해해야 하며, 집단개입과정에서 이루어진 집단의 변화노력이 유지되고 일반화될 수 있도록 도와주어야 한다. 도한 종결에 대한 감정을 처리하고, 미래에 대해 계획 세울 수 있도록 집단구성원을 원조하여야 한다.

이상으로 본 장에서는 간략히 사회복지실천기술에 대해 살펴보았다. 사회복지실천에서의 기본적이고 핵심적인 기술인 의사소통기술과 면접기술, 그리고 가족, 집단 개입기술에 대해 다루어보았다. 사회복지실천기술은 사회복지사가 사회복지실천을 하는데 있어서 핵심적 도구이다. 따라서 이 내용을 자세히 숙지하는 것은 사회복지 교육과정에서 무엇보다 중요하다. 본 장에서는 사회복지실천기술을 개괄적으로 소개하는 것에 그치고 있으므로 보다 자세한 내용은 전공 수업을 통하여 습득할 수 있어야 할 것이다.

5. 사례관리(case management)

사례관리는 다양하고 복합적인 문제를 가진 클라이언트가 자신의 문제를 스스로 해결하기 위한 자원을 지니고 있지 않거나, 가지고 있는 자원을 활용할 능력이 부족한 경우 클라이언트의 문제와 욕구를 해결할 서비스를 발굴, 연계, 조정하여 클라이언트에게 지속적이고 포괄적인 도움을 제공하는 실천방법이다. 사례관리는 전통적 사회복지방법과 전혀 다른 형태의 방법론이 아니라 개별적 · 직접적 실천과 지역사회실천을 통합한 형태라고 할 수 있다.

1) 등장배경

사례관리가 등장하게 된 배경에 대하여 Moxley(1989)는 첫째, 탈시설화 정책의 도입과 지역사회에 기초하는 재가복지 프로그램의 확대 실시되게 되었다는 점, 둘째, 대인복지서비스가 중앙집권적인 서비스에서 지방분권적으로 전달되어 사회복지서비스의 공급주체가 중앙정부에서 지방정부로 이동되었다는 점, 셋째, 클라이언트의 욕구가 복합화 되어 가는데 반해 기존의 사회사업의 단일 서비스 체계는 복합적인 욕구를 가진 클라이언트 문제에 대응하는 것이 어려워 졌다는 것을 인식, 넷째, 기존 대인복지 서비스의 대부분이 범주적으로 분류되고 자원과 자격요건 측면에서 서비스 공급주체의 다원화 요구와 동시에 서비스의 단편성과 범주적인 분류에서 벗어나 상호작용할 수 있도록 하는 사례관리의 필요성이 대두되었다는 점, 다섯째, 사회적 지원체계와 지원망의 중요성에 대한 인식이 증가하였다. 마지막으로 대인복지 서비스에 있어서 비용억제의 필요성과 서비스 효과성, 책임성에 기초하여 서비스의 중복에 대한 점검의 필요성 및 서비스 전달효과의 극대화에 대한 관심이 증대됨으로 인한 것으로 설명하고 있다(김만두 역, 1993: 30-37).

2) 정의

사례관리에 대한 명백한 사회적인 합의는 아직 이루어지지 못한 단계로 아직 이론적인 토대가 합의에 이른 것은 아니지만 현장에서 사례관리는 다양한 영역에서 사용되고 있다. Moxley(1989)는 "사례관리란 대인서비스, 기회 및 급부에 대한 조정을 증진하기 위한 클라이언트 수준의 전략이며, 선정된 사례관리자 또는 전문가 팀이 복합적인 욕구를 지닌 클라이언트의 복지와 기능화를 최대화하기 위해 고안된 활동 및 공식적 비공식적 지원망을 조직하고, 조정하며, 유지하는 것"이라고 말하고 있으며, Rothman(1991)은 "사례관리란 정신보건, 노인, 아동복지, 보건 및 발달장애 등과 같은 대인서비스 분야에 영향을 미치는 실천방식이며, 지역사회 내에 거주하는 만성적 또는 심하게 손상된 클라이언트에게 다양하고 지속적인 보호를 제공하는 수단"이라고 주장하고 있다. 이것은 지역사회에 거주하는 클라이언트에 대한 개별화된 조언, 상담 및 치료를 제공하며, 서비스 및 지지를 필요로 하는 클라이언트와 지역사회기관 및 비공식적인 원조망을 연결시키는 두 가지의 주요한 기능을 지니고 있다.

3) 사례관리의 목적

사례관리의 목적은 특별한 지지와 격려가 필요한 사람들에게 지역사회에서 지속적인 생활을 보장하기 위한 공식, 비공식 지지망과 자원을 활용하고 확대할 수 있게 해주는 것으로 구체적인 목적은 다음과 같다(김만두, 1993: 68).

첫째, 대인서비스와 사회적 지지들을 이용가능하게 하고 접근 가능하게 하는데 있어서 되도록 클라이언트의 능력과 기술을 증진시킨다. 둘째, 클라이언트의 복지와 기능화를 증진하는데 있어서 관련 대인서비스 제공자와 사회적 지원망의 능력을 발전시키는 것이다. 셋째, 효율적 서비스 전달을 달성하기 위해 노력하는 가운데 서비스의 효과성을 증진시키는 것이다. 이 외에도 환경에 대한 도전을 충족시키기 위해 각 개인의 잠재가능성을 개발하고 그 활용을 극대화 시키는 것, 가족들과 일차적 집단들의 보호능력을 극대화 시키는 것, 일차적인 보호자원들과 보호의 공적체계들의 통합, 개인들과 일차적 집단들의 욕구를 충족시키기 위한 공적보호체계 내에서의 능력의 극대화 등을 들 수 있다(오혜경, 1995).

4) 사례관리의 기능

사례관리의 기능들은 단순히 실천가들에 의해 수행되는 활동들의 분류이다. 구체적으로 제시하면 다음과 같다(오혜경, 1995: 56).

① 환경으로부터의 도전들을 충족시키는 개인능력의 사정, 즉 지역사회 내에서 클라이언트에게 개별화된 충고, 상담, 치료의 제공, 그리고 클라이언트와 지역사회기관이나 비공식적 원조망에서 제공되는 필요한 서비스나 지지와의 연결활동

② 개인의 가족과 일차집단의 보호능력에 대한 사정활동

③ 공적 보호체계내에서 자원들에 대한 사정활동

④ 개인이 가지고 있는 사적자원들을 환경적 조건을 충족시키는데 사용할 수 있도록 돕는 활동

⑤ 가족과 일차집단들이 그들의 관리능력을 높일 수 있도록 돕는 활동

⑥ 가족 혹은 일차집단들과 공적 서비스 제공자로 부터의 자원확보를 위한 효과적인 협상활동

⑦ 개인이 가족 혹은 일차집단과 공적보호체계 등으로 부터의 지지에 대한 적절성에 대한 평가

⑧ 가족 혹은 일차집단의 노력이 공적보호체계의 서비스와의 연계범위를 평가하는 일 등을 포함한다.

그러나 현재 사례관리에 대하여 구체적으로 체계화하기 위한 조사연구가 실시되고 있긴 하나 연구결과가 큰 성과를 거두고 있지 못한 실정이며, 사례관리의 다양한 역할과 기능을 일관성 있게 체계화하여 형성한 구체적인 실천모델은 아직 정립되고 있지 못하다.

이상에서 간략히 개인, 집단, 가족을 대상으로 하는 사회복지실천기술에 대해서 간략히 살펴보고, 마지막으로 사례관리에 대해서 살펴보았다. 이 장에서는 사회복지실천에서의 핵심적인 전문적 기술에 대해서 다루어봄으로써 예비 사회복지사로서 사회복지실천에 대한 감각을 높일 수 있도록 하였다.

참고문헌

김융일 · 조흥식 · 김연옥. 2000. 『사회복지실천론』 나남출판

김만두 역. David P. Moxley 저. 1993. 《사례관리실천론》, 홍익제.

이영호. 2008. 『사회복지실천기술론』 공동체.

전남련 · 신재명 · 이권일 · 김상조. 2009. 『사회복지실천기술론』 학현사.

전재일 · 이성희. 2004. 『사회복지실천기술론』 형설출판사.

김혜란 · 홍선미 · 공계순. 2006. 『사회복지실천기술론』 나남출판.

엄명용 · 노충래 · 김용석. 2005. 『사회복지실천기술의 이해』 학지사.

오혜경. 1995. "사회사업실천의 사례관리 모델: 사례관리과정 중심" 《사회과학연구》 제11권, 가톨릭대학교 사회과학연구소.

Johnson, L., C. Schwaryz, and D. Tate. 1997. Social Welfare: A response to human need. Needham Heights, MA: Allyn & Bacon.

Hartman, A. and J. Laird. 1983. Family-centered social work practice. New York: Free.

Toseland, R. W. and R. F. Rivas. 2001. An introduction to Group Work Practice. 4th ed. Needhan Heights. MA: Allyn and Bacon.

만화로
다시 정리하기

사회복지사는 다양한 실천현장에서 활동하고 있고, 그 영역은 더욱 확대되고 있습니다.

예) 공공기관, 사회복지관, 사회복지시설, 상담기관, 병원, 정신건강증진센터, 학교 등.

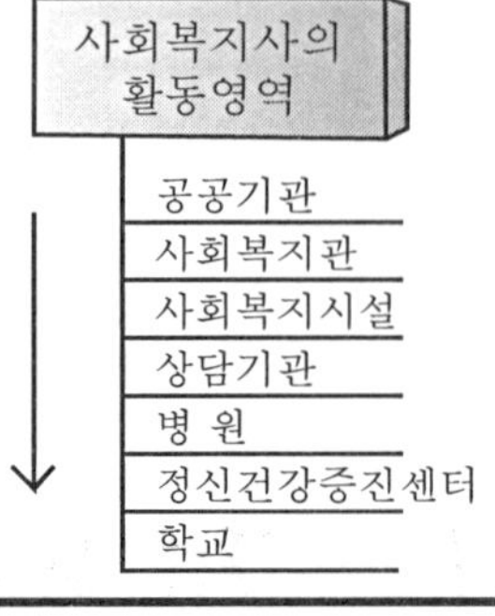

그렇다면 다양한 문제를 가지고 있는 클라이언트를 만나서 그들의 문제에 개입하게 될 때 필요한 것은 무엇일까요?

사회복지실천기술론을 통해서 사회복지사 가 갖추어야 하는 자세와 과제를 살펴보도 록 하겠습니다.

사회복지실천에 대한 전문 지식과 건강한 가치체계의 확립은 전문적인 판단을 위한 전제가 됩니다.

이와 함께 클라이언트와 협력적인 관계에 투입할 기술이 가지고 있어야 합니다.

즉, 사회복지사는 개인, 가족, 집단, 지역사회와 함께 일 할 때 각각의 상황에 필요한 실천기술을 익혀야 합니다

즉, 개인, 가족, 집단, 지역사회에는각각에 적합한 실천기술 있습니다.

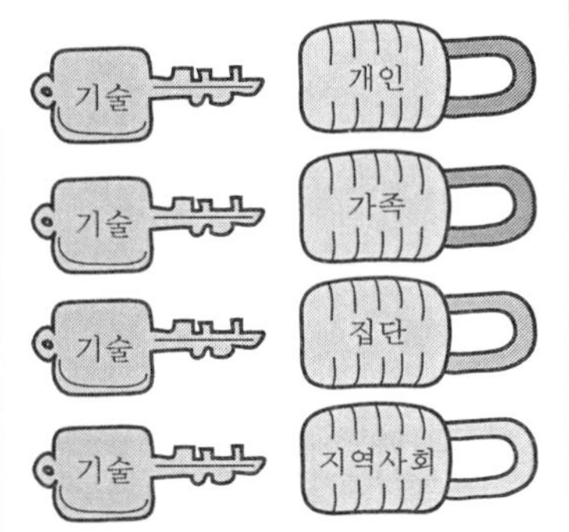

그렇다면 사회복지실천기술이라는 용어 중 '기술'이 의미하는 것은 무엇일까요?

사전적 의미에서『기술』은 '학습을 통해서 발달되는 신체적・언어적 행동의 복합적 조직이며

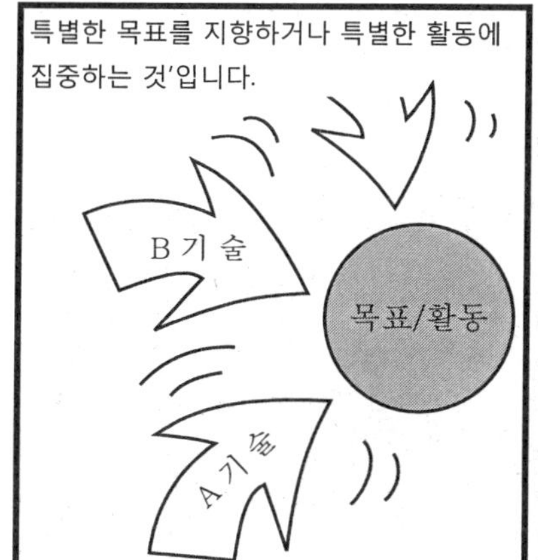

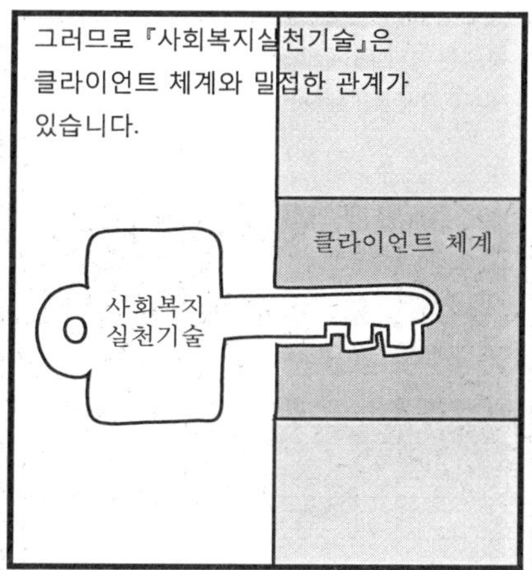

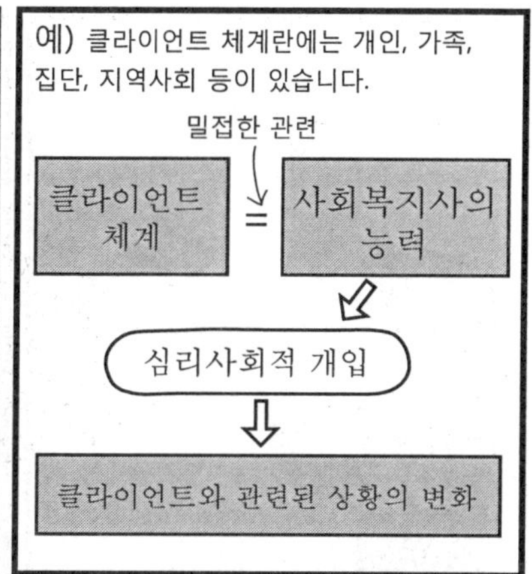

이는 사회복지실천의 가치와 지식에 기초하여, 클라이언트와 관련된 상황의 변화를 위하여 심리사회적 개입을 할 수 있는 사회복지사의 능력을 의미합니다.

예) 심리사회적 개입이란? 정서와 환경적 차원의 변화를 의미함.

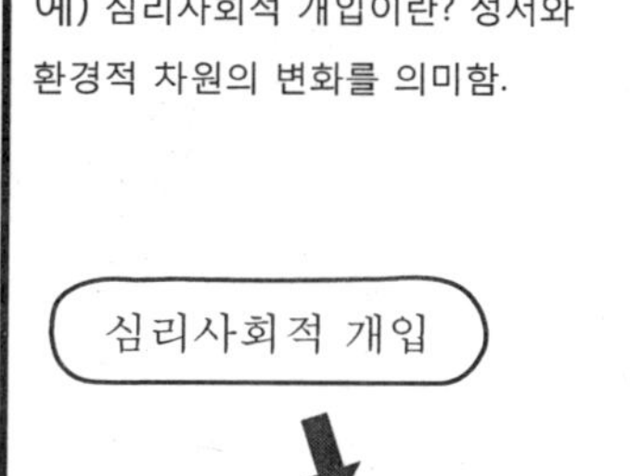

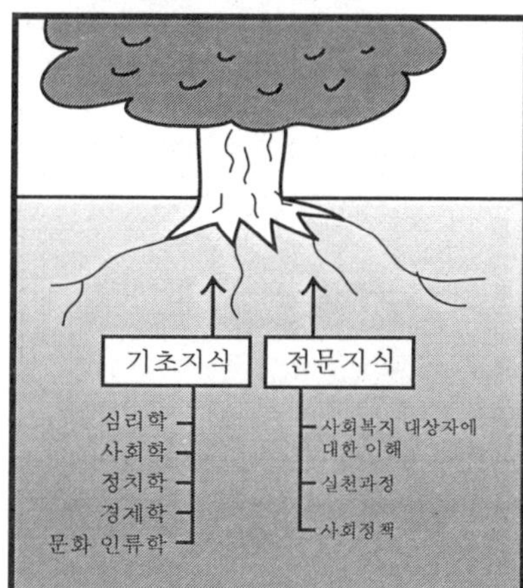

예)기초지식이란? 심리학, 사회학, 정치학, 경제학, 문화인류학 등이 있음.

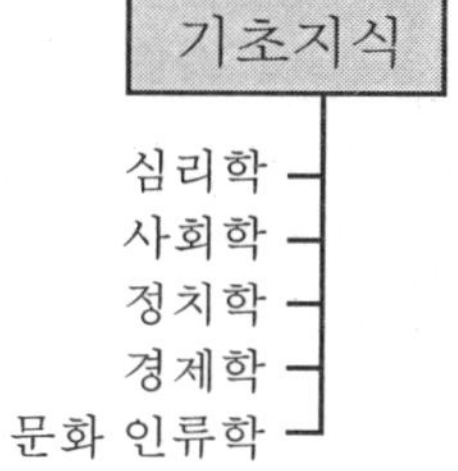

전문지식으로는 사회복지대상자에 관한 이해로부터, 실천과정, 사회정책 등이 있음.

- 전문지식
  - 사회복지 대상자에 대한 이해
  - 실천과정
  - 사회정책

실천이론과 모델에 관한 지식,

특정분야나 대상집단에 관한 지식,
: 다문화가정 지원사업

사회정책과 서비스에 관한 지식,
: 바우처사업과 서비스,
사회보험, 의료정책 등

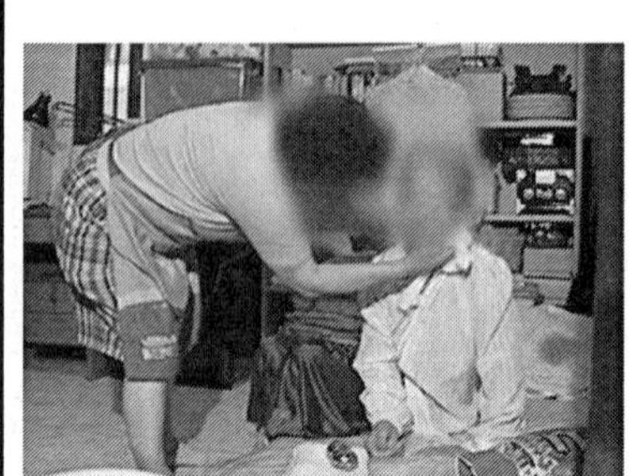

사회복지사 자신에 관한 지식,

사회복지사의 실천기술은 클라이언트와의 관계형성이나 의사소통 기술,

사회복지사

클라이언트

의사소통
관계형성

물리적 자원이나 정서적 지지를 제공하는 활동에 필요한 기술,

기관의 서비스나 자원 활용을 위한 기술,

기관

서비스 활용법

지원 활용법

업무수행 기술 등이 포괄적으로 포함됩니다.
예) 스트레스 관리, 업무량/시간 관리, 조사, 기록, 문제분석과 문제해결능력.

업무 수행기술
- 스트레스 관리
- 업무량/시간 관리
- 조사,기록
- 문제분석/문제해결

사회복지사가 실천지식과 실천기술을 가지고 있다면, 어떠한 과정으로 클라이언트의 문제와 상황들에 개입할 수 있을까요?

그 과정에 대해서 살펴보겠습니다.

클라이언트가 자신의 문제를 해결하고자, 사회복지사를 찾아왔습니다.
이 경우, 우리(사회복지사)는 어떻게 해야 할까요?

일단
앉으세요.

예) 대부분의 경우, 기관을 찾아온 목적에 대해 질문함

이것이 면접의 시작이라고 할 수 있습니다. 사회복지사는 면접을 통하여 클라이언트와 의사소통을 촉진할 수 있고,

(사회복지사의 개입과정)

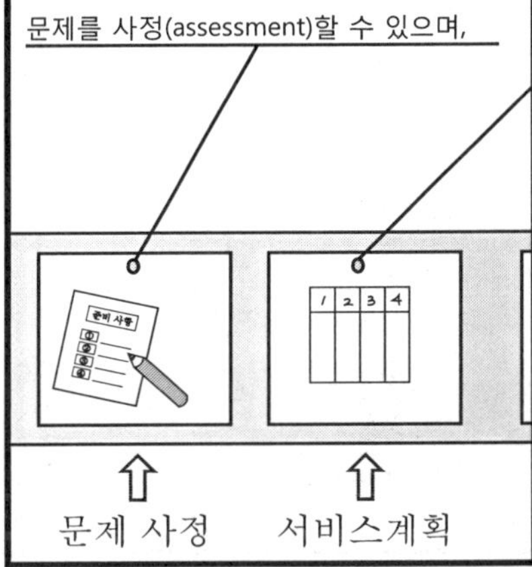

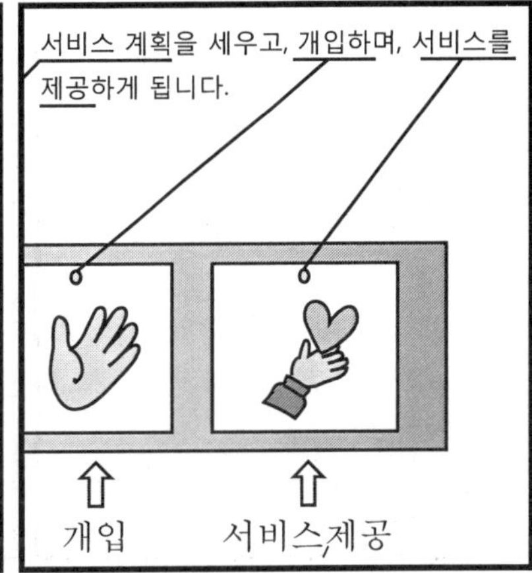

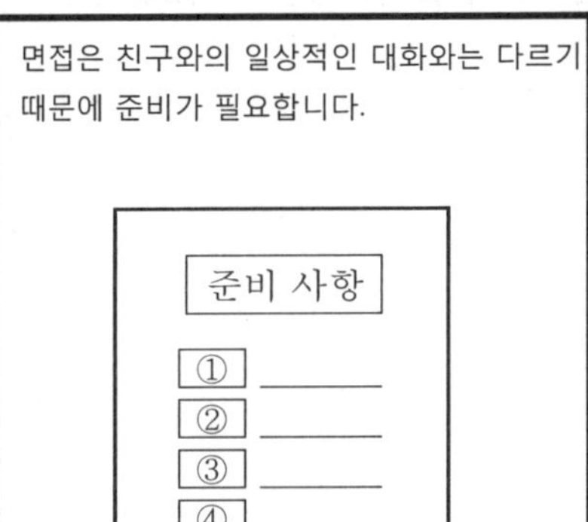

사전 공감: 클라이언트의 느낌이나 상황에 민간하게 반응할 수 있도록 미리 공감.

①미리공감

이런 사연이 있었군요.

사연

사전 자기 탐색 및 철저한 자기관리

예) 사전 자기 탐색: 자기분석의 형태

사전계획 등으로 나누어 설명할 수 있습니다.

예) 면접 전에 면접의 목적과 목표 검토

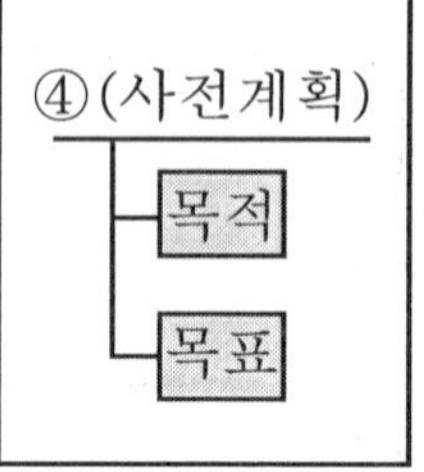

첫 면담을 통해서 사회복지사와 클라이언트는 관계를 형성하고, 서비스 효과에 영향을 줄 수 있기 때문에 중요합니다.

첫면담 ┌ 관계형성 ↓ └ 서비스효과에 영향

만약, 첫 면담에 실패한다면. 클라이언트에게 대한 개입이 조기에 종결되거나, 중도탈락 될 수 있습니다.

첫 면담에서 사회복지사는 클라이언트에게 신뢰감과 좋은 인상을 주어야 합니다.

예) 외모나 옷차림에 관한 부분까지도 포함

첫 면담

(비공식적인 대화로 시작)

네, 갑자기 추워진 날씨 때문에 감기에 걸렸어요. 복지관은 찾기가 쉽더군요.

첫 면담을 비롯하여 원만한 의사소통을 위해서는 의사소통 기술이 필요합니다.

의사소통 기술

의사소통 기술에는 언어적 의사소통과 비언어적 의사소통이 있습니다.

의사소통
- 언어적 의사소통
- 비언어적 의사소통

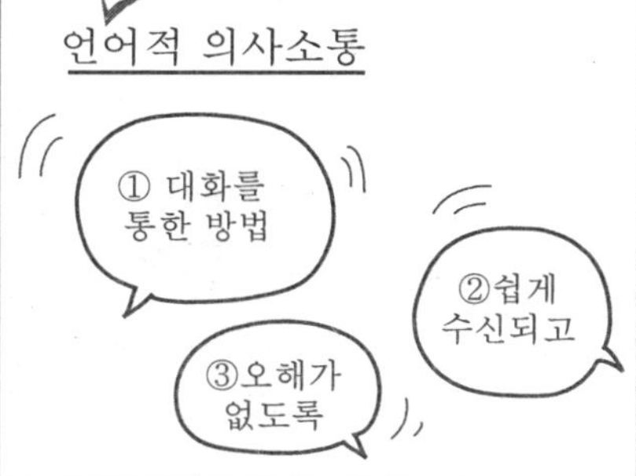

비언어적 의사소통이란?
시선접촉, 목소리 어조, 제스쳐, 태도, 표정 등

비언어적 의사소통
- 시선
- 목소리 어조
- 제스쳐
- 태도
- 표정

일상적인 대면적 의사소통의 90%이상이 비언어적인 의사소통에 의해 이루어집니다.

효과적인 의사소통기술이 있을까요? 학자마다 다르게 기술하고 있지만, 몇 가지 기술들을 살펴보도록 하겠습니다.

관찰하기
사회복지사는 클라이언트의 비언어적 몸짓에서 주제에 대한 신호를 알아낼 수 있습니다.

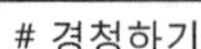

예) 신체언어, 반복적인 주제의 제시, 처음 꺼내는 말과 종결하는 말의 내용 등

비언어적 몸짓
- 신체언어
- 반복적인 주제의 제시
- 처음 꺼내는 말
- 종결하는 말

경청하기
클라이언트가 하는 말을 주의 깊게 듣기

이와 함께 사회복지사는 클라이언트가 자유롭게 이야기할 수 있도록 격려하고, 양자 간의 대화를 기억하기

특히, 적극적인 경청(active listening)은 사회복지사가 클라이언트의 메시지에 대하여 이해하고 있음을 클라이언트에게 전달해 주는 것입니다.

예) 클라이언트가 이야기하는 중간 중간에, '아~ 그러시군요, 힘드셨겠습니다' 등의 이야기를 하는 것.

사회복지사가 적극적인 경청을 하게 되면,

클라이언트는 사회복지사가 이야기에 관심을 가지고 있고 집중을 하고 있다는 것을 알게 됩니다.

해석기술
해석은 클라이언트의 표현과 행동에서 단서를 확보하여 결정적인 요인들을 이해하는 것입니다

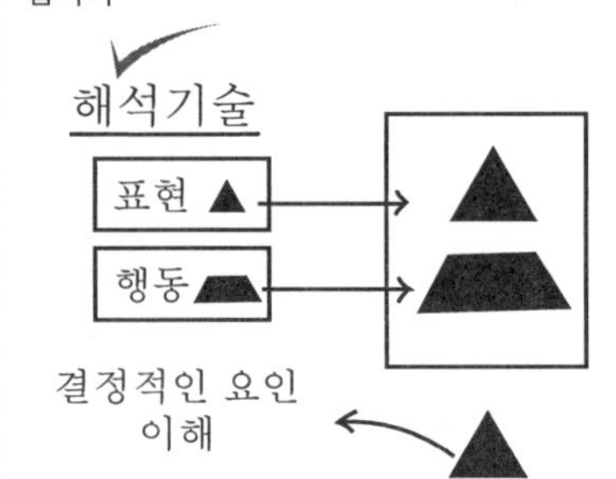

클라이언트의 함축적인 메시지와 행동 사이의 관계 파악

클라이언트가 다른 관점에서 자신의 행동을 검토하게 함

그러나 해석기술을 사용할 때는 매우 조심해야 합니다.클라이언트가 사회복지사의 동기를 오해하여 신뢰관계가 파괴될 수 있으니까요.

뭐야 놀리는 것도 아니고!!

그러므로 사회복지사는 충분한 정보를 확보한 뒤 해석기술을 사용해야 합니다.

또한 해석은 사회복지사의 추론에 의함 것임으로 틀릴 수 있습니다.

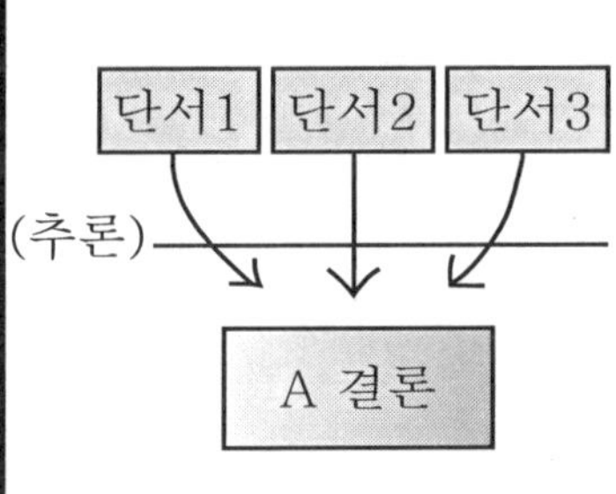

해석에 대하여 클라이언트가 불쾌할 경우, 사회복지사는 자신의 실수에 대하여 인정하는 것이 필요합니다.

질문기술

클라이언트로부터 필요한 정보가 있을 경우 많이 사용하는 방법입니다.

개방형 질문은 클라이언트가 자신의 생각대로 대답하게 하는 것입니다. 예 또는 아니요로 대답하게 해서는 안됩니다.

폐쇄형 질문은 예 또는 아니오 라고 대답할 수 있는 질문으로, 구체적인 정보를 얻기 위해 사용합니다.

자활사업 프로그램에 참여하고 있습니까?

예.

예 또는

사회복지사가 클라이언트에게 피해야 하는 질문유형이 있나요?

예) 유도질문, '왜'라고 묻는 질문, 이중/삼중 질문, 모호한 질문, 단순한 호기심에 하는 질문

피해야 할 질문유형

- '왜' 라고 묻는 질문
- 이중 삼중 질문
- 모호한 질문
- 호기심에 하는 질문

표현촉진기술
클라이언트가 구체적으로 표현하도록 요구하는 기술입니다.
누가
언제
무엇을
이대로 얘기해보세요.

저는 자활프로그램에 참여하고 있습니다.
어디서 실시하고 있는 어떤 자활프로그램에 참여하고 있으신지 말씀해 주시겠어요?

네. 저는 ××복지관에서 실시하고 있는, 아픈 사람들 돌보는 프로그램에 참여하고 있어요.
클라이언트

'간병서비스 프로그램'에 참여하고 있다는 것을 새로운 단어로 재진술함.
아~ OO씨는 ×× 복지관에서 실시하고 있는 간병서비스 관련 자활프로그램에 참여하고 있으시군요.

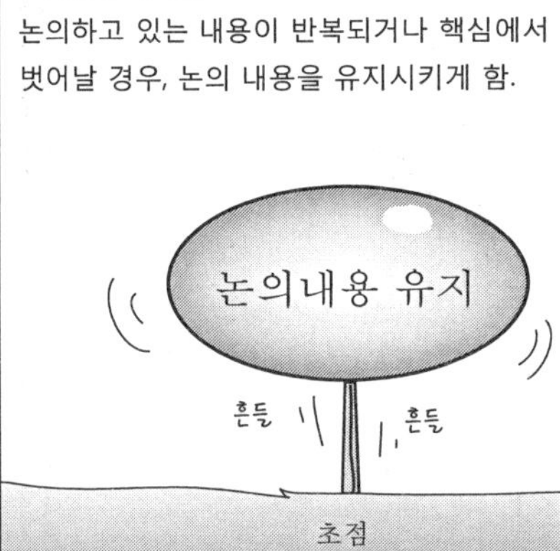

초첨유지기술
논의하고 있는 내용이 반복되거나 핵심에서 벗어날 경우, 논의 내용을 유지시키게 함.
논의내용 유지
흔들
흔들
초점

직면기술
클라이언트의 감정, 행동, 사고 등에서 일치하지 않는 부분을 지적해 줍니다.
저는 좋은 대학에 가고 싶어요.
좋은 대학에 가려면 공부를 열심히 해야하지 않을까요? 그런데 ㅇㅇ씨는 공부는 하지 않고 놀기만 하네요?

그러나 클라이언트가 준비되지 않은 상황에서 사회복지사가 상황을 직면시키게 되면 방어적인 반응을 일으킬 수 있기 때문에 주의해서 사용해야 합니다.
공부!
공부!
지긋 지긋해~

그 외 기술들
정보제공기술: 클라이언트가 정보를 찾도록 정보를 제공함.
이런 소식이 있던데요...
정보

라포형성과 관계형성 기술: 클라이언트가 사회복지사의 개인성 및 전문성에 신뢰감을 갖는 것에서 시작됨.
사회복지사
정말 믿음직해요~
클라이언트

명료화기술: 클라이언트가 한 말을 사회복지사가 쉬운 말과 생각으로 정리
x는 y+z 이고 현대사회는....
생활자금이 바닥났다구요?

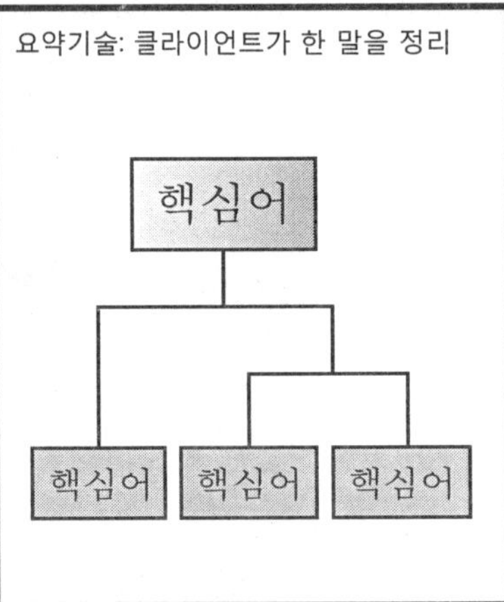

요약기술: 클라이언트가 한 말을 정리
핵심어
핵심어
핵심어
핵심어

종결기술: 원조관계를 종료하는 기술로, 면담초기부터 계획되어야 합니다. 는 고
원조

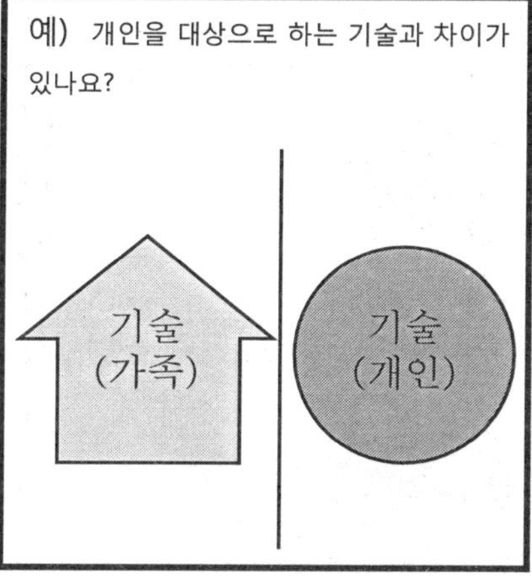

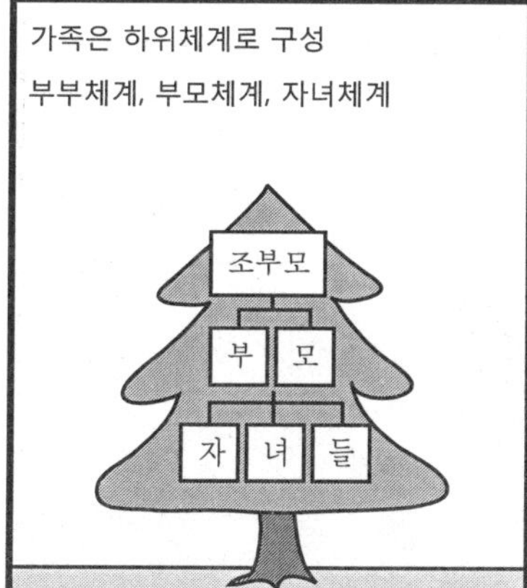

또한 가족의 생애주기, 가족의 문화, 가치 관계 유형등 가족에 대한 이해를 위하여 기본적인 이론적 배경을 이해하는 것이 필요합니다.

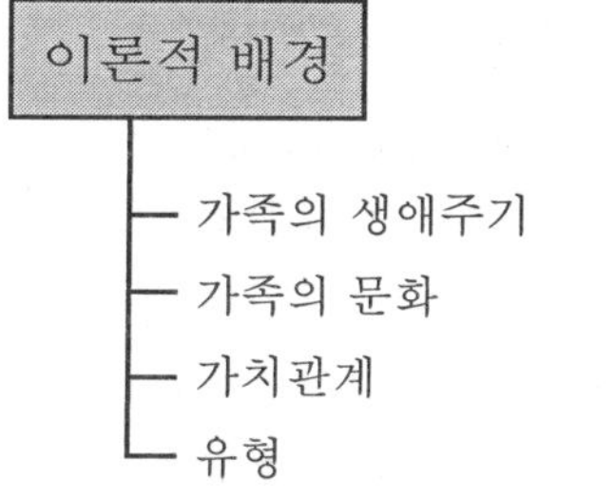

가족개입의 초기단계에 적용되는 실천기술에 대해서 알아보겠습니다. 개인과 마찬가지로 초기단계에서는 관계형성을 해야 합니다.

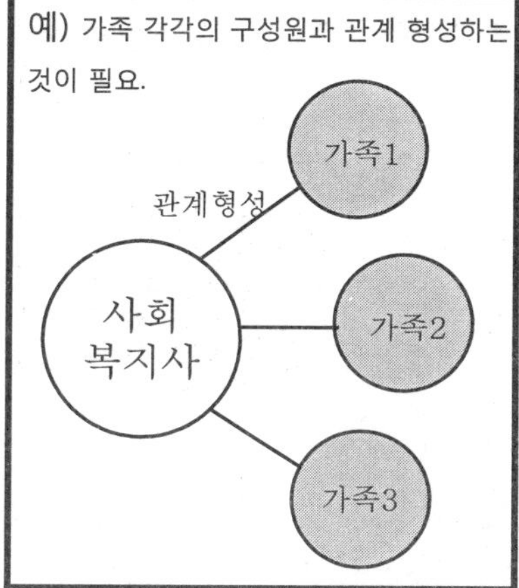

관계를 형성한 이후에는 가족사정을 해야합니다. 가족사정의 목적은 가족의 욕구와 문제를 파악해야 합니다.

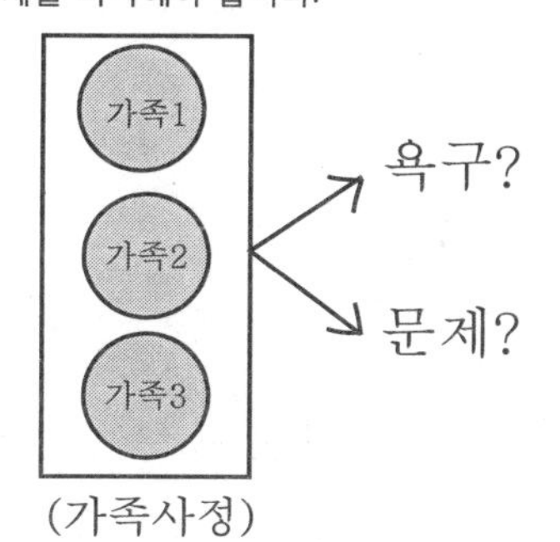

즉, 부친의 알코올 문제로 인하여 고통받고 있는 가정의 경우, 부친, 모친을 비롯하여 자녀들의 욕구를 파악하고, 부친의 문제를 파악하는 것이 필요합니다.

가족의 강점과 자원을 활용함으로써
가족의 목표를 달성하도록 지원하기
위한 것입니다.

(가 족)
강점
자원
목표
달성

예) 부친은 알코올 문제를 가지고 있지만,
문제를 해결하고자 하는 의지가 있고,
가족들 역시 문제 해결을 위하여 적극적임.

가족사정은 생태학적 사정, 세대 간 가정,
가족내부에 대한 사정 등으로
이루어집니다.

가족사정
- 생태학적 사정
- 세대간 사정
- 가족내부에 대한 사정

이를 위해 활용되는 도구로는 가계도와
생태도가 있습니다.

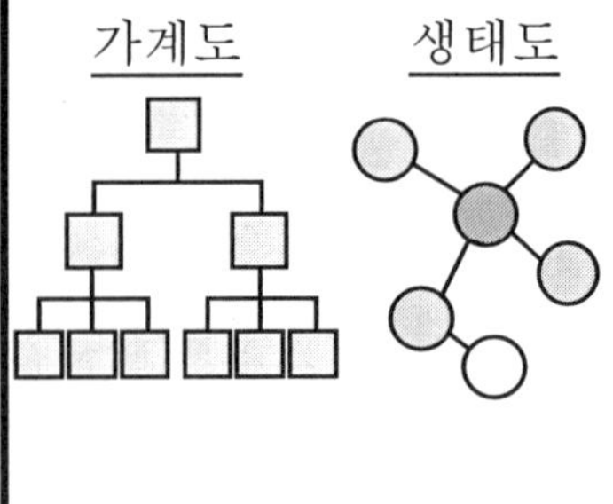

가족개입의 중간단계에 적용되는 실천기술
을 위해서는 환경적 개입이 필요합니다.

예)사회복지사가 가족의 사회환경을
변화시키기 위하여 존재하지 않는 자원을
개발하고, 이를 위해 옹호자 역할을 수행

또한 세대간/가족간 변화를 위한 개입기법
들은 다양하며, 각각의 치료적 기법은 많은
시간과 수련과정을 거쳐 습득할 수 있습니다.

예)보엔의 가족치료, 정신역동적 가족치료,
경험적 가족치료, 구조적 가족치료, 전략적
가족치료 등.

개입 기법
- 보엔의 가족치료
- 정신역동적 가족치료
- 경험적 가족치료
- 구조적 가족치료
- 전략적 가족치료

그리고 가족 내부를 변화시키기 위한
개입기술과 기법도 다양합니다.

예) 탈감각화 기법, 가족조각, 가족그림,
경계만들기, 역할연습 등

- 탈감각화 기법
- 가족조각
- 가족그림
- 경계만들기
- 역할연습

가족개입의 종결단계에서는 개입을 통한
가족구성원들의 변화를 확인하고,

가족이 변화를 유지할 수 있도록 지원하며,

필요한 경우 사후면접을 계획합니다.

그런데 집단이 뭔가요?
집단이란 두 사람 이상이 공통된 목표나 비슷한 관심을 가지고 있으며, 집단적 활동을 하기 위한 목표를 가지고 있는 모임입니다.

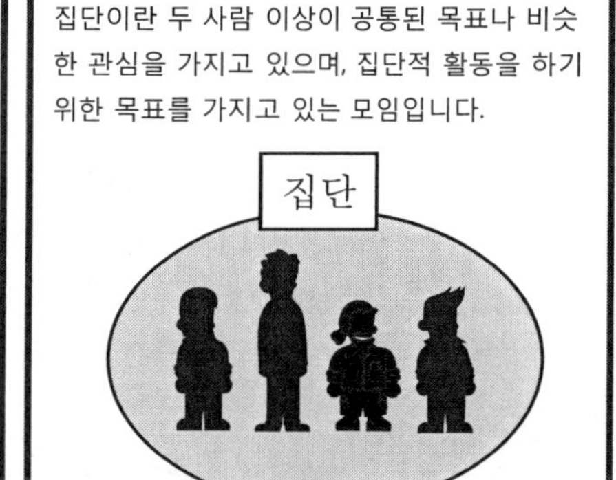

Toseland & Rivas는 집단의 종류를, 지지집단, 교육집단, 성장집단, 치료집단, 사회화집단으로 구분하고 있습니다

집단의 종류
- 지지집단
- 교육집단
- 성장집단
- 치료집단
- 사회화집단

집단을 대상으로 하는 경우, 준비단계에서는 집단의 목적, 잠재적 성원의 모집과정, 집단의 구성, 지속기간, 물리적 환경, 기관의 승인 등 이 결정되어야 합니다.

준비단계
- 집단의 목적
- 잠재적 성원의 모집과정
- 집단의 구성
- 지속기간
- 물리적 환경
- 기관의 승인

집단의 초기단계에서는 사회복지사는 집단 구성원들 간의 신뢰로운 분위기를 확립시켜야 합니다.

예) 집단성원 소개, 집단목적 소개, 집단성원의 역할소개 등이 이루어짐.

- 집단성원 소개
- 집단목적 소개
- 집단 성원 역할 소개

집단에 대한 사정 단계에서는 클라이언트에 대한 정보를 수집하고, 조직화하여 판단하게 됩니다.

예) 개별성원에 대한 사정과 전체집단에 대한 사정이 이루어짐

집단의 중간단계에서는 성원 간에 친밀감과 집단응집력이 증가합니다.

중간단계

(증가)
- 성원 간의 친밀감
- 집단응집

예) 집단화합의 준비, 집단의 구조화, 저항적인 성원 독려, 모니터링 등의 과업을 수행.

- 집단화합의 준비
- 집단의 구조화
- 저항적인 성원 독려
- 모니터링

집단의 종결단계에서는 종결에 대한 감정을 처리하고 미래에 대한 계획을 세울 수 있도록 집단구성원을 원조하여야 합니다.

종결단계

사회복지실천기술은 사회복지사가 사회복지 실천을 하는데 있어서 핵심적 도구입니다.

그리고 최근 사회복지실천현장에서 많이 활용되고 있는 사례관리(case management)에 대해 살펴보겠습니다.

사례관리란 다양하고 복합적인 문제를 가진 클라이언트의 문제와 욕구를 해결하도록 서비스를 발굴, 연계, 조정하여 지속적이고 포괄적인 도움을 제공하는 방법입니다.

사례관리

- 서비스 발굴
- 연계
- 조정

→ 클라이언트 문제, 욕구 해결

지속적이고 포괄적인 도움

사례관리는 개별적·직접적 실천과 지역사회실천을 통합한 형태라고 할 수 있습니다

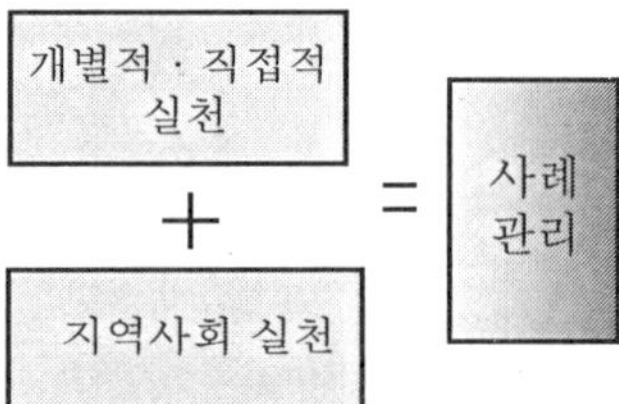

Rothman(1991)은 사례관리를 지역사회내에 거주하는 만성적 또는 심하게 손상된 클라이언트에게 다양하고 지속적인 보호를 제공하는 수단이라고 함.

대상: 만성적이고 복합적인 욕구를 가진 클라이언트 및 그 가족, 따라서 정신보건, 노인, 아동복지, 보건 및 발달장애 등과 같은 모든 대인서비스 분야에 적용가능

대인서비스 분야

- 정신보건
- 노인
- 아동복지
- 보건 및 발달 장애

개인 및 가족과 일차지반의 보호능력에 대한 사정활동

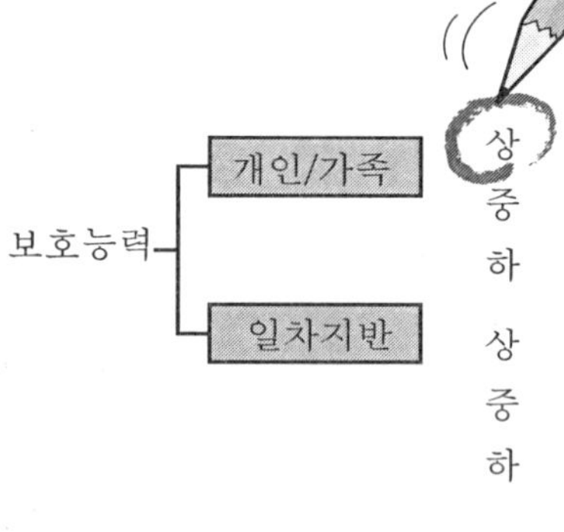

공적 보호체계 내에서 자원들에 대한 사정활동,

개인이 가지고 있는 사적자원들을 환경적 조건을 충족시키는데 사용할 수 있도록 돕는 활동,

가족과 일차집단들이 그들의 관리능력을 높일 수 있도록 돕는 활동,

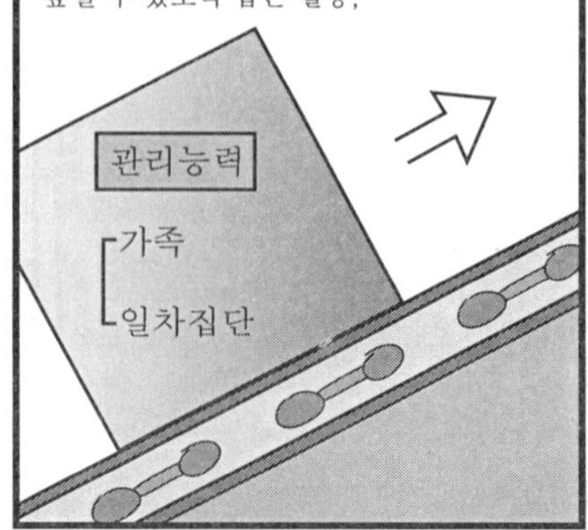

가족 혹은 일차집단들과 공적 서비스 제공자로부터 자원 확보를 위한 효과적인 협상활동,

꼭 필요해요

협상

Chapter 5

사회복지 정책

1. 사회복지정책의 개념
2. 사회복지정책의 영역
3. 사회복지정책의 과정
4. 사회복지정책의 분석틀

Focus

사회복지정책은 사회문제의 해결 또는 사회적 욕구 충족을 위한 정부의 행동지침 또는 대응방안이다. 이러한 사회복지정책은 나라와 시대적 배경 및 학자들의 관점에 따라 다양하게 규정되고 있으며, 정책의 영역, 형성과정, 분석틀 등을 살펴봄으로써 사회복지영역의 양대산맥(兩大山脈) 중의 하나인 사회복지정책의 기본적인 틀을 파악해 보고자 한다.

1. 사회복지정책의 개념

1) 정책의 정의

모든 사회에는 다양한 사회문제와 욕구가 존재한다. 정책(policy)이란 이러한 사회문제의 해결 또는 사회적 욕구 충족을 위한 정부의 행동지침 또는 대응방안이다. 학문적으로 학자들의 정책에 대한 개념규정은 다양하게 정의되고 있으나 실제 내용상에서는 커다란 차이가 없다.

드로(Y. Dror)는 정책을 정부기관에 의하여 공익을 달성하기 위하여 만들어지는 미래지향적인 행동지침으로 정의하였으며, 라스웰(H. D. Lasswell)은 정책을 사회변동의 계기로서 미래 탐색을 위한 가치와 행동의 복합체이며, 목표와 가치, 그리고 실제를 포함하고 있는 고안된 계획이라고 정의하였다. 또한 잔센(B. Janssen)은 사회문제에 대처하기 위한 정부의 집합적 전략으로 정의하였다.

즉 정책은 정부기관이 사회문제와 사회적 욕구를 충족시키기 위한 목표와 가치를 가지고 의도적으로 계획하는 행동지침 또는 대응방안을 의미하며, 이러한 정책은 다음의 특징을 가진다(봉민근, 1997).

① 정책은 그 주체가 개인이나 사적인 집단이 아니라 공공기관이다. 즉 정책은 권위 있는 기관에 의해 이루어진다는 것이다. 물론 권위 있는 기관에 의해 권한을 위임받은 집단도 포함되는 수가 있기는 하지만 종국적으로는 정부의 권위 있는 기관에 귀속된다.

② 정책은 목표를 지닌다. 비록 그 내용이 분명하지 않거나 표면상으로는 보이지 않는 경우가 있지만 원칙적으로 정책은 달성하고자 하는 목표를 지니고 있다. 정책을 통해서 달성하고자 하는 것은 문제의 해결이나 공익 및 사회적 형평을 실현하는 것이다.

③ 정책에는 특정한 가치가 함축되어 있다. 여기서 특정의 가치라 함은 아주 특수한 경우 사익이 될 수 있겠으나 대부분의 경우 공익을 말한다. 따라서 정책은 국민에 대해서도 권위 있는 것으로 받아들여지며, 일종의 규범으로서 받아들여지는 것이다.

④ 정책은 복합적 구성체이다. 정책의 주체만 보더라도 그것은 개인에 의해서 만들어질 수도 있으며, 집단에 의해서도 정부기관에 의해서도 또는 삼자가 함께 어우러져서 정책을 만들 수도 있는 것이다. 정책에 반영되는 이익 역시 어떤 개인의 사익인 경우는 극히 드물고 대부분의 경우 사회의 제반 이익들이 복합적 상호 경쟁과 타협의 과정을 거쳐 정책에 반영된다.

사회복지정책의 가치

다양한 정책목표를 달성하기 위해서는 가치선택의 문제를 피할 길이 없다. 왜냐하면 어떤 정책을 집행하는데 있어 정책이 나아가야 하는 방향을 필수적으로 고려하지 않으면 안되기 때문이다. 평등, 공평, 적절성은 사회복지정책의 중요한 가치이며, 이를 살펴보면 다음과 같다.

① 평등

사회복지정책의 가장 중요한 가치들 중의 하나는 평등이다. 평등은 일반적으로 크게 세 가지, 즉 수량적 평등(numerical equality), 비례적 평등(proportional equality), 기회의 평등(equal opportunity)으로 나누기도 한다.

첫째, 수량적 평등은 모든 사람에게 그들의 욕구나 능력의 차이에는 관계없이 사회적 자원을 똑같이 분배하는 것을 말한다. 그러나 수량적 평등의 개념이 의미하는 결과의 완전한 평등은 어떠한 사회에도 존재하지 않으며 현실적으로도 존재할 수 없다. 그러나 사회복지에는 완전한 수량적 평등은 아니더라도 부분적인 수량적 평등을 가치로 삼고 있다.

둘째, 비례적 평등은 개인의 욕구, 노력, 능력, 기여에 따라 사회적 자원이 다르게 분배되는 것을 말한다. 예컨대 공공부조제도에 있어서 급여의 수준을 매우 낮게 책정하여 일하면서도 생활보장혜택을 받지 못하는 빈곤층의 노동의욕을 감퇴시키지 않으려는 열등처우의 원칙(less eligibility)도 이 공평의 가치를 근거로 하고 있다.

셋째, 기회의 평등은 가장 소극적인 평등개념으로 결과가 평등한가 아닌가를 완전히 무시한 채 결과를 얻을 수 있는 과정상의 기회만을 똑같이 평등하게 해주는 것이다.

따라서 과정상의 기회만 평등하다면 그로 인한 결과의 불평등은 아무런 상관이 없다는 것이다. 결과적으로 이러한 평등개념을 취한다면 기회의 평등이라는 이름아래 수많은 결과의 불평등의 존재를 합법화할 수 있을 것이다.

② 공평

공평의 가치는 '비례적 평등'과 같은 의미로, 수량적 평등과는 달리 개인의 욕구, 노력, 능력, 기여에 따라 사회적 자원이 다르게 분배되는 것을 말한다. 즉 공평한 처우(fair treatment)라는 의미로 풀이된다. 이 가치는 사회에 명백하게 기여할 수 없는 사람들을 제외하고 사람들이 사회에 기여한 것에 바탕을 두고 그들이 받을 만큼 받아야 한다는 점을 규정하고 있다. 따라서 사회복지에서는 수량적 평등의 가치도 강조하지만 비례적 평등의 가치도 강조한다.

예를 들면 사회보험의 경우 보험료(contribution)를 많이 낸 사람에게 보다 많은 급여의 혜택이 돌아가는 것도 공평, 즉 비례적 평등의 가치를 반영하는 것이다.

결국 공평의 가치는 권력과 부를 소유한 일부분의 계층만을 위한 것이 아니라 정치적 경제적 자원을 갖지 못한 소수집단, 사회적 약자, 실업, 빈곤, 질병, 무지, 절망적 상태에 있는 사람들을 방치하지 않고, 그들에게 정치적인 힘과 경제적인 복지를 제공하여주는데 그 의의가 있다.

③ 적절성

적절성이란 사회복지정책이 형성되어 얼마나 서비스 대상자들의 욕구를 잘 충족시킬 수 있는가를 평가하는 기준이다. 따라서 이 기준은 서비스 자체의 양적인 면에서 볼 때 그 제공되는 서비스가 대상자들의 욕구를 충족시키기에 충분할 만큼 적절히 제공되고 있는가를 측정한다. 예를 들면, 공공부조, 노령수당과 같은 빈곤가정 소득지원 프로그램에서 과연 제공되는 공공부조의 급여액이 그들 빈곤가정이 최저한의 인간다운 생활을 할만큼 적절한가를 측정하는 것이다.

2) 사회복지정책의 정의

사회복지정책은 나라와 시대적 배경 및 학자들의 관점에 따라 다양하게 규정되고 있다. 독일에서는 사회정책(Social Policy)이라는 용어를 사용하고 있는데, 사회정책이라는 용어가 문헌상으로 처음 나타난 것은 독일의 Wilhelm Heinrich Riehl의 글에서이다. 독일에서 사회정책이라는 용어가 먼저 사용된 것은 독일 산업화의 특수성이 그 배경으로 되었기 때문이다. 영국 및 프랑스와 비교할 때 독일의 산업화는 출발시기가 뒤늦었다는 점에서 차이가 있지만 산업화의 진행과정은 매우 급속도로 진행되었으며, 특히 노동문제를 해결하기 위한 방안으로서 사회정책이 발전했다는 것이 가장 큰 특징이다.

영국에서는 사회정책과 사회행정을 유사한 의미로 받아들이고 있으며, 주로 사회적 서비스의 제공에 초점을 맞추고 있다. 마샬(T. H. Marshall)은 "사회정책이란 서비스와 소득을 제공함으로써 시민의 복지에 직접 영향을 미치는 행동에 대한 정부정책"으로 정의하였으며, 타운센드(P. Townsend)는 "사회정책이란 사회문제를 시정하거나 사회목적을 추구하기 위한 국가와 지방당국의 건강, 교육, 복지 및 사회보장서비스와 같은 서비스 개발과 관리에 관련된 정책"으로 정의하였다. 영국의 사회적 서비스는 인간의 개인적 욕구를 해결하기 위한 서비스로서, 일반적으로 소득, 보건, 교육, 주택 및 개별 사회적 서비스를 의미한다.

미국의 사회정책은 사회복지정책 및 공공정책이라는 용어와 함께 사용되고 있으며, 사회문제에 대처하기 위한 대응방안으로 보는 경향이 강하다. 왜냐하면 미국은 다민족 공동체 사회로서 다양한 사회문제와 사회적 욕구를 가지고 있는 사회이기 때문에 사회복지정책은 다양한 문제와 욕구를 다루어야 하기 때문이다. 한편 잔센(B. Janssen)은 "사회복지정책이란 사회문제에 대처하기 위한 집합적 전략"으로 보았으며, 디니토와 다이(D. DiNitto & T. Dye)는 "사회복지정책이란 서비스나 소득을 제공함으로써 시민의 복지에 영향을 미치는 정부의 행동"으로 정의하였다.

사회복지정책은 사회적 · 시대적 · 이념적 환경에 따라서 다르게 접근할 수 있는 부분이며, 사회복지정책의 정치적인 시각은 크게 개인주의와 집합주의로 구분된다(Gilbert & Terrell, 1998)

〈표5-1〉 사회복지정책의 정치적 시각

구분	개인주의	집합주의
정치적 이데올로기	보수주의	자유주의/진보주의
사회문제에 대한 시각	문제는 선택의 실패, 개인적 결함, 빈곤문화 등을 반영한다.	문제는 사회경제적 환경, 접근의 장애, 기회의 부족 등을 반영한다.
시장에 대한 견해	규제받지 않는 시장과 사유재산제는 번영과 복지를 보장한다.	규제받지 않는 시장은 위험한 경기순환, 실업, 도시의 황폐, 빈곤과 불평등, 환경오염을 창출한다.
정부의 책임	정부는 작아야 한다. 민간에 종속적이고 분권화될 정도로 작아야 한다.	정부는 충분히 커야 한다. 사회복지를 진전시킬 만큼 충분히 커야 한다.
사회정책 분야	민간기관, 자원단체, 종교단체에 의존하고 있다. 빈민에게 최소한의 안전망을 마련한다.	공공의 리더십에 의존한다. 모든 기회와 경제적 안정과 기본적 · 사회적 재화를 보장하기 위한 포괄적 프로그램을 제공한다.

2. 사회복지정책의 영역

마샬(T. H. Marshall)은 사회복지정책의 목적은 '보장(security)', '건강(health)', 그리고 '복지(welfare)' 등으로 표현되며, 그 중 복지는 가장 최종적인 결과라고 하였다. 따라서 사회복지정책의 영역으로 사회보험과 공공부조 등의 소득보장, 보건 · 의료, 대인적 사회서비스, 교육, 그리고 주책 등의 다섯 가지 정책서비스 영역이 개인의 복지를 목적으로 제공되는 것이라고 하였다. 타운센드(P. Townsend)도 사회복지정책의 주요 영역을 소득보장, 건강, 교육, 주택 그리고 대인적 사회서비스 등 다섯 가지로 보았다.

디니토와 다이(D. DiNitto & T. Dye)는 사회복지정책의 영역으로서 소득보장, 영양, 건강 그리고 사회서비스와 같이 네 가지로 나누어 설명하고 있으며, 레인(Rein)은 사회정책을 "교육, 건강, 현금교부, 주택 그리고 사회사업 등과 같은 제 서비스뿐만 아니라 농업, 경제, 인력, 재정, 물질적 개발 등도 사회정책의 목표이며 결과인 것"으로 말함으로써 사회정책을 매우 광범위하게 보고 있다. 또한 사회복지정책의 영역에 티트머스(Titmuss)는 조세정책을, 칸(Kahn)과 힐(Hill)은 노동시장정책을 포함시킴으로써 사회복지정책의 영역을 보다 광범위하게 보고 있다.

이상에서 검토한 내용을 종합해 볼 때, 사회복지정책을 좁게 해석하면 소득보장, 건강, 주택, 대인적 사회서비스 등 4대 영역으로, 넓게 해석하면 소득보장, 건강, 주택, 대인적 사회서비스, 교육, 조세정책, 노동정책 등 7대 영역으로 구성되어 있다고 할 수 있다.

3. 사회복지정책의 과정

사회복지정책은 그 본래의 목적을 달성하기까지는 문제의 형성단계에서부터 정책 의제의 형성, 정책결정, 정책집행 그리고 정책평가라는 일련의 연속적 과정을 거치게 되는데, 이러한 일련의 연속과정을 정책과정(policy process)이라 한다. 즉 사회복지문제나 요구가 이슈화가 되고 그러한 이슈들이 공적으로 논의됨으로써 정책의제로 설정되고 여러 대안들 중에서 하나가 선택되어 정책결정이 이루어지면 그 정책은 집행, 평가되는 과정을 거치게 되는 것이다. 그리고 이러한 평가는 환류(feedback)되는 순환적인 역할을 하게 되며, 이러한 일련의 연속과정을 살펴보면 다음과 같다.

1) 사회복지문제와 이슈화

사회복지정책을 형성하는데 있어서 가장 필수적인 요소라고 할 수 있는 것은 사회복지문제일 것이다. 일반적으로 문제는 사람들의 욕구가 충족되지 못한 상태를 의미하며 이 사회에서 문제가 없는 사람은 거의 존재하지 않는데, 이는 모든 사람은 그것이 크든 작든 간에 욕구를 가지고 있다는 사실에 기인한다.

사회복지학에서의 문제도 마찬가지이다. 사회적으로 행복한 생활을 유지하기 위한 욕구가 충족되지 못하는 경우에 문제가 발생되는 것이며, 그 결과 인간으로서의 생활을 영위하는데 직 · 간접적으로 어려운 상황이 발생하게 되고, 더 나아가 가족, 지역, 사회전체에 이르기까지 부정적인 영향이 미치게 되는 것이다.

사회문제는 ① 상당수의 사람에게 영향을 주고 ② 그 영향은 부정적이며, ③ 다수의 사람들이 그 것을 문제로 인정하고 있고, ④ 그 문제에 대처하기 위한 사회적인 행동이 요청된다. 그러나 일반적으로 사회복지문제를 이슈화하는 것은 쉽지 않다고 볼 수 있다. 왜냐하면 사회복지문제로 인하여 인간다운 생활을 누리지 못하고 고통을 받는 사람들, 즉 사회복지정책의 대상자들은 돈, 지식, 시간, 조직, 사회적인 지식 등 정치적 과정으로서의 정책과정에 영향을 미칠 수 있는 자원을 가지고 있지 못한 것이 보통이며, 이들에 대한 일반국민들의 관심도 지속적이지 못한 경우가 많기 때문이다(송근원 외. 1995). 그러므로 사회복지문제를 이슈화시키고 정책상의 의제로 설정되게 하기 위해서는 사회복지문제의 당사자(클라이언트)뿐만 아니라 가족, 지역사회의 지속적인 관심과 조직적인 노력이 있어야 하며, 이와 함께 사회복지사, 사회복지행정가, 사회복지정책관련자들의 지원이 직접적, 간접적으로 필요하다.

2) 사회복지정책 의제의 형성

의제(agenda)는 일련의 정치적 논쟁거리로서 특정한 시기에 대중의 관심을 끌만 하다고 인식되는 문제 또는 기존 정부기구의 합법적 관할권에 속하는 문제이며, 정치체계의 구성원들에 의해 간주되는 문제이다(Cobb & Elder. 1983). 존스(Jones)는 의제란 공적인 대응조치가 필요하다고 판단되는 이슈들이라고 함으로써 비교적 넓은 차원으로 정의를 내리고 있다. 이러한 의제로 형성된다는 것, 즉 의제화가 된다는 것은 다양한 집단의 요구가 정부의 진지한 관심의 대상이 되는 항목으로 전환되어 가는 과정을 의미한다. 이처럼 정책의제의 형성이란 정부가 정책적 해결을 위하여 사회문제를 정책문제로 채택하는 과정 또는 행위, 즉 사회문제가 정책문제로 전환되는 과정이나 행위를 의미하는 것이다(봉민근. 1997). 정책의제의 형성과정에 관한 이론적인 모형은 학자들의 관점에 따라 다양하게 분류되고 있으나 그 일반적인 과정은 다음과 같다고 볼 수 있다.

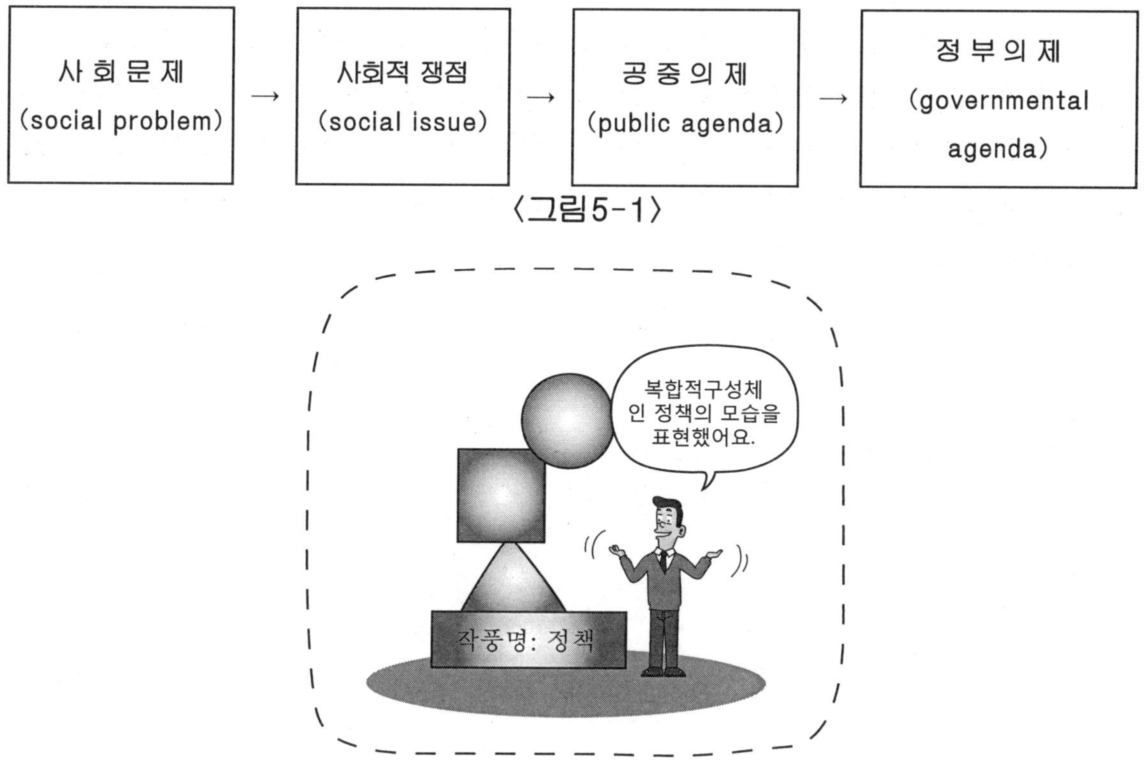

〈그림5-1〉

사회문제들이 사회복지정책 의제가 되는 과정은 다양한 요인들에 의해서 영향을 받고, 그러한 영향으로 인하여 상당수의 사회문제는 정부의 정책적인 의제의 대상에서 제외되어진다. 이와 반대로 종종 어떠한 사회문제는 갑작스런 요인에 의하여 바로 정책의제로 설정되고 집행되는 경우도 있다. 이러한 과정에는 수많은 요인들이 작용하게 되는데, 그 결과 이러한 다양한 요인들은 정책의제의 형성과정에 직접적 혹은 간접적으로 많은 영향을 미쳐 정책의제의 형성을 촉진시키거나 억제시키는 역할을 하게 된다. 엔더슨(Anderson)은 이슈가 정책의제로 설정되는데 있어 결정적인 영향을 미치는 요인으로서 ① 집단의 균형에 대한 위협, ② 정치적 지도력, ③ 위기 또는 대사건, ④ 시위활동, ⑤ 매스컴의 보도 등을 제시하고 있다.

3) 사회복지정책의 결정

정책결정은 정책과 결정의 합성어로서 여러 가지 제약조건 속에서 실현하고자 하는 행정목표를 보다 구체화하는 과정이며, 문제해결을 위한 대안의 작성과 가장 바람직하게 실현시킬 대안을 선택하는 행위라 할 수 있다.

즉 정책결정과정은 정치, 행정체제가 그 목표를 달성하기 위하여 여러 가지의 대안들 중에서 하나를 의식적으로 선택하는 결정행위 내지 과정이다. 정책의 내용은 주로 정책목표와 정책수단으로 구성되어 있으므로 합리적으로 정책을 결정한다는 것은 정책목표와 정책수단을 합리적으로 결정한다는 것을 의미하며, 그 결정과정이 보다 체계적이어야 함은 물론이다. 일반적인 정책결정의 과정은 다음의 네 단계로 나누어진다.

① 문제의 인지 및 목표의 설정

어떠한 문제나 요구를 정책결정자가 문제로서 인지하고 이를 정책을 통해 해결하려는 의욕과 태도를 가질 때 정책결정이 탄생하는 것이다. 이러한 시점에서 정책문제를 명확하게 분석하고 파악하는 것은 정책의 바람직한 결정을 위해서 필수적인 것이다. 즉 문제를 명확하게 파악함으로써 그 문제를 해결하기 위한 바람직한 정책목표가 설정되고 이러한 방향제시를 통해 문제의 해결을 보다 더 효과적 또는 효율적으로 할 수 있게 되기 때문이다.

② 정보의 수집 및 분석

정책문제를 명확하게 분석하여 정책목표가 구체화되고 나면 정책과 관련된 정보의 수집 및 분석의 과정을 거치게 된다. 정책정보는 정책결정자로 하여금 구체화된 정책문제를 해결하기 위한 각종의 정책대안을 작성, 예측, 평가, 선택하는데 필요한 각종의 지식을 제공함으로써 궁극적으로는 합리적이고 효과적인 정책을 결정할 수 있도록 하는 기능을 한다(안해균. 1984).

③ 대안의 탐색 및 평가

정보의 수집과 분석이 끝나면 이를 토대로 문제의 해결이나 목표달성을 위한 대안의 탐색이 이루어져야 한다. 대안의 탐색은 문제의 해결이나 목표달성의 가능성이 있는 모든 대안을 포함하게 된다. 이와 같이 하여 여러 가지 대안이 작성되면 이들의 장 · 단점과 실행가능성, 그리고 비용 · 편익분석 등 계량적 방법으로 정확히 평가하여야 한다.

④ 최선의 정책대안의 선택의 단계

정책결정의 마지막 단계는 작성된 여러 대안들을 비교 · 분석하여 이 가운데 최적 대안을 결정자가 선택하는 것이다. 사회복지정책대안의 결정에 있어서 가장 중요한 개념 중의 하나는 공익(public interest)이라고 할 수 있으며, 이는 정책가치의 최고기준이 된다. 따라서 바람직한 정책결정이란 결정의 기준으로서 결정자의 자의나 사익보다는 공익에 보다 충실한 결정이어야 한다.

4) 사회복지정책의 집행

문제의 해결이나 정책목표의 달성은 정책결정 자체로 이루어지는 것이 아니다. 즉 정책의제가 형성되고 대안이 선택되어 정책결정이 이루어졌다고 할지라도 그 정책의 실행이 안 된다면 그것은 정책으로서의 가치가 없는 것이다. 이렇게 정책은 집행과정을 통해서 결과를 얻을 수 있기 때문에 정책의 집행은 정책과정의 핵심인 것이다. 사회복지정책이 결정되면 그것은 사회복지문제를 해결하기 위하여 일선 기관을 통해 구체화하게 되는데, 이와 같이 결정된 정책을 구체화시켜 나가는 과정이 정책집행과정이다. 즉 정책집행이란 의도된 정책목표를 달성하기 위하여 결정된 사항들을 구체화시키는 활동을 의미한다.

사회복지정책 집행의 장애요인

DiNitto와 Dye는 성공적인 집행에 대한 장애요인을 ① 의사소통, ② 자원, ③ 태도, ④ 관료적 구조 등으로 나누어 설명하고 있는데(DiNitto & Dye. 1987 : 265-70), 이를 간략히 살펴보면 다음과 같다.

① 의사소통(communication) : 효과적인 정책집행의 첫 번째 요건은 프로그램을 운영하고 있는 사람들이 무엇을 하기로 되어 있는가에 대하여 명확하게 인지하여야 한다는 것이다. 즉 의사소통은 분명해야 한다. 분명하지 않고 일치되지 않으며 모순된 의사소통은 행정가를 혼돈하게 하며, 더욱이 불충분한 의사소통은 집행되는 정책에 동의하지 않는 사람들에게 편견을 심어줄 수 있다.

② 자원(resources) : 만일 정책을 수행하기 위한 자원이 부족하다면 그 정책은 실패하게 된다. 자원은 그들의 직무를 수행하는데 적합한 기술을 갖추고 있으며 문서로 된 계획안을 기능하는 공공서비스로 이행하는데 필요한 권한과 시설을 갖는 직원을 포함하는 것이다.

③ 태도(attitude) : 행정가와 프로그램 관계자가 어떤 특정의 정책에 공감한다면 이와 같은 정책은 원래의 정책입안자의 의도대로 수행될 수가 있을 것이다. 그러나 행정가들의 태도가 정책입안자들의 태도와 다를 때에는 집행과정은 매우 복잡해지는 것이다. 왜냐하면 행정가는 언제나 집행에 있어 다소의 자유재량을 갖고 있기 때문이다.

④ 관료적 구조(bureaucratic structure) : 기존의 조직구조와 절차는 새로운 정책과 프로그램의 집행을 방해할 수도 있다. 관료주의적인 타성은 정책에 있어서의 변화를 느리게 한다. 행정가들은 일상적인 업무(표준운영절차)에 익숙해져 있으며, 행정적인 구조는 그 본래의 기능이 바뀌어지거나 없어진 뒤에도 오랫동안 남아있는 경향이 있다는 것이다.

5) 사회복지정책의 평가

정책평가는 사회복지정책의 과정 중에서 매우 의미 있는 과정이라고 할 수 있다. 왜냐하면 정책평가는 본래의 정책목표를 얼마나 잘 달성하였는가를 알려주는 동시에 평가된 내용은 정책과정에 다시 영향을 주는 기초가 되기 때문이다.

이러한 정책평가는 진행 중인 정책이 달성하고자하는 목표와 관련하여 그것이 대상집단에 미친 효과를 객관적 · 체계적 · 실증적으로 검토하는 것이며, 현재 진행 중에 있는 프로그램이 그 목적을 달성하는데 효과적이었나 하는 효과성을 구체적으로 파악하는 과정이다. 따라서 이러한 정책평가를 통하여 더욱 바람직한 정책이 만들어지는 원동력이 된다.

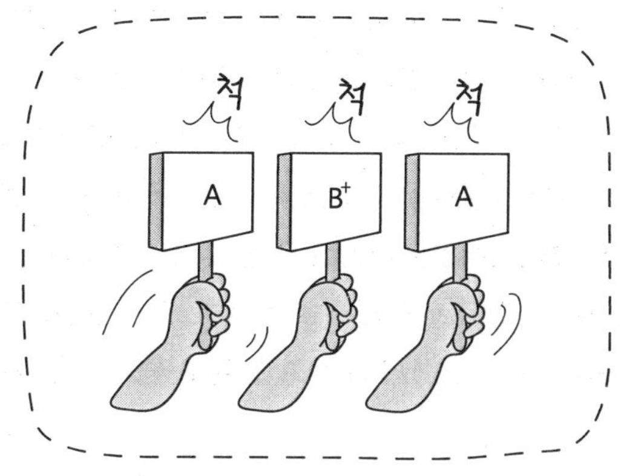

사회복지정책 평가의 절차

사회복지 정책평가의 과정은 일반적으로 ① 평가목표의 설정, ② 평가기준의 설정, ③ 평가방법의 설계, ④ 자료수집, ⑤ 자료의 분석과 해석 등으로 나누어 지며, 이를 설명하면 다음과 같다.

①평가목표의 설정

평가목표를 명확하게 설정하는 것은 정책의 구체적인 평가를 위한 기준이 된다. 즉 무엇을 평가할 것인가 하는 정책평가의 관심과 초점에 따라 정책평가의 목적이 선택되고 구체화된다. 예컨대 장애인복지서비스에 대한 평가에 있어서 서비스의 결과, 즉 효과에 초점을 둘 것인지 아니면 서비스의 전달과정을 평가할 것인지에 따라서 평가의 목표가 달라질 수 있다. 그러나 정책이라는 것은 그 자체가 정책목표의 실현과정인 것이기 때문에, 목표의 설정에 있어서 가장 중요한 부분은 본래의 정책목표가 얼마나 실현되었는가에 대한 것이다.

② 평가기준의 설정

사회복지정책의 평가목표가 결정되면 그에 따라 정책평가의 기준을 설정하여야 한다. 평가기준은 여러 가지 측면에서 선정되어야 하는 선택의 문제인데, 시간적 · 공간적 범위, 연구대상의 선정, 연구방법의 선택 등이 그것이다. 평가기준은 이전에 언급한 평가목적 또는 정책의 내용등에 따라 달리 선정되어야 한다(현외성. 2000)

③ 평가방법의 설계

평가목표를 달성하기 위해 평가기준을 선정하고 나면 사회복지정책의 영향을 과학적으로 밝혀내기 위한 계획을 세워야 한다. 이 단계에서는 사회복지정책 프로그램이 영향을 받거나,

그 정책프로그램이 영향을 미치는 과정에 관한 인과모형을 형성하게 되는데, 이러한 인과모형은 우선 어떠한 결과가 나타났으며, 그 결과가 바람직한 것인가, 그리고 그러한 결과를 초래하는데 영향을 미친 요인이 무엇인가 등을 규명하기 위한 분석틀로서의 의미를 가진다.

평가방법의 설계는 정책내용과 관련된 이론이나 그 이론에 바탕을 둔 인과모형에 입각하여 이루어진다. 효과평가의 접근방법은 실험설계에 의한 방법, 준실험적 설계에 의한 방법, 비실험적 방법 등이 있다. 이들 가운데 어떠한 접근방법을 택하느냐 하는데 따라 이후에 진행되는 자료의 수집, 분석과 해석 등에 크게 영향을 미치기 때문에 특히 신중을 기하여 결정하여야 한다.

④ 자료수집

평가방법의 설계가 이루어지면 평가에 필요한 자료를 수집하여야 한다. 평가를 위하여 사용되는 자료는 다양한 곳에서 다양한 방법으로 얻어질 수 있다. 여기서 중요한 사실은 정책평가를 위하여 유일하게 좋은 단일의 원천이나 방법만이 존재하지는 않는다고 하는 사실이다. 그러므로 어떠한 종류의 자료를 어디에서 어떻게 수집할 것이냐 하는 문제는 평가되는 정책의 성격에 따라서 좌우된다.

⑤ 자료의 분석과 해석

수집된 자료를 분석하고 그 의미를 해석함으로써 정책에 대한 평가를 하게 되는데, 이러한 자료를 어떠한 분석방법으로 분석할 것이냐 하는 것은 평가대상이 되는 사회복지정책의 성격, 평가연구설계, 수집된 자료의 성격 등을 종합적으로 고려하여 결정하여야 한다.

4. 사회복지정책의 분석틀

사회복지정책의 분석을 통하여 기존의 사회복지정책이나 새로 수립하고자 하는 사회복지정책의 역동성과 결과에 대한 통찰력을 예리하게 해 주는 이론적 기반을 마련하고, 사회복지정책의 여러 대안 중에서 적절한 것을 선택하게 하며, 그리고 사회복지정책을 수립하는데 있어서 고려하지 않으면 안되는 문제점을 제기하는데 도움을 준다. 또한 사회복지정책을 결정하는데 있어서 생각하지 않으면 안되는 가치체계와 이론체계가 무엇인가를 설명해 주기도 한다. 여기서는 길버트(N. Gilbert)와 테렐(P. Terrell)의 분석틀에 따라 사회복지정책의 분석틀을 살펴보고자 한다.

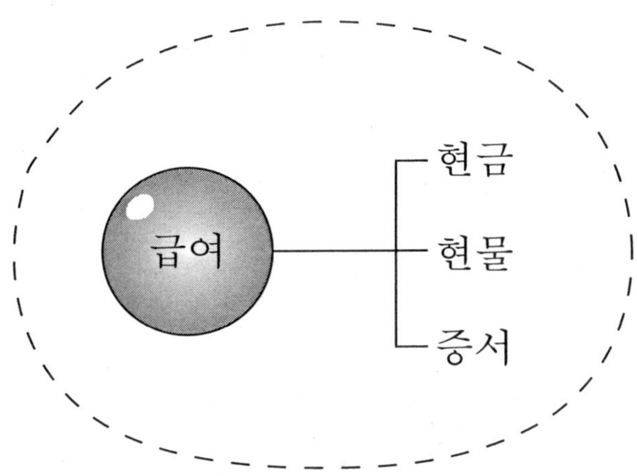

1) 급여로서 무엇을 제공해야 하는가?

오늘날 사회복지정책을 통하여 제공되는 급여는 크게 현금, 현물, 증서, 기회, 그리고 권력이 있다. 이 가운데 현금, 현물의 형태가 실질적으로 거의 모든 사회복지 재화나 서비스를 차지한다.

사회복지급여의 형태로서 현금으로 제공되는 경우는 국민연금, 질병보험의 질병수당, 산재보험의 장애수당, 실업급여, 공공부조, 아동수당, 주택수당 등을 들 수 있다. 현금으로 급여를 제공하는 경우는 현물로 제공하는 경우와 비교하여 다음과 같은 장점이 있다. 첫째, 수급자의 효용을 극대화할 수 있어 급여로서 현금을 제공할 때에는 사회적 자원이 효율적으로 배분될 수 있다. 둘째, 수급자 선택의 자유와 소비자 주권(consumer sovereignty)의 측면에서 볼 때 현금이 현물에 비해 장점을 지닌다. 셋째, 현금급여는 인간의 존엄성을 유지시키는데 현물급여보다 우월하다. 넷째, 현금급여는 또한 현물급여에 비하여 프로그램의 운영비용이 적게 든다.

현물급여의 형태는 식품, 주택, 에너지, 각종 직업훈련, 상담 등으로 종류가 다양하다. 특히 공공부조의 경우 쌀이나 의복 등 현물로 제공되는 경우가 많다. 현물급여의 장점으로는 첫째, 정책의 목표효율성(target efficiency)을 높일 수 있으며, 둘째, 현물급여는 현금급여에 비하여 정치적인 측면에서 선호되며, 셋째, 현물급여가 현금급여보다 대량생산과 대량소비로 인한 규모의 경제 효과가 커 프로그램 비용을 줄일 수 있다는 점이다.

증서는 속성상 현물급여와 현금급여 형태의 중간 성격을 갖고 있기 때문에 각 형태의 장점을 살리면서 단점들을 줄일 수 있다. 증서는 현금급여의 장점인 소비자 선택의 자유를 비록 제한적이지만 살릴 수 있고, 현금급여의 무제한 선택의 자유에서 발생하는 '비합리적 선택'의 문제를 어느 정도 줄일 수 있다.

이 밖에 기회는 무형의 급여로 어떤 개인이나 집단에 대해 이전에는 부정되었던 급여에 대해서 접근을 가능하게 만드는 것이며, 권력은 사회복지정책의 수급자로 하여금 정책결정에 대한 권력을 주어 정책의 내용이 그들에게 유리하게 결정되도록 하는 것이다.

2) 누구에게 급여가 제공되어져야 하는가?

사회복지정책은 의도적인 재분배 문제를 주로 다루는데 그 전형적인 문제는 누가 무엇을 어떻게 갖게 되는가이다. 이와 관련하여 누구는 서비스 대상자를 결정하는 자격조건에 관한 것이다. 급여의 수급자격조건으로는 거주 여부 및 거주기간, 인구학적 조건, 기여의 정도, 근로 능력, 소득 · 자산 조사, 전문적 혹은 행정적 판단 등이 있으며, 이를 살펴보면 다음과 같다.

① 거주 여부 및 거주기간

사회복지정책의 자격을 획득하기 위해서는 일정한 지역이나 거주기간을 필요로 하거나 시민권자로 제한하는 경우가 있다. 이와 같은 자격조건은 사회복지정책의 자격조건 가운데 가장 개방적인 형태로 사회복지수급을 하나의 권리로 인정하는 것이다. 영국의 국민보건서비스제도(National Health Service:NHS)는 영국에 거주하고 있다는 것만으로 의료서비스를 제공받을 수 있는 자격을 부여하는 경우이다.

② 인구학적 조건

인구학적인 조건 가운데 가장 중심적으로 사용되는 것은 나이이다. 아동수당, 노령수당이나 연금 등은 일정한 연령에 속해 있을 때만 자격이 인정된다. 또한 일정한 가족수 이상이거나 결혼 여부,

특정의 인구학적 집단에 속해 있어야 함을 자격조건으로 삼고 있는 경우도 있다.

③ 기여의 정도

기여는 사회보험에 있어서의 보험료 납부라는 형태가 대표적이다. 즉 사회보험제도(국민연금, 건강보험, 고용보험 등)에서는 보험료 납부라는 기여를 한 사람에게만 급여의 수급자격이 주어진다.

④ 근로 능력

사회복지 프로그램에는 근로능력이 없는 것을 전제(장애인, 고령자, 자녀양육을 위한 휴직)로 사회복지 급여의 자격이 부여되기도 하고, 실업수당이나 각종 고용과 훈련 프로그램과 같이 근로능력이 있어야만 자격을 부여하는 경우도 있다.

⑤ 소득/자산 조사

자산이나 소득조사의 기준은 개별적 속성이나 욕구에 따라 결정되는 것이다. 오늘날 거의 모든 나라들에서 공공부조 프로그램의 자격을 결정하는 가장 중요한 기준은 자산이나 소득조사를 통해 일정한 자산이나 소득 이하의 사람에게만 자격을 부여하는 것이다.

⑥ 전문적 혹은 행정적 판단

사회복지급여의 수급자격여부를 판단함에 있어 전문가의 판단이 필요한 경우가 있다. 우리나라의 국민기초생활보장제도는 '부양의무자가 없거나 부양의무자가 있어도 부양능력이 없거나 부양을 받을 수 없는 자로서 소득인정액이 최저생계비 이하인 자'라는 조건과 사회복지전담공무원에 의한 비경제적 측면의 조사를 근거로 한 전문적 판단이 요구된다.

3) 어떻게 급여가 제공되어져야 하는가?

사회복지정책을 통하여 제공되는 재화나 서비스는 여러 영역에 걸쳐 다양하다. 따라서 이러한 다양한 재화나 서비스를 수급자에게 전달하는 방법(체계) 또한 다양할 수밖에 없다. 사회복지 전달체계의 주체는 ① 완전 중앙정부, ② 완전 지방정부, ③ 중앙정부와 지방정부의 혼합형태, ④ 정부와 민간부문의 혼합형태, ⑤ 완전민간부문 등으로 나누어 질 수 있으며, 사회복지 전달체계의 형태는 ① 공적 전달체계, ② 사적 전달체계, ③ 공사혼합 전달체계 등으로 나누어진다.

〈그림 5-1〉 우리 나라 사회복지 서비스의 전달체계

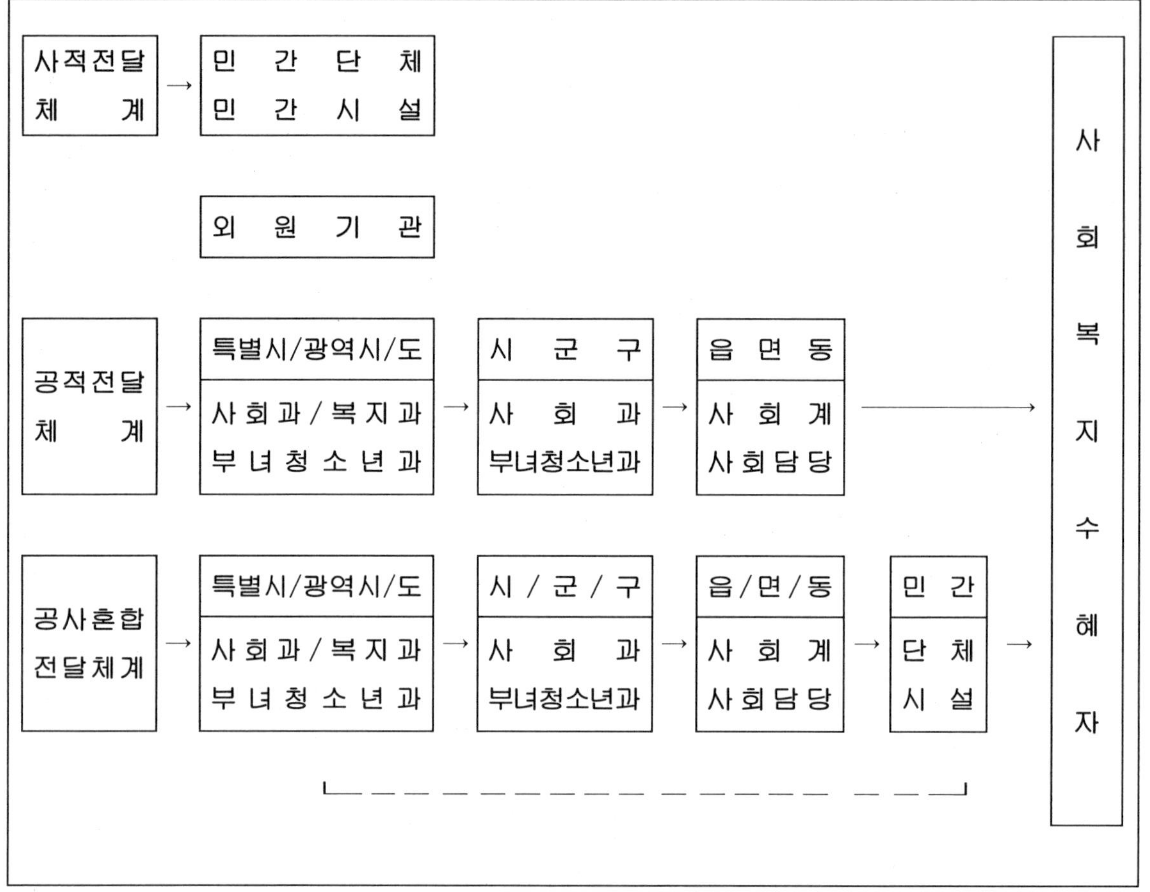

자료: 신섭중. 1997.《한국사회복지정책론》. 대학출판사. p.150 참조.

4) 어떻게 재정이 충당될 것인가?

사회복지정책에는 재원이 필요하며, 아무리 정책의 내용이 좋아도 재원이 불충분하면 그 정책은 성공하기가 어렵다. 사회복지재원의 주체로는 정부나 지방자치단체와 민간 사회복지단체를 들 수 있다. 따라서 사회복지정책에 사용되는 재원은 정부나 지방자치단체가 지출하는 공공부문의 재원과 민간부문의 재원으로 나눌 수 있다.

공공부문의 재원은 정부의 일반예산, 사회보장성 조세, 그리고 조세비용의 세 가지로 나눌 수 있으며, 정부의 일반예산은 가장 대표적인 공공부문의 재원이다. 일반예산이 사회정책의 재원으로 중요한 이유는 다음과 같다. 첫째, 정부의 일반예산을 통한 재원이 다른 재원에 비하여 사회복지정책이 추구하는 가장 중요한 목표인 평등이나 소득재분배를 이루기 쉽기 때문이다. 둘째, 정부의 일반예산 재원은 다른 재원들에 비하여 사회복지정책의 대상을 넓힐 수 있고, 급여내용의 보편성을 이룰 수 있다. 셋째, 재원의 안정성과 지속성의 측면에서 정부의 일반예산이 다른 재원에 비해 유리하다.

민간부문의 재원은 사용자 부담, 자발적 기여, 기업복지, 그리고 비공식부문의 재원 등이 있다. 사용자 부담이란 일정한 금액을 본인이 부담하면서 어떤 사회복지 서비스를 수급하는 것을 의미하며, 자발적 기여는 개인, 재단(foundation), 기업 그리고 유산 등의 기여금이나 후원금을 의미한다. 또한 기업복지는 기업의 사용자들이 그들의 피고용자들의 복지향상을 위하여 지출하는 것을 의미하며, 비공식부문의 재원은 가족, 친척, 이웃 등의 비공식적인 영역에서 행해지는 경제적인 지원을 의미한다.

참고문헌

봉민근. 1997. 사회복지정책론. 학문사.

송근원 외. 1995. 사회복지정책론. 나남출판.

안해균. 1984. 정책학원론. 다산출판사.

Anderson, James E. Public Policy-Making. 3rd ed., N.Y. : Holt, Rinehart & Winston. 1984.

Cobb, R. W. & C. D. Elder. Participation in American Politics : The Dynamics of Agenda Building. Boston : Allyn and Bacon. 1983.

Dror, Yehezkel. Public Policy Making Reexamined. San Francisco : Chandler Publishing Co. 1968.

Gilbert, N. & Terrell, P., Dimensions of Social Welfare Policy. Allyn and Bacon. 1998.

Kahn, A. J. Social Policy and Social Services. N.Y. : Random House. 1979.

Lasswell, Harold D. The Decision Process : Seven Categories of Functional Analysis. College Park : University of Maryland. 1956.

만화로
다시 정리하기

사회복지정책은 사회문제의 해결을 위한 정부의 대응방안으로서 사회문제가 복잡해지고 다양해지면서 더욱 그 중요성이 커지고 있습니다.

사회복지정책의 개념

모든 사회에는 다양한 사회문제와 욕구가 존재한다.

정책(policy)이란 이러한 사회문제의 해결 또는 사회적 욕구 충족을 위한 정부의 행동지침 또는 대응방안이다.

이러한 사회복지정책은 나라와 시대적 배경 및 학자들의 관점에 따라 다양하게 규정 되고 있다.

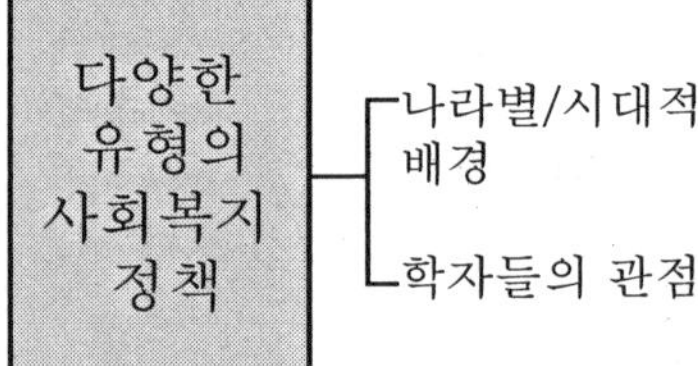

독일에서는 사회정책(Social Policy)이라는 용어를 사용하고 있으며,

독일의 사회정책의 개념은 독일 산업화의 특수성과 밀접한 관련을 가지고 있다.

독일의 산업화는 영국 및 프랑스와 비교할 때 늦게 시작되었지만 산업화의 진행과정은 매우 급속도로 진행되었으며,

이러한 상황에서 노동문제를 해결하기 위한 방안으로서 사회정책이 발전하게 되었다.

(독일)

사회정책 :
노동문제를 해결하기 위한 방안

영국에서는 사회복지정책과 사회행정을 유사한 의미로 받아들이고 있으며, 주로 사회적 서비스의 제공에 초점을 맞추고 있다.

영국에서 이야기하는 사회적 서비스는 인간의 개인적 욕구를 해결하기 위한 서비스로서,

일반적으로 소득, 보건, 교육, 주택 및 개별 사회적 서비스를 의미한다.

사회적 서비스
- 소득
- 보건
- 교육
- 주택
- 개별 사회적 서비스

미국의 사회복지정책은 사회문제에 대처하기 위한 대응방안으로 보는 경향이 강하다.

대응방안

사회복지 정책

사회문제

왜냐하면 미국은 다민족 공동체 사회로서 다양한 사회문제를 가지고 있는 사회이기 때문이다.

정책의 일반적인 특성 4가지를 살펴보면..

첫째, 정책은 그 주체가 개인이나 사적인 집단이 아니라 공공기관이다. 즉 정책의 집행주체는 국가 및 지방자치단체이다.

둘째, 정책은 목표를 지닌다. 정책을 통해서 달성하고자 하는 것은 문제의 해결이나 공익 및 사회적 형평을 실현하는 것이다.

셋째, 정책에는 특정한 가치가 함축되어 있다.

예컨대 장애인복지정책에는 자립, 평등, 인간의 존엄성과 같은 다양한 가치가 함축되어 있다.

장애인 복지정책
- 자립
- 평등
- 인간의 존엄성

와~ 정책은 다양한 가치를 녹여 숙성한 것이구나!

정책

넷째, 정책은 복합적 구성체이다. 정책의 형성주체만 보더라도 개인에 의해서 만들어질 수도 있으며,

집단에 의해서도 정부기관에 의해서도 또는 제 삼자가 함께 어우러져서 정책을 만들 수도 있다.

사회복지정책의 과정

사회복지정책은 그 본래의 목적을 달성하기까지는 문제의 형성단계에서부터 정책 의제의 형성, 정책결정, 정책집행

그리고 정책평가라는 일련의 연속적 과정을 거치게 된다.

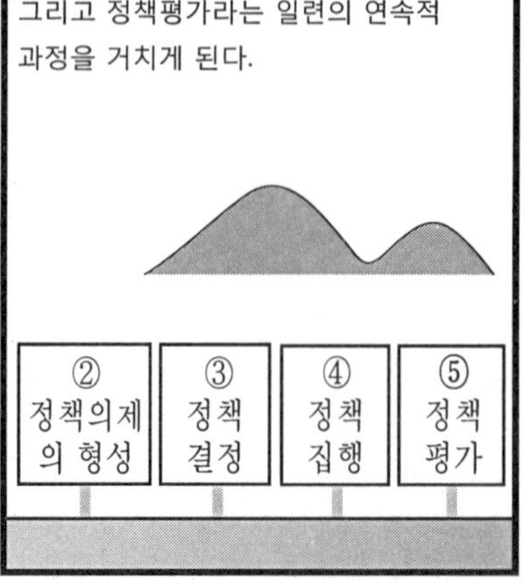

즉 사회복지문제나 요구가 이슈화가 되고 그러한 이슈들이 공적으로 논의됨으로써 정책의제로 설정되고 정책결정이 이루어지면

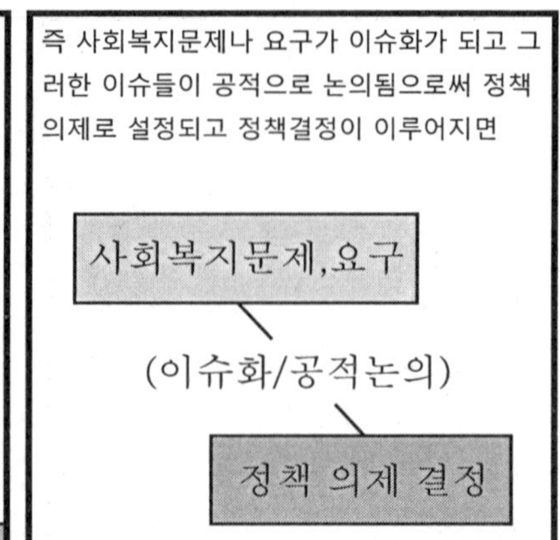

그 정책은 집행, 평가되는 과정을 거치게 된다.

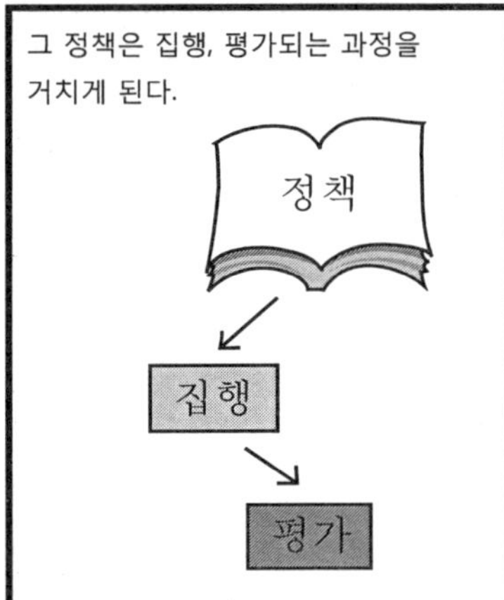

첫 번째 단계는 사회복지문제와 이슈화 단계이다.

사회문제가 없는 사회는 존재하지 않는다. 이러한 사회문제는 사회복지정책을 형성하는데 있어서 가장 필수적인 요소이다.

문제는 사람들의 욕구가 충족되지 못한 상태를 의미하며

사회문제는 ① 많은 사람에게 영향을 주고

② 그 영향은 부정적이며,

③ 다수의 사람들이 그것을 문제로 인정하고 있고,

④ 그 문제에 대처하기 위한 사회적인 행동이 요청된다.

이러한 사회문제가 공적인 문제로 되면 사회적인 이슈로 부각되는 것이다.

그러나 사회복지문제를 이슈화하는 것은 쉬운 일이 아닙니다.

왜냐하면 사회문제로 인하여 고통을 받는 사람들은 일반적으로 사회적인 약자이기 때문입니다.

두 번째 단계는 사회복지정책 의제의 형성단계이다.

사회문제나 이슈가 정부에서 심각하다고 판단되어 정부의 정책문제가 되었을 때 이를 의제(agenda)라고 합니다.

즉 의제가 된다는 것은 사회문제나 이슈가 정부의 진지한 관심의 대상으로 된다는 것을 의미한다.

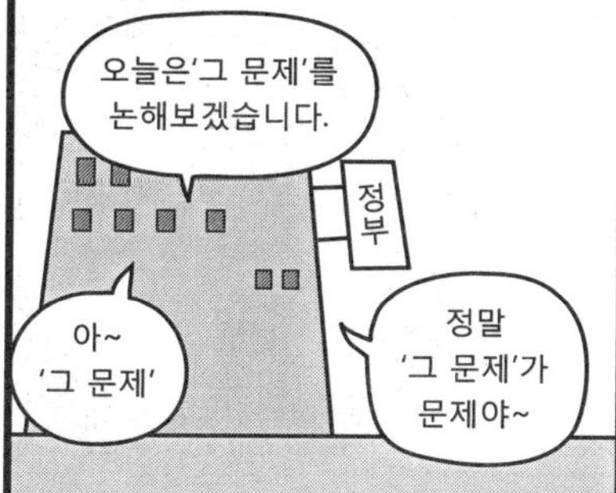

사회문제가 의제가 되는 과정에는 수많은 요인들이 작용하게 되는데,

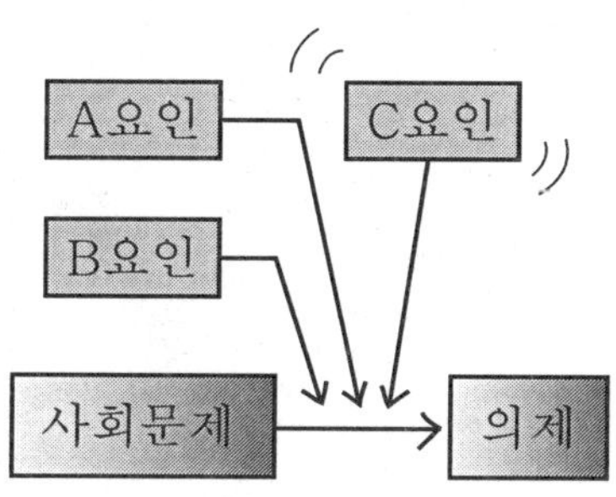

위기 또는 대사건, 정치적 이슈, 시위, 언론 보도 등은 이슈가 의제로 설정되는데 있어 결정적인 영향을 미치는 요인들이다.

세 번째 단계는 사회복지정책의 결정단계이다.

정책결정은 문제해결을 위한 대안의 작성과 가장 바람직하게 실현시킬 대안을 선택하는 과정이라 할 수 있다.

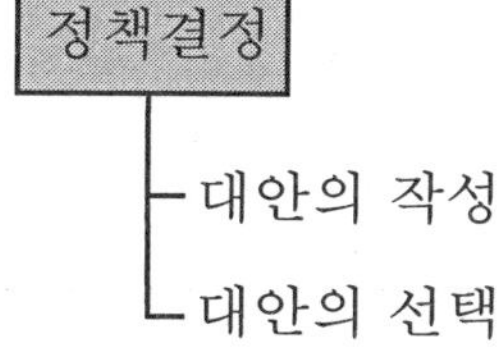

사회복지정책의 결정에 있어서 가장 중요한 가치는 공익이라고 할 수 있으며, 이는 정책가치의 최고기준이 된다.

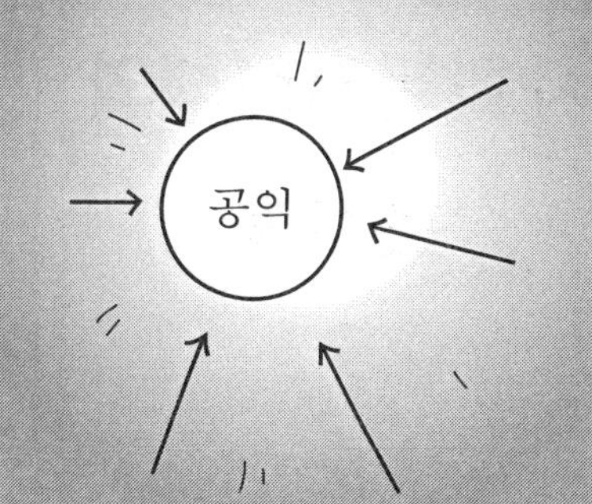

정책집행이란 의도된 정책목표를 달성하기 위하여 결정된 사항들을 구체화시키는 활동을 의미한다.

정책의제가 형성되고 대안이 선택되어 정책결정이 이루어졌다고 할지라도

와~ 두껍다.

정책

그 정책의 실행이 안 된다면 그것은 정책으로서의 가치가 없는 것이다.

이렇게 정책은 집행과정을 통해서 결과를 얻을 수 있기 때문에 정책의 집행은 정책과정의 핵심인 것이다.

정책

집행과정

결과

다섯째 단계는 사회복지정책의 평가단계이다.

정책평가는 본래의 정책목표를 얼마나 잘 달성하였는가를 살펴보는 과정이다.

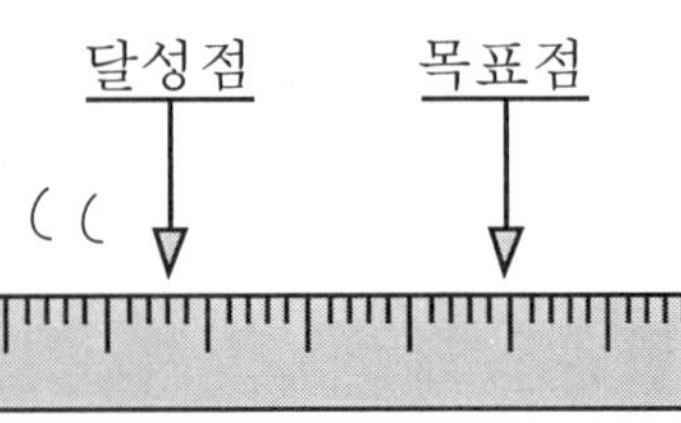

따라서 이러한 정책평가를 통하여 더욱 바람직한 정책이 만들어지는 원동력이 된다.

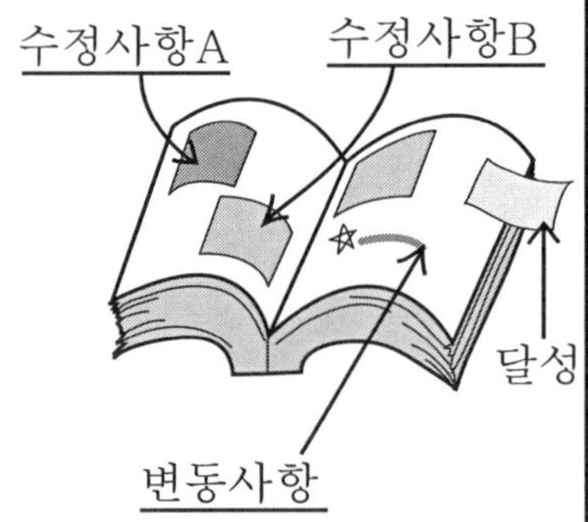

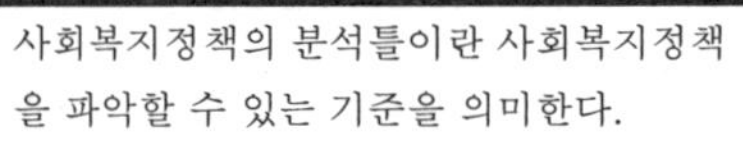

이렇게 사회복지정책은 사회문제의 해결을 위하여 일련의 연속과정을 거치게 된다.

사회복지정책의 분석틀

사회복지정책의 분석틀이란 사회복지정책을 파악할 수 있는 기준을 의미한다.

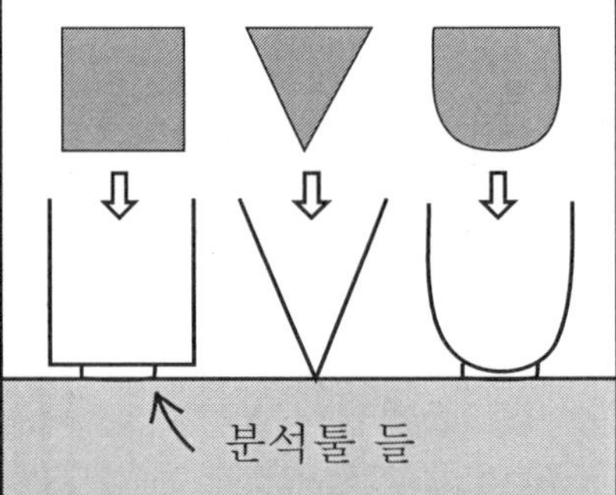

길버트(N. Gilbert)와 테렐(P. Terrell)은 사회복지정책의 분석틀을 네 가지 관점에서 제시하였다.

첫째는 급여로서 무엇을 제공해야 하는가 즉 급여의 형태이다.

사회복지정책을 통하여 제공되는 급여의 형태에는 크게 현금, 현물, 증서 등이 있으며,

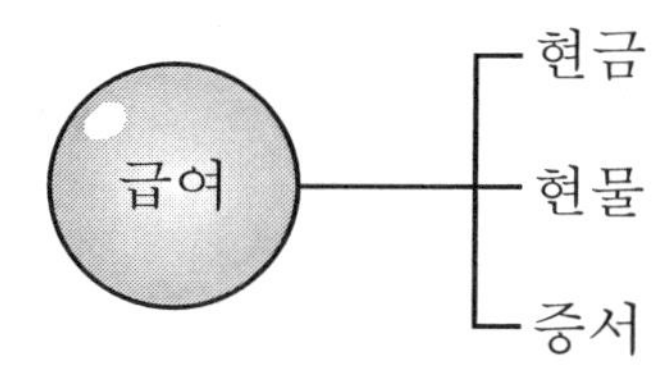

여기에 대한 분석을 하는 것이 첫번째 분석틀이다.

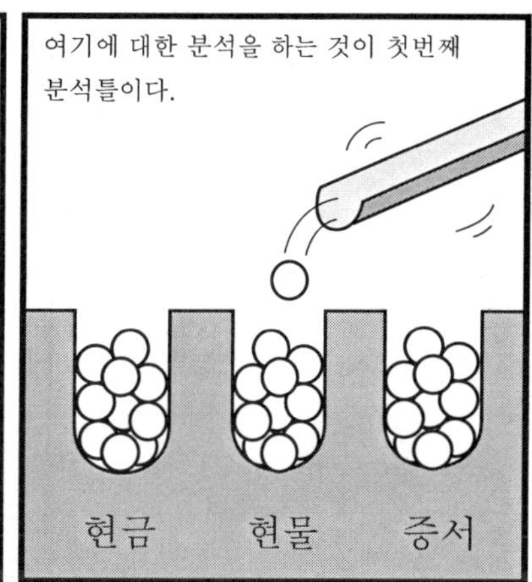

예컨대 첫 번째 분석틀의 기준으로 국민기초생활보장제도의 생계급여를 살펴보면 급여의 형태 중에서 현금급여라는 것을 알 수 있다.

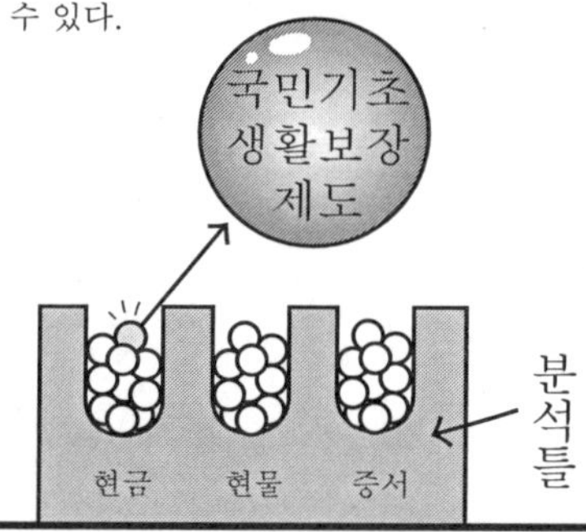

둘째는 누구에게 급여가 제공되어져야 하는가, 즉 할당이다.

데굴 데굴

저요!

급여

저요!

사회복지정책은 분배 문제를 주로 다루는데 그 전형적인 문제는 누가 무엇을 어떻게 갖게 되는가이다.

누가

무엇을

예컨대 두 번째 분석틀을 기준으로 국민기초생활보장제도의 대상을 살펴보면

최저생계비 이하의 생활을 하는 빈곤층이라는 것을 알 수 있다.

셋째는 어떻게 급여가 제공되어져야 하는가, 즉 전달체계이다.

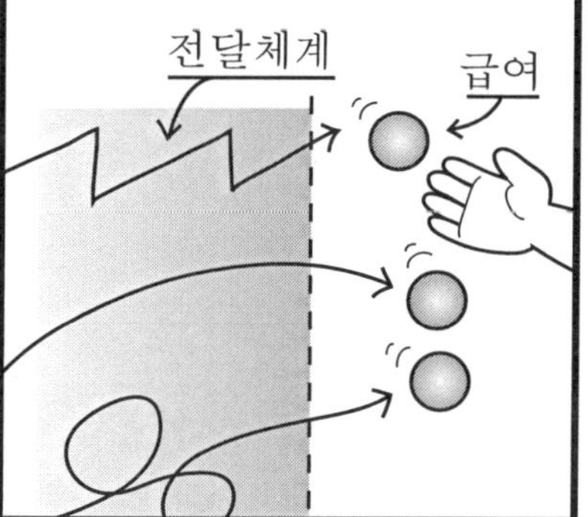

전달체계는 크게 공적 전달체계, 사적 전달체계, 공사혼합 전달체계로 구분된다.

전달체계
- 공적 전달체계
- 사적 전달체계
- 공사 혼합전달체계

예컨대 세 번째 분석틀을 기준으로 국민기초 생활보장제도의 전달체계를 살펴보면,

정부기관을 통해서 이루어지는 공적 전달체계라는 것을 알 수 있다.

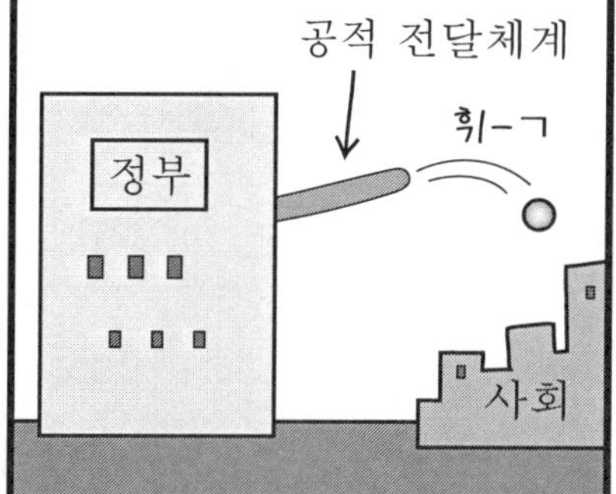

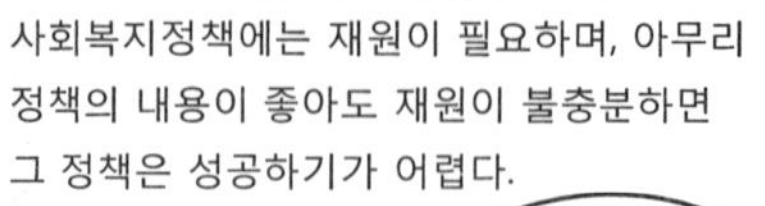

사회복지정책에 사용되는 재원은 정부나
지방자치단체가 지출하는 공공부문의 재원
과 민간부문의 재원으로 나눌 수 있다.

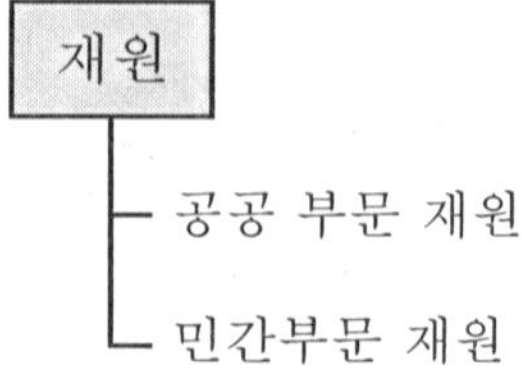

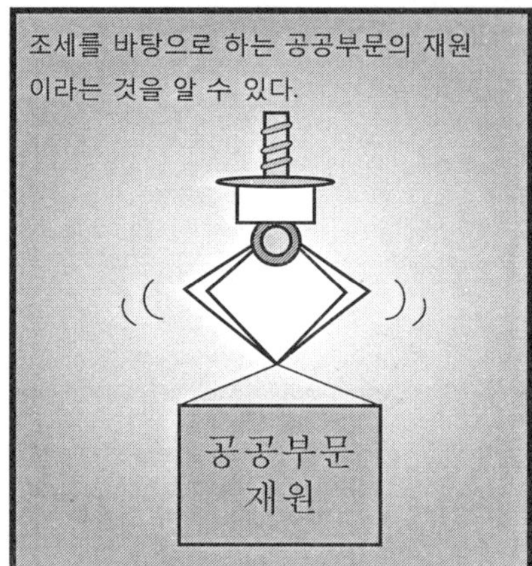

Chapter 6

사회복지 행정

1. 사회복지행정의 개념
2. 사회복지행정의 중요성 및 특성
3. 사회복지행정의 과정
4. 사회복지 프로그램 개발

Focus

사회복지행정은 사회복지조직에 있어서 결정된 사회정책을 구체적인 사회적 서비스로 전달하는 과정을 말한다. 사회복지조직에서의 행정과정은 기획, 조직, 인사, 재정, 평가, 조정 등을 중심으로 전개되고 있다. 특히 사회복지 행정가의 리더십과 행정직원들의 자세는 사회복지기관에서 제공되는 서비스의 질에 적지 않은 영향을 미치고 있으며, 여기에 사회복지행정 연구의 중요성이 있는 것이다.

1. 사회복지행정의 개념

스키드모어(Skidmore)는 사회복지행정은 사회정책을 사회복지서비스로 전환하는 과정으로서, 사회복지서비스를 효과적으로 공급하고 전달하는 것을 용이하게 하는 방법이라고 정의하고 있다(Skidmore, 1983). 이러한 사회복지행정의 개념은 학자에 따라, 사회에 따라, 시대에 따라 각각 다르게 정의되어 왔으며, 이를 개념적 범위 및 모델에 따라서 구분해 보면 다음과 같다.

1) 개념적 범위에 따른 분류

사회복지행정은 사회복지정책을 클라이언트에게 효과적, 효율적으로 전달하기 위하여 조직의 목표를 설정하고 실천하는 과정에 관련된 제반활동 또는 사회복지조직의 목표달성을 위하여 관리자와 조직의 전 구성원들이 수행하는 조직의 모든 행정적 업무를 총칭하는 개념이라고 할 수 있으며, 이를 개념적 범위에 따라서 협의와 광의의 개념으로 나누어 살펴보면 다음과 같다.

먼저 협의의 사회복지행정은 사회사업행정이라고도 하는데, 사회복지행정을 하나의 실천방법으로 이해하여, 사회복지조직의 목표달성을 용이하게 하기 위해 관리자에 의해 수행되는 상호의존적인 과업과 기능 및 관련활동 등의 체계적인 개입과정을 말한다. 즉 사회복지조직과 사회복지전문가들이 효과적으로 서비스를 기획, 실천, 평가하도록 지원해 주는 사회사업의 중요한 방법가운데 하나로, 사회복지조직의 목표를 당성하기 위한 사회복지행정가의 제반활동 등의 체계적인 개입과정이라 할 수 있다.

광의의 사회복지행정의 개념은 국민의 기본적 욕구충족을 위한 목표를 설정하며, 이 목표달성을 위한 최적의 수단을 탐색하고 선택하는 일련의 활동으로 정의된다. 이러한 과정은 사회가 보유하고 있는 인적, 물적 자원을 적절히 배분하여 최상의 성과를 도출하여 궁극적으로 국민의 복리를 진작시키는 총체적인 활동을 의미한다. 특히 공공 사회복지행정은 중앙정부의 급여행정을 축으로 하여 사회복지행정의 수익자인 국민의 생존과 생활의 확보를 위하여 그들의 생활권에 가까운 지방공공단체에게 법에 따라 그 사회복지행정을 위임하는 구조를 취하고 있다.

2) 사회복지행정 모델에 따른 분류

사회복지행정은 사회복지 정책을 서비스로 변화시키는 일련의 과정으로서, 일반적으로 세 가지 모델, 즉 사회사업행정, 사회복지행정, 사회행정 등으로 구분된다(Hanlan, 1977).

사회사업행정은 사회사업 전문직의 관점에서 사회사업의 실천을 관리하는데 주된 관심이 주어져 있다. 클라이언트에 대한 양질의 서비스를 제공하기 위한 사회사업기술이 강조되며 이는 사회사업 방법론에 기초를 둔다. 반면에 사회행정은 전체 사회적 시각에서 사회의 구조와 환경변화를 강조하고, 사회사업 전문직을 포함한 제반 사회적 활동들을 통틀어 전체 사회적 욕구의 실현을 추구하는 행정모델이다.

사회복지행정은 사회사업행정과 사회행정의 중간에 위치하며 개인과 환경의 상호작용을 통하여 사회복지적 목표를 달성하도록 사회복지조직이나 프로그램들을 운영관리하는 데 중점을 둔다. 이러한 사회복지행정의 모델을 비교해 보면 다음과 같다(김영종, 2001).

〈표6-1〉 사회복지행정의 모델비교

구 분 / 분 류	사회사업행정	사회복지행정	사회행정
관점	전문직	전문직과 외부사회 시각의 혼합	전체사회적 시각
지식과 기술	전문직의 기존3대 사회사업방법론에 기초	휴먼서비스 조직의 경영에 필요한 일반 사회과학적 지식	전체사회의 욕구와 자원배분에 대한 지식
개인과 환경	개인의 치료에 관심	개인과 환경의 상호작용	구조, 환경의 변화

2. 사회복지행정의 중요성 및 특성

1) 사회복지행정의 중요성

최근 다양한 사회복지조직이 늘어나면서 조직을 유지 발전시켜 나가기 위한 사회복지행정의 중요성이 증대되고 있다. 한 예로 기획, 조직, 인사, 통제, 지도와 같은 행정기능이 없는 사회복지조직을 가정해 볼 때 어떤 현상이 나타날 것인가? 아마도 다음과 같은 결과가 나타날 것으로 예상된다(Weinbach, 1990).

① 클라이언트와 직원들은 마음대로 나타나기도 하고 사라지기도 할 것이다.

② 직원들은 매일 업무를 시작할 때 하고자 하는 것을 결정할 것이며 그들의 업무는 다른 직원들의 활동과는 어떤 유기적인 관련없이 이루어질 것이다.

③ 아무도 자신의 업무 또는 다른 사람의 업무에 대해 책임지지 않을 것이다.

④ 아무도 다른 사람의 업무 또는 어떤 프로그램 및 서비스를 평가하지 않을 것이다.

⑤ 아무도 지역사회 내에서 조직의 현재의 역할에 대해 알지 못할 것이고, 조직의 미래에 대해서도 관심을 갖지 않을 것이다.

⑥ 아무도 다른 직원과 정보를 함께 나누려 하지 않을 것이다.

⑦ 어떤 확실한 지도자도 없을 것이며 또한 직원들에 대한 분명한 역할기대도 없을 것이다.

⑧ 행동을 지도할 목표도 사명도 없을 것이다.

⑨ 직원들의 지식과 기술을 향상시키는 것을 도울 어떤 수단도 없을 것이다.

⑩ 과업의 위임도 전혀 없을 것이다.

사회복지조직에서 이상과 같은 현상이 나타난다면 사실상 그것은 이미 조직이 아니다. 따라서 행정이 없다면 사회복지조직은 존재할 수가 없는 것이다. 따라서 사회복지행정은 사회복지조직에 있어서 필요불가결한 것이고 중요한 것이다.

특히 사회복지조직에 의해 제공되는 서비스는 사회복지행정이 어떻게 이루어지느냐에 따라서 많은 영향을 받는다. 이와 같이 서비스와 행정 간의 불가분의 관계 때문에 사회복지조직에 있어서 서비스의 질은 사회복지행정에 의해 크게 좌우된다고 볼 수 있다(Trecker, 1977).

2) 사회복지행정의 특성

사회복지행정은 조직의 체계를 통하여 특정 환경 내 인간의 다양한 욕구를 충족시키는 일련의 과정으로서 인간적 측면, 조직적 측면, 환경적 측면 등에서 다음과 같은 특성을 지닌다(김영종, 2001).

첫째, 인간 존재에 대한 가치와 도덕성을 바탕으로 한다. 인간은 도덕성을 소유하며 존재 그 자체로서 고귀함을 가지고 있다. 따라서 이러한 인간존재에 대한 가치를 바탕으로 제반 사회복지 서비스들이 실행되어져야 한다. 사회복지 서비스의 목적과 대상은 인간에게 지향되어 있으므로, 이러한 인간을 다루는 사회복지 서비스 조직들의 행정과정은 인간이 갖는 도덕적인 본질에 의하여 영향을 받을 수 밖에 없다.

둘째, 인간 존재의 전체성과 개별성을 지닌다. 인간은 항시 다면적이며 복잡성을 가지고 있다. 그리고 인간의 문제들은 서로가 밀접하게 상호 관련되어 있어서 하나의 문제를 해결하기 위해서는 전체적인 관점에 접근해야 한다. 또한 인간은 각기 독특한 존재이므로 사회복지행정 과정에서도 인간의 개별성을 바탕으로 서비스가 이루어져야 한다.

셋째, 조직 내에서 사회복지사와 클라이언트의 전문적인 상호작용이 이루어진다. 사회복지 서비스는 사회복지사와 클라이언트의 대면적인 관계에 의존한다. 서로 문제해결의 방향과 목표에 대해 조정하고, 바람직한 관계를 유지하기 위해서는 지속적인 상호작용이 필요하다.

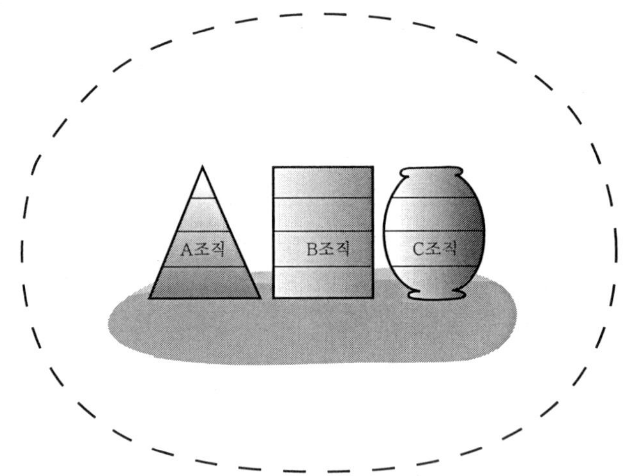

넷째, 다양한 조직들이 체계적으로 관련되어 있다. 사회복지 서비스는 개별적으로 독자적인 기능들을 발휘하는 조직들의 단순 집합이 아니라, 서로 보완적인 기능들을 발휘하는 전문직들 간의 혹은 분야들간의 상호 의존적인 조직망이다.

다섯째, 사회복지서비스는 외부환경에 의존적이다. 서비스 생산에 필요한 자원들의 대부분을 조직이 자체적으로 해결할 수 없기 때문에 자원을 통제하는 외부환경에 대해 의존적이기 쉽다. 따라서 사회복지행정의 중요한 과업은 이러한 복잡한 환경적 요소들을 적절하게 관리하는 것이다.

여섯째, 사회복지 환경은 역동적이다. 사회복지 환경은 고정적이지 않으며 변화하고 있다. 이러한 변화들은 곧 사회복지조직에 대해 변화의 압력들로 작용하게 된다. 소비자로서의 클라이언트 집단의 성격과 구성이 변화하고, 또한 자원 제공자들의 성격도 변화한다. 따라서 사회복지행정의 역할은 변화하는 환경적 요소들에 대한 이해와 분석을 통해, 이러한 변화들에 대해 적절히 대처할 수 있는 조직환경을 만드는 것이다.

일곱째, 다양한 가치들이 상존하고 있다. 사회복지 현장에서는 대립적이고 갈등적인 가치들이 항시 존재할 수 있다. 이처럼 상반된 가치들로 둘러싸인 환경 속에서 사회복지조직들의 활동을 이끌어가야 하는 것이 사회복지행정의 역할이다. 따라서 사회복지행정은 상반된 가치들을 조정할 수 있고, 이를 관리할 수 있는 능력을 필요로 한다.

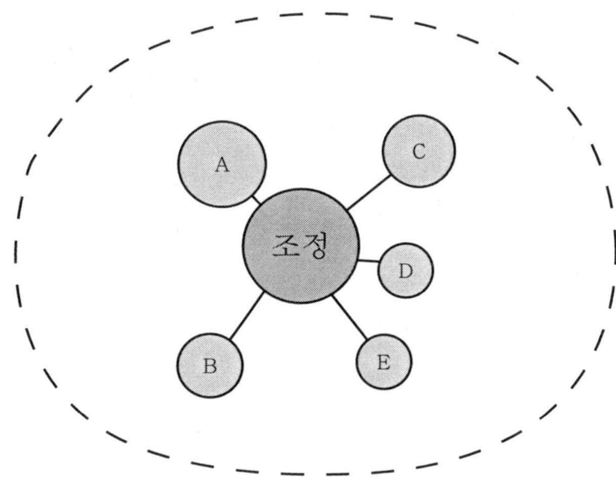

3. 사회복지행정의 과정

사회복지조직 내에서 사회복지행정의 과정을 제시해 보면 기획, 조직, 인사, 지시, 조정, 보고, 재정, 평가 등으로 구분할 수 있는데, 이를 이니셜을 따서 'POSDCoRBE'로 표현하고 있다. 이와 같은 사회복지행정의 과정을 구체적으로 제시하면 다음과 같다(Gulick & Urwick, 1966).

① 기획: 기획(planning)은 목표를 설정하고 그 목표를 달성하기 위한 수단을 결정하는 과정이다. 따라서 기획은 행정가에 의해 수행되는 최초의 과정으로서 목표의 설정, 목표달성을 위한 과업이나 활동, 과업수행을 위한 방법의 결정을 말한다. 기획은 효과적인 사회복지 서비스 전달에 초점

을 두고 있다. 특히 사회복지환경의 변화에 적절히 대처하기 위하여 기획이 필요하다.

② 조직: 조직(organization)은 구성원의 구체적인 활동이 규정되고 조정되는 공식적인 체계화 과정을 의미한다. 사회복지기관의 구조는 정관의 규정이나 운영지침서에 기술되어 있다. 조직은 그 역할과 책임이 불분명할 경우 구성원 간에 갈등이 초래되어 비효율적이고 비효과적인 결과가 나타날 수 있다. 따라서 행정관리자는 효과적이고 생동력이 있는 조직을 유지하기 위해 구성원들이 조직의 목표를 명백히 이해하도록 하고, 기관목표의 변화와 능력, 그에 따라 요구되는 과업과 방법의 변화에 보조를 맞추어야 한다.

③ 인사: 인사(staffing)는 조직유지를 위해 적시에 직무요건에 맞는 인원을 계획하고, 채용, 개발, 활용, 유지, 배치, 이동하며 평가, 관리하는 과정을 포함한다. 사회복지조직에서 인사관리를 하는 주된 목적은 효율적이고 적합한 서비스를 필요로 하는 사회적 약자인 클라이언트의 복지를 증진시킬 수 있도록 하는데 있다. 따라서 조직의 관리자는 직원의 임명에 대해 책임성을 가지며, 직원교육 및 훈련, 우호적인 업무 분위기 조성 등에도 책임을 져야 한다.

④ 지시: 지시(direction)는 행정관리자가 기관을 효율적으로 운영하기 위하여 하위구성원에게 업무를 부과하는 기능을 말한다. 이러한 행정관리자의 지시능력을 몇 가지 제시하면 다음과 같다. 첫째는 사회복지기관과 관련된 모든 사실을 면밀히 검토한 후 합리적인 결정을 내리는 능력이다. 둘째는 기관의 목적이 대한 적극적인 관심과 목표달성을 위한 헌신적인 능력이다. 셋째는 기관 내 구성원의 공헌에 대해 칭찬하고 그들의 지위향상을 도와주는 능력이다. 넷째는 자신의 책임과 권한을 효과적으로 위임하는 능력이다. 다섯째는 행정관리자로서 기관 내 개인과 집단의 창의성을 고취하는 능력이라 할 수 있다.

⑤ 조정: 조정(coordinating)은 기관활동의 다양한 부분들을 상호 연결시켜 주는 중요한 기능이다. 행정책임자는 기관 내 조정기능을 위해 여러 부서와 구성원들 간의 효과적인 의사소통의 통로를 마련해야 한다. 사회복지기관에서는 위원회와 같은 기구를 통하여 사회복지 프로그램, 인사, 재정 등과 같은 활동에 관한 문제를 취급하고, 사회복지기관의 긴급한 과업이나 단기간 내에 수행 가능한 임시적인 활동을 다루기도 한다.

⑥ 보고: 보고(reporting)는 행정관리자가 기관에서 일어나는 상황을 이사회, 직원, 지역사회 여타 기관 등에 알리는 것을 말한다. 사회복지기관의 보고를 위한 주요 활동에는 정기적인 문서보고자료, 인사기록, 대상자의 사례기록, 서비스 활동 기록 등이 있다.

⑦ 재정: 재정(budgeting)은 사회복지기관의 운영에서 조직의 목표달성을 위한 수입과 지출의 관리과정을 의미한다. 즉 조직이 목표관리를 위해 필요한 예산을 합리적이고 계획적으로 동원하고,

배분하고, 효율적으로 사용 · 관리하는 과정을 의미한다. 따라서 사회복지의 재정관리는 사회복지 기관 및 시설의 목적과 목표를 달성하는 제반활동을 어떻게 효율적으로 지원하고 지역사회 내 가용 자원을 어떻게 배분하고 사용할 것인가 등에 대한 총괄적인 관리체계라 할 수 있다.

⑧ 평가: 평가(evaluating)는 사회복지기관의 목표에 따라 전반적인 활동결과를 사정하는 과정을 말한다. 사회복지기관의 목표달성을 정확하게 평가하기 위해서는 다음의 두 가지 척도를 적용하여야 한다. 첫째는 효과성의 척도로서 서비스에 대한 욕구와 관련하여 기관의 서비스가 수행되어진 정도를 평가한다. 둘째는 효율성의 척도로서 프로그램에 대한 투입과 산출의 정도를 평가한다.

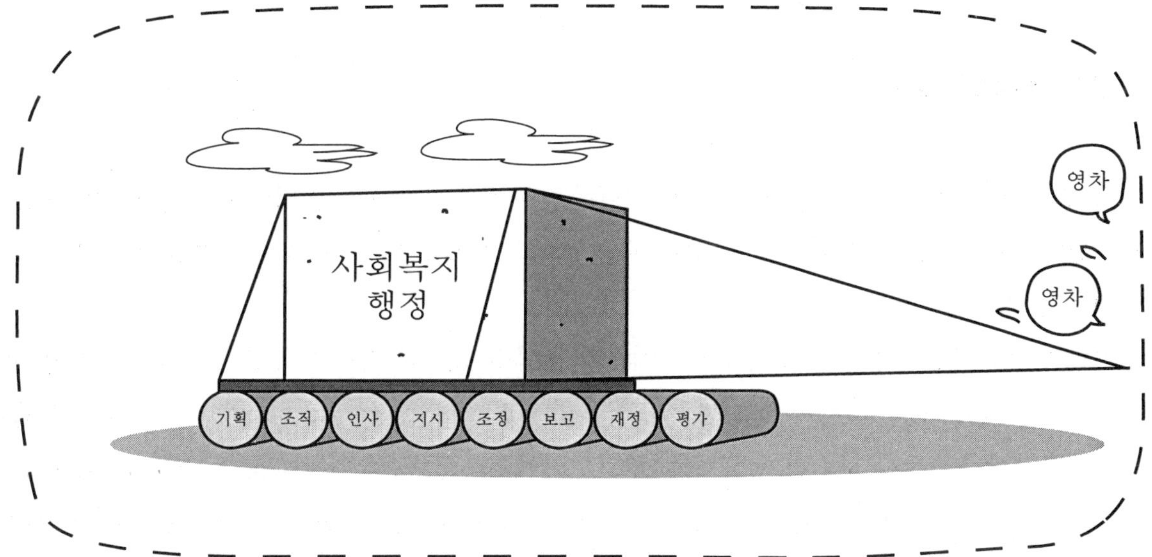

4. 사회복지 프로그램 개발

사회복지행정은 사회복지정책을 서비스로 만드는 과정이며, 클라이언트에게 제공되는 서비스는 사회복지기관의 다양한 프로그램 개발을 바탕으로 이루어진다. 이러한 사회복지프로그램은 사회적인 문제 또는 욕구에 대처하는 모든 활동을 포함하는, 포괄적인 개념이다. 여기서는 사회복지 프로그램 개발의 일반적인 과정을 중심으로 프로그램을 체계적으로 이해해 보고자 한다.

1) 예비조사

예비조사단계는 사회복지프로그램의 구체적인 계획 이전에 클라이언트 및 주변환경의 상황(가족, 지역사회 등)과 조건들을 파악하고, 프로그램 개발의 정당성 및 필요성과 관련된 기초자료들을 수집하는 단계이다. 예비조사 단계에서는 ① 기대되는 결과에 대한 정보, ② 프로그램의 필요성에 대한 정보, ③ 기존 프로그램 및 서비스에 대한 정보, ④ 인적 · 물적 자원에 대한 정보, ⑤ 기관에서 프로그램에 대한 승인, ⑥ 프로그램 관련 이론 등에 관한 조사를 통하여 프로그램이 실질적으로 실현가능성과 필요성이 있는 지를 평가한다.

2) 문제의 확인

문제의 확인단계는 프로그램을 통하여 해결하려고 하는 문제나 욕구를 확인하는 단계이다. 즉 클라이언트에 어떠한 욕구가 어느 정도 있는 지를 파악해야 프로그램을 어떻게 운영할 지 결정할 수 있게 되는 것이다.

따라서 클라이언트의 문제 및 욕구를 파악하기 위하여 문제나 욕구에 대한 구체적인 조사가 이루어지며, 이러한 자료를 수집하는 방법으로 ① 일반집단 서베이(general population survey), ② 표적집단 서베이(target population survey), ③ 사회지표분석방법(social indicator approach), ④ 주요정보제공자 서베이(key informants survey), ⑤ 공개토론회, 공청회(community forum), ⑥ 델파이 기법(Delphi Method), ⑦ 관찰법, ⑧ 비형식적 측정 등이 활용된다.

3) 목적 및 목표설정

이전 단계인 문제의 확인단계에서 욕구를 측정한 자료로 목적 및 목표설정을 하게 된다. 목표의 설정은 그 프로그램의 기준적인 방향을 제시하는 중요한 단계이다. 그러나 실제로 많은 사회복지 기관에서 구체적인 목표를 설정하지 못한 채 사업을 그대로 진행하는 경우가 많은데, 이러한 경우 그러한 프로그램은 체계적으로 진행되어지지 않는 경우가 많다.

목표는 프로그램의 기획과 조정을 원활히 하고, 프로그램실무자들에게 방향과 지침을 제공하기 위하여 구체적으로 설정해야 하며, 바람직한 목표설정의 방향은 다음과 같다(York, 1982).

첫째, 목표는 과정(process)보다는 산출(output) 지향적이 되어야 한다.

둘째, 목표는 변화의 방향 뿐 아니라 기대되는 변화의 수준을 측정이 가능하도록 서술해야 한다.

셋째, 시간적인 제약(time-bound)이 있어야 한다.

넷째, 목표는 달성가능하고 이를 위한 구체성을 요구한다.

다섯째, 목표는 욕구와 목적에 연결이 되어야 하며, 그 기관의 사업목적에 부합되는 것이어야 한다.

4) 프로그램 설계

프로그램의 설계과정을 의사가 환자를 치료하는 과정에 비교해 본다면, 환자의 치료방향을 정한 뒤 치료방법을 설계하는 것에 비유할 수 있다. 이 프로그램 설계는 크게 두 과정으로 나눌 수 있다. 첫째는 제공할 서비스 대안들의 확인 및 선택이고, 둘째는 하위 목적별로 선택된 대안들에 예산을 배분하는 작업이다.

프로그램은 장, 단기 사업계획을 통하여 이루어지는 것이기 때문에, 프로그램의 편성은 각 단계마다의 사업계획에 따라 행해진다. 각 단계의 프로그램을 수행 시 항상 "무엇 때문에 이 프로그램을 계획하고 편성하는가?"와 같은 질문에서 출발하는 자세가 필요하다. 또한 상황의 변화에 따라 유동적으로 대처할 수 있도록 다양한 방법들을 미리 검토해 두는 것이 필요하다.

5) 실행단계

실행단계는 이전까지의 단계에서 만들어 놓은 계획을 행동화하는 과정이다. 이 단계에서 프로그램의 진행자는 항상 클라이언트 중심의 마인드를 인지하고 있어야 하며, 이전에 세운 프로그램의 목표를 항상 염두에 두고 프로그램의 실행에 임해야 한다. 또한 계획한 대로 프로그램이 진행되는지에 대한 확인, 점검, 관리가 필요하다.

프로그램 실행 단계에 있어서 유의점은 다음과 같다.

첫째, 프로그램 관련자는 프로그램 관리운영에 관한 기초지식과 기법을 이해해야만 한다.

둘째, 조직도표를 업무별로 작성하고 업무별 부서의 업무내용과 책임범위를 되도록 자세하게 책정해야 한다.

셋째, 감독자의 불필요한 간섭, 까다로운 절차의 강요, 직원의 자율성과 사기가 저해되지 않도록 해야 한다.

넷째, 정기적으로 직원회의(staff meeting)를 열어 진행사항에 관한 보고와 협의를 하며 주기적인 중간 평가를 해야 한다.

다섯째, 필요할 때는 각종 홍보매체를 활용하여 프로그램을 홍보하는 것이 중요하다.

6) 평가단계

프로그램 평가는 더욱 양질의 프로그램을 형성하는 중요한 피드백 자료가 되며, 보다 효과적이고 체계적이며 지속적인 변화를 가능케 한다. 평가는 프로그램의 목표를 효율적으로 또는 효과적으로 달성했는가를 검증하고, 프로그램의 개입전략, 실무절차, 서비스 기술을 개선, 보완하기 위하여 필수적인 과정이다. 평가의 방법으로는 효과성평가, 효율성평가(비용효과분석, 비용편익분석), 이용자 만족도 평가 등이 있다.

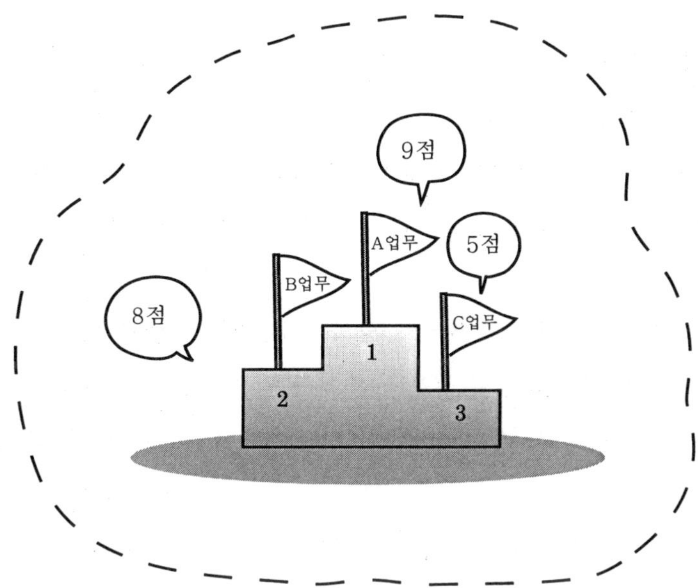

5. 사회복지행정가

사회복지행정업무를 맡는 사람을 사회복지행정가라고 할 수 있다. 사회복지행정가는 행정 및 조직관리에 관한 전문적인 지식을 지니고 있어야 한다. 아울러 사회복지실천가로서 자질을 지니고 있어야 할 뿐 아니라, 정책과 법, 제도에 대한 심도 깊은 이해를 배경으로 하고 있어야 한다. 이러한 사회복지행정가가 가져야 할 지식과 태도를 살펴보면 다음과 같다(Skidmore, 1983; 문인숙 외, 1992).

1) 사회복지행정가의 지식

사회복지행정가가 사회복지영역에 대한 포괄적 지식을 지녀야 하는 이유는 조직과 조직구성원의 원만한 생활을 위한 것일 뿐 아니라 클라이언트의 삶의 질 향상과 지역공동체의 유기적 통합에 있다. 특히 사회복지기관의 효과적 운영을 위하여 필수적인 지식을 살펴보면 다음과 같다.

첫째, 사회복지행정가는 기관의 목표, 정책, 서비스 그리고 자원에 대한 적절한 지식을 가지고 있어야 한다. 행정가는 기관의 설립이념과 목표를 분명히 이해하고 이를 달성하기 위하여 노력해야 한다. 또한 현 상황에서 기관이 가지고 있는 자원과 재정상태 등을 파악하고 필요한 자원을 증대시킬 수 있는 수단도 동원해야 한다.

둘째, 사회복지행정가는 인간행동의 역동성에 대한 기본적 지식을 가지고 있어야 한다. 인간행동에 대한 지식은 행정가 자신, 직원, 클라이언트를 이해할 수 있는 기반을 형성한다. 행정가는 직원들이 인간행동의 원칙에 따라서 활동하고 반응할 수 있다는 것을 파악하고, 효과적인 조직관리를 위하여 기본적인 지식을 습득해야 한다.

셋째, 사회복지행정가는 지역사회자원에 대하여 포괄적인 지식을 가지고 있어야 한다. 특히 사회복지서비스를 제공하는 기관에 대한 지식은 다양한 욕구를 가지고 있는 클라이언트의 욕구충족에 실질적인 도움을 줄 수 있다.

넷째, 사회복지행정가는 기관에서 활용하는 사회사업방법론에 대한 적절한 지식을 가지고 있어야 한다. 행정가는 세부적인 방법론에서 실무 전문가가 될 필요는 없지만 행정의 원칙, 과정, 기술과 관련된 개별사회사업, 집단사회사업, 지역사회조직, 사회복지조사방법 등에 대한 기본적인 지식을 가지고 있어야 한다.

다섯째, 사회복지행정가는 평가과정과 기법에 관한 적절한 지식을 가지고 있어야 한다. 평가는 새로운 프로그램을 형성하기 위한 최선의 피드백 과정이다. 따라서 행정가는 수행된 서비스에 대해서 긍정적 · 부정적 요인 등을 평가할 수 있을 만한 지식을 가져야 한다.

2) 사회복지행정가의 태도

사회복지행정가는 행정에 대한 전문적인 지식을 가지고 체계적으로 조직을 관리해야 하는 동시에 조직의 목표달성을 위하여 직원과 클라이언트에 대하여 인간적인 태도로 접근해야 하는 사람이기도 하다. 여기서는 성공적인 사회복지행정가 가져야 할 태도를 살펴보고자 한다(Skidmore,

1983).

첫째, 사회복지행정가는 각 직원을 독특한 개인으로 대하며 진실로 존중하는 마음을 가져야 한다. 행정가는 각 직원이 장점과 단점을 지닌 독특한 인간이라는 사실과 직원들이 기관에서 가장 가치 있는 인적 자원이라는 사실을 인식한다.

둘째, 사회복지행정가는 각 직원들이 최선을 다할 수 있는 물리적 장소와 정서적 분위기를 제공하려고 노력해야 한다. 행정가는 직원들이 전문적인 성취와 성장을 통해 만족을 할 수 있도록 돕는 것을 중요한 과업으로 인식하여야 한다.

셋째, 사회복지행정가는 변화에 대한 긍정적인 태도를 취해야 한다. 조직의 발전은 변화를 통하여 이루어진다. 따라서 행정가는 긍정적인 마인드로 조직과 구성원의 발전을 위하여 노력해야 한다.

넷째, 사회복지행정가는 기관의 성장과 발전을 최우선시 하는 태도를 취해야 한다. 기관의 발전은 직원들의 성취동기와 직무만족에 중요한 영향을 미치는 원동력이다. 따라서 행정가는 기관의 성장과 발전에 긍정적인 영향을 미칠 수 있는 리더십을 소유해야 한다.

다섯째, 사회복지행정가는 개인의 가치와 기관의 가치를 조화시키려는 태도를 취해야 한다. 기관의 가치를 바탕으로 구성원의 가치를 조화시키려는 태도는 기관과 개인 양자의 목표달성에 도움이 되는 접근방법이다. 따라서 행정가는 개인과 기관의 가치를 존중하고 이를 조정하는 조정자로서의 역할을 수행할 필요가 있다.

참고문헌

김영종, 2001. 사회복지행정. 학지사.

문인숙 외, 1992. 사회복지기관행정론. 동인.

Gulick, L. & L. Urwick. 1966. Papers on the Science of Administration. New York: John Wiley.

Hanlan, A. 1977. From Social Work to Social Administration, Administration in Social Work. 1(3).

Skidmore, R. A. 1983. Social Work Administration : Dynamic Management and Human Relations. Englewood Cliffs, NJ: Practice-Hall Inc.

Treker, H. B. 1977. Social Work Administration : Principles and Practice. New York: Association Press.

Weinbach, R. W. 1990. The Social Worker as Manager: Theory and Practice. New York : Longman.

York, R. O. 1982. Human Service Planning, Concepts, Toals and Methods, North Carolina University Press.

만화로
다시 정리하기

사회복지행정은 사회복지조직에 있어서 결정된 사회정책을 구체적인 사회적 서비스로 전달하는 과정을 말한다.

따라서 사회복지행정이 잘 이루어지면 클라이언트는 양질의 서비스를 받을 수 있고,

행정이 잘 이루어지지 않으면 클라이언트의 서비스만족도는 떨어질 수밖에 없다.

만약에 사회복지행정이 없다면?

사회복지행정은 클라이언트에게 양질의 서비스를 제공하기 위하여 이루어지는 기획, 조직관리, 재무관리, 인사관리, 문서관리 등의 과정이다.

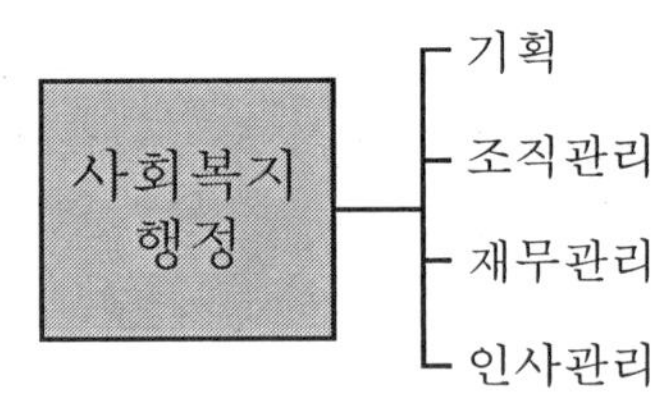

클라이언트와 직원들은 마음대로 나타나기도 하고 사라지기도 할 것이다.

직원들은 매일 업무를 시작할 때가 되어서야 어떤 일을 할지를 결정할 것이다.

아무도 자신의 업무 또는 다른 사람의 업무에 대해 책임지지 않을 것이다.

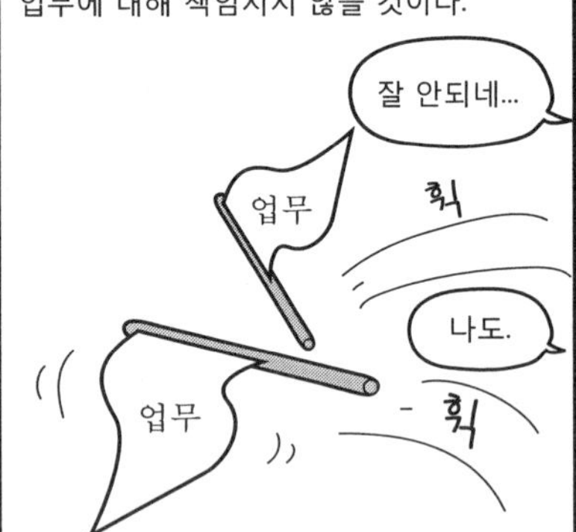

아무도 다른 사람의 업무 또는 어떤 프로그램 및 서비스를 평가하지 않을 것이다.

직원들이 조직의 미래에 대해서도 관심을 갖지 않을 것이다.

아무도 다른 직원과 정보를 함께 나누려 하지 않을 것이다.

어떤 확실한 지도자도 없을 것이며 또한 직원들에 대한 분명한 역할기대도 없을 것이다.

행동을 지도할 목표도 사명도 없을 것이다.

직원들의 지식과 기술을 향상시킬 수 없을 것이다.

과업의 위임도 전혀 없을 것이다.

사회복지조직에서 이상과 같은 현상이 나타난다면 사실상 그것은 이미 조직이 아니다.

따라서 행정이 없다면 사회복지조직은 존재할 수가 없는 것이다.

사회복지행정의 과정

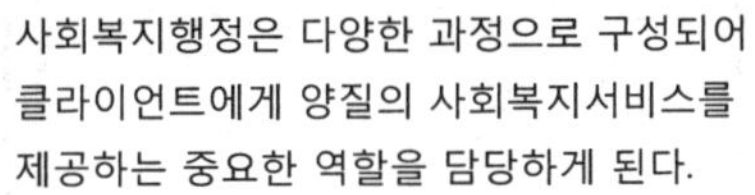

사회복지행정은 다양한 과정으로 구성되어 클라이언트에게 양질의 사회복지서비스를 제공하는 중요한 역할을 담당하게 된다.

사회복지행정의 과정은 기획, 조직, 인사, 지시, 조정, 보고, 재정, 평가 등으로 나누어진다.

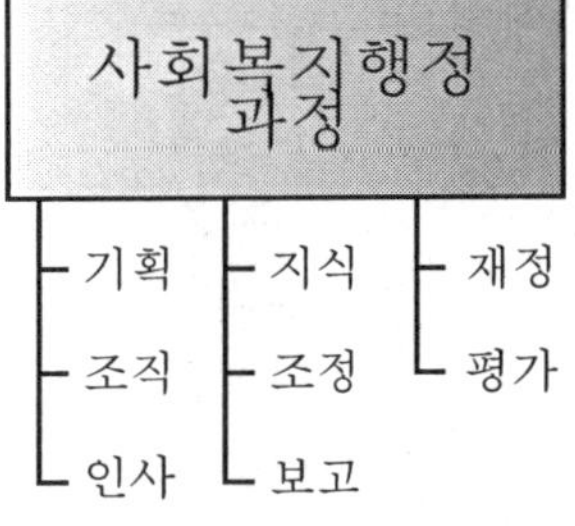

첫째, 기획은 행정가에 의해 수행되는 최초의 과정으로서 목표의 설정, 목표달성을 위한 과업이나 활동, 과업수행을 위한 방법을 결정하는 과정을 말한다.

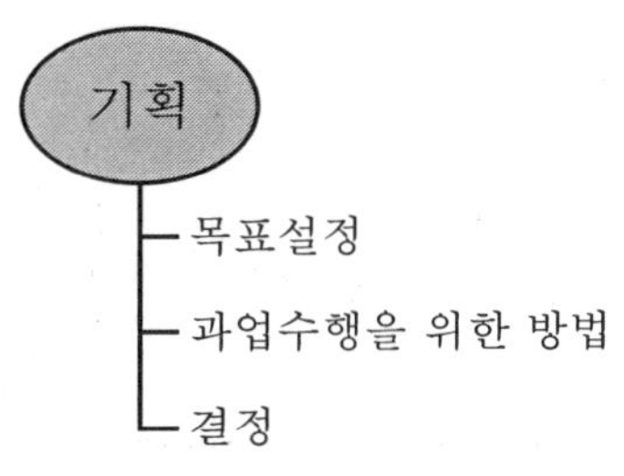

둘째, 조직은 조직체계를 구체화하고, 구성원의 업무를 분담하는 과정을 의미한다.

2단계

- 조직체계 구체화
- 구성원의 업무 분담

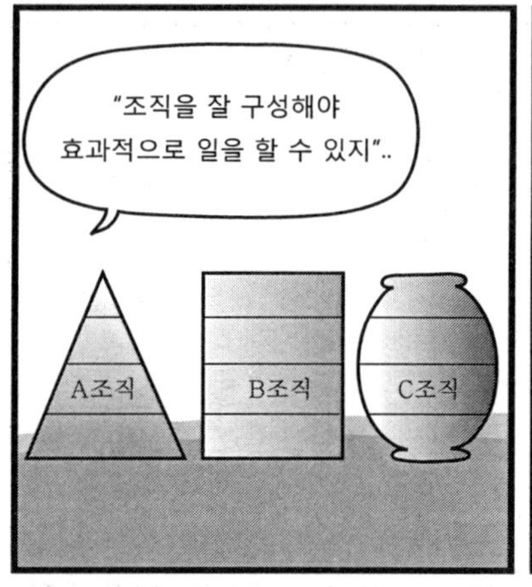

셋째, 인사는 조직유지를 위해 인적자원을 채용하고, 교육, 훈련, 배치하며 평가, 관리하는 과정을 포함한다.

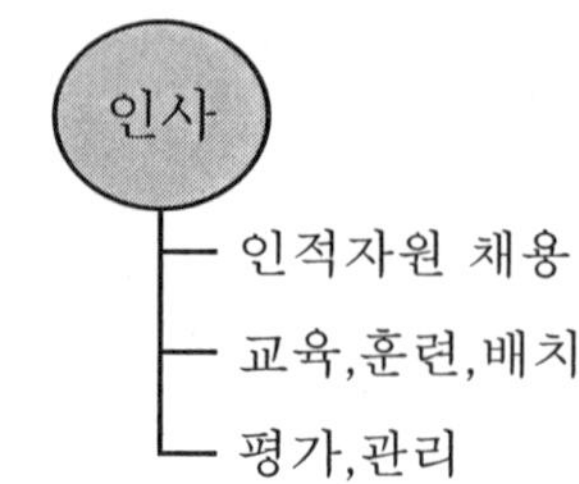

넷째, 지시는 행정관리자가 기관을 효율적으로 운영하기 위하여 하위구성원에게 업무를 부과하는 기능을 말한다.

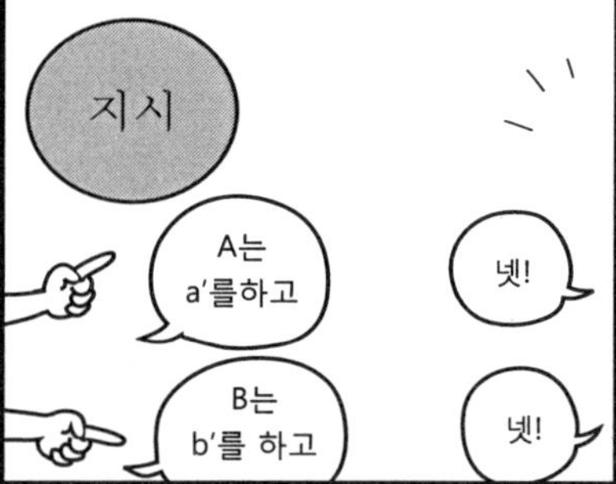

다섯째, 조정은 기관활동의 다양한 부분들을 상호 연결시켜 주는 기능이다.

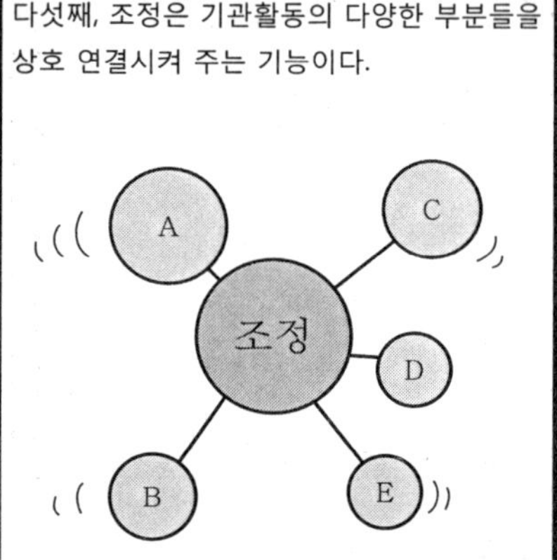

여섯째, 보고는 행정관리자가 이사회, 직원, 지역사회 여타 기관 등에 기관에서 일어나는 상황을 알리는 것을 말한다.

일곱째, 재정은 사회복지기관의 운영에서 조직의 목표달성을 위한 수입과 지출의 관리하는 것을 의미한다.

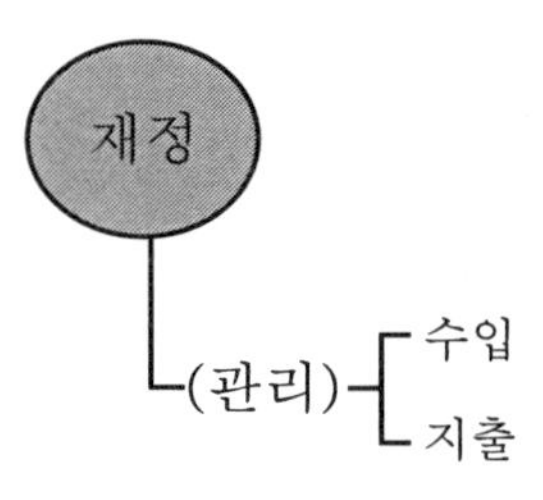

여덟째, 평가는 사회복지기관의 목표에 따라 전반적인 활동결과를 사정하는 과정을 말한다.

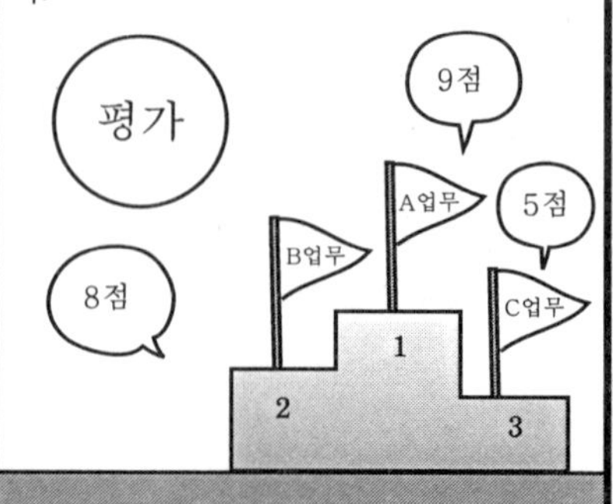

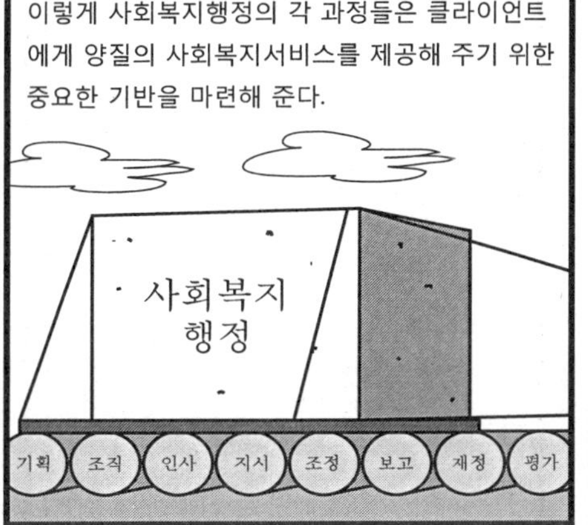

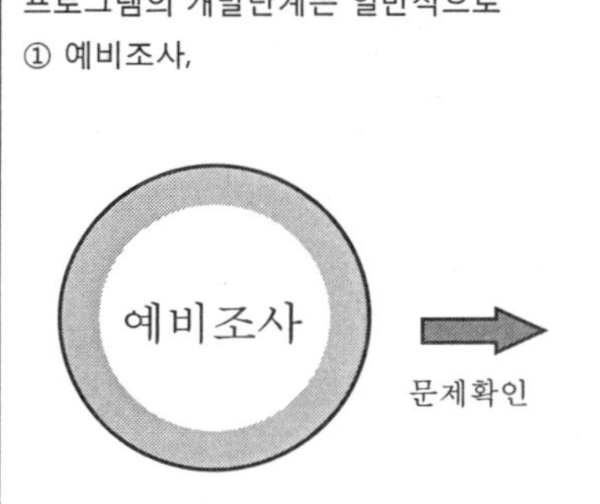

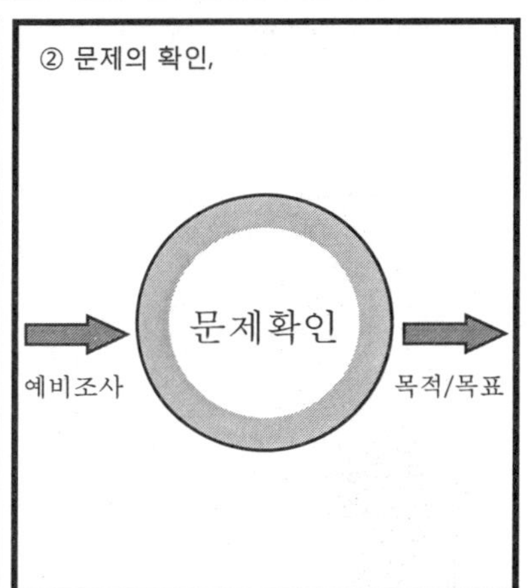

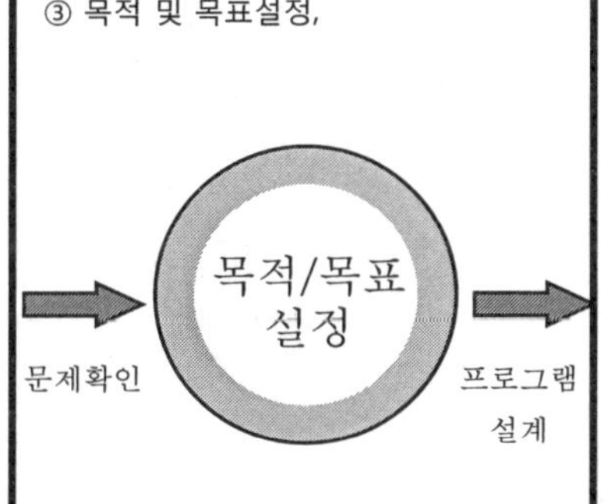

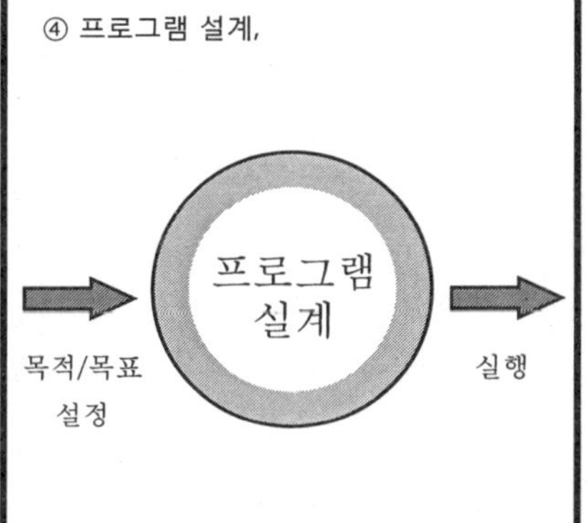

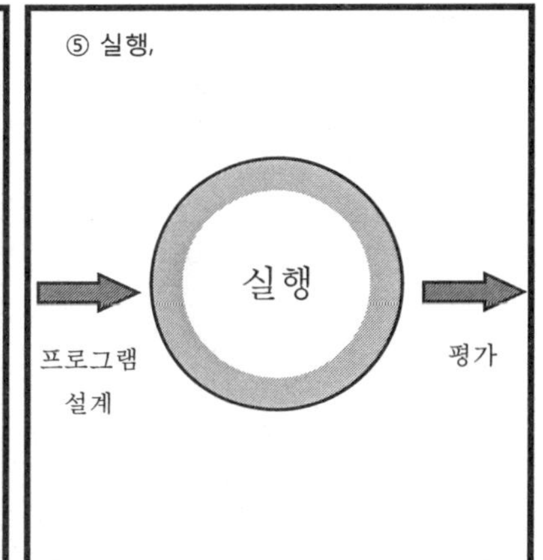

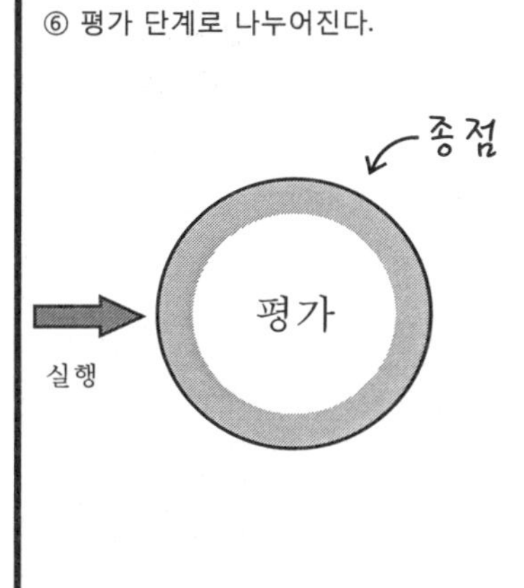

예비조사 단계는 프로그램의 구체적인 계획 이전에 프로그램의 필요성이나 실현가능성 등을 미리 파악하는 단계입니다.

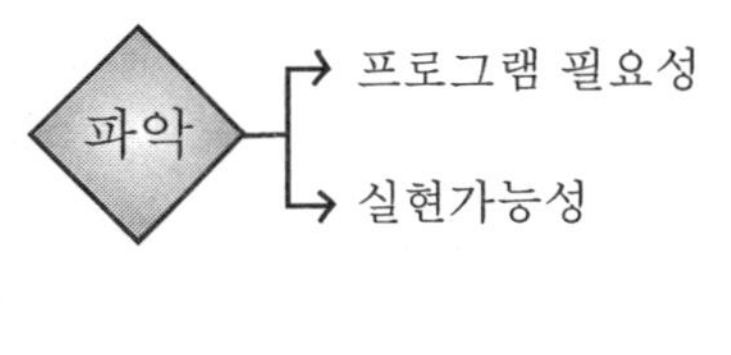

예비조사가 잘 되어야 프로그램의 성공 가능성이 높아지지.

두 번째 단계는 문제의 확인 단계입니다.
문제

문제의 확인단계는 프로그램을 통하여 해결하려고 하는 문제나 욕구를 확인하는 단계입니다.
아~ 해보세요.

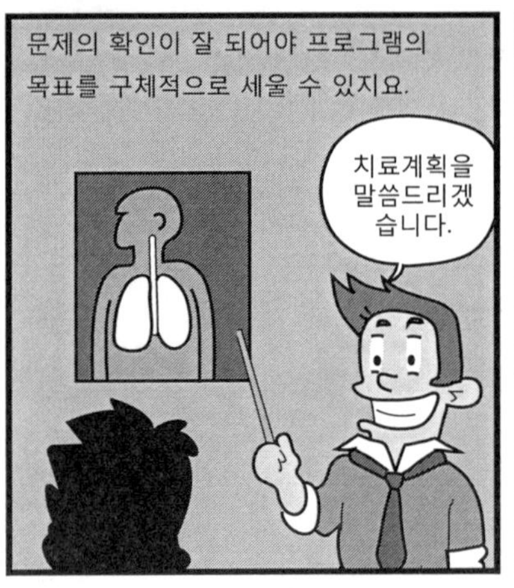
문제의 확인이 잘 되어야 프로그램의 목표를 구체적으로 세울 수 있지요.
치료계획을 말씀드리겠습니다.

세 번째 단계는 목적 및 목표설정 단계입니다.
3단계
목적
목표

목적 및 목표설정 단계는 프로그램의 기준적인 방향을 제시하는 중요한 단계이다.
목표
복지

"목적과 목표를 구체적으로 세워야 프로그램의 방향을 확실히 설정할 수 있다.
복지
정확히 날아온다!!

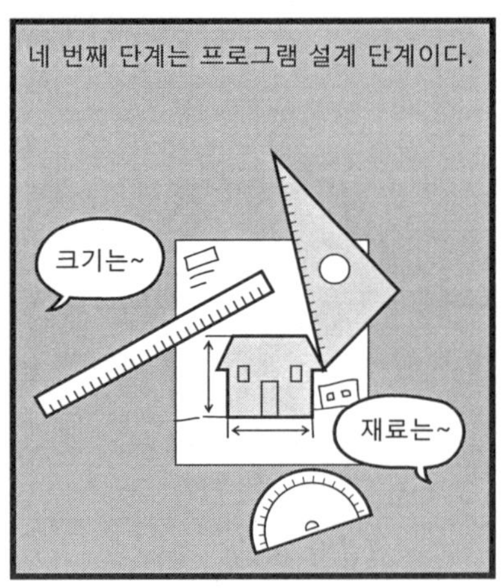
네 번째 단계는 프로그램 설계 단계이다.
크기는~
재료는~

프로그램 설계 단계는 프로그램의 목적을 달성하기 위하여 구체적인 사업계획을 수립하는 단계이다.
프로그램
설계서

프로그램 설계를 잘 해야 프로그램을 효과적으로 실행할 수 있지요.
계획대로 척척 진행되는군.
설계도가 잘 만들어져서 그래요~
프로그램

다섯 번째 단계는 실행 단계입니다.
실 행

실행단계는 이전까지의 단계에서 만들어 놓은 계획을 행동화하는 단계입니다.
초대 합니다~
프로그램

프로그램 실행을 잘 해야 프로그램 만족도가 높아지죠.
프로그램
어서 오세요~

여섯 번째 단계는 평가 단계이다.
프로그램
8
5
8

평가단계는 실시한 프로그램이 의도했던 목표를 잘 달성했는지를 파악하는 단계이다.
프로그램
합지점

프로그램 평가를 잘 해야 향후에 더 좋은 프로그램을 만들지!
서비스향상!

사회복지 행정가의 태도

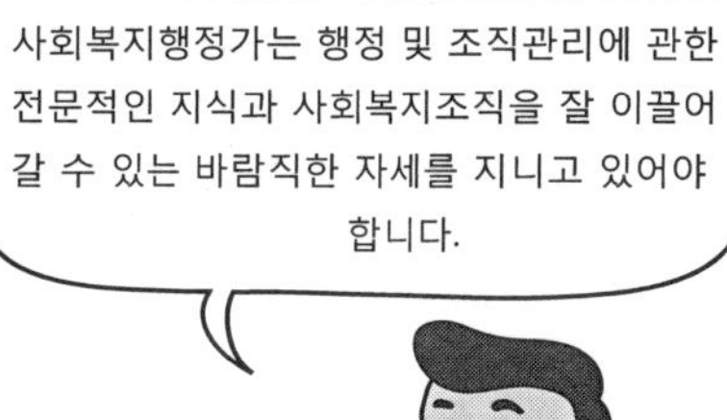
사회복지행정가는 행정 및 조직관리에 관한 전문적인 지식과 사회복지조직을 잘 이끌어 갈 수 있는 바람직한 자세를 지니고 있어야 합니다.

성공적인 사회복지행정가 가져야 할 태도는 다음과 같습니다.
?

첫째, 사회복지행정가는 직원들을 진실로 존중하는 마음을 가져야 합니다.
존중

둘째, 사회복지행정가는 직원들이 최선을 다할 수 있는 환경을 제공하기 위한 노력해야 합니다.
최선

셋째, 사회복지행정가는 변화에 대한 긍정적인 태도를 취해야 합니다.
요즘 유행하는 스타일입니다.
저도 따라하고 싶네요~
사회복지 행정가

넷째, 사회복지행정가는 기관의 성장과 발전을 최우선시 하는 태도를 취해야 한다.
쑥
쑥
기관
쑥

다섯째, 사회복지행정가는 개인과 기관의 가치를 존중하고 이를 조정하는 조정자로서의 역할을 수행해야 한다.
사회복지 행정가
제가 풀어 드릴께요.
기관
개인

Chapter 7

지역사회 복지

1. 지역사회의 개념 및 기능
2. 지역사회복지의 개념
3. 지역사회복지의 모형
4. 지역사회복지의 문제해결 과정
5. 지역사회복지 실천기관

Focus

지역사회(Community)라고 하면 일반적으로 일정한 지리적 구역을 조건으로 전개되지만, 공동사회라고 하면 반드시 지리적 구역을 조건으로 하지 않고 그 구성원이 공동의 이익을 추구하고, 이해관계를 같이 하는 개인이나 집단조직체를 의미하고 있다. 지역사회복지는 이러한 지역사회의 조직적이고 체계적인 개입을 통해 주민들의 삶의 질을 향상시키기 위한 사회복지적 지식과 기술을 활용하는 전문 실천방법으로서 최근 다양한 대상영역에서 복지사회의 실현을 위해 시행되고 있다.

1. 지역사회의 개념 및 기능

1) 지역사회의 개념

Longman사전(1995)에 의하면 지역사회(Community)는 크게 지역성(locality)에 기반을 둔 정의와 사회적 동질성에 기반을 둔 정의로 나뉜다. 전자는 "동일한 지역 및 도시 등에서 생활하는 모든 사람들"로서 '지역성'에 근거한 정의라고 볼 수 있으며, 후자는 "동일한 국적, 종교 및 기타 유사한 영역들을 공유하는 사람들의 집단"으로서 '사회적 동질성'에 근거한 정의라고 할 수 있다.

한편 사회복지대백과사전(1999)에서는 지역사회를 구조적인 관점과 사회심리학적인 관점으로 나누고 있다. 전자의 관점에서 지역사회는 개인과 국가를 매개하는 구조로써 언급된다. Durkheim에 의하면, 국가는 개인으로부터 너무나 분리되어 있기 때문에 지역사회와 같은 매개단위의 도움 없이는 사회화 기능을 성공적으로 수행할 수 없으며, 개인의 의식을 관통할 수 없다고 강조하였다. 이러한 언급은 지역사회를 개인과 사회를 연계 또는 개인을 형성하고 사회화시킬 수 있는 매개구조로서 파악하는 관점이다. 따라서 지역사회는 정치적 실체로서 보여지며, 지역, 도시, 읍·면, 근린지역 등으로 조직된다. 이러한 구조는 많은 정치·사회적 기능을 수행하며, 핵심적 권력으로서의 국가와 개인을 중재하게 된다. 또한 사회심리적인 관점에서의 지역사회는 의미, 정체성, 비소외적(non anomic)관계, 그리고 소속감을 강조한다. 이 관점에 근거하고 있는 주요 개념은 Tonnies의 공동사회(Gemeinschaft)와 이익사회(Gesellschaft)이다. 이는 지역사회의 개념의 진화뿐만 아니라 규모와 사회적 관계에 관한 논쟁을 이해하는데 유용하다. 예컨대 공동사회의 개념이 지역에 근거하고 있지만, 현대적 맥락에서는 지역사회 역할의 심리적인 측면에 강조를 두고 있다고 볼 수 있다. 즉, 사람들의 상호관계가 상호부조, 공동운명, 유대감, 개별보상과 의무 등을 통해 이루어진다는 측면에서 사회심리학적 요소를 강조하고 있다. 따라서 사회심리학적 관점에서 지역사회는 사회적 상호작용의 측면에만 국한된 것이 아니라 생활 면에서의 심리학적인 요소가 내재된 것으로 보고 있다.

현대 지역사회이론의 대표적인 학자로 손꼽히는 워렌(Warren)은 지역사회란 "지역적인 수준에서 사람들의 욕구를 충족시키기에 적절한 주요 사회기능들을 수행하는 사회적인 단위(units)와 체계의 연합"으로 정의하여 근린, 자발적 연합체, 그리고 더 광범위한 지역사회에 이르는 사회적인 단위들을 포함시키고 있다. 이러한 지역사회는 특별한 경계를 가질 수도 있고 또는 가지지 않을 수도 있지만, 중요한 것은 그러한 지역사회들은 인간의 생존을 위하여 필요한 기능들을 수행한다는 사실이다(Netting, Kettner & McMurtry, 1998).

지역사회(Community)의 어원적 개념

지역사회(Community)는 영어의 'common(공동의)', 'commune (친하게 교제한다)', 'communal(공동사회)'이라는 어원을 가지고 있다. 이 어원은 communis라는 라틴어에 뿌리를 두고 있으며 중세 때부터 사용된 것으로 알려지고 있다. communis는 com(함께)과 munis(봉사하는 일)의 합성어로 "모두가 참여한다, 또는 모두가 분담한다"의 의미를 지니고 있다. community라는 단어의 의미과정은 commune, 즉 '친하게 교제한다'는 어미에 ~ity를 접미하여, 공동체 및 공동사회라는 뜻으로 명사화된 것이다.

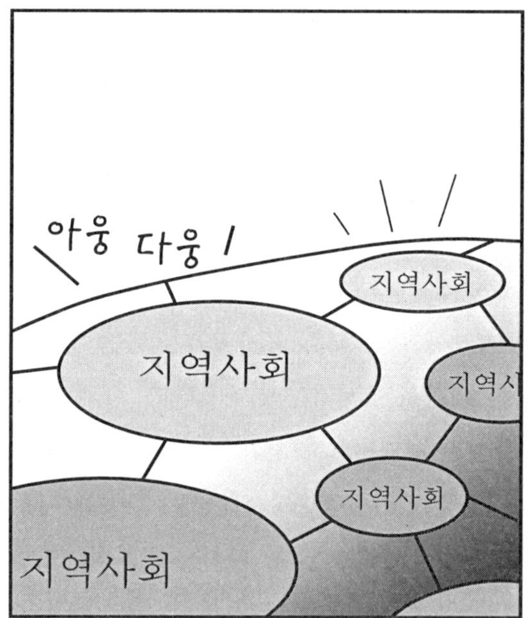

2) 지역사회의 기능

워렌(Warren)은 모든 지역사회가 공통적으로 수행하는 주요기능에 대하여 생산 · 분배 · 소비, 사회화, 사회통제, 사회참여, 상부상조 등의 5가지로 나누어 제시하고 있으며, 이를 살펴보면 다음과 같다(Warren, 1978).

(1) 생산 · 분배 · 소비

이는 의식주(衣食住) 같이 지역사회주민들이 일상생활을 위해서 필요로 하는 기본적인 재화(goods) 및 서비스(services)를 생산하고 분배하고 소비하는 과정을 말한다. 오늘날 사람들은 의식주, 보건, 교통, 고용, 여가생활 등과 관련된 다양한 영역에서 재화 및 서비스 같은 기본적인 욕구를 충족시키기 위하여 서로 의존하고 있다. 따라서 지역사회의 다양한 개인 및 조직들은 이러한 기능들을 수행하게 되고 지역사회는 이러한 활동이 이루어지는 환경이 된다.

(2) 사회화

사회화는 개인들이 사회와 이를 구성하는 사회적 단위들의 지식, 가치, 행동유형 등을 터득하는 과정을 말한다. 가족, 집단, 조직, 지역사회와 같은 모든 사회적 단위는 그 구성원에게 살아가는데 필요한 정보를 직접적 · 간접적으로 전달해 주고 있다. 예컨대 아동들은 가족 및 학교로부터 이러한 정보들을 주로 전달받게 되지만 일반적으로 이러한 사회화는 일생동안 이루어지게 된다.

(3) 사회통제

사회통제는 그 지역사회의 구성원들이 사회적 역할(roles), 규범(norms), 가치(values)등에 순응하도록 하는 과정을 말한다. 이를 위하여 사회적으로 법률, 규칙, 규정 등을 제정하고 이를 집행함으로써 그 지역사회의 질서를 지키고 사회해체를 막는 기능을 수행하게 된다. 그러나 이러한 사회통제 기능은 정부만의 전유물(專有物)이 아니라, 교육, 종교, 및 사회적 서비스 같은 다양한 부문을 대표하는 기관들도 이러한 기능을 수행한다.

(4) 사회참여

지역사회는 구성원들에게 참여의 기회를 제공해 준다. 사회참여는 지역사회주민들이 그 지역사회의 다양한 사회적 집단 및 조직의 활동에 참여하는 과정을 말한다. 여기에는 지역사회의 기능을 수행하는 공식적 조직뿐만 아니라 비공식적 집단 및 연합들도 포함된다. 예를 들어 지역사회 구성원들은 지역의 교회를 통하여, 시민조직을 통하여, 또는 비공식적인 근린집단을 통하여 사회적 상호작용의 기회를 가지게 된다. 이러한 사회적 상호작용은 지역사회를 이룩하고 이를 함께 유지하는 결속의 역할을 하게 된다.

(5) 상부상조

상부상조는 지역사회의 구성원들이 서로의 안녕(well-being)을 위하여 도움을 주는 과정을 말한다. 가족, 이웃, 친구 같은 1차적 집단은 전통적으로 기초적인 사회적 지지와 보호의 기능을 수행해 왔다. 그러나 사회가 보다 복잡해지고 다양화됨으로 인하여 이러한 기능은 정부, 민간 사회복지기관 및 조직, NGO 등으로 옮겨지게 되었다. 따라서 이러한 상부상조기능은 비공식적인 활동뿐만 아니라 공식적인 활동 모두를 포함한다고 볼 수 있다.

2. 지역사회복지의 개념

이상적인 지역사회의 조건으로는 ① 생명과 재산의 안전을 도모하기 위한 질서확립, ② 효율적인 생산체계를 통한 소득보장, ③ 보건과 위생의 보장, ④ 조직적이고체계적인 시설을 활용한 문화생활 및 여가선용의 기회제공, ⑤ 지역사회 도덕 체계의 확립, ⑥ 지식의 보급을 위한 교육기회의 제공, ⑦ 의사표현의 수단을 제공, ⑧ 민주적 형태의 조직을 제공, ⑨ 신앙적 동기의 제공 등이 있다. 지역사회복지는 이러한 이상적인 지역사회를 실현하기 위한 일체의 사회적 노력인 것이다.

미국에서 지역사회조직은 케이스워크, 그룹워크과 함께 사회복지의 중요한 방법의 하나이다. 지난 1921년에서 1955년까지 제시된 지역사회조직에 대한 정의들 중에서 대표적인 정의들을 모아 이들을 유형화시켜보면 다음과 같다(Harper & Dunham, 1959).

① 협력, 협동, 통합의 사상이다.

② 욕구 충족 및 욕구와 자원 사이의 균형을 강조한다는 사상이다.

③ 지역사회조직사업은 케이스워크, 그룹워크가 직접적인 서비스에 관심을 갖는 것과는 달리 프로그램 관계에 관심을 둔다는 사상이다.

④ 민주적 과정과 전문가주의 사이의 실무적 관계를 제공한다는 철학적 관점을 가지고 있다.

이러한 지역사회복지의 개념 중에서 대부분의 학자들은 첫째와 둘째를 지적하고 있다. 대표적인 정의를 몇 가지만 살펴보면 다음과 같다.

로스(Ross)는 『지역사회조직 : 이론과 원칙』이라는 그의 저서에서 지역사회조직사업이란 지역사회가 ① 불충족된 욕구나 달성하고자 하는 목표를 찾아내고, ② 이러한 욕구 및 목표의 우선순위를 설정하고, ③ 그 욕구 및 목표를 달성하고자 하는 자신감과 의지를 발전시키고, ④ 그 욕구 및 목표를 달성하는 데 필요한 자원들을 발견하고, ⑤ 그 욕구 및 목표를 달성하기 위한 활동을 하며, ⑥ 그러한 실천활동을 통하여 지역사회 내에 협력적인 태도와 실천력을 증대시키고 발전시키는 과정으로 정의하고 있다.

미국 지역사회복지의 이론적인 발전에 이정표적인 것으로 평가되고 있는 레인위원회 보고서(the Lane Committee Report to the National Conference of Social Work)에서는 지역사회조직사업은 ① 욕구를 발견하고 정의하며, ② 가능한 한 사회적 욕구와 결함을 제거하고 예방하며, ③ 자원과 욕구를 분명히 해서 변화하는 욕구를 보다 잘 충족시키기 위해 자원을 계속적으로 재조정하는 데 관심을 갖는다고 기술하고 있다.

한편 정무성은 지역사회복지를 지역사회에의 조직적이고 체계적인 개입을 통해 주민들의 삶의 질을 향상시키기 위한 사회복지적 지식과 기술을 활용하는 전문 실천방법으로 정의하고 있다. 이는 지역사회는 변화될 수 있으며 변화를 통해 주민들의 삶의 질이 향상될 수 있다는 신념에 근거한다. 그러나 변화는 자동적으로 쉽게 주어지는 것은 아니며 전문가의 개입에 의한 체계적인 계획과 노력에 의해 달성될 수 있다는 가정에서 출발한다. 지역사회복지는 계획된 지역사회 변화 목표를 달성하기 위한 의도적이고 합리적인 과정이다.

또한 최일섭은 "지역사회복지란 전문 혹은 비전문 인력이 지역사회 수준에 개입하여 지역사회에 존재하는 각종 제도에 영향을 주고, 지역사회의 문제를 예방하고 해결하고자 하는 일체의 사회적 노력이다."라고 기술하고 있으며, 김영모는 지역사회조직이란 "지역사회 성원의 공통된 욕구를 해결하기 위하여 그 지역사회가 지니고 있는 인적 · 물적, 내적 · 외적 자원을 동원하여 조정하여 주는 과정"으로 정의하고 있다.

이러한 여러 가지의 견해를 종합해 볼 때 지역사회복지란 "지역사회의 문제해결 및 욕구충족을 위하여 지역사회자원을 효과적으로 동원하고 조정하여 주는 사회복지적 실천과정"으로 정의할 수 있다.

3. 지역사회복지의 모형

로스만(Rothman)은 지역사회조직(Community Organization)의 세 가지 모형(models)으로서 지역사회개발, 사회계획, 사회행동을 제시하고 있으며, 이러한 방법을 통하여 지역사회의 문제해결 및 복지향상을 도모한다고 보고 있다(최일섭 · 류진석, 2002). 그 내용은 다음과 같다.

1) 지역사회개발(community development)

지역사회개발은 "지역사회주민의 적극적인 참여와 주민들이 가능한 한 최대의 주도권(initiative)을 가지고 지역사회의 경제적 · 사회적 조건을 향상시키기 위한 과정"으로 정의된다. 따라서 지역사회개발은 지역사회의 변화를 가장 효과적으로 이룩하기 위해서는 광범위한 주민들을 변화를 위한 목표결정과 실천행동에 참여시켜야 한다는 전제에서 나온 지역사회조직사업의 한 형태이다.

지역사회개발사업에서의 사회복지사는 주로 안내자(guide)와 조력자(enabler)의 역할을 감당하게 되며, 지역사회개발 과정에서 민주적인 절차, 자발적인 협동, 토착적인 지도자의 개발, 교육 등이 특히 강조된다.

2) 사회계획(social planning)

사회계획모델은 사회문제를 해결하기 위하여 합리적인 계획을 수립하고 통제된 변화를 도모하는 기술적인 과정이다. 따라서 지역사회주민의 참여정도는 문제의 성격 및 관련기관의 문제해결 방향에 따라 달라질 수 있다.

사회계획은 다양하고 복잡한 문제를 가지고 있는 현대사회에서 문제해결을 위한 전문가가 필요하다고 보고 있다. 따라서 사회복지사는 주로 계획가(planner) 및 분석가(analyst)의 기술을 행사할 수 있는 전문적인 역할을 담당하게 된다.

3) 사회행동(social action)

사회행동은 지역사회의 불우계층에 처한 주민들이 사회정의와 민주주의에 입각해서 보다 많은 자원과 향상된 처우를 받을 수 있도록 그 지역사회에 요구하는 행동을 말한다. 따라서 사회행동에 참여하는 사회복지사는 지역사회의 기존 제도와 현실에 대한 근본적인 변화를 추구하며, 권력, 자원, 지역사회 정책결정에 있어서의 역할 등의 재분배를 추구한다.

사회행동모델의 사회복지사는 사회적 불이익집단에 대한 옹호자(advocate)와 근본적인 변화를 추구하기 위한 행동가(activist) 등의 역할을 수행하게 된다.

4. 지역사회복지의 문제해결 과정

지역사회복지의 문제해결과정은 지역사회의 욕구 및 문제해결을 위하여 효과적인 대응책을 수립하고, 이를 실천에 옮기는 일련의 과정이라고 할 수 있다.

학자들마다 지역사회복지의 문제해결과정이 다르지만 일반적으로 문제발견 및 분석, 정책 및 프로그램의 개발, 프로그램의 실천, 평가의 네 가지 단계로 이루어져 있으며 이를 구체적으로 살펴보면 다음과 같다.

1) 문제발견 및 분석

지역사회문제해결의 과정에서 문제발견 및 분석단계는 지역사회의 충족되지 않은 욕구나 해결을 필요로 하는 문제를 찾아내는 과정이다. 이러한 문제를 어떻게 규정하느냐에 따라 정책수립의 구상이 달라지며, 그에 따른 구체적인 해결방안 및 실천전략이 달라지게 된다. 따라서 이 단계에서 관심을 갖는 사회문제는 구체적인 해결방안을 찾아 실제적인 조치를 취하기 위한 분석단계이므로 사회문제는 가능한 구체화되어야 한다.

2) 정책 및 프로그램 개발

해결을 필요로 하는 문제가 분석되고 조작적으로 정의된 다음에는 실천하기 위한 프로그램 및 정책을 개발하는 일이다. 이러한 정책 및 프로그램 개발은 목표를 달성하기 위한 여러 가지 해결방안 중에서 가장 효과적이고 효율적인 정책을 선택하는 것이다.

정책수립이 목표 지향적인 광범위한 내용을 설정하는 것이라면, 프로그램 개발은 정책을 실천하기 위한 구체적인 조치들을 명시하는 것이다. 여기에서 중요시되는 것은 경과를 추구함에 있어서의 효과성과 효율성으로서, Perlman과 Gurin은 프로그램 개발과정에서 업무의 내용, 자원, 가능성 등을 고려해야 한다고 보고 있다.

3) 프로그램의 실천

프로그램의 실천은 정책목표를 달성하기 위해서 행하게 되는 일련의 활동을 말한다. 활동의 내용과 형태는 문제의 성격에 따라 무한정한 것이기 때문에 일률적으로 논할 수는 없으나 크게 두 가지 범주, 즉 '체제유지적(과정중심) 활동'과 '과업중심적인 활동'으로 나눌 수 있다. 체제유지적인 활동이란 클라이언트 집단이 문제를 스스로 해결할 수 있도록 능력을 배양해 주는 활동을 말하며, 과업중심적 활동이란 클라이언트 집단이 필요로 하는 서비스를 직접적으로 제공해 주는 활동을 말한다.

프로그램이 실천되는 과정에서 새로운 문제가 발생될 수 있으며, 이 경우 원래의 계획을 수정해야 할 필요가 생긴다. 따라서 사회복지사는 계획의 단계에서 변화를 예측할 수 있는 통찰력이 있어야 되고, 변화가 발생했을 때 즉각적으로 대처할 수 있는 능력과 기술이 있어야 한다.

4) 평가

문제해결과정의 마지막 단계인 평가는 두 가지 목적을 갖는다. 하나는 프로그램의 실천과정에서 수집된 정보를 입수해서 실천에 반영하여 실천방향을 수정하는 경우이다. 이때의 평가는 문제해결과정의 마지막 단계라 볼 수 없고 문제설정, 목표수립, 프로그램의 개발, 프로그램의 실천이라는 전 과정에 영향을 주는 계속적 활동이라고 보는 것이 타당하다. 이를 위해서 흔히 사용하는 방법은 행동체계를 구성하는 사람들의 대표로 위원회를 구성하여 정기 · 비정기적인 평가회의를 개최하여 프로그램의 추진상황을 면밀히 검토하는 일이다.

평가의 두 번째 목적은 문제해결 전과정의 결과와 최종산출을 평가하는 것이다. 이러한 평가는 일반적으로 프로그램을 통해 성취하고자 하는 목표가 어느 정도 달성되었는지, 전략과 전술의 효과는 어떠했는지 등 프로그램의 효과성과 영향을 측정하는 것이다. 따라서 이러한 평가결과는 새롭게 실시될 정책과 프로그램에 중요한 피드백 자료가 되며, 지역사회복지의 문제해결과정은 이렇게 순환적인 형태를 유지하게 된다.

지역사회복지의 실천기술 개발

지역사회복지란 조직, 계획, 개발 및 변화의 과정, 방법 및 실천기술을 포함하는 개념이다. 이러한 관점에서 웨일(Weil)은 지역사회복지 실천방법의 구체적인 기술을 조직화(organizing), 기획(planning), 개발(development), 변화(change)로 분류하였다. 여기서 '조직화'란 이웃, 지역사회, 지역, 국가, 나아가서 세계의 사회정의와 사회조건의 향상을 위하여 사람들이 함께 하도록 하는 것을 의미한다. '기획'은 서비스의 통합과 자원 할당을 위해서 조직 간의 기획을 통한 지역사회의 서비스로부터 사회정책의 기획 및 실행에 이르는 서비스와 프로그램의 기획 과정 및 기술을 포함하는 개념이다. '개발'은 빈곤지역이나 소외계층의 사회환경을 보호하고 삶의 조건을 개선하기 위한 사회적, 경제적 지속가능한 개발노력을 의미한다. 한편 '변화'는 교육적 캠페인으로부터 서비스 강화나 정책변화를 위한 연대, 사회정의를 위한 사회운동에 이르는 사회행동 및 사회변화 전략을 일컫는 말이다.

지역사회복지 뿐만 아니라 기타 전통적인 사회복지 영역에서 정부의 재정지원은 욕구의 증가에 비해 크게 확대될 것으로 보이진 않는다. 따라서 지역사회복지 사업에 있어 사회복지 전문인력의 직접적인 개입을 통한 프로그램보다는 지역사회내의 리더를 개발하고, 지역사회 자원들을 동원하고, 관련 기관과의 연계를 조직화하며, 창의적인 프로그램 개발을 통해 프로그램 지원금을 확보하는 노력이 필요하다. 이를 위해서는 후원개발 담당 사회복지사들은 홍보와 마케팅(marketing) 기술에도 익숙해야 한다.

또한 사회복지 시설에 대한 평가에 관심이 높아가고 있음에도 불구하고, 지금까지의 사회복지기관들은 서비스의 효과성을 객관적으로 제시하는데 별로 성공적이지 못해왔다. 이는 부분적으로 사회복지사들의 분석적 사고의 결여에서 기인한다고 할 수 있다. 어느 전문직이고 개입 과정에 대한 인과관계를 추론하지 못하면 전문성을 인정받을 수 없다. 즉, 사회복지사들이 전문성을 인정받기 위해서는 사회복지적 개입을 통해 대상자나 지역사회에 긍정적인 변화가 일어났다는 것을 증명해 보일 수 있어야 한다. 이를 위한 사회복지조직 내부적인 대책으로 프로그램의 기획(planning) 과정이 강조된다. 치밀한 기획은 불확실성의 감소, 합리적 기술제공, 외부의 정당성 확보, 광범위한 참여 촉진 등을 확보할 수 있다. 따라서 사회복지기관들은 문제의 다양한 원인들을 가정하고 철저한 개입전략을 수립할 수 있는 프로그램 기획기술을 증진시킬 필요가 있다.

출처: 2004 사회복지관 백서, 2004, 한국사회복지관협회.

5. 지역사회복지 실천기관

1) 사회복지관

(1) 사회복지관의 개념

사회복지관은 사회복지활동을 좀더 체계적이고, 계획적으로 추진해 나가고자 하는 종합적인 사회복지센터로서의 역할과 기능을 수행하고자 설치한 시설을 의미하며, 특히 지역사회의 충족되지 않은 욕구와 문제를 발견하여 주민들에게 필요한 서비스를 제공하는 가장 대표적인 직접 서비스 기관이다. 또한 사회복지관이라 함은 지역사회 내에서 일정한 시설과 전문인력 및 자원봉사자를 갖추고 주민들의 복지수요에 부응하여 종합적인 사회복지사업을 수행하는 사회복지시설을 말한다.

(2) 사회복지관의 기능

사회복지관의 기능은 그 기관이 존재하고 있는 지역의 성격과 문제에 따라 다양할 수 있겠지만 일반적인 사회복지관의 기능을 제시하면 다음과 같다.

첫째, 서비스를 주민의 욕구와 문제에 맞추어 조정하고 통합하여 효과적 서비스 체제를 수립하는 사회서비스센터의 기능을 가진다.

둘째, 주민이 모여 집단활동을 하거나 토론을 할 수 있는 공동이용센터의 기능을 가진다.

셋째, 직업훈련과 부업의 알선 및 중개를 하는 매개체로서의 직업안정센터로서의 기능을 가진다.

넷째, 주민이 필요로 하는 정보와 평생교육을 위한 프로그램을 계획하고 실천하는 사회교육센터의 기능을 가진다.

다섯째, 지역사회에 살고 있는 지적 · 경제적 · 문화적 배경이 다른 다양한 주민의 생활향상과 지역사회발전을 위한 국민총화의 장으로서의 기능을 가진다. 그 외에도 지역사회자원의 동원, 지역사회조사 및 평가 등의 기능을 수행한다.

(3) 사회복지관의 현황

우리나라에서 미국의 감리교선교사 놀즈(Knowles)는 1906년에 최초로 원산에 반열방(班列房)이라는 인보관을 설치하여 여성을 위한 계몽사업을 시작하였으며, 이후 미국 감리교선교부는 1921년 서울에 '태화여자관'을 설립하였고, 그 후 대학, 종교단체, 민간기관에서 많은 사회복지관을 설립하였다.

1980년대에 이르러 우리나라의 사회복지관사업은 양적, 질적 확대의 시기를 맞이하였다. 1988년부터 주택건설촉진법에 따라 저소득층을 위한 영구임대주택을 건설하면서 의무적으로 사회복지관을 건립하도록 하였고, 1988년에 24개의 사회복지관은 2013년에 438개로 증가하였다.

2) 사회복지협의회

(1) 사회복지협의회의 개념

던햄(A. Dunham)은 "사회복지협의회란 지역사회 안의 각종 사회복지시설, 사회복지에 관심을 갖고 있는 민간단체나 개인의 연합체라고 할 수 있다. 또한 지역사회가 요구하는 사회복지의 욕구를 효과적으로 달성하기 위하여 모든 활동에 있어서 상호협력 및 조정하는 단체이다."라고 언급하고 있다.

이오카는 "사회복지협의회는 관청이 아니며 민간단체이다. 또한 사회복지의 각종 서비스를 경영하는 사업체가 아니라 각종 서비스를 개발 전개하여 나가려고 하는 주민주체의 운동단체이다. 즉, 주민이야말로 지역의 주인공으로서 권리주체에 대하여 주민의 입장을 관철해 나갈 수 있도록 그 운동을 전개하는 민간 자주 조직이다."라고 정의하고 있다.

(2) 사회복지협의회의 기능

사회복지협의회는 지역복지 추진의 중심조직으로서 다음과 같은 기능을 수행한다.

① 주민욕구 · 복지과제의 명확화 및 주민활동의 추진기능

② 공사사회복지사업 등의 조직화 · 연락조정 기능

③ 복지활동 · 사업의 기획 및 실시기능

④ 조사연구 · 개발기능

⑤ 계획수립 및 제언 · 개선운동 기능

⑥ 홍보 · 계발기능

⑦ 복지활동 · 사업의 지원기능

한편 던햄(A. Dunham)은 사회복지협의회의 기능으로서 다음의 9가지를 제시하고 있다.

첫째, 사회복지에 관한 기초 자료수집, 연구, 조사, 타 기관에 대한 독려 및 공동연구를 수행한다.

둘째, 사회복지에 관한 정보교환, 자원봉사자 관리 등 지역사회복지의 중추기관으로서의 역할을 한다.

셋째, 기관들간의 연합회나 회의 주체, 공동위원회 개최 등의 활동을 통해 그들간의 협조와 협력증진을 원조한다.

넷째, 정보제공 및 위탁서비스, 사회봉사교환소 역할을 함으로써 공통의 복지서비스 기능을 수행한다.

다섯째, 집단적 혹은 개별적인 접근방법을 통해 사회복지기관들이 수행하는 업무의 질적 수준을 높이는 기능을 한다.

여섯째, 사회복지에 관한 공동계획 수립과 실천을 담당한다.

일곱째, 사회복지에 관한 정보를 제공한다.

여덟째, 전체 사회복지 분야의 재정상태를 개선하기 위한 활동을 전개한다.

아홉째, 사회행동, 즉 현안에 대한 견해를 밝힌다거나 특수층(심신장애인, 노인, 저소득층)의 복지를 위한 입법대안을 제시한다.

(3) 사회복지협의회의 현황

사회복지협의회는 1952년 민간사회기관들의 모임인 '한국사회사업연합회'로 창립하여, 1954년 사단법인 '한국사회사업연합회'로 법인허가를 받았고, 1961년 6월에 사단법인 '한국사회복지사업연합회'로 명칭을 변경하였으며, 1970년 사회복지법인 '한국사회복지협의회'로 개칭하여 현재에 이르고 있다.

또한 1998년 사회복지사업법의 개정과 함께 광역단체 사회복지협의회가 사회복지법인으로 인정됨에 따라 한국사회복지협의회의 지원 없이 지방 사회복지협의회로 독립되어 운영하는 체제로 변화되었다.

사회복지협의회의 조직체계는 중앙의 한국사회복지협의회와 17개 시도에 시 · 도사회복지협의회가 구성되어 있으며, 2013년 현재 136개의 시 · 군 · 구 사회복지협의회가 구성되어 있다.

3) 공동모금회

(1) 공동모금의 개념

사회복지공동모금회법 제2조에 보면 공동모금이란 사회복지사업의 지원에 필요한 재원을 조성하기 위하여 전국 또는 지역을 단위로 제도권 내에서 기부금품을 널리 모집하는 것을 말한다.

따라서 공동모금회는 지역사회의 복지욕구를 충족시키기 위해 노력하는 인간봉사조직들을 원조하기 위해 자발적 기금조성 노력들을 체계화하고 조정하며, 자발적 기부금에 의해 원조를 받는 지역사회의 기금조성, 기획 및 기금배분 조직으로서 시민들과 복지기관들과의 협동적 조직이라고 할 수 있다.

(2) 공동모금회의 기능

공동모금의 기능은 다양하겠지만 일반적인 기능을 제시해 보면 다음과 같다.

첫째, 공동모금은 사회단체, 기업 그리고 일반주민이 적극적으로 참여함으로써 정부가 감당할 수 없는 복지 분야의 투자부족 부분을 민간 차원에서 보완할 수 있는 자금조성에 기여한다.

둘째, 공동모금은 지역사회 내에 공동체 의식과 함께 나누는 삶을 증진시키고, 지역사회 내 문제를 주민 스스로 해결하는데 크게 기여할 수 있다.

셋째, 공동모금이 활성화되면 모든 기관들에게 복지 재원 분배의 기회가 제공될 것이며 사회복지계의 전반적인 서비스 수준 향상에 도움이 될 것이다.

넷째, 공동모금은 사회복지발전을 위한 정부와 민간의 동반자 관계를 형성하는 기능을 가진다. 정부의 일방적인 복지정책의 수립과 집행 나아가서는 민간사회복지사업에 대한 통제 및 개입을 벗어나 일정 정도의 자율성을 지니고 민간부문 스스로의 방향성과 재원을 통하여 궁극적으로는 사회복지의 지평을 확대하며 정부부문과 민간부문이 상호보완적인 역할을 수행할 수 있다.

(3) 공동모금의 현황

사회복지사업법에 공동모금조항이 1970년 삽입되어, 1971년에 설립허가를 받아 1972년에 처음으로 모금을 실시하였다. 그러나 여러 가지 이유로 인해 1983년에 공동모금 조항이 사회복지사업법에서 삭제되었다가 다시 1997년 3월 사회복지공동모금법이 제정되어, 1998년 7월 1일부터 시행하게 되었다. 1998년 11월 사회복지법인 사회복지공동모금회가 설립되었다.

한편 공동모금회의 조직체계는 전국단위의 공동모금사업을 관장하기 위하여 1개소의 전국 공동모금회와 16개소의 특별시 · 광역시 · 도에 지회가 있다.

공동모금의 유래

1873년 영국 리버풀시에서 지역의 유력인사들이 기부금 모집의 중복과 강제적인 권유를 피하기 위하여 스스로 기부금을 적립하여 자선단체를 구성한 것이 유래이다. 흥미로운 점은 공동모금제도가 사회복지기관이나 전문가들에 의해 시작된 것이 아니고, 돈을 가진 자선가들에 의해서 시작되었다는 점이다. 자선가들은 그들이 지원하는 지원금이 효율적으로 사용되기를 원했고, 계속되는 모금단체의 지원 요청으로부터 벗어나기를 원했기 때문에 공동 호송제(united appeals) 설립을 주도하였다.

이후 공동모금제도를 발전시킨 나라는 미국인데, 19세기 후반 미국은 급속한 산업화와 도시화로 빈곤 등의 사회문제가 등장하자 민간 사회복지기관도 늘어났으며 이로 인해 민간 사회복지기관들이 상호 경쟁적으로 보다 더 많은 액수의 모금을 자선가로부터 얻어내려 경쟁하였다. 이러한 상황이 발생하자 민간 사회복지기관들에 기부를 하는 자선가들은 좀 더 효율적인 모금과 배분에 관심을 가지게 되었다.

그래서 복지기관들이 모여서 공동으로 모금을 한다든지, 복지기관 연합단체에서 모금을 하는 사례가 발생하게 되었는데, 1913년 클리블랜드 상공회의소에서 기부자, 모금활동자, 그리고 기금을 배분받는 기관의 자원봉사자로 구성된 자선박애연맹(Cleveland Federation for Charity and Philanthropy) 을 구성하고 모금캠페인을 전개한 것이 오늘날과 같은 공동모금의 본격적인 시작이라고 할 수 있다. (http://www.chest.or.kr)

참고문헌

김영모, 2001. 지역사회복지론. 고헌출판부.

김범수, 2004. 지역사회복지의 이해. 현학사.

사회복지대백과사전, 1999. 나눔의 집.

오정수 외, 2004. 지역사회복지론. 학지사.

이택룡 외, 2001. 지역사회복지론. 양서원.

정무성, 1997. "지역사회복지 실천모델에 관한 이론적 고찰", 지역사회복지 실현을 위한 이론과 실천적 과제, 1997년 한국사회복지학회 추계학술대회 자료집.

최일섭 외. 2002. 지역사회복지론. 서울대학교출판부.

Johnson, L. C. (1998). Social Work Practice : A Generalist Approach (4th ed), Needham Heights, MA: Allyn & Bacon.

Kirst-Ashman, K. K & Hull, G. H., Jr. (2001). Generalist Practice with Organization & Communities (2nd ed.). CA : Brooks/Cole.

Lane, R. P. (1939). "The Field of Community Organization", Proceeding, National Conferance of Social Work, New York : Columbia University Press.

Lindeman, E. C. (1921). The Community. New York : Association Press

Longman(1995). Longman Dictionary of Contemporary English.

Netting, F. E., Kettner, P. M., & McMurtry, S. L. (1998). Social work macro practice (2nd ed.). New York : Longman.

Ross, M. G. (1955). Community Organization : Theory and Principles. New York : Harper & Brothers

http://www.chest.or.kr

만화로
다시 정리하기

지역사회는 영어로 Community라고 하며, 이는 '공동체'를 뜻한다.

지역사회 = Community!

지역사회는 크게 지역성에 기반을 둔 정의와 사회적 동질성에 기반을 둔 정의로 나뉜다.

지역사회
(정의)
- 지역성
- 사회적 동일성

지역성에 기반을 둔 정의는 "동일한 지역 및 도시 등에서 생활하는 모든 사람들"의 의미를 가지고 있으며,

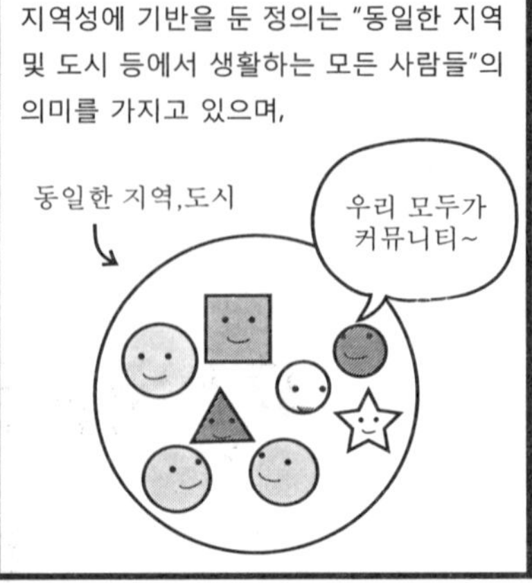

사회적 동질성에 기반을 둔 정의는 "동일한 국적, 종교 및 기타 유사한 영역들을 공유하는 사람들의 집단"을 의미한다.

지역사회의 기능

인간은 사회적 동물이라는 말이 있다.

즉 인간들은 필연적으로 지역사회 안에서 더불어 살아간다는 의미이다.

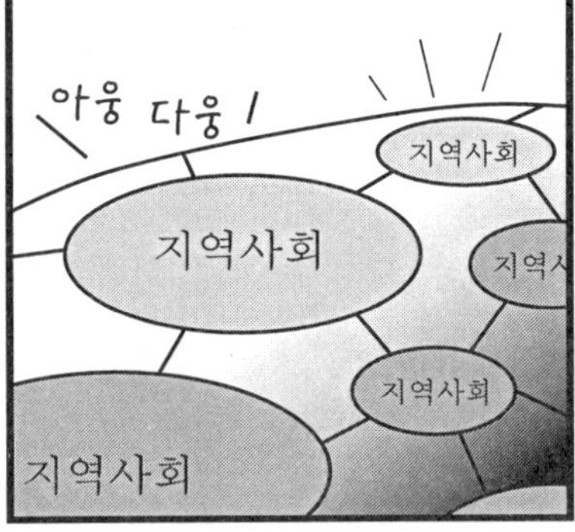

지역사회가 가지는 기능은 인간이 사회생활을 하면서 살아갈 수 있도록 만드는 기본적인 기능이다.

첫 번째 지역사회의 기능은 생산•분배•소비이다.

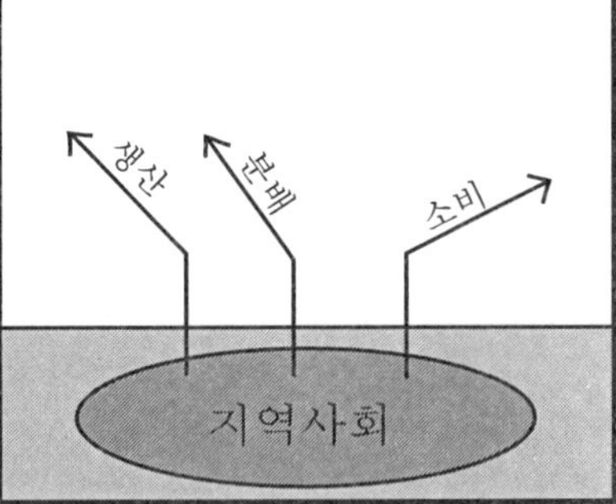

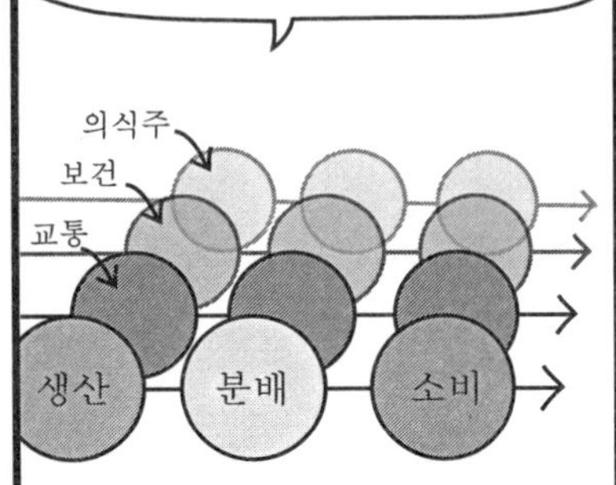

사회통제는 그 지역사회의 구성원들이 사회적 역할, 규범, 가치 등을 지킬 수 있도록 하는 것을 의미한다.

사회참여는 지역사회주민들이 그 지역사회의 다양한 집단 및 조직의 활동에 참여하는 것을 의미합니다.

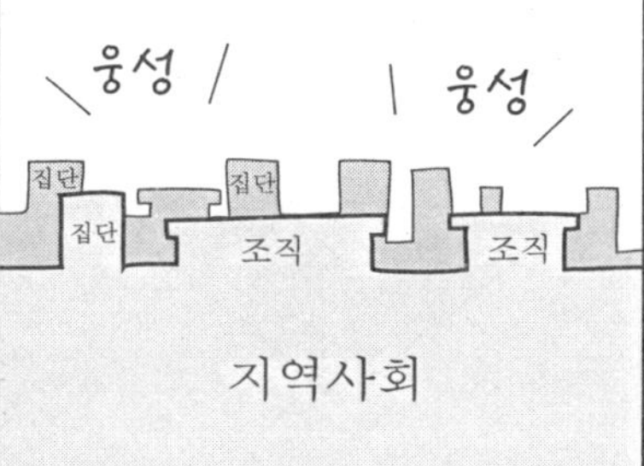

상부상조는 지역사회의 구성원들이 서로를 위하여 도움을 주는 것을 의미합니다.

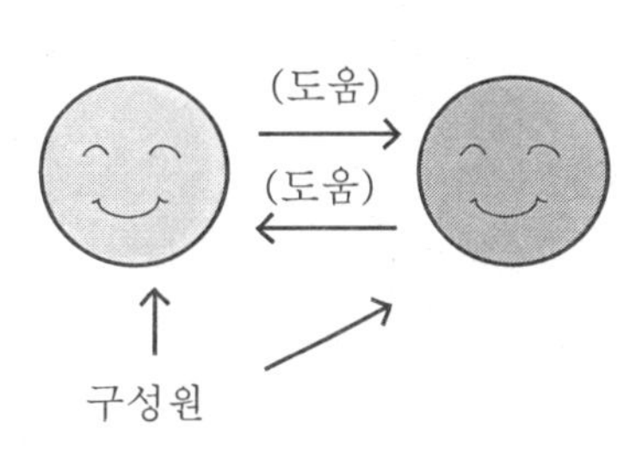

이러한 지역사회의 기능은 인간이 인간답게 살아갈 수 있도록 만드는 중요한 기능입니다.

이상적인 지역사회와 지역사회복지의 개념

지역사회는 구성원들이 인간다운 생활을 할 수 있도록 다양한 기능을 수행하며 이상적인 지역사회의 조건으로는..

첫째, 개인의 생명과 재산의 안전을 도모하기 위한 질서유지,

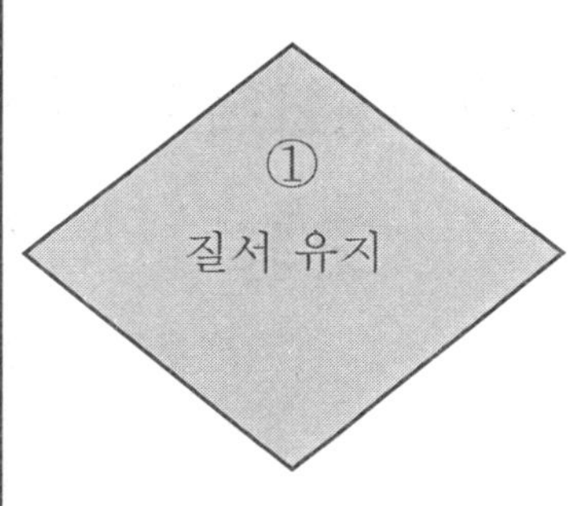

둘째, 효율적인 생산체계를 통한 소득보장,

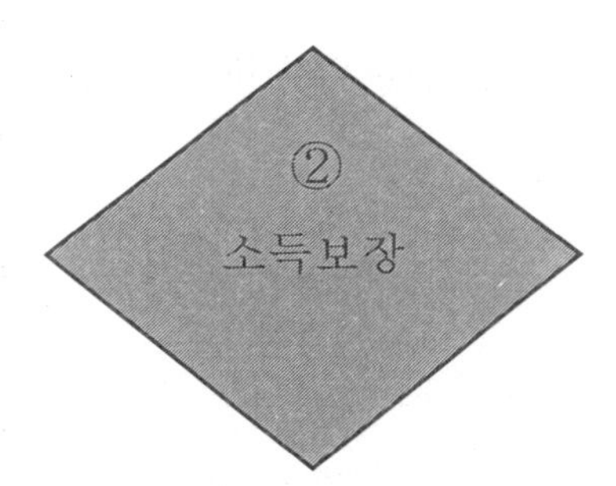

셋째, 보건과 위생의 보장,

넷째, 문화생활 및 여가선용의 기회제공,

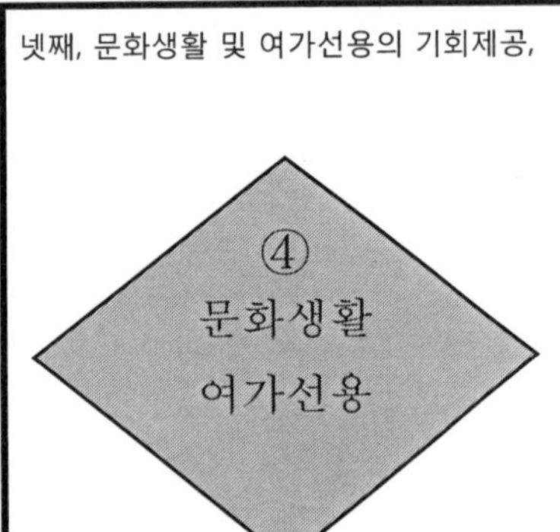

다섯째, 지역사회 도덕 체계의 확립,

여섯째, 지식의 보급을 위한 교육기회의 제공,

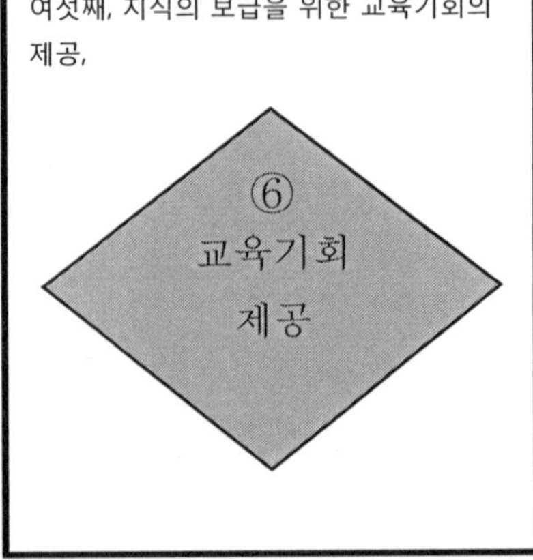

일곱째, 의사표현의 수단을 제공,

여덟째, 민주적 형태의 조직을 제공,

아홉째, 신앙적 동기의 제공,

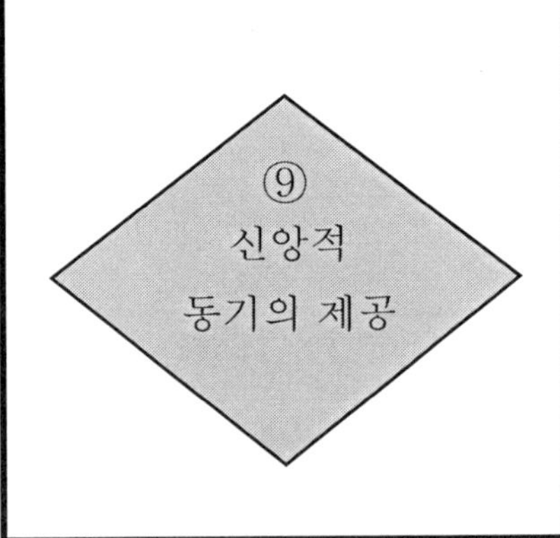

지역사회복지는 이러한 이상적인 지역사회를 실현하기 위한 일체의 사회적 노력이다.

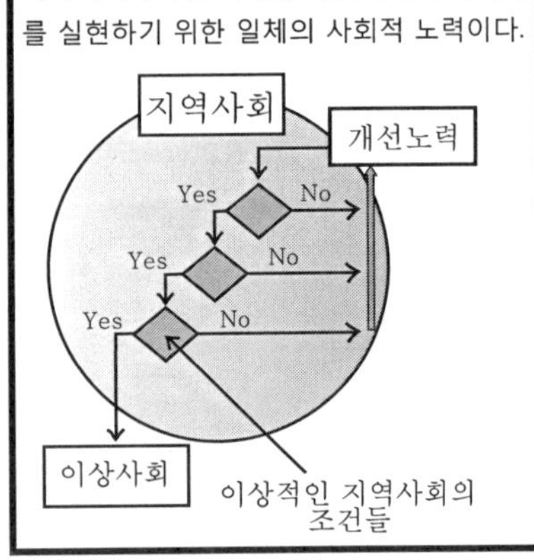

즉, 지역사회복지는

지역사회 성원의 공통된 욕구를 해결하기 위하여

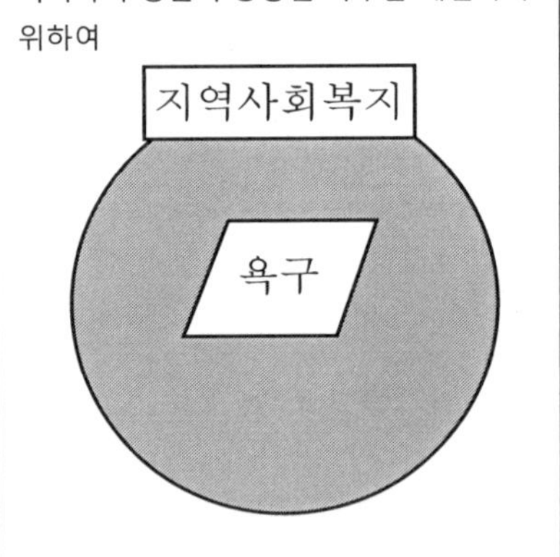

그 지역사회가 지니고 있는 인적,물적,내적,외적 자원을 동원하여

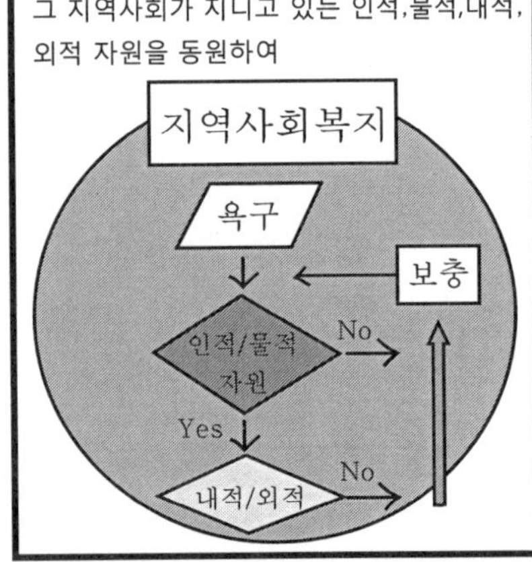

지역사회의 문제를 예방하고 해결하고자 하는 일체의 사회적 노력이다.

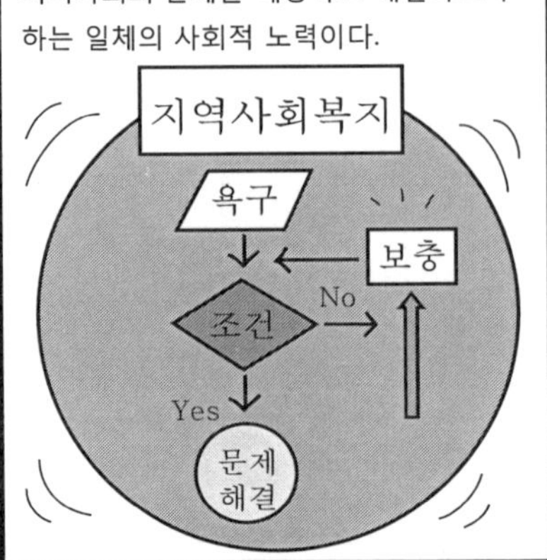

지역사회복지의 모형

지역사회복지를 실현하기 위한 방법에는 세 가지 모형이 있다.

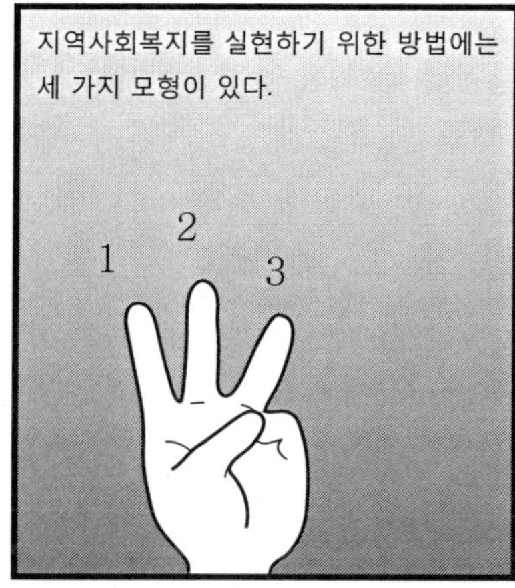

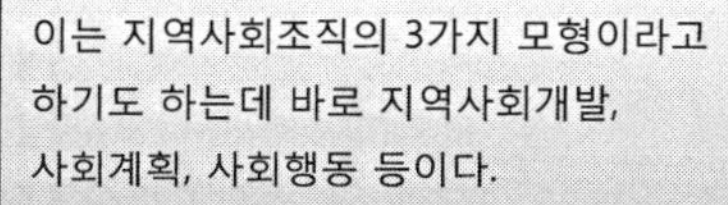

이는 지역사회조직의 3가지 모형이라고 하기도 하는데 바로 지역사회개발, 사회계획, 사회행동 등이다.

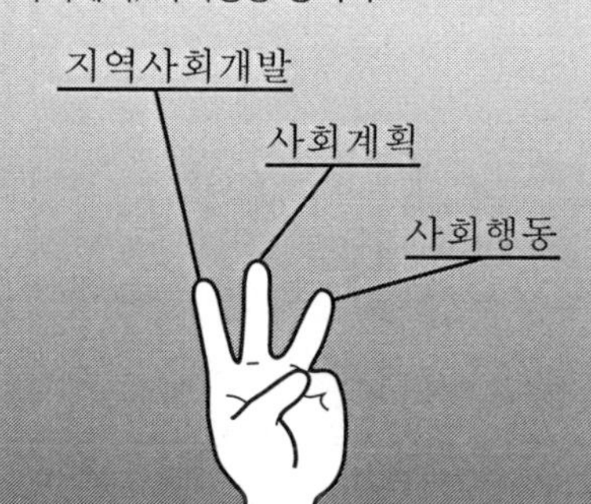

첫째, 지역사회개발은 지역사회주민의 적극적인 참여를 통하여 지역사회의 경제적,사회적 조건을 향상시키는 지역사회복지 모델입니다.

지역사회개발사업에서의 사회복지사는 주로 안내자(guide)와 조력자(enabler)의 역할을 담당한다.

둘째, 사회계획은 사회문제를 해결하기 위하여 합리적인 계획을 수립하고 계획된 변화를 도모하는 기술적인 과정입니다.

사회계획 과정에서 사회복지사는 주로 계획가(planner) 및 분석가(analyst)의 역할을 담당한다.

셋째, 사회행동은 사회문제의 해결을 위하여 지역사회에 요구하는 행동을 말합니다.

사회행동 과정에서 사회복지사는 주로 옹호자(advocate)와 행동가(activist)의 역할을 담당합니다.

사회복지관

사회복지관은 지역사회의 욕구와 문제를 발견하여 주민들에게 필요한 서비스를 제공하는 사회복지시설이다.

사회복지관에서는 일정한 시설과 전문인력 및 자원봉사자를 갖추고 주민들의 복지수요에 부응하여 종합적인 사회복지사업을 실시한다.

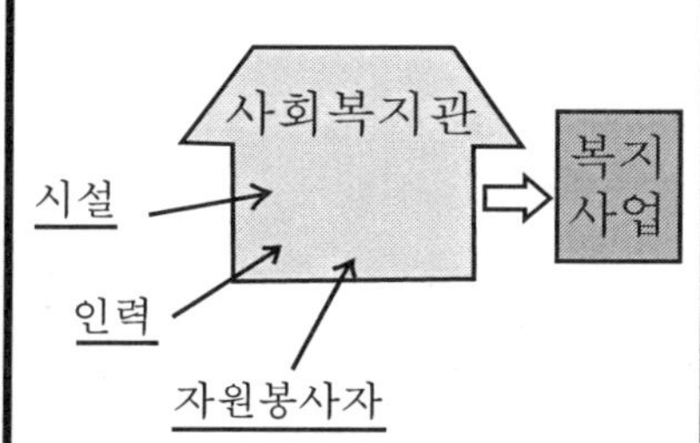

우리나라에서는 1906년 미국의 감리교선교사 놀즈(Knowles)가 원산에 반열방(班列房)이라는 최초의 인보관을 설치한 것이 시초입니다.

이후 미국 감리교선교부는 1921년 서울에 '태화여자관'을 설립하였고, 그 후 대학, 종교단체, 민간기관에서 많은 사회복지관을 설립하게 됩니다.

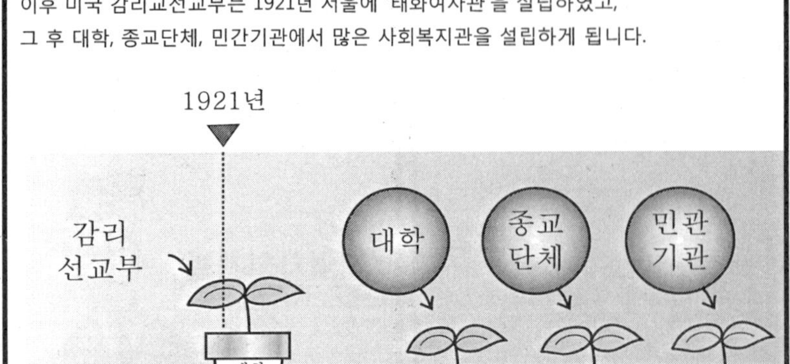

1980년대 이후 우리나라의 사회복지관사업은 양적, 질적 확대의 시기를 맞이하였고,

2009년도 현재 전국에 410개가 설치,운영되어 지역사회주민들을 위한 다양한 서비스가 제공되고 있다.

410개

사회복지협의회

사회복지협의회는 지역사회가 요구하는 사회복지의 욕구를 효과적으로 달성하기 위하여

모든 활동에 있어서 상호협력 및 조정하는 단체이다.

질서 있게~

A활동

B활동

C활동

D활동

사회복지협의회는 지역사회가 요구하는 복지가 잘 이루어 질 수 있도록 다음과 같은 기능을 수행한다.

첫째, 지역사회에서 필요로 하는 사회복지에 관한 자료수집 및 연구,

둘째, 사회복지에 대한 정보교환 및 자원봉사자 관리,

(관리)

정보교환

자원봉사자 관리

셋째, 사회복지기관들간의 협력을 위한 지원,

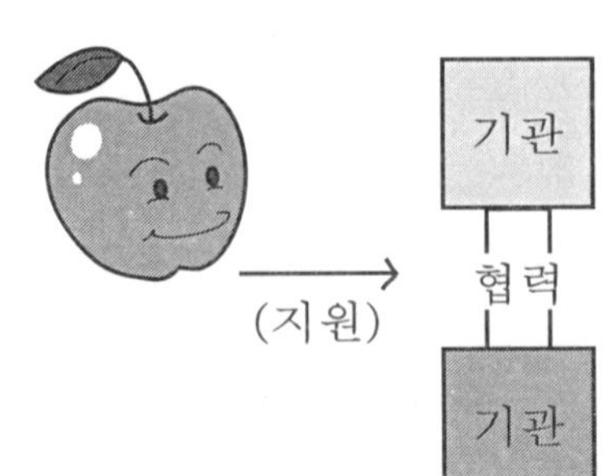

넷째, 사회복지기관들의 서비스 질 향상을 위한 지원,

다섯째, 사회복지에 관한 공동계획 수립과 실천 지원,

여섯째, 사회복지정책의 발전을 위한 대안 제시.

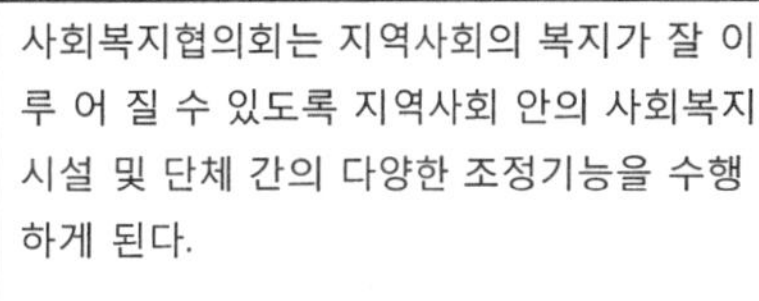

사회복지협의회는 1952년 민간사회기관들의 모임인 '한국사회사업연합회'로 창립하였고

1970년 사회복지법인 '한국사회복지협의회'로 개칭하여 현재에 이르고 있다.

"사회복지협의회의 조직체계는 중앙의 한국사회복지협의회와 16개 시도에 시,도 사회복지협의회가 구성되어 있으며

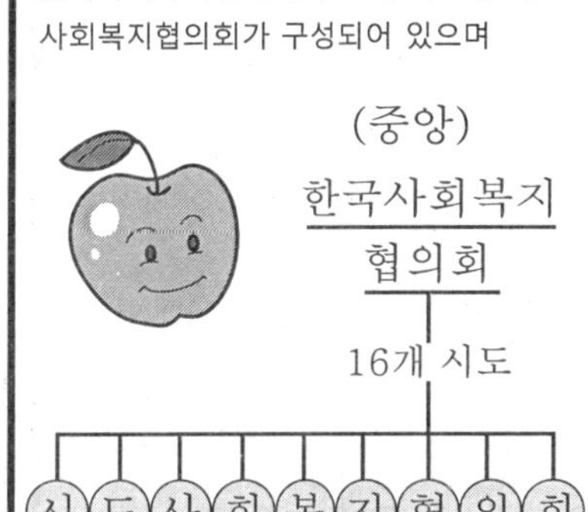

2009년 현재 117개의 시,군,구 사회복지협의회가 구성되어 있다.

공동모금회

공동모금회는 지역사회의 복지욕구를 충족시키기 위해 지역사회의 기금조성, 기획 및 기금 배분을 하는 사회복지조직입니다.

우리나라에서는 현재 전국단위의 공동모금사업을 관장하기 위하여

1개소의 전국 공동모금회와 16개소의 특별시,광역시,도에 지회가 운영되고 있다.

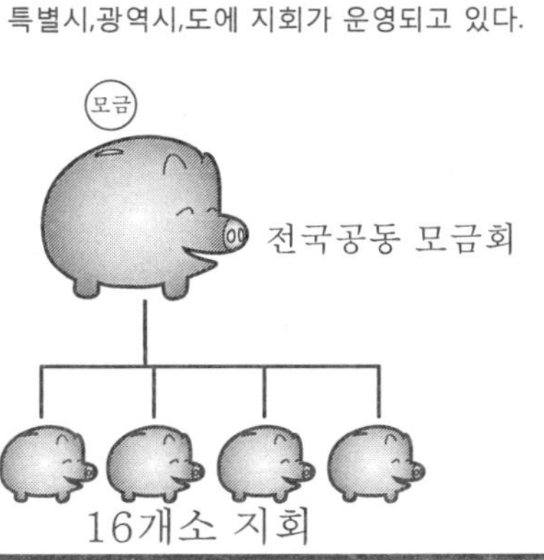

공동모금 최초의 유래는..

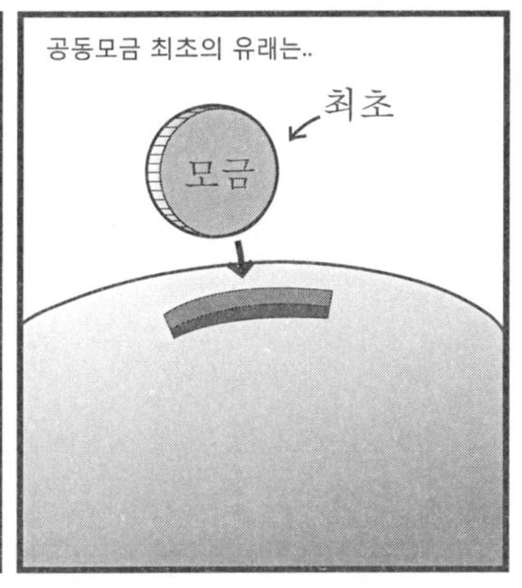

1873년 영국 리버풀시에서 지역의 유력인 사들이 기부금 모집의 중복을 피하기 위하여 스스로 기부금을 적립한 것입니다.

기부도 여유롭게 하고싶군~

적립내역

Chapter 8

아동복지

1. 아동복지의 개념과 의의
2. 아동복지의 전제조건과 원칙
3. 아동복지 서비스
4. 아동복지 관련법

Focus

현대사회에서 아동은 건전한 성인으로 성장하기 위하여 안전한 환경에서 생활할 권리가 있으며, 이러한 권리를 실현시키기 위한 사회복지적 노력이 아동복지정책 및 서비스로 나타나고 있다. 특히 저출산율과 고령화의 사회적 환경에서 아동을 보호하고 건전한 환경에서 생활할 수 있도록 지원해 주는 것은 국가인력의 보호와 육성 차원에서 매우 중요한 과업이다.

유엔 아동권리선언

제2차 대전을 겪고 나서 국제연합(UN)은 제네바 선언을 재검토하였고, 전문과 10개 조항으로 확장된 '아동권리선언' (Declaration of the Rights of the Child)이 1959년 11월 20일 제 14차 총회에서 채택되었다. 이는 아동을 인권의 주체로 인정하고 아동의 최선이익을 실현하겠다는 국제적 의지의 표현이었다. 여기에는 모든 아동들은 권리적 존재라는 인식이 반영되어 있고, 권리보장이라는 측면에서 특히 아동의 복지권이 강조되고 있다(장인협 등, 2001). 아동 모두가 행복한 생활을 보내며 그 자신과 사회의 복지를 위해서 다음과 같은 권리와 자유를 향유할 수 있어야 함을 이 선언은 요청한다.

① 인종, 종교, 태생 또는 성별로 인한 차별을 받지 않을 권리
② 신체적 정신적 도덕적 영적 및 사회적으로 발달하기 위한 기회를 가질 권리
③ 이름과 국적을 가질 권리
④ 적절한 영양, 주거, 의료 등의 혜택을 누릴 권리
⑤ 심신장애 어린이는 특별한 치료와 교육 및 보살핌을 받을 권리
⑥ 애정과 도덕적 물질적 보장이 있는 환경 아래서 양육될 권리
⑦ 의무교육을 받을 권리, 놀이와 여가 시간을 가질 권리
⑧ 전쟁이나 재난으로부터 제일 먼저 보호받고 구조될 권리
⑨ 학대, 방임, 착취로부터 보호받을 권리
⑩ 인간 상호간 우정, 평화 및 형제애 정신으로 양육될 권리

출처: http://www.un.org/cyberschoolbus/humanrights/resources/child.asp; 장인협 등, 2001

1. 아동복지의 개념과 의의

1) 아동복지의 개념

아동복지는 아동들이 사회의 일원으로서 신체적, 정신적으로 건전하게 성장 · 발달할 수 있도록 직 · 간접적으로 제공되는 사회복지활동을 의미한다. 일반적인 의미에서 아동복지에 대한 정의를 살펴보면 아동복지란 '아동들이 행복하게 살며, 그들의 생활에서 잠재능력을 최대한 발휘할 수 있

고, 건강하고 건전한 개인들로 성장 · 발달할 수 있도록 하는 것을 목적으로 하는 광범위한 노력'(미국사회사업연감, 1960), 혹은'특수한 문제를 가진 아동은 물론 모든 아동들이 가족 및 사회의 일원으로서 육체적으로나 정신적으로 건전하게 성장, 발달할 수 있도록 지역사회나 사회복지서비스 분야에 있는 공 · 사단체와 기관들이 협력하여 아동복지에 필요한 사업을 계획하고 실행에 옮기는 조직적인 활동'(사회복지사전, 1998)으로 정의하고 있다.

미국의 아동복지학자인 카두신(Kadushin)은 아동복지를 부모가 아동양육의 책임을 충족시킬 수 없거나 또는 그 지역사회가 아동과 가족이 요구하는 보호와 자원을 제공할 수 없을 때, 아동이나 청소년에 대하여 제공되는 사회적인 서비스로 정의하였다. 프리드랜더(Friedlander)는 아동복지를 빈곤, 방치, 유기, 질병, 결함 등을 지닌 아동 혹은 환경에 적응하지 못하는 비행아동들에게만 관심을 두는 것이 아니며, 모든 아동이 신체적, 지적, 정서적 발달에 있어서 안전하고 행복할 수 있게 위험으로부터 지키고 보호할 수 있도록 공공과 민간의 기관에서 실시하는 사회적 · 경제적 · 보건적 제반 활동으로 정의하였다. 또한 마이어(Meyer)는 아동복지를 지속적인 사회체계의 하나로서, 아동의 복지를 증진시키기 위한 사회제도이며 하나의 전문직으로서 사회사업의 한 분야로 정의하였다.

이상의 정의들을 종합해 볼 때, 아동복지란 일반적으로 특수한 문제를 가진 아동은 물론 모든 아동들이 가족 및 사회의 구성원으로서 건전하고 행복하게 성장할 수 있도록 국가 및 지방자치단체, 공 · 사 기관, 민간 사회복지기관 및 시설에서 직 · 간접적으로 제공하는 모든 사회적 활동을 의미한다고 할 수 있다.

2) 아동복지의 의의

현대사회에서 아동은 건전한 성인으로 성장하기 위하여 안전한 환경에서 생활할 권리가 있으며, 이러한 권리를 실현시키기 위한 사회복지적 노력이 아동복지정책 및 서비스로 나타나고 있다. 아동복지는 아동의 성장 및 발전을 위하여 다음과 같은 의의를 지닌다(성영혜 외, 1997; 공계순 외, 2003).

(1) 아동의 기본적 생활의 보장

아동이 성인으로 성장하기까지는 지속적인 보호와 양육을 필요로 한다. 영아기에는 가장 기본적인 음식물 섭취와 배설물의 통제도 혼자의 힘으로는 하기 어려워 타인의 도움 없이는 생존이 불가능하다. 유아기와 학령기에는 이런 기초적인 생활은 가능하지만 외부의 위험에서 벗어날 수 없고, 노동력도 없어서 의존적일 수밖에 없다. 청소년기의 아동도 심리적으로 불안정하고 사회적으로 책임 있는 역할을 기대하기에는 아직 미숙하여 사회의 보호와 지도가 여전히 필요하다.

특히 최근 핵가족화의 경향, 이혼으로 인한 가족해체, 한부모 가정의 증가 등으로 가족의 기능이 약화되면서 아동의 기본적인 생활을 보장하기 위한 사회적 역할과 책임은 지속적으로 증대되고 있다. 이렇듯 부모나 가족이 어떠한 사유로 인하여 아동보호와 양육의 책임을 다하지 못할 때, 그 아동이 기본적인 생활을 영위할 수 있도록 보장해 주는 것이 아동복지의 중요한 의의이다.

(2) 국가인력의 보호와 육성

아동을 심신이 건강하고 지식과 인격을 갖춘 성인으로 성장하도록 하는 것은 미래사회를 이끌어 갈 훌륭한 인적 자원을 확보하는 것이다. 오늘날 우리사회는 출산율이 급격히 낮아지는 반면에 노령인구는 지속적으로 증가하므로 국가의 성장을 위한 젊은 인적자원이 부족할 수 있는 상황에 놓여 있다. 이러한 상황에서 아동을 보호하고 건전한 환경에서 생활할 수 있도록 지원해 주는 것은 국가인력의 보호와 육성 차원에서 매우 중요한 과업이다. 특히 빈곤으로 인해 교육, 의료, 문화 등에서 박탈을 경험하는 아동은 국가의 적절한 아동복지 대책을 절실히 필요로 하고 있으며, 이들을 위한 사회적 지원은 국가인력의 보호와 육성 차원에서 매우 중요한 의의를 가진다.

(3) 사회문제의 예방

아동의 성장과정에서 환경적 문제로 인하여 욕구가 적절히 충족되지 못하면 신체적 · 정서적 · 행동상의 문제가 나타날 수 있다. 또한 아동기의 욕구좌절로 인한 어려움은 아동기에만 끝나는 것이 아니라 성인기에 이르기까지 영향을 미치는 것으로 알려져 있다. 즉 아동학대 및 방임은 성인기의 정신건강에도 영향을 줄뿐만 아니라 욕구좌절로 인한 부정적인 행동은 성인으로서 사회에 적응할 수 있는 기회를 제한하고, 이는 또 다른 문제를 발생시킨다. 따라서 아동의 욕구를 충족시키려는 사회복지적 노력은 아동이 야기할 수 있는 사회문제를 미연에 방지하는 의의를 가진다.

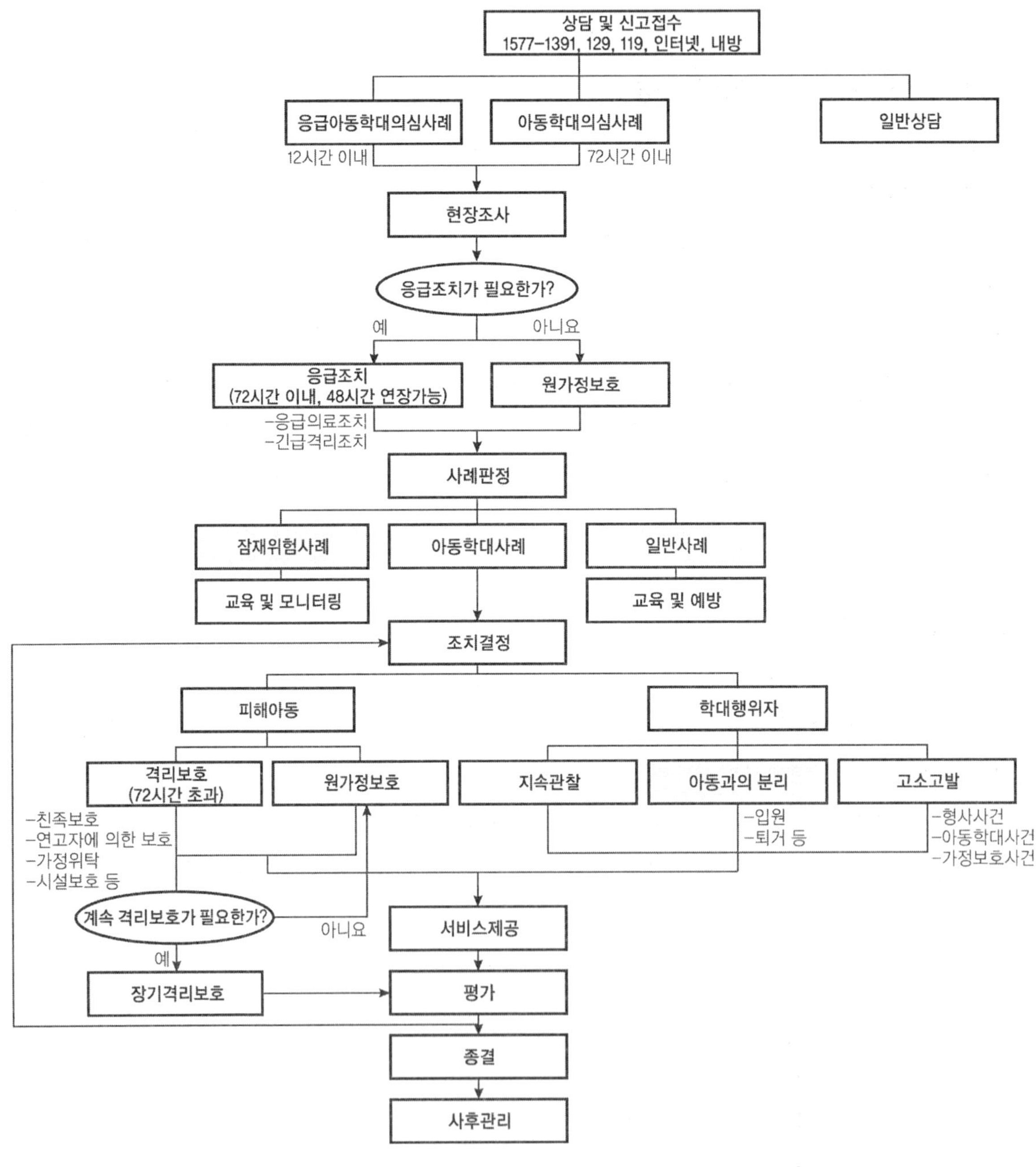

출처 : 2013년 아동분야 사업안내(2013). 보건복지부.

2. 아동복지의 전제조건과 원칙

1) 아동복지의 전제조건

아동복지는 아동을 둘러싸고 있는 환경의 다양한 지원체계가 갖추어져 있을 때, 비로소 실현이 가능하다. 아동복지의 실현을 위하여 필요한 전제조건은 여러 학자들에 의하여 제시되고 있으나, 여기서는 장인협 등(2001)이 제시한 아동복지의 전제조건에 대하여 살펴보고자 한다.

(1) 안정된 가정생활

아동은 부모와 가정을 일차적으로 매개체로 하여 그 사회에 있어서의 기본적인 일상생활의 습관이나 행동의 기준 및 가치판단의 기준을 습득하면서 사회적 인간으로 성장해 나간다. 즉 가정은 사회구성의 기본단위로서 아동의 건전한 성장과 발전의 기본 토대를 이루고 있으므로, 아동들의 안정된 가정생활은 아동복지 실현의 가장 중요한 기초로 인식되고 있다.

특히 아동의 영유아기는 가정양육 중 가장 중요한 시기로서 부모는 그들의 본능적 욕구충족에 지속적인 관심과 정성을 기울여야 하며, 이러한 부모와 아동의 정상적인 관계를 통하여 인간관계 형성의 기반을 다지게 된다. 따라서 아동들이 가능한 한 원만한 가정생활을 통하여 건전한 성격을 형성할 수 있도록 가정환경을 형성해야 한다.

(2) 경제적 안정

아동에게 안정감을 유지하기 위해서는 가정에서 생활에 필요한 최소한도의 물질적 욕구가 충족되어야 하며, 아동의 기본적 욕구인 의식주 문제의 해결은 그들의 심신의 발달에 필수적인 요소이다.

경제적인 문제로 인한 굶주림, 피로, 신체적 고통 등은 아동의 인격형성에 부정적인 영향을 미칠 수 있다. 교육의 맥락에서도 아동의 능력보다 오히려 부모의 경제적 안정여부가 교육적인 기회 여하를 좌우할 수 있다. 학습의 기회가 주어진다 하더라도 경제적 문제는 학습효과를 낮게 하며 또한 정서적으로도 사회에 잘 적응하기 어렵게 만들 수 있다. 따라서 국가에서는 경제적 어려움을 가진 아동들을 대상으로 직·간접적인 경제적 지원정책을 실시하여 그들의 기본적인 생활이 보장될 수 있도록 노력해야 한다.

(3) 보건 및 의료

모든 아동의 건강한 성장과 발달을 위해서는 이들에 대한 보건이나 의료지원이 국가의 중요한 관심사가 되어야 한다. 아동복지의 기반은 아동의 건강과 밀접하게 관련되어 있으며, 모(母)의 심신 건강과도 중요한 관련성을 지니고 있다.

출산 전에는 모체의 영양, 질병, 심리적 상태에 따라서 태아의 건강이 영향을 받을 수 있으므로, 건강한 아동의 출산을 위해서는 태아기 때부터 모자보건을 위한 대책이 마련되어야 한다. 또한 아동이 자라는 동안 성장발육의 증진과 질병의 조기발견 및 치료를 위해서 정기적인 건강검진과 예방접종이 이루어지도록 하고, 학교나 보육시설에서는 적절한 위생관리 및 보건서비스가 이루어져야 한다.

(4) 교육

모든 아동은 타고난 잠재력을 최대한 계발하여 능력을 발휘할 수 있도록 교육 기회가 주어져야 한다. 교육은 아동의 정상적인 성장과 발달을 돕는 다양한 지식과 자원을 제공하며 바르게 성장하도록 이끌어 준다. 아동의 발달에 맞는 교육의 기회가 박탈된 경우 정상적인 성장 및 발달에 부정적인 영향을 미치며, 사회적으로도 능력 있고 자질을 갖춘 인재를 양성하는 데 어려움을 가지게 된다.

(5) 유해노동으로부터의 보호

모든 아동은 연소노동과 유해노동으로부터 보호되어야 한다. 아동은 성인에 비하여 임금이 더 싸며 복종적인 행동상의 특성으로 산업화와 도시화 과정에서 아동노동이 증가하였다. 오늘날 개발도상국이 수출산업현장이나 관광산업의 미명하에서 육체노동 및 매춘을 강요당하는 아동이 유해노동의 대표적인 사례이다. 우리나라의 경우 청소년 아르바이트가 늘어나고 있지만 이들의 권리가 보호되지 못하여 임금체불, 초과근로, 신체적 학대 등의 부당한 대우가 문제로 부각되고 있다. 따라서 아동을 유해노동으로부터 보호하고 아동의 기본적 권리를 보장하기 위해서는 법률적 또는 사회적 보호를 할 수 있는 모든 대책이 강구되어야 하겠다.

(6) 놀이와 여가

아동에게 놀이와 여가생활은 가장 기본적인 욕구충족의 기회이며 새로운 성장단계로의 전진을 위한 중요한 원동력이 된다. 즉 놀이와 여가생활을 통해 사회화 과정을 밟아 나가며 대인관계의 기술을 습득하게 된다. 또한 놀이는 자기의 욕구나 감정발산을 충족시키며, 신체적으로나 정신적으로 건전하게 성장할 수 있는 촉진제가 되는 것이다.

(7) 특별보호

아동복지는 보편적인 아동의 복지를 실현하는 기능 외에도 특수한 욕구를 가진 아동에 대한 지원기능을 가진다. 신체적 · 정신적 · 심리적 · 행동적 장애를 가진 아동에 대해서는 조기발견과 함께 특수보호 및 치료의 기회가 있어야 하고, 저소득층의 아동에 대해서는 교육이나 경제적인 측면에서 특별한 지원이 있어야 한다.

2) 아동복지의 원칙

아동기는 인간의 생활주기에서 가장 특별한 보호와 지도를 필요로 하는 시기이며, 아동은 많은 해결하여야 할 과제와 욕구를 가지고 있는 복지대상이다. 따라서 이들의 건전한 성장과 발달을 위해서는 다양한 사회복지정책과 프로그램 및 서비스가 요구된다.

아동복지정책과 아동복지서비스가 효과성과 목적을 달성하기 위해서는 기본적인 원칙이 필요하며, 이를 살펴보면 다음과 같다(장인협 외, 2001).

(1) 권리와 책임의 원칙

아동복지는 아동, 부모, 사회의 조화 속에서 가능하다. 삼자는 각각의 권리와 책임을 확립하고 상호의 권리와 책임에 대한 인정과 상호작용을 통해서 균형을 유지하도록 해야 한다. 따라서 아동복지는 어느 한 주체가 일방적인 권리와 책임을 갖는 것이 아니라, 각각에게 부여된 사회적 역할과 범주에서 상호 유기적인 관계로 균형을 이루는 것이 중요하다고 할 수 있다.

(2) 보편성과 선별성의 원칙

아동복지에서 보편성과 선별성은 동시에 적용될 수 있는 원칙이다. 보편성의 원칙이란 계층, 인종, 민족, 장애유무, 부모유무 등 아동을 구분하는 모든 요인들과 상관없이 모든 아동들에게 동등한 복지서비스를 제공한다는 것이다. 선별성의 원칙은 아동에 대한 복지를 추구하는 데 조건이나 기준을 정하고 이에 따라 아동복지의 대상과 사업을 제한하는 원칙을 말한다. 선별성의 원칙에 의한 급여와 서비스는 그 성격에 있어 시혜적이고 일시적 · 보충적 · 잔여적 성격이 강하다.

우리나라 아동복지는 그동안 선별성의 시각에 치우쳐 협의적이며 특수한 대상을 위한 대책에 치우쳐 왔다. 그러나 개정된 아동복지법에서는 전체 아동을 대상으로 하고 동시에 예방과 개발을 중심으로 보편적이며 제도적 기능이 수행될 수 있는 방향을 지향하고 있다.

(3) 개발성의 원칙

아동의 문제는 전체사회와 매우 유기적으로 관련을 맺고 있으므로 아동복지의 대책을 강구하는 데 있어 다양한 측면에서 고려되어야 한다. 개발적 기능의 원칙이란 거시적 측면에서 아동의 바람직한 성장을 위해 개발기능을 수행하여야 한다는 원칙이다. 거시적 안목으로 아동과 사회를 보며 사후 치료적인 아동복지가 아니라 예방을 함께 고려할 수 있어야 하며, 아동 개인뿐 아니라 전체 사회의 변화를 고려하고 사회와 유기적 관계 속에 있는 아동의 문제를 보다 다양한 측면에서 접근하기 위한 적극성을 가져야 한다.

(4) 포괄성의 원칙

포괄성의 원칙이란 아동복지를 당성하기 위해서는 경제, 교육, 보건, 주택, 노동 등의 여러 분야의 포괄적인 대책이 아동관련 정책과 서비스에 수반되어야 함을 말한다. 아동의 신체, 정서, 인지, 사회발달 등은 각각의 발달이 분리된 것이 아니라 역동적으로 상화 관련되어 있으므로 아동의 욕구에 대해서 통합적인 관점으로 접근하여야 한다.

정부 정책도 아동의 권리와 복지를 위하여 통합적이나 종합적으로 접근되어야 하며, 지역사회에서 제공되는 아동복지서비스 또한 포괄적이며 통합적으로 사례 관리 수준으로 실행되어야 한다.

(5) 전문성의 원칙

아동의 건전한 성장과 발달을 위해서는 아동을 위한 전문기관과 전문적 인력이 필요하다. 아동은 성인과 다른 사고방식과 의사소통 방법을 가지고 있으며, 끊임없이 변화하고 성장하는 과정에 있다. 또한 오늘날 아동의 문제는 점점 복잡해지고 다루기 어려워지고 있다. 그러므로 아동에 대한 전문지식과 기술이 없이는 아동을 제대로 이해하지 못하며, 아동이 겪고 있는 문제를 완화하거나 해결하는 데 도움이 되지 못한다.

아동과 부모의 욕구를 보다 전문적으로 충족시킬 수 있는 아동복지 전문기관들이 지속적으로 증가되어야 하며, 이에 관한 국가의 정책적 지원이 확대 되어야 할 것이다.

3. 아동복지 서비스

1) 서비스 장소에 의한 분류

아동복지서비스는 서비스를 제공받는 아동의 서비스 장소에 따라서 재가 서비스와 가정외 서비스로 구분된다. 즉 아동이 원래의 가정에서 생활하면서 제공받는 서비스인 재가서비스(in-home service)와 원래의 가정을 떠나 시설이나 다른 가정에서 생활하는 가정외 서비스(out of home service)로 나뉘어 진다(장인협 외, 2001; 공계순 외, 2003).

(1) 재가서비스

재가서비스는 아동이 다른 가족 구성원과 함께 생활하면서 필요한 서비스를 제공받는 경우이다. 예컨대 가족의 구조는 유지되고 있으나 심각한 스트레스나 역기능적인 문제가 있는 경우, 또한 한부모 가정이나 조손(祖孫)가정과 같이 구조적 결손을 경험하면서 가족기능의 원활한 수행이 어려운 경우 등의 상황에서 재가서비스가 제공될 수 있다.

재가서비스는 원래의 가정의 기능 중 결핍된 부분을 보충해 주거나 지지해 줌으로써 원가정의 해체, 붕괴를 막아주는 기능을 수행하며, 해당 가정의 강점을 강화하여 문제해결 및 위기대처 능력을 향상시켜 주기도 한다.

(2) 가정외 서비스

가정외 서비스는 아동이 원래의 가정을 떠나 시설이나 타 가정에 거주하면서 양육이나 서비스를 제공받는 경우이다. 예컨대 원래의 가정을 떠나 아동양육시설이나 위탁가정 등에서 서비스를 제공받는 것 등은 대표적인 가정외 서비스이다.

2) 서비스 기능에 의한 분류

서비스 기능에 의한 분류는 카두신(Kadushin)이 제시한 것으로, 가정의 역할을 중심으로 가정에 대하여 서비스가 어떠한 기능을 지니는가에 따라 지지적 서비스, 보충적 서비스, 대리적 서비스로 구분된다.

(1) 지지적 서비스

지지적 서비스(supportive service)는 부모와 자녀가 자신들의 책임성을 효율적으로 수행할 수 있도록 그들의 능력을 지원하고 강화시켜 주는 서비스로 아동이 자신의 가정에 머물면서 받을 수 있는 서비스이다. 지지적 서비스는 다른 서비스와는 달리 아동들이 자신의 가정에 머물러 생활하면서 받을 수 있는 서비스이며, 이러한 서비스를 제공하는 데 있어서 서비스의 기능은 부모나 아동의 역할을 대신해 주는 것이 아니라, 가족의 구조를 침해하지 아니하고 다만 외부에서 가족 내부의 역할기능이 제대로 수행될 수 있도록 원조하여 주는 역할을 한다. 지지적 서비스를 제공하는 과정에서는 아동상담, 부모 및 가족 상담서비스, 가족치료 등의 방법이 활용된다. 이러한 지지적 서비스를 제공하는 주요 기관에는 가족서비스 기관과 아동상담기관이 있다.

(2) 보충적 서비스

보충적 서비스(supplementary service)는 부모역할의 일부를 보조하는 서비스로 부모의 보호, 양육의 질이 부적절하거나 제약이 있을 때, 이를 보충할 수 있도록 제공되는 서비스이다. 즉 부모의 역할의 일부가 보조를 받을 때, 부모는 다른 역할을 보다 충실하게 수행할 수 있다. 부모의 역할이 영구적 혹은 일시적으로 충분히 충족되지 못할 때 이러한 보충적 서비스가 필요하게 된다. 보충적 서비스에는 방과후 아동지도, 취업모를 위한 보육서비스, 아동수당, 부모의 질병이나 부재중에 아동의 가사를 도와주는 홈메이커 서비스 등이 포함된다.

(3) 대리적 서비스

대리적 서비스(substitute service)란 부모가 아닌 제3자가 부모의 역할의 전부를 떠맡는 경우이다. 이러한 급격한 양육 역할의 변화는 아동의 출생가정이 기능을 상실하여 아동에게 필요한 최소한의 사회적 · 정서적 · 물리적 보호를 제공할 수 없게 된 경우가 발생하기 때문이다. 따라서 아동은 자신의 가정을 완전히 떠나서 다른 가족이나 양육자에 의하여 일시적으로 혹은 영구적으로 보호를 받게 된다. 여기에는 입양, 가정위탁, 시설보호 서비스 등이 포함된다.

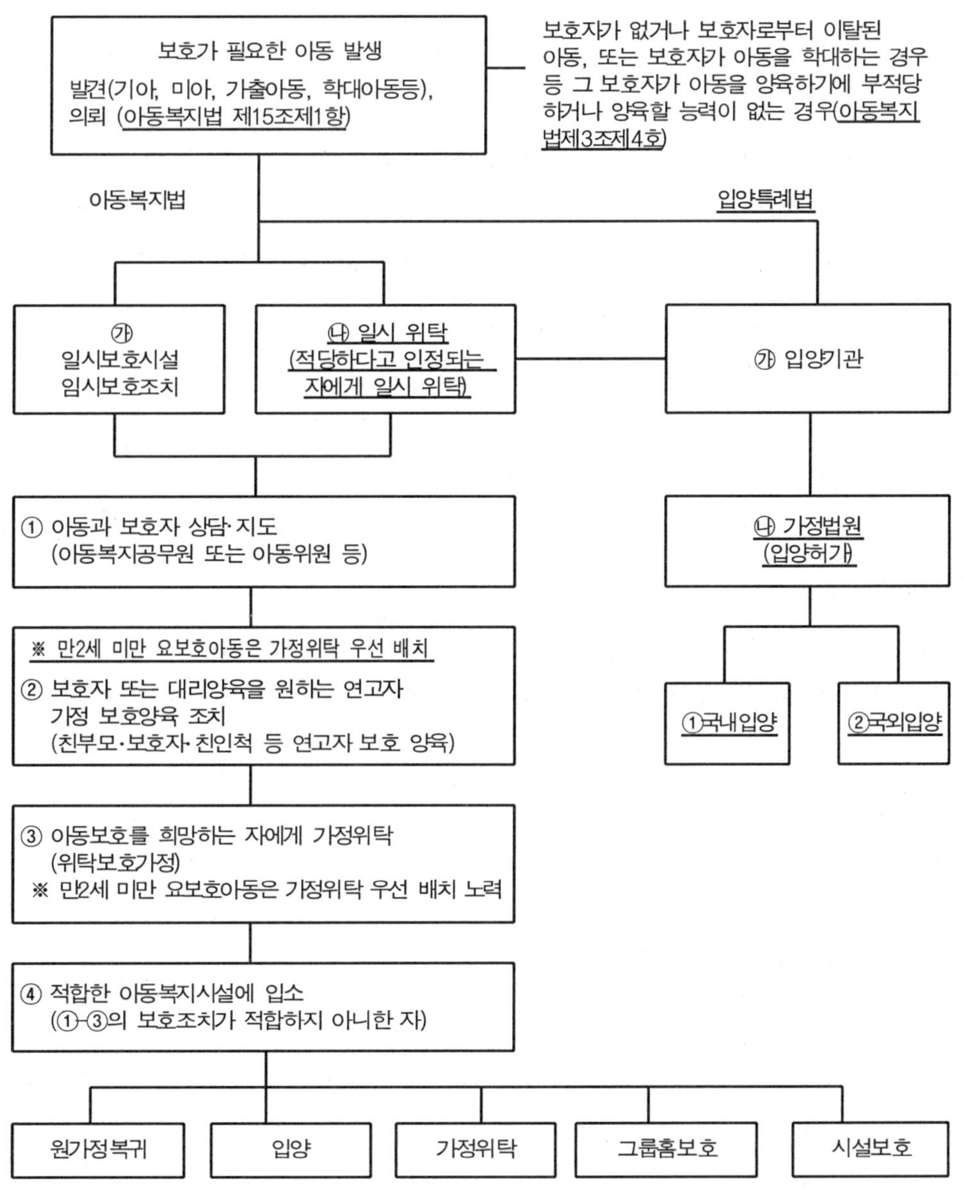

출처 : 2013년 아동분야 사업안내(2013). 보건복지부.

4. 아동복지 관련법

아동복지사업의 주 근거가 되는 법령은 아동복지법이며, 운영사항에 따라 관계법의 적용을 받는다. 여기서는 아동복지법, 영유아 보육법, 입양 특례법, 한부모가족지원법, 청소년 관계법 등을 살펴보고자 한다.

(1) 아동복지법

아동복지법은 아동의 건강한 양육과 보호를 목적으로 복지를 보장한다는 기본정신으로 제정된 아동복지의 모법이다.

아동복지법은 1961년에 제정된 아동복리법이 1981년 전면 개정된 법으로서, 대상적인 측면에서 아동복지법은 요보호아동을 대상으로 하였으나 아동복지법에서는 모든 아동으로 적용범위가 확대되었다. 그 후 이 법은 2000년 1월 12일 다시 전문개정 · 공포되었는데 개정목적은 아동복지의 수요에 능동적으로 대응하고 최근 심각한 사회문제로 지적된 바 있는 아동학대에 대한 보호 및 아동안전에 대한 제도적 지원을 공고히 하기 위한 것이다.

아동복지법은 아동이 건강하게 출생하여 행복하고 안전하게 자라나도록 지원하는 것을 궁극적인 목적으로 하며, 다음과 같은 기본 이념을 가지고 있다.

첫째, 아동은 자신 또는 부모의 성별, 연령, 종교, 사회적 신분, 재산, 장애유무, 출생지역 등에 따른 어떠한 차별도 받지 않고 자라나야 한다.

둘째, 아동은 완전하고 조화로운 인격발달을 위하여 안정된 가정생활에서 행복하게 자라나야 한다.

셋째, 아동에 관한 모든 활동에 있어서 아동의 이익이 최우선적으로 고려되어야 한다.

(2) 영유아 보육법

보육사업의 주근거가 되는 법으로, 영유아 보육의 목적 및 정의, 이념, 책임, 관련기관의 설치 등과 보육시설의 설치, 보육시설 종사자, 보육시설의 운영, 건강 · 영양 및 안전, 비용 지도 및 감독에 관한 기본사항을 정하고 있다. 영유아 보육법 시행령과 규칙에서는 관련 사업 운영에 관한 세칙을 다루고 있다.

1991년 영유아보육법은 보육사업의 통합 일원화를 위하여 처음 제정 되었는데, 보육환경의 변화에 따른 보육서비스의 다양화와 질적 향상 보육에 대한 공적 책임의 강화 등의 필요에 의해 지속적인 개정의요구가 있어 왔고, 2004년 전면개정으로 인하여 보육사업의 질적 발전을 위한 발판을 마련하였다고 볼 수 있다. 영유아보육법의 전면개정으로 인해 나타난 새로운 변화는 "보육시설의 설치 신고제를 인가제로 전환하고, 보육시설의 평가 인증제도와 보육교사 자격증 제도 도입, 취약 보육 및 저소득층 보육서비스 지원 활성화와 직장보육시설 설치 활성화를 위한 내용, 저소득층 보육료 국가 지원과 차등지원제도의 도입 보유기설 설치 · 운영 경비 지원 내용 등이 포함됨으로써 보육서비스의 질을 향상시키고, 보육서비스를 다양화 하였으며, 보육의 공적 책임을 강화 한 것"으로 요약되어 질 수 있다.

(3) 입양 특례법

요보호아동의 입양 촉진과 양자로 되는 아동의 보호와 복지 증진을 도모하기 위하여 필요한 사항을 제정하기 위한 법으로, 양자될 자격 요건, 양부모의 자격 요건, 입양의 절차, 입양기관의 업무, 입양아동 등에 대한 복지 시책에 관하여 구체적으로 정하고 있다.

(4) 한부모가족지원법

한부모가족지원법은 한부모가족이 건강하고 문화적인 생활을 영위할 수 있도록 함으로써 한부모가족의 생활안정과 복지 증진에 이바지함을 목적으로 한다. 배우자와 사별(死別) 또는 이혼(離婚)하거나 배우자로부터 유기(遺棄)된 세대주인 모(母) 또는 부(父)로서 아동 [18세(취학 중인 경우에는 22세) 미만]인 자녀를 양육하는 사람은 한부모가족지원법에 따fms 한부모가족 보호대상자에 해당된다. 따라서 국가와 지방자치단체는 한부모가족에 대한 사회적 편견과 차별을 예방하고, 사회구성원이 한부모가족을 이해하고 존중할 수 있도록 교육 및 홍보 등 필요한 조치를 하며 다양한 서비스를 제공한다.

(5) 청소년 관계법

우리나라 아동복지법에서 규정하고 있는 아동은 18세 미만인 반면, 청소년기본법에서는 청소년을 9세 이상 24세 이하의 자로, 청소년 보호법에서는 청소년을 만 19세미만의 자로 규정하고 있어, 아동복지 관계법에서 명칭이 아동 또는 청소년으로 통일되지 않은 채 사용되고 있을 뿐 아니라, 청소년의 연령범주도 각기 다른 것으로 나타난다. 청소년 관계법으로는 청소년기본법과 청소년보호법, 그리고 청소년복지지원법, 청소년활동진흥법 등이 있다.

청소년기본법은 청소년의 권리 및 책임과 가정 · 사회 · 국가 및 지방자치단체의 청소년에 대한 책임을 정하고 청소년육성정책에 관한 기본적인 사항을 규정함을 목정으로 하고 있다. 청소년보호법은 청소년에게 유해한 매체물과 약물 등이 청소년에게 유통되는 것과 청소년이 유해한 업소에 출입하는 것 등을 규제하고 ,청소년을 청소년 폭력 · 학대 등 청소년 유해행위를 포함한 각종 유해한 환경으로부터 보호 · 구제함으로써 청소년이 건정한 인격체로 성장할 수 있도록 함을 목적으로 한다.

청소년복지지원법과 청소년활동진흥법은 청소년기본법에서 정한 청소년복지 증진에 관한 사항 및 다양한 청소년활동을 적극적으로 진흥하기 위하여 필요한 사항을 정하기 위해 제정된 법률이다.

참고문헌

공계순 외. 2003. 아동복지론. 학지사.

성영혜 외. 2008. 아동복지. 동문사.

장인협 · 오정수. 2001. 아동 · 청소년복지론. 서울대학교 출판부.

Meyer, C., 1985. The Institutional Context of Child Welfare, New York: The Free Press.

Friedlander, W. A., 1966. Introduction to Social Welfare, Prentice Hall Inc.

Kadushin, A., 1974. Child Welfare Services, 2nd ed., New York: Macmillan.

Social Work Year Book, 1960.

만화로
다시 정리하기

아동복지란 '아동들이 행복하게 살며, 그들의 생활에서 잠재능력을 최대한 발휘할 수 있고,

건강하고 건전한 개인들로 성장•발달할 수 있도록 하기 위한 복지적인 노력'이다.

1959년 11월 20일 UN에서는 아동들의 권리를 최대한 실현해야 한다는 목적으로 '아동권리선언'을 채택하였다.

첫째, 인종, 종교, 태생 또는 성별로 인한 차별을 받지 않을 권리,

둘째, 신체적 정신적 도덕적 영적 및 사회적으로 발달하기 위한 기회를 가질 권리,

셋째, 이름과 국적을 가질 권리,

넷째, 적절한 영양, 주거, 의료 등의 혜택을 누릴 권리

다섯째, 심신장애 어린이는 특별한 치료와 교육 및 보살핌을 받을 권리,

여섯째, 애정과 도덕적 물질적 보장이 있는 환경 아래서 양육될 권리,

일곱째, 의무교육을 받을 권리, 놀이와 여가 시간을 가질 권리,

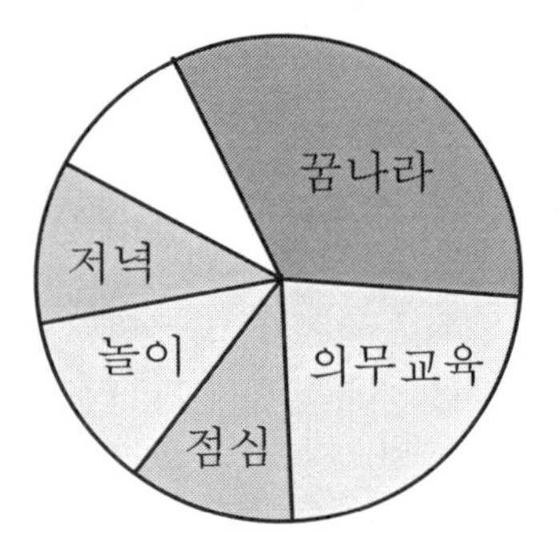

여덟째, 전쟁이나 재난으로부터 제일 먼저 보호받고 구조될 권리,

아홉째, 학대, 방임, 착취로부터 보호받을 권리,

아동복지의 개념과 필요성

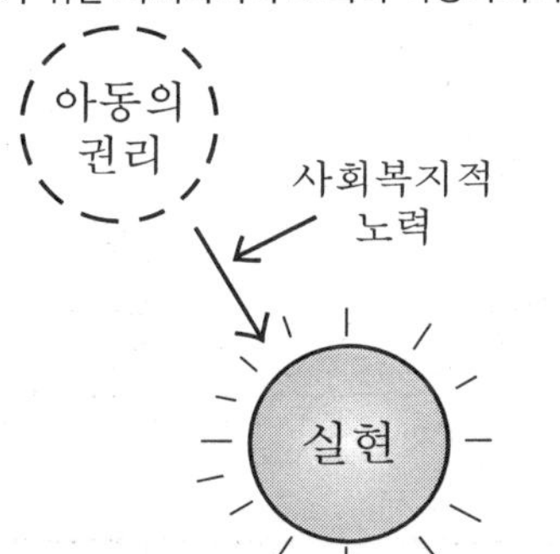

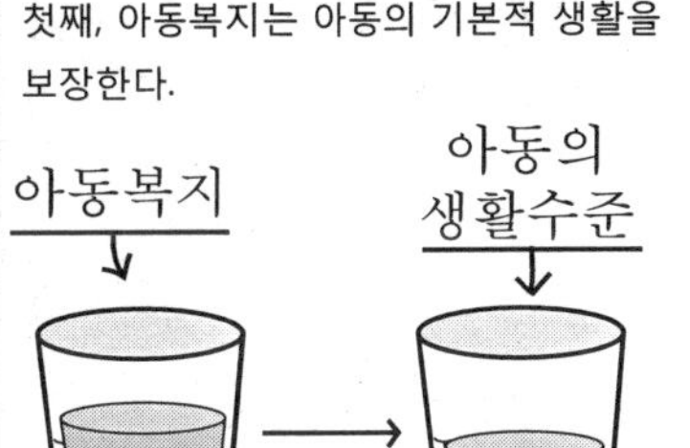

아동복지의 전제조건

아동복지는 아동을 둘러싸고 있는 환경의 다양한 지원체계가 갖추어져 있을 때, 비로소 실현이 가능하다.

아동복지를 위한, 첫 번째 전제조건은 안정된 가정생활이다.

가정은 사회구성의 기본단위로서 아동들의 안정된 가정생활은 아동복지 실현의 가장 중요한 전제조건이다.

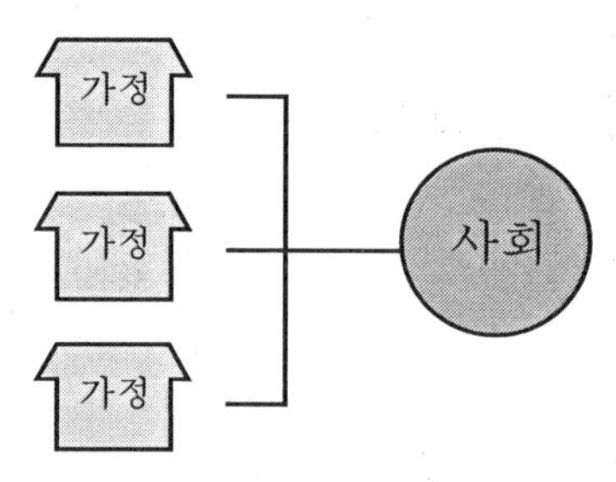

둘째는 경제적 안정이다.

경제적인 문제로 인한 굶주림, 피로, 신체적 고통 등은 아동의 인격형성에 부정적인 영향을 미칠 수 있다.

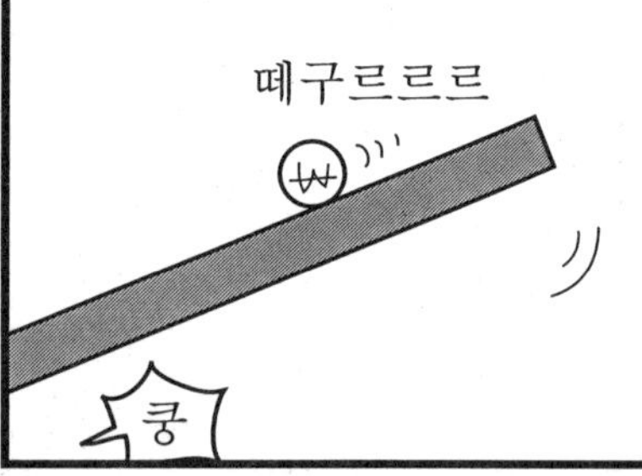

셋째는 보건 및 의료보장이다.

넷째는 교육의 보장이다.

교육은 아동의 정상적인 성장과 발달을 돕는 다양한 지식과 자원을 제공하며 아동이 바르게 성장하도록 이끌어 준다.

다섯째는 유해노동으로 부터의 보호이다.

아동은 신체적으로나 정신적으로 미성숙의 상태에 있으므로 유해노동은 정상적인 성장에 치명적인 장애가 된다.

여섯째는 놀이와 여가의 보장이다.

아동에게 놀이와 여가생활은 가장 기본적인 욕구충족의 기회이며 새로운 성장단계로의 전진을 위한 중요한 원동력이 된다.

일곱째는 특수한 욕구를 가진 아동에 대한 특별보호이다.

장애를 가진 아동에 대해서는 조기발견과 함께 특수한 보호 및 교육의 기회가 있어야 합니다.

아동복지 서비스

아동복지 서비스는 아동들이 건강하고 건전하게 성장•발달할 수 있도록 하기 위한 복지서비스이다.

아동복지서비스는 서비스를 제공받는 아동의 서비스 장소에 따라서 재가 서비스와 가정외 서비스로 구분된다.

가정외 서비스

재가서비스는 아동이 가족 구성원과 함께 생활하면서 필요한 서비스를 제공받는 경우입니다.

재가서비스는 원래의 가정의 기능 중 결핍된 부분을 보충해 주거나 지지해 줌으로써

원가정의 해체나 붕괴를 막아주는 기능을 수행합니다.

가정외 서비스는 아동이 원래의 가정을 떠나 시설이나 타 가정에 거주하면서 양육이나 서비스를 제공받는 경우이다.

예컨대 원래의 가정을 떠나 아동양육시설이나 위탁가정 등에서 서비스를 제공받는 것 등이 가정외 서비스라고 할 수 있습니다.

아동양육 시설
위탁가정
가정

그리고 아동복지서비스는 서비스가 어떠한 기능을 지니는가에 따라 지지적 서비스, 보충적 서비스, 대리적 서비스로 구분된다.

아동복지서비스
- 지지적 서비스
- 보충적 서비스
- 대리적 서비스

지지적 서비스(supportive service)는 부모와 자녀가 자신들의 책임성을 효율적으로 수행할 수 있도록 그들의 능력을 지원하고 강화시켜 주는 서비스이다.

아동상담, 부모 및 가족 상담서비스, 가족치료 등의 방법이 지지적 서비스의 대표적인 사례입니다.

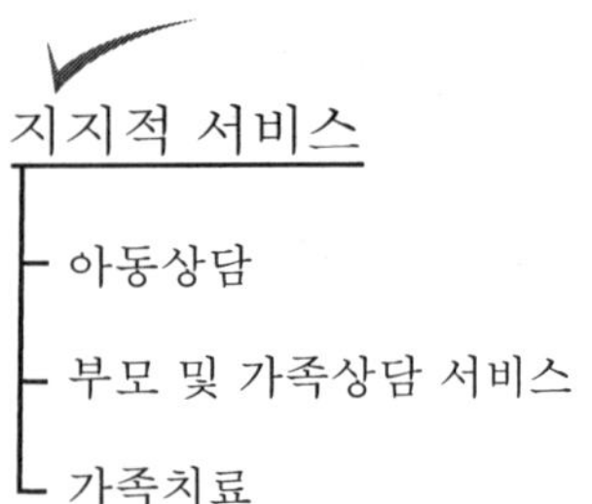

보충적 서비스(supplementary service)는 부모역할의 일부를 보조하는 서비스로서 부모역할의 부족한 부분을 보충해 주는 서비스입니다.

보충적 서비스에는 방과후 아동지도, 보육서비스, 부모의 질병이나 부재 중에 아동의 가사를 도와주는 홈메이커 서비스 등이 있습니다.

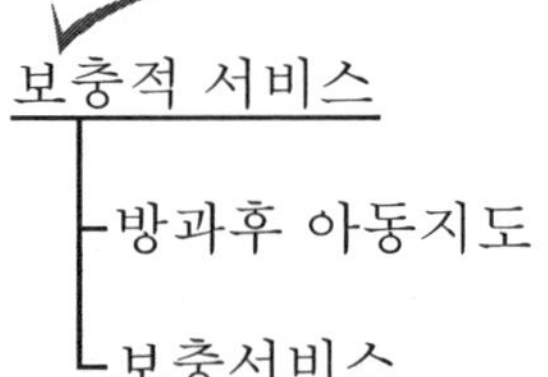

대리적 서비스(substitute service)란 부모가 아닌 제3자가 부모의 역할의 전부를 떠맡는 경우입니다.

대리적 서비스의 대표적인 사례는 입양, 가정위탁, 시설보호 서비스 등이 있습니다.

대리적 서비스
- 입양
- 가정위탁
- 시설보호

Chapter 9

노인복지

1. 노인의 개념 및 주요문제
2. 노인복지의 개념
3. 노인복지의 원칙
4. 노인복지정책

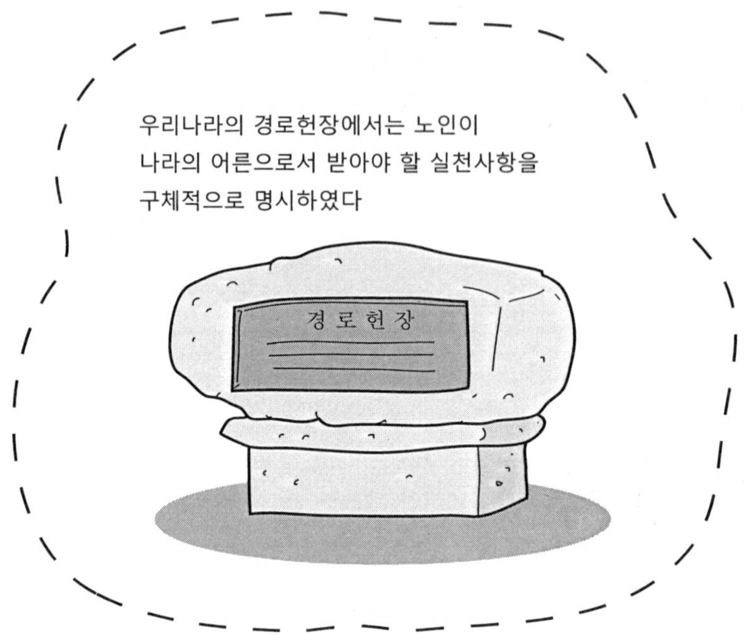

Focus

노인복지란 노인의 경제적 안정, 직업, 주택, 가족생활, 의료 위생, 교육, 문화, 오락 등 사회적 생활상의 기본적 욕구충족을 사회적으로 보장하는 일반적 대책으로서 노인을 위한 사회적 지원체계이다. 고령화와 관련된 정책의 형성과 집행은 각 국가의 주권적인 권리와 책임이며, 그 국가의 특수한 수요와 목적에 근거를 두고 수행되어야 한다. 또한 노인들의 활동, 안전과 복지의 증진은 선진국과 개발도상국 모두가 새로운 국제경제 질서의 구조 안에서 통합되고 조화된 발전을 위한 노력의 중요한 부분이 되어야 한다.

경로헌장(敬老憲章)

1982년 5월 8일 공포한 경로헌장은 당초 사회각계 지도급 인사 1백 명으로 구성된 헌장기초위원회 심의과정에서 노인헌장으로 결정됐었으나 정부 차관회의과정에서 이 헌장 문안의 일부가 수정 또는 삭제되면서 명칭도 경로헌장으로 바뀌어 국무회의를 통과, 선포된 것이다.

경로헌장은 날로 심각한 사회문제로 대두되고 있는 노인문제에 대한 범국민적인 관심을 고취시키기 위해 하나의 시민헌장으로 제정된 것으로 이숭녕(李崇寧) 박사 등 사회각계 지도급 인사 1백명의 헌장 기초위원에 의해 성안됐다. 노인헌장이 제정되는 것은 세계에서 한국이 처음이다.

산업사회에서의 인구의 고령화와 사회구조 및 가치관의 변화에 따르는 노인문제는 비단 한국에 국한된 것은 아니지만, 경로효친의 미풍을 전통적으로 간직해 오며 근래 급속한 산업화과정을 걷고 있는 상황에서 이를 조장 발전시킬 계기의 마련이 절실하였다.

이 헌장에는 이러한 전통윤리의 측면 외에 인간은 늙어서도 인간답게 살아야 하며, 그러기 위해서는 본인의 노력과 더불어 사회와 국가의 뒷받침이 있어야 한다는 반(半)강제조항이 삽입되어 있다. 세계 최초의 노인헌장이라는 점에서도 특별한 의의를 지니는 이 헌장은 전문과 5개 조항으로 되어 있으며, 전문에서는 노인의 위치, 산업사회 속에서 노인이 처한 상황, 선(先)가정 후(　)사회의 노인대책, 노인의 책임 등을 천명하고, 이어 조문을 통해 노인이 나라의 어른으로서 받아야 할 실천사항을 구체적으로 명시하였다.

【전문】

노인은 나라의 어른이다. 노인은 우리를 낳아 기르고 문화를 창조 계승하며 국가와 사회를 수호하고 발전시키는 데 공헌하여온 어른으로서 국민의 존경을 받으며 노후를 안락하게 지내야 할 분들이다. 그러나 인구의 고령화와 사회구조 및 가치관의 변화는 점차 노후생활을 어렵게 하고 있다.

우리는 고유의 가족제도 아래 경로효친(敬老孝親)과 인보상조(隣保相助)의 미풍양속을 가진 국민으로서 이를 발전시켜 노인을 경애하고 봉양하여 노후를 즐길 수 있도록 노인 복지증진에 정성을 다 하여야 한다.

노인은 심신의 변화를 깨닫고 자신의 위치와 할 일을 찾아서 후손의 번영과 국가의 발전을 위하여 여생을 보내는 슬기를 보여야 한다.

우리는 아래와 같은 사항을 구현하기 위하여 다 함께 노력한다.

1. 노인은 가정에서 전통의 미덕을 살려 자손의 극진한 봉양을 받아야 하며 지역사회와 국가

는 이를 적극 도와야 한다.
2. 노인은 의식주에 있어서 충족되고 안락한 생활을 즐길 수 있어야 한다.
3. 노인은 심신의 안전과 건강을 누릴 수 있어야 한다.
4. 노인은 자신의 능력에 따라 사회활동에 참여할 수 있어야 한다.
5. 노인은 취미 오락을 비롯한 문화생활과 노후생활에 필요한 지식을 얻는 기회를 가져야 한다.

1982년 5월 8일

1. 노인의 개념 및 주요문제

1) 노인의 개념

노인은 일반적으로 '어르신', '늙은이' 또는 '나이 많은 사람'과 같은 용어들과 동일하게 사용되어 진다. 브린(Breen)은 노인을 "생리적 · 생물학적인 면에서 쇠퇴기에 있는 사람, 심리적인 면에서 정신기능과 성격이 변화되고 있는 사람, 사회적인 면에서 지위와 역할이 상실되어 가며 사회적 관계가 과거에 속해 있는 사람"으로 정의하였다.

국제노년학회에서는 "노인이란 인간의 노화(aging) 과정에서 나타나는 생리적, 심리적, 환경적 변화와 행동의 변화가 상호작용하는 복합형태의 과정에 있는 사람"으로 정의하였으며, 다음과 같은 상태에 도달한 사람을 말한다고 규정하고 있다(국제노년학회, 1950).

① 환경의 변화에 적절히 반응할 수 있는 생리적 조직기능이 쇠퇴하고 있는 사람
② 생체의 자체 통합력이 쇠퇴하고 있는 사람
③ 생체의 기관, 조직, 기능이 감퇴기에 있는 사람

④ 생체의 적응능력이 감퇴하고 있는 사람

⑤ 생체조직의 예비능력이 감퇴하여 적응력이 떨어지는 사람

노인에 대한 개념을 위에 언급한 요인들을 고려하면 노인은 “노화로 인하여 신체적 · 정신적 · 사회적 기능이 감퇴하여 정상적인 사회생활을 수행하는데 어려움이 있는 사람”으로 정의할 수 있다.

2) 노인의 주요문제

현대사회에서 노인은 신체적 · 심리적 · 경제적 · 사회적으로 다양한 문제를 경험하게 된다. 이러한 문제는 인간으로서 살아가는데 필요한 기본적인 욕구가 충족되지 않은 상태를 말하는데, 여기서는 경제적 문제, 건강문제, 역할상실문제, 노인학대문제로 나누어 살펴보고자 한다(고수현 외, 2006)

(1) 경제적 문제

직장에서 은퇴와 더불어 근로소득이 단절되고 연금, 퇴직금, 저축, 재산수입 등에 의존하게 된다. 계획적으로 노후를 준비한 사람들을 제외한 다수의 사람들에게 은퇴와 그에 따른 소득감소와 빈곤문제는 심각한 노인문제 중의 하나이다. 노년기에 경제적으로 빈곤하다는 것은 노인의 생활에 직접적인 위협이 되고 있다.

노인들이 경제적으로 더욱 힘든 것은 그들의 삶이 이중으로 부담을 지니고 살아왔기 때문이다. 이들은 자신들의 부모를 부양했으며, 자녀들을 성장시키기 위하여 노후대책을 고려할 겨를이 없었다. 그리고 일부 전문직종을 제외한 대부분의 산업체 근로자들은 다른 선진국에 비하여 정년퇴직의 연령이 상대적으로 낮아서, 노인의 소득상실 문제를 야기하였다. 특히 독거노인들의 경제적인 문제는 가장 심각하여 〈그림9-1〉에서 보는 바와 같이 가구형태별 월평균 가구소득수준은 최저생활을 영위하기에도 부족한 실정이다.

노년기의 빈곤문제는 노인의 삶의 전반에 걸친 질적 저하의 근본원인으로 국가적 대책이 더욱 강화되어야 한다. 우리나라에서는 노인의 빈곤문제 해결을 위한 연금제도의 정착, 국민기초생활보장제도를 통한 정책적 지원 외에 경로연금제도 및 노인취업 활성화를 위한 정책 등을 실시하고 있지만, 노인의 생존권 보장의 수준을 넘어서 지속적인 삶의 질 향상이 될 수 있는 보다 안정적인 정책적 지원이 필요하다고 할 수 있다.

(2) 건강문제

노령화로 인한 질병은 대부분 만성적인 것으로서 장기치료와 보호를 필요로 하게 된다. 즉 질병을 가진 노인들은 신체적 · 정신적으로 독립적인 생활이 어렵고 누군가의 도움이 요구되는 일상생활의 문제를 가지고 있다.

생리적 · 신체적 기능의 저하, 즉 노년기의 건강상태의 약화는 심리적 위축, 사회적 기능의 축소 및 생산능력의 저하를 동반하게 됨으로써 궁극적으로는 삶의 질을 저하시키는 주요한 요인이다.

우리 사회의 평균수명이 증가한다는 것은 급 · 만성질환에 노출되기 쉬운 노인계층의 증가를 의미하며, 이는 곧 가족과 사회의 노인부양을 위한 비용의 증가를 야기한다. 노인의 건강한 노후를 통한 삶의 질 향상을 위해 국가는 노인건강을 위한 예방적이고 종합적인 의료복지서비스 공급체계를 구축하여야 할 것이며, 질환에 노출된 노인이 쉽게 치료받고 요양할 수 있는 의료체계의 개선이 필요하다.

(3) 역할상실문제

노인이 되면서 직면하게 되는 또 다른 문제로는 지금까지 자신이 수행해 오던 사회적 역할과 가정에서의 역할을 다음세대에 인계함으로써 밀려난 존재로 인식하게 되고 쓸모없는 존재라는 상실감을 경험하게 된다는 것이다.

사회적 역할의 상실은 자아정체성의 혼돈, 자아상실감, 무력감을 야기하고 나아가 노년기의 소외와 고독으로 이어진다. 특히 핵가족화와 전통사회가 가지고 있던 경로효친사상의 약화는 노인으로 하여금 가족 내에서마저 역할상실과 역할기대의 감소를 경험하게 한다.

평균수명의 연장과 오랜 노년기를 통한 장기간에 걸친 무역할은 노인을 무기력한 존재로 변화시키기 쉽다. 그러나 긍정적 노년기를 맞이하기 위해 노인 스스로 노년기에 적합한 새로운 삶의 목표를 설정하고 계획함으로써 새로운 역할을 창출할 수 있어야 하며, 국가와 사회는 노인에게 사회참여의 기회를 지속적으로 확대하여야 한다(고수현 외, 2006).

(4) 노인학대문제

노인학대란 노인 스스로 혹은 노인의 부양이나 수발을 담당하고 있는 자가 의도적 또는 비의도적으로 노인에게 신체적 · 정서적 · 성적 · 재정적 손상을 가하거나 부양의무를 소홀히 하는 것이다. 노인학대의 행위와 관련하여 노인학대의 내용을 살펴보면 노인학대는 가볍게는 노인에게 말을 함부로 하거나 자존심을 상하게 하는 말을 하는 언어적 학대와 노인의 심기를 불편하게 하는 정서적 학대에서부터 심하게는 노인에게 구타와 폭력을 행하는 신체적 학대, 노인의 재산을 착취하는 재정적 학대까지 포함되며, 좁게는 증거가 명백한 신체적 학대에서부터 넓게는 방임, 자기방임 · 학대까지 포함되고 있다.

노인학대 발생의 원인은 노인의 개인적 특성, 예컨대 성격 및 정신장애, 알코올중독, 무력감 등에 기인한 것과 노인의 신체적 장애나 질병에 의한 의존성으로부터 발생하는 것, 가해자의 개인적인 특성, 부양자의 부양 스트레스, 가정환경적 요인, 학대의 세대간 전이, 사회문화적 요인 등으로 나눌 수 있다.

이러한 노인학대를 예방하기 위해서는 국가를 중심으로 한 노인학대 대응 서비스 체계 구축, 전문적인 상담 및 서비스 제공, 지역사회 자원을 활용한 통합적인 연결망 구축, 피학대 노인에 대한 의료적, 법률적 서비스 지원 등이 필요하다.

노인학대 증가세…3년간 4.2% 상승

노인 학대가 매년 늘어나는 것으로 나타났다. 국회 행정안전위원회 의원이 보건복지가족부에서 제출받은 국정감사 자료에 따르면 노인 학대 신고 건수는 2006년 2274건에서 2007년 2312건, 2008년 2369건으로 최근 3년간 4.2% 증가했다.

학대로 말미암은 상담도 2006년 2만2098건에서 2007년 2만7492건, 2008년 3만5467건으로 60.5% 늘어난 것으로 나타났다.

지난해 학대 원인을 보면 가해자 3312명 중 분노나 정서적 욕구불만 등 개인의 성격 문제가 1148명으로 가장 많았고, 부양부담(649명)이나 경제적 의존(423명)으로 인한 학대 등이 뒤를 이었다.

경찰청에서 제출받은 자료에 따르면 가출한 노인의 수는 2006년 2890명에 2007년 3545명, 2008년 4266명으로 최근 3년간 47.6% 증가한 것으로 나타났다.

실종된 노인 치매 환자 수도 2006년 3534명에서 2007년 4118명, 2008년 4246명으로 20.1% 늘었다.

김 의원은 "서양화 · 개인화로 효 사상이 경시되는 것이 안타깝다"며 "국가 차원의 노인 보호 시스템을 조속히 마련해야 한다"라고 말했다(노년시대신문, 2009년 10월 6일자)

출처: http://www.nnnews.co.kr/news/articleView.html?idxno=10550

2. 노인복지의 개념

사회복지를 국가나 사회가 주체가 되어 인간을 대상으로 삶의 질을 향상시키려는 노력이나 활동이라고 정의할 때, 노인복지는 생애주기(life cycle)상 고령기에 처한 인간을 위한 대책이라고 할 수 있다.

노인복지란 노인의 경제적 안정, 직업, 주택, 가족생활, 의료 위생, 교육, 문화, 오락 등 사회적 생활상의 기본적 욕구충족을 사회적으로 보장하는 일반적 대책으로서 노인을 위한 사회적 지원체계이다.

노인복지의 개념을 넓은 의미와 좁은 의미로 구분하여 살펴보았을 때, 광의의 노인복지란 전체 노인의 생활상의 안정, 의료, 직업의 보장, 주택, 여가의 보장, 그 외의 사회정책 전체를 의미한다. 북유럽, 특히 스웨덴의 경우 이러한 개념을 노인복지로 인식하고 있다. 협의의 노인복지란 노령, 퇴직, 실업, 빈곤, 병약, 배우자와 가족의 사별, 애정의 상실 등과 같은 여러 가지 요인에서 발생되는 생활곤란, 고독과 욕구불만, 삶의 보람 상실 등을 겪고 있는 노인들을 대상으로 개별적인 공적부조나 생활지도, 심신의 보호와 수발, 자립원조 등과 같은 구체적인 보호, 육성, 갱생을 위한 사업을 전개하고, 개개인의 노인이 인간으로서 생활하는 기쁨을 가지며 장수를 누릴 수 있도록 원조하기 위하여 사회적으로 조직된 서비스라고 할 수 있다(김계삼, 1982).

이상의 정의에 의거하여 노인복지의 개념을 정리해 보면, 노인복지란 노인이 신체적 · 정신적 · 사회적으로 인간다운 생활을 영위할 수 있도록 필요한 자원과 서비스를 제공하는 공 · 사의 조직적 지원체계라고 정의할 수 있다.

3. 노인복지의 원칙

고령화와 관련된 정책의 형성과 집행은 각 국가의 주권적인 권리와 책임이며, 그 국가의 특수한 수요와 목적에 근거를 두고 수행되어야 한다. 그러나 노인들의 활동, 안전과 복지의 증진은 선진국과 개발도상국 모두가 새로운 국제경제 질서의 구조 안에서 통합되고 조화된 발전을 위한 노력의 중요한 부분이 되어야 한다. 여기서는 노인을 위한 유엔원칙, 국제행동계획실천을 위한 원칙, 노인복지시설 서비스 제공의 기본원칙을 살펴보고자 한다.

1) 노인을 위한 유엔원칙

노인을 위한 유엔원칙(United Nations Principles for Older Persons)은 1991년 12월 16일 유엔총회(결의, 1991.4.6)에서 채택되었다. 정부는 가능한 경우 언제든지 그들의 사업에 이 원칙들을 반영하여야 하며, 이를 살펴보면 다음과 같다(보건복지부, 2000).

(1) 독립의 원칙

① 소득, 가족과 지역사회의 지원 및 자조를 통하여 적절한 식량, 물, 주거, 의복 및 건강보호에 접근할 수 있어야한다.

② 일을 할 수 있는 기회를 제공받거나, 다른 소득을 얻을 수 있는 기회에 접근 할 수 있어야한다.

③ 직장에서 언제 어떻게 그만둘 것인지에 대한 결정에 참여할 수 있어야 한다.

④ 적절한 교육과 훈련프로그램에 접근 할 수 있어야 한다.

⑤ 개인의 선호와 변화하는 능력에 맞추어 안전하고 적응할 수 있는 환경에서 살 수 있어야 한다.

⑥ 가능한 오랫동안 가정에서 살 수 있어야 한다.

(2) 참여의 원칙

① 사회에 통합되어야 하며, 그들의 복지에 직접 영향을 미치는 정책의 형성과 이행에 적극적으로 참여하고, 그들의 지식과 기술을 젊은 세대와 함께 공유 하여야 한다.

② 지역사회 봉사를 위한 기회를 찾고 개발하여야 하며, 그들의 흥미와 능력에 알맞은 자원봉사자로서 봉사할 수 있어야 한다.

③ 노인들을 위한 사회운동과 단체를 형성할 수 있어야 한다.

(3) 보호의 원칙

① 각 사회의 문화적 가치체계에 따라 가족과 지역사회의 보살핌과 보호를 받아야 한다.

② 신체적 · 정신적 · 정서적 안녕의 최적 수준을 유지하거나 되찾도록 도와주고, 질병을 예방하거나 그 시작을 지연시키는 건강보호에 접근할 수 있어야 한다.

③ 그들의 자율과 보호를 고양시키는 사회적 · 법률적 서비스에 접근할 수 있어야 한다.

④ 인간적이고 안전한 환경에서 보호, 재활, 사회적 · 정신적 격려를 제공하는 적정수준의 시설보호를 이용할 수 있어야한다.

⑤ 그들이 보호시설이나 치료시설에서 거주할 때도 그들의 존엄, 신념, 욕구와 사생활을 존중받으며, 자신들의 건강보호와 삶의 질을 결정하는 권리도 존중받는 것을 포함하는 인간의 권리와 기본적인 자유를 향유할 수 있어야 한다.

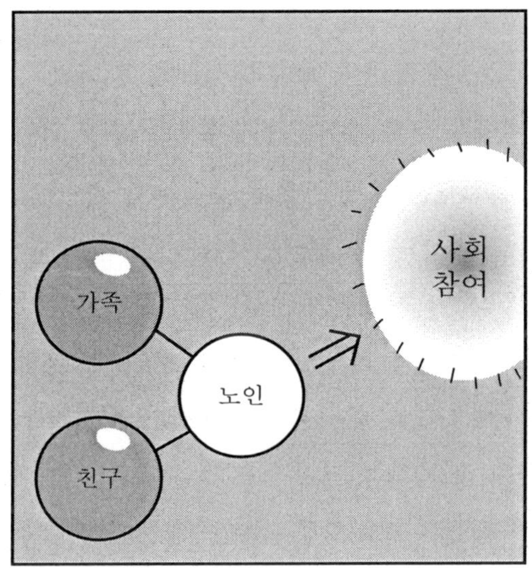

(4) 자아실현의 원칙

① 자신들의 잠재력을 완전히 개발하기 위한 기회를 추구하여야 한다.

② 사회의 교육적 · 문화적 · 정신적 자원과 여가에 관한 자원에 접근할 수 있어야 한다.

(5) 존엄의 원칙

① 존엄과 안전 속에서 살 수 있어야 하며, 착취와 육체적 · 정신적 학대에서 자유로워야 한다.

② 나이, 성별, 인종이나 민족적인 배경, 장애나 여타 지위에 상관없이 공정하게 대우받아야 하며, 그들의 경제적인 기여와 관계없이 평가되어야 한다.

2) 노인복지 향상을 위한 국제행동계획실천을 위한 원칙

노인들의 활동, 안전과 복지의 증진은 선진국과 개발도상국 모두가 새로운 국제경제 질서의 구조 안에서 통합되고 조화된 발전을 위한 노력의 중요한 부분이 되어야 한다. 고령화 관련 국제행동계획은 다음과 같은 원칙에 근거를 두고 있다. (보건복지부, 2000)

① 발전의 목표는 발전과정과 발전에 따른 이익의 형평성 있는 분배에 있어서 전체 국민이 참여하여 국민의 복지가 증진되어야 한다. 발전과정은 인간의 존엄성을 높이고 사회 자원, 권리와 의무를 나눔에 있어서 연령계층 간 형평성을 확보하여야 한다. 개인들은 나이, 성별 혹은 신념과 관계없이 자신들의 능력에 따라 기여를 하고 자신들의 필요에 따라 대우를 받아야 한다. 이러한 관점에서

경제성장, 생산적인 고용, 사회정의 및 인간 연대성은 발전에 있어서 근본적이고 없어서는 안 될 요소들이며, 문화적인 정체성의 유지와 인식도 역시 불가결한 요소다.

② 노인들의 여러 가지 문제점은 평화, 안전, 무기경쟁의 중지 그리고 군사적인 목적으로 사용되었던 자원을 경제 · 사회적인 발전을 위하여 재배분하는 조건하에서만 진정한 해법을 발견할 수 있을 것이다.

③ 노인들의 발전적이고 인도주의 차원에서의 문제점들은 독재와 억압, 식민주의, 인종주의, 인종 · 성 · 종교에 근거한 차별, 백인 우월주의, 종족 말살, 외국 침략과 점령, 그리고 다른 형태의 외국 지배가 널리 퍼져 있지 아니하고 인권이 존중받는 곳에서 해결책을 발견할 수 있을 것이다.

④ 각 국가는 전통, 사회구조 및 문화적 가치의 맥락 아래, 인구학적인 추세와 그 변화에 대응하여야 한다. 모든 연령계층의 사람들은 조화로운 발전을 추구함에 있어서 전통적인 요소와 혁신적인 요소 사이의 균형을 유지하여야한다.

⑤ 노인들의 정신적 · 문화적 · 사회적 · 경제적 기여는 사회에 귀중한 것이며, 더욱더 인식되고 증진되어야 한다. 노인에 대한 지출은 지속적인 투자로 간주되어야 한다.

⑥ 다양한 구조와 형태를 가지고 있는 가족은 세대를 이어가는 사회의 기본적인 단위며, 각 국가의 전통과 관습에 따라 유지, 강화, 보호되어야 한다.

⑦ 정부, 특히 지방정부, 민간단체, 개인 자원봉사자, 그리고 노인협회를 비롯한 자발적 단체들은 가정과 지역사회에서 노인들을 위한 지원과 보호에 특히 중요한 기여를 할 수 있다. 정부는 이러한 종류의 자발적인 활동을 유지하고 장려하여야 한다.

⑧ 사회적 · 경제적 발전에 있어서의 중요한 목표는 연령에 따른 차별과 비자발적인 인종차별을 없애고, 세대 간 연대감과 상호 지원이 장려되는 세대간 통합이 이루어진 사회를 만드는 것이다.

⑨ 고령화는 전 생애에 걸친 과정이며, 그렇게 인식되어야 한다. 전 인류의 노후에 대한 준비는 사회정책의 통합적인 분야가 되어야 하며, 육체적 · 심리적 · 문화적 · 종교적 · 정신적 · 경제적 요소들과 건강 및 기타 요소들을 포괄하여야 한다.

⑩ 행동계획은 물질적인 측면뿐 아니라 정신적인 측면에서도 정당하고 성공적인 노후를 달성하기 위하여 세계적인 사회 · 경제 · 문화 그리고 정신적인 추세의 좀 더 광범위한 배경 하에서 고려되어야 한다.

⑪ 고령화는 경험과 지혜의 상징인 동시에 열망에 따라서는 인간들에게 그들의 신념과 개인적인 성취에 더 접근 할 수 있게 해 준다.

⑫ 노인들은 정책에 특히 영향력 있는 이들을 포함하여 정책의 형성과 실행과정에서 적극적인 참

여자여야 한다.

⑬ 정부와 민간단체 및 모든 관계자는 노인 중 가장 취약한 계층, 특히 여성과 농촌 출신이 많은 가난한 노인들에 대하여 특별히 책임을 져야 한다.

⑭ 고령화에 대한 모든 측면에서의 계속적인 연구가 필요하다.

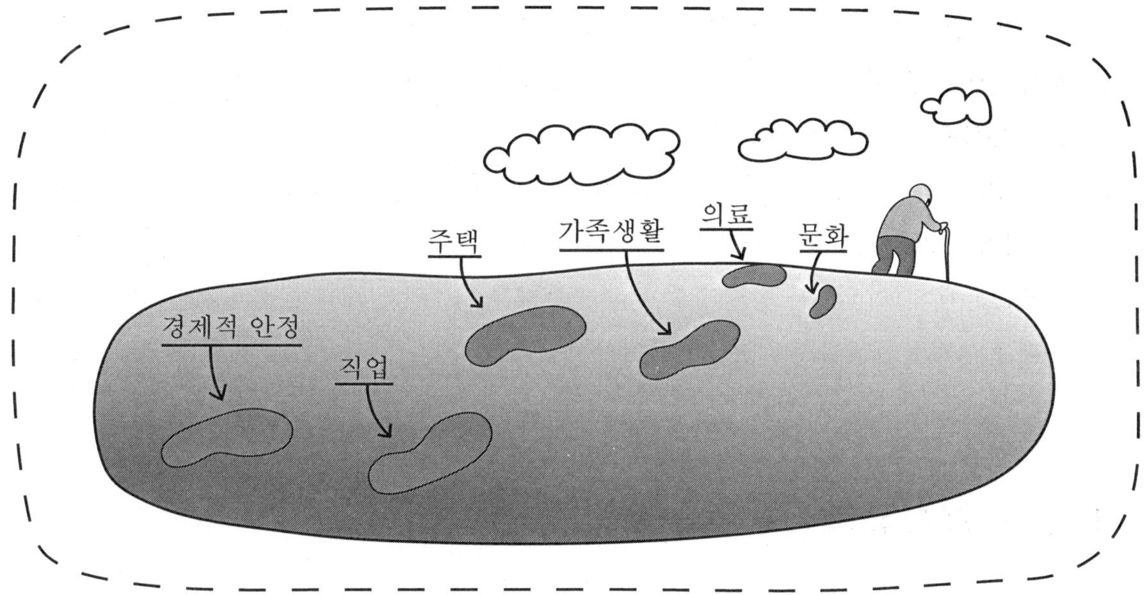

3) 노인복지시설 서비스 제공의 기본원칙

노인복지시설 서비스 제공의 기본원칙은 노인복지시설의 운영과 관련하여 노인들이 보다 인간다운 생활을 할 수 있도록 하는 원칙이다. 이를 살펴보면 다음과 같다(보건복지가족부, 2009).

① (인권보호) 성, 연령, 종교, 건강상태 및 장애, 경제상태, 종교 및 정치적 신념, 개인적 선호도 등을 이유로 서비스 과정에서 수급자를 차별 또는 학대해서는 안되며, 존엄한 존재로 대하여야 한다.

② (자기결정) 입소 및 퇴소, 일상생활, 사회참여, 종교생활, 서비스 이용 등 장기요양서비스 이용에 수급자의 자기결정권과 선택권을 최대한 존중한다.

③ (자립생활) 수급자의 잔존기능, 장점 및 자원을 평가하여 가능한 수급자 스스로 자신의 삶을 영위할 수 있도록 지원하여야 한다.

④ (재가요양 우선) 가능한 한 수급자 자신이 살던 가정과 지역사회에서 오랫동안 생활할 수 있

도록 한다.

⑤ (사례관리) 수급자의 욕구, 문제, 장점과 자원에 대한 정확한 사정을 바탕으로, 개인별로 차별화된 서비스 계획을 수립하여 수급자의 욕구에 적합한 서비스를 충분히 제공하여야 한다.

⑥ (비밀보장) 수급자의 사생활을 존중하고 업무상 알게 된 개인정보는 철저히 비밀을 보장한다.

⑦ (기록 및 공개) 수급자의 생활과 장기요양서비스에 관한 모든 내용을 상세히 관찰하여 정확히 기록하고, 수급자나 가족이 요구할 경우 기록을 공개하여야 한다.

⑧ (사회통합) 수급자와 가족, 친구 등과의 교류를 강화하고 사회참여를 적극적으로 지원하여 수급자의 사회통합을 촉진하여야 한다.

⑨ (전문서비스와 효율성) 충분한 전문인력과 시설을 확보하여 수급자에게 장기요양서비스를 제공하되, 서비스의 효율성을 제고하기 위해 노력해야 한다.

⑩ (부당청구 금지) 수급자의 욕구와 문제, 기능상태를 고려하여 적정 수준의 서비스를 제공하여야 하며, 과다 서비스 제공과 부당청구를 하여서는 아니 된다.

4. 노인복지정책

노인복지를 위한 정책적 접근방법은 각종 노인문제의 원인이 개인보다는 사회구조적 모순에 있다는 인식 하에 국가나 사회가 주체가 되어 대응책을 강구하는 것을 말한다. 여기서는 우리나라 노인복지증진을 위하여 정부에서 시행하고 있는 노인복지정책을 살펴보고자 한다.

1) 소득보장

노인들의 빈곤문제는 개인적 나태, 무지함이나 도덕적 결함에 의해서 오는 것보다 생물학적 노화와 사회적인 역할상실로부터 오는 경우가 대부분이다. 따라서 노인들의 빈곤문제를 해결하기 위해서는 국가적 · 사회적 차원의 대책이 필요한 것이다. 소득보장은 노인의 빈곤문제를 예방하고 해결하려는 사회복지대책으로 연금제도, 국민기초생활보장제도, 경로연금제도 등이 있다.

(1) 연금제도

우리나라의 연금제도는 1960년에 제정된 공무원연금법을 시작으로 군인연금, 사립학교교직원연금이 도입되었고, 1988년에 국민연금제도가 본격적으로 시행되었다. 국민연금 가입자의 유형은 사업장가입자, 지역가입자, 임의가입자, 임의계속가입자, 외국인가입자로 분류된다. 가입자에게 지급되는 급여는 퇴직과 관련된 노령연금, 가입기간동안 질병이나 기타부상과 관련하여 지급되는 장애연금, 가입자 사망시 유족에게 지급되는 유족연금, 노령연금수급조건을 갖추지 못했을 때 지급되는 반환일시금과 가입자가 사망하였으나 유족연금 또는 반환일시금을 지급받을 유족이 없을 경우 지급되는 사망일시금이 있다. 또한 국민연금제도 시행 이후 국민연금 수급연령은 만60세지만 2013년부터 5년마다 1세씩 상향 조정되어 2033년 이후부터는 65세로 연장될 전망이다(모선희 외, 2006)

(2) 국민기초생활보장제도

국민기초생활보장제도는 공공부조에 의하여 행해지는 노후소득보장의 중요한 방법이다. 국민기초생활보장제도는 수급자를 기본적으로 최저생계비 이하의 저소득 국민으로 하되, 부양의무자가 없거나 부양의무자가 있어도 부양능력이 없거나 부양을 받을 수 없는 가구 중 소득과 재산이 정부에서 제시하는 기준 이하인 자를 대상으로 한다.

급여종류로는 생계급여, 주거급여, 의료급여, 교육급여, 해산급여, 장제급여, 자활급여 외에도 추가로 신설된 주거급여가 있으며, 모든 수급자에게 생계급여를 기본으로 필요에 따라 여타의 급여를 제공하도록 되어 있다.

(3) 경로연금제도

1991년부터 65세 이상의 생활보호대상 노인에게 지급하여 오던 노령수당이 1997년 경로연금으로 바뀌었다. 1998년 7월부터 65세 이상의 생활보호대상자 및 일반저소득 노인을 대상으로 확대 지급되었고, 2000년 10월부터는 65세 이상의 국민기초생활보장대상자 및 일반저소득 노인에게 지급하고 있다.

경로연금제도는 국민연금의 적용을 받지 못하는 현 노인세대를 위한 공적소득보장제도라는 점에서 의의가 있다.

2) 의료보장

의료보장제도는 육체적 · 정신적으로 허약한 노인의 증가, 질병으로 인한 가족수발자의 어려움, 의료비용 부담, 인구 고령화 현상 등과 관련하여 중요시되는 영역이다. 실제로 노인들은 다른 연령층과 비교하여 유병률이 2~3배 정도 높으며 만성질환으로 인한 장기입원으로 많은 의료비를 지출해야 한다. 따라서 노인들의 의료적인 보장을 지원해 주기 위하여 건강보험, 의료급여, 노인건강진단, 노인안검진 및 개안수술, 치매상담센터 등의 제도가 운영되고 있다.

또한 2008년부터 시행된 노인장기요양보험제도는 인구고령화에 따른 치매, 중풍 등 노인성 질병에 사회보험의 방식으로 대처하고 있으며, 이는 독일과 일본에 이어 세계에서 세 번째로 실시되고 있는 단일한 법으로 마련된 요양보험제도이다.

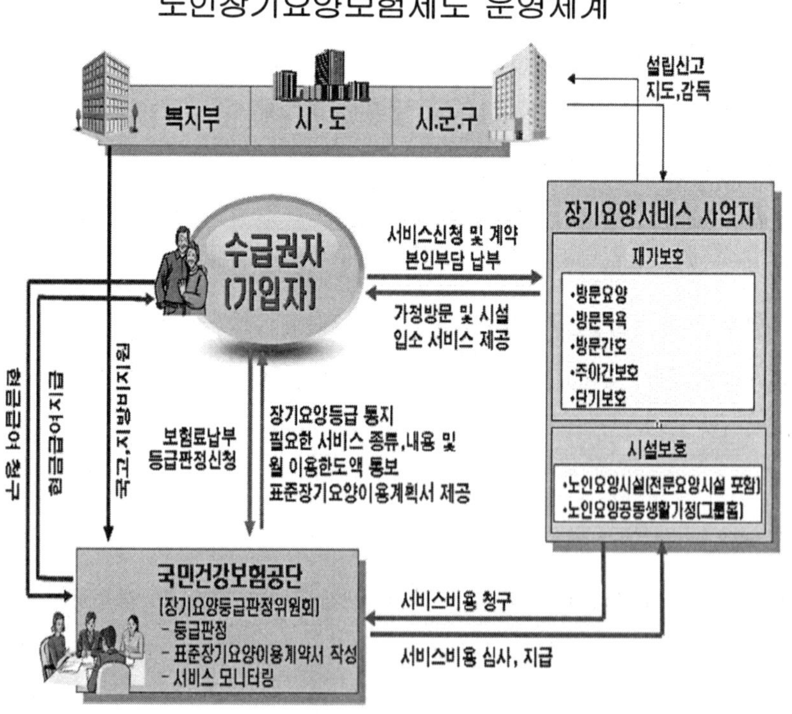

출처 : 2013 노인보건복지사업안내(2013). 보건복지부.

3) 주택보장

주택보장이란 개인 자신이 독립성을 유지하면서 안전하고 안락한 일상생활을 유지할 수 있는 공간을 확보하고 유지할 수 있도록 주택의 건설과 공급, 그리고 이에 관련되는 서비스를 통하여 지원하여 주는 제반 사회적인 노력을 의미한다.

노인에게 있어서 주택은 상당히 중요한 의미를 가지고 있는데, 노인주거보장의 필요성을 살펴보면 다음과 같다(현외성 외, 2005).

첫째, 노인은 경제적으로 수입에 한계가 있기 때문에 주택수당제의 도입이나 무료 또는 저렴한 비용으로 주거공간을 마련해 주어야 한다.

둘째, 직장에서 퇴직한 노인의 주요 활동공간은 자연스럽게 주택이 된다. 지역사회에 있는 주택에서 사회적 관계를 지속적으로 유지할 수 있도록 생활의 장으로서 노인주거보장이 필요하다.

셋째, 노인들이 심신의 질병으로 장애를 동반하게 됨에 따라 계속하여 지역사회에서 거주할 수 있도록 주거보장이 이루어져야 한다.

이러한 노인주거보장의 필요성을 인식하고 정부에서는 2004년 노인계층 등 사회적 약자에 대한 주거지원 정책을 발표하였는데 구체적인 내용은 다음과 같다.

첫째, 노인가구와 독거노인가구의 증가추세와 관련하여 복지 · 의료시설과 노인주거시설을 연계한 노인주택을 건설하여 공급한다.

둘째, 주택관리인, 건강보호인이 상주하는 노인공동생활주택을 공급한다.

셋째, 노인의 신체적, 정신적 특성을 배려한 배리어프리(barrier free) 설계를 기준으로 노인전용 공공주택을 공급한다.

넷째, 계단, 욕실 등의 시설을 노인에게 적합하도록 개조를 유도하는 금융, 기술지원 및 관련건축기준을 정비한다.

다섯째, 노인주택의 공급에서 민간시장의 참여를 촉진시키기 위해서 금융과 각종 세제혜택을 제공한다.

여섯째, 노인 가운데 약 2/3가 개인 집을 소유하고 있음을 고려하여 소유한 주택을 금융기관에 담보로 제공하고 연금형태의 생활비를 지원받는 역모기지(reverse mortgage)제도의 도입을 검토한다.

즉, 정부의 주택종합계획안은 노인의 신체적 특성을 배려한 배리어프리설계, 국민주택기금을 통한 노후주택개보수 재정지원, 역모기지제도, 노인공동생활주택건설, 노인공공주택의 민간시장참여, 주거급여를 주요 내용으로 하고 있다.

참고문헌

고수현 외, 2006. 새로운 노인복지론. 양서원

김계삼, 1982. 한국의 노인복지제도에 관한 연구, 부산대학교 대학원 박사학위논문.

모선희 외, 2006. 현대노인복지론. 학지사

박차상 외, 2006. 한국노인복지론. 학지사

보건복지가족부, 2008. 2008년도 노인실태조사, 보건복지가족부

보건복지부, 2013. 노인보건복지사업안내, 보건복지부

보건복지부, 2000. 고령화 관련 국제행동계획과 노인을 위한 유엔원칙

현외성 외, 2005. 한국노인복지강론. 유풍출판사

만화로
다시 정리하기

노인복지란 노인의 경제적 안정, 직업, 주택, 가족생활, 의료, 문화 등 사회적 생활상의 기본적 욕구충족을 사회적으로 보장하는 일반적 대책으로서 노인을 위한 사회적 지원체계이다.

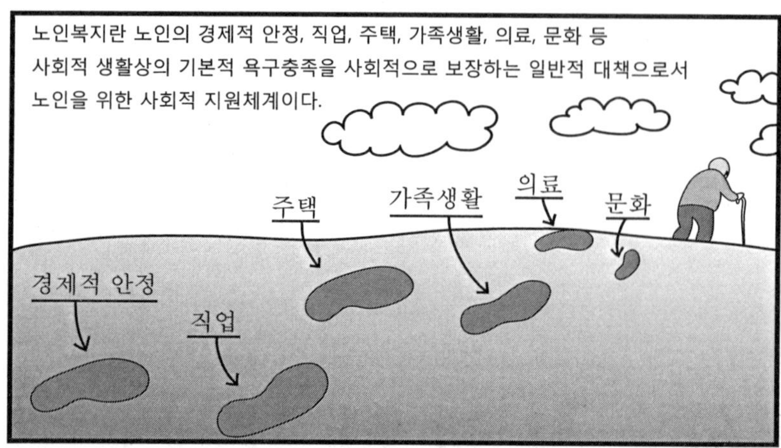

우리나라의 경로헌장에서는 노인이 나라의 어른으로서 받아야 할 실천사항을 구체적으로 명시하고 있다.

첫째, 노인은 가정에서 전통의 미덕을 살려 자손의 극진한 봉양을 받아야 하며 지역사회와 국가는 이를 적극 도와야 한다.

둘째, 노인은 의식주에 있어서 충족되고 안락한 생활을 즐길 수 있어야 한다.

셋째, 노인은 심신의 안전과 건강을 누릴 수 있어야 한다.

넷째, 노인은 자신의 능력에 따라 사회활동에 참여할 수 있어야 한다.

다섯째, 노인은 취미 오락을 비롯한 문화생활과 노후생활에 필요한 지식을 얻는 기회를 가져야 한다.

노인의 주요문제

노인은 "노화로 인하여 신체적•정신적•사회적 기능이 감퇴하여 정상적인 사회생활을 수행하는데 어려움이 있는 사람"으로 정의된다.

현대사회에서 노인은 신체적•심리적•경제적•사회적으로 다양한 문제를 경험하게 되며,

일반적으로 경제적 문제, 건강문제, 역할상실문제, 노인학대문제 등이 있다.

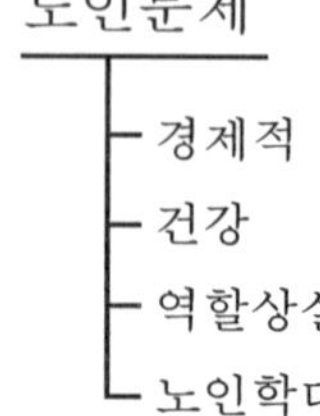

첫째, 노인이 경험하는
대표적인 문제는
경제적 문제입니다.
경제

노인들에게 은퇴와 그에 따른 소득감소와
빈곤문제는 심각한 문제 중의 하나이다."
버스 탈
돈도 없어~
붕~

특히 독거노인들의 경제적인 문제는 가장
심각하여 가구소득수준은 최저생활을
영위하기에도 부족한 실정이다.
외로운것
보다 무서운건
엄동설한
추위

둘째는 건강문제입니다.
건강

노령화로 인한 질병은 대부분 만성적인
것으로서 장기치료와 보호를 필요로 하게
된다.
언제부터
아프셨어요?
그게...
하도 오래된
일인지라~

노년기의 건강상태의 약화는 심리적 위축,
사회적 기능의 축소를 동반하게 됨으로써
봄이 오면
뭐하나~

궁극적으로는 삶의 질을 저하시키는
주요한 요인이다.
사는게
사는것
같지가
않군...

셋째는 역할상실문제입니다.
역할상실

핵가족화와 경로효친사상의 약화는 노인
으로 하여금 가족 내에서마저 역할상실과
역할기대의 감소를 경험하게 한다.
핵가족화
경로효친사상 ↓

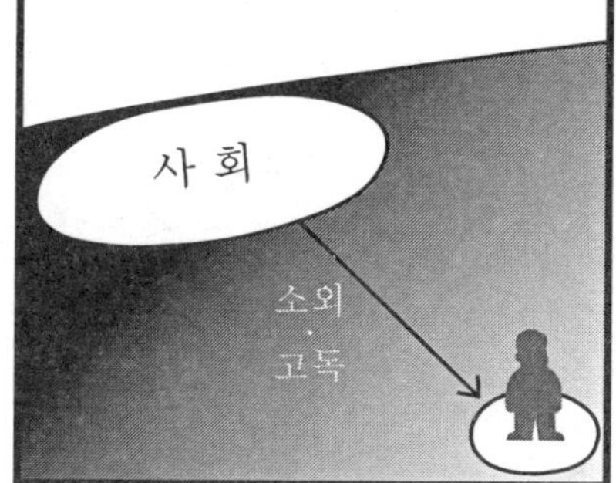
사회적 역할의 상실은 자아정체성의 혼돈,
자아상실감, 무력감을 야기하고 나아가
노년기의 소외와 고독으로 이어진다.
사 회
소외
·
고독

넷째는 노인학대
문제입니다.
노인학대

노인학대란 노인의 부양이나 수발을 담당
하고 있는 자가 노인에게 신체적•정서적•
성적•재정적 손상을 가하거나 부양의무를
소홀히 하는 것입니다.

노인학대를 예방하기 위해서는 노인학대 대응 서비스 체계 구축, 전문적인 상담 및 서비스 제공, 피학대 노인에 대한 의료적, 법률적 서비스 지원 등이 필요합니다.

노인학대 예방
- 대응 서비스 체계 구축
- 전문상담/서비스 제공
- 의료 서비스 지원
- 법률서비스 지원

노인복지의 원칙

노인복지란 노인이 신체적•정신적•사회적으로 인간다운 생활을 영위할 수 있도록 지원하는 노력이나 활동이다.

첫째는 인권보호의 원칙입니다.

이는 어르신을 차별 또는 학대해서는 안되며, 존엄한 존재로 존중하는 것을 의미합니다.

둘째는 자기결정의 원칙입니다.

시설의 입소 및 퇴소, 일상생활, 서비스 이용 등에 노인의 자기결정권과 선택권을 최대한 존중해야 합니다.

이는 가능한 자신이 살던 가정과 지역사회에서 계속 생활할 수 있도록 하는 원칙입니다.

다섯째는
사례관리의 원칙입니다.
사례관리

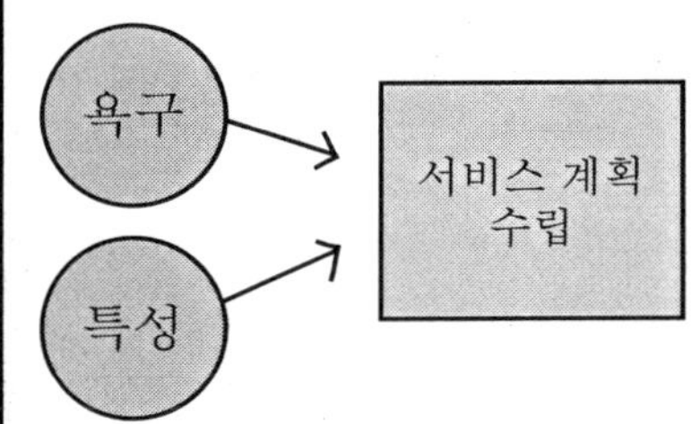
노인의 욕구나 특성을 바탕으로 차별화된 서비스 계획을 수립하여 그들의 욕구에 적합한 서비스를 충분히 제공하여야 한다는 원칙입니다.
욕구
특성
서비스 계획 수립

여섯째는 비밀보장의 원칙입니다.
안심하세요,
상담내용의 비밀을
철저히 지켜드립니다.

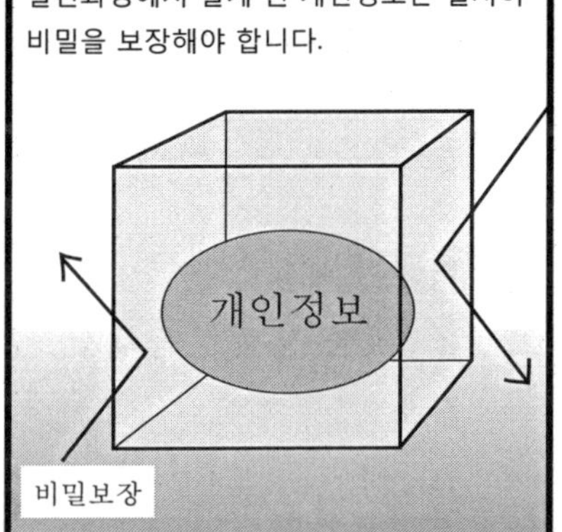
실천과정에서 알게 된 개인정보는 철저히 비밀을 보장해야 합니다.
개인정보
비밀보장

일곱째는
기록 및 공개의 원칙입니다.
기록

노인복지서비스에 관한 내용을 상세히 기록하고, 본인이나 가족이 요구할 경우 기록을 공개해야 한다는 원칙입니다.
본인 또는
가족이시죠?
자료

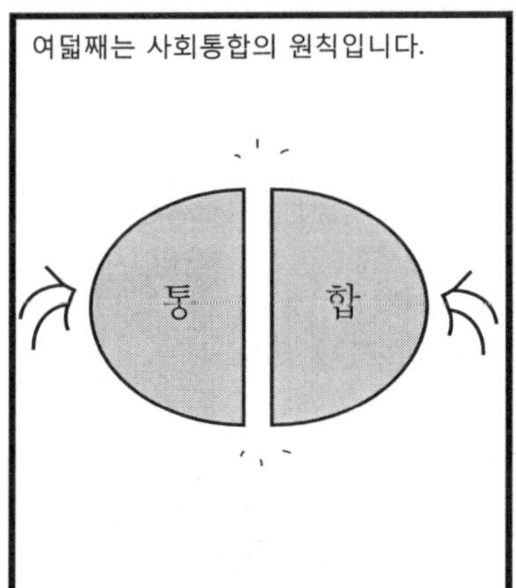
여덟째는 사회통합의 원칙입니다.
통
합

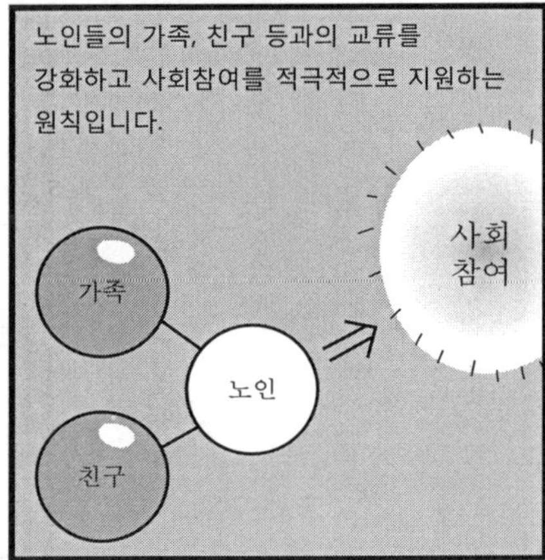
노인들의 가족, 친구 등과의 교류를 강화하고 사회참여를 적극적으로 지원하는 원칙입니다.
가족
친구
노인
사회
참여

아홉째는 전문서비스와
효율성의 원칙입니다.
전문 서비스
효율성

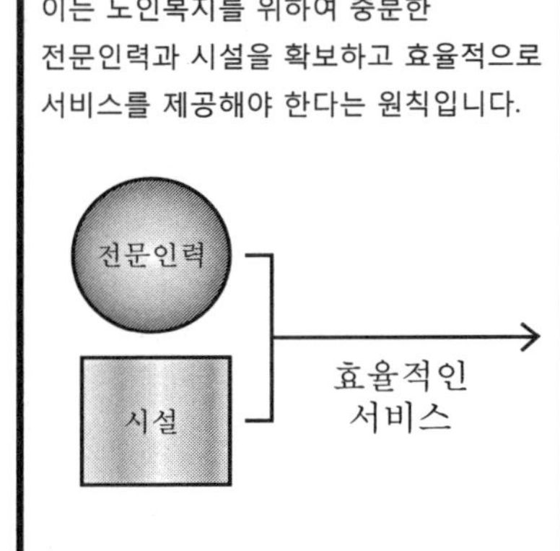
이는 노인복지를 위하여 충분한 전문인력과 시설을 확보하고 효율적으로 서비스를 제공해야 한다는 원칙입니다.
전문인력
시설
효율적인
서비스

열 번째는 부당청구 금지의
원칙입니다.
더 줘!

노인복지서비스 제공과정에서 과다 서비스 제공과 부당청구를 해서는 안 된다는 원칙입니다.
과다서비스(X)
부당청구(X)

이러한 원칙은 노인복지실천과정을 통해 노인들이 보다 인간다운 생활을 할 수 있도록 하는 원칙이다.

노인복지정책

노인복지란 노인의 기본적 욕구충족을 사회적으로 보장하는 대책으로서,

대표적인 정책에는 소득보장, 의료보장, 주택보장정책이 있다.

노인 복지 정책
- 소득 보장
- 의료 보장
- 주택 보장

소득보장은 노인의 빈곤문제를 예방하고 해결하려는 사회복지대책으로 연금제도, 국민기초생활보장제도, 경로연금제도 등이 있다.

- 연금제도
- 국민기초생활보장제도
- 경로 연금제도

2013년부터 5년마다 1세씩 상향 조정되어 2033년 이후부터는 65세로 연장될 전망입니다.

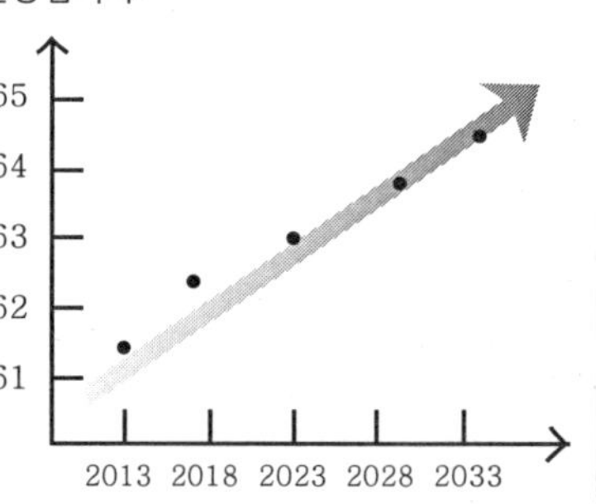

경로연금제도는 국민연금의 적용을 받지 못하는 현 노인세대를 위한 공적소득보장제도라는 점에서 의의가 있습니다.

경로연금제도

=

공적소득보장제도

노인들은 다른 연령층과 비교하여 유병률이 2~3배 정도 높으며 만성질환으로 인한 장기입원으로 많은 의료비를 지출해야 한다.

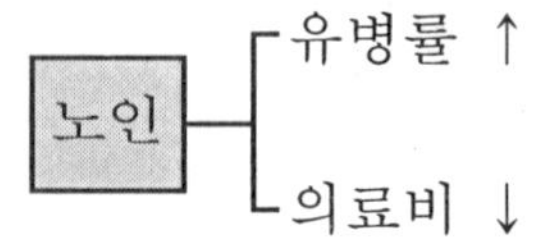

Chapter 10

장애인 복지

1. 장애의 개념 및 유형
2. 장애인복지의 필요성
3. 장애인복지의 개념 및 기본이념
4. 장애인의 재활
5. 장애인복지정책

Focus

장애인복지에 있어서의 기본적인 목표는 장애인들이 우리 사회의 한 구성원으로서 비장애인과 함께 더불어 살아가고 또한 보편적인 삶을 유지할 수 있도록 지원하는 것이며, 이를 통하여 그들의 완전한 사회참여와 평등이 실현될 수 있는 것이다. 따라서 장애인과 비장애인이 더불어 살아가는 사회를 만들기 위해서는 정책적, 제도적인 개선과 함께 모든 사회구성원들의 인식의 변화가 필요하며, 우리 모두의 사회라는 강한 공동체의식을 가질 때 장애인들이 사회구성원으로서 그들의 가치 있는 역할을 수행하는 이른바 통합된 복지사회가 이루어 질 수 있을 것이다.

1. 장애의 개념 및 유형

1) 장애의 개념

한 나라에서 법적으로 규정하고 있는 장애개념은 그 나라에서 누구를 장애인으로 간주하고 있으며 장애인을 어떻게 바라보고 있는가를 알 수 있을 뿐만 아니라 이들이 사회에서 어떻게 생활하며 장애인복지와 관련하여 어떠한 서비스를 어느 정도로 받는가를 결정짓는 기본적인 시각이다. 그러므로 장애인의 개념은 그 나라의 사회적, 경제적, 정치적 수준 또는 그 시대에 따라서 달라질 수 있으므로 하나로 정의하기는 쉽지 않다.

1975년 UN의 '장애인권리선언'에서는 장애인을 '선천적이든 후천적이든 신체적 또는 정신적 능력의 결함으로 인하여 일상의 개인 또는 사회생활에 필요한 것을 확보하는데 스스로는 완전히 혹은 부분적으로 행할 수 없는 사람'으로 정의하고 있다.

세계보건기구(WHO)에서는 1980년 국제장애분류(ICIDH/International classification of Impairments, Disabilities and Handicaps)를 통하여 장애의 계층적 분화를 정의하고 있는데, 장애인에 대한 일반적 개념을 손상(impairments), 기능장애(disabilities), 사회적 장애(handicaps)라는 개념을 포괄하는 동시에 장애의 형태와 범위를 정하고 있다.

① 손상(impairment)은 신체구조학적 및 해부학적관점에서 신체조직의 기능의 일부 또는 전부를 상실한 상태를 말하는 것으로 미국의학협회의 정의에 의하면 손상은 전문가적 결정으로 이는 증후나 증상, 검사실 소견 또는 심리적 검사에 입각해서 평가된 해부학적 또는 기능적 이상이나 의미있는 행동상의 변화를 말한다. 즉, 지체장애, 시각장애, 청각장애, 언어장애 등 인간의 신체조직과 신경계통의 일부가 결핍되어 있거나 비정상적으로 기능하는 상태를 의미한다.

② 능력장애(disability)는 인간에게 정상적으로 간주되는 일상생활과 경제활동을 수행하는 능력이 하락 또는 결여된 상태를 말한다. 일반적으로 이러한 능력장애는 운동신경 및 정신적 인지능력의 장애로 이해서 지능의 발달이 지체되거나 정신적으로 이상이 발생하여 생활능력이 현저하게 저하된 상태에 놓이게 된다. 즉 능력장애는 정신적 · 신체적 손상의 결과만이 아닌 그 상태에 대한 그 개인의 적응의 결과를 의미하며, 이러한 장애개념을 장애범주로 보고 있는 대표적인 국가는 독일이다.

③ 사회적 장애(handicap)는 손상이나 능력저하로 인하여 일상생활이나 사회생활을 하는데 제한을 받거나 지장을 초래하는 상태를 의미하는 것으로 장애인과 그를 둘러싼 주변환경과의 관계에

서 발생되는 문제이다. 이것은 장애로 인하여 '정상적'으로 간주되는 사회적 규범과 역할에 적응하지 못하거나 수행할 수 없는 사람에게 사회적 불이익과 차별을 주는 것을 의미하며 이러한 사회적 불이익과 차별을 야기하는 상황을 의미한다. 그 결과 장애인은 교육적, 성적, 사회적, 경제적 및 문화적 차별을 수용하게 되고 그들의 능력과 개성을 발전하는 데 제약을 받는다.

한편 우리나라의 "장애인복지법"에서는 "장애인이란 신체적 정신적 장애로 인하여 장기간에 걸쳐 일상생활 또는 사회생활에 상당한 제약을 받는 자를 말한다"고 정의하고 있다.

2) 장애의 유형

장애인의 유형은 크게 신체적 장애와 정신적 장애로 구분된다. 우리나라에서는 1999년까지는 장애인복지법에 지체장애, 시각장애, 청각장애, 언어장애, 정신지체만을 장애종류에 포함시켰으나 1999년에 장애인복지법을 개정하여 2000년부터는 그 외에 내부장애와 정신장애 등을 장애인의 범주에 포함되었다. 또한 지체장애의 범주에 있었던 뇌성마비 및 뇌졸중 등이 뇌병변장애로 분류되어 독자적인 장애유형으로 자리를 잡았으며, 정신적 장애의 범주에는 정신지체, 정신장애, 발달장애가 포함되어 있다. 이후 2003년 7월에는 장애인의 범주가 호흡기, 간, 안면, 장루(요루), 간질 장애 등에까지 확대되었으며, 2007년 개정된 장애인복지법에 의거하여 정신지체를 지적장애로, 발달장애를 자폐성장애로 명칭변경하였다.

현재 우리나라의 장애의 종류를 대분류, 중분류, 소분류로 나누어 살펴보면 다음과 같다.

〈표10-1〉 장애의 종류

<table>
<tr><th>대분류</th><th>중분류</th><th>소분류</th><th>세분류</th></tr>
<tr><td rowspan="12">신체적장애</td><td rowspan="6">외부 신체기능의 장애</td><td>지체장애</td><td>절단장애, 관절장애, 지체기능장애, 변형 등의 장애</td></tr>
<tr><td>뇌병변장애</td><td>중추신경의 손상으로 인한 복합적인 장애</td></tr>
<tr><td>시각장애</td><td>시력장애, 시야결손장애</td></tr>
<tr><td>청각장애</td><td>청력장애, 평형기능장애</td></tr>
<tr><td>언어장애</td><td>언어장애, 음성장애, 구어장애</td></tr>
<tr><td>안면장애</td><td>안면부의 추상, 함몰, 비후 등 변형으로 인한 장애</td></tr>
<tr><td rowspan="6">내부기관의 장애</td><td>신장장애</td><td>투석치료중이거나 신장을 이식 받은 경우</td></tr>
<tr><td>심장장애</td><td>일상생활이 현저히 제한되는 심장기능 이상</td></tr>
<tr><td>간장애</td><td>일상생활이 현저히 제한되는 만성·중증의 간기능 이상</td></tr>
<tr><td>호흡기장애</td><td>일상생활이 현저히 제한되는 만성·중증의 호흡기기능 이상</td></tr>
<tr><td>장루·요루장애</td><td>일상생활이 현저히 제한되는 장루·요루</td></tr>
<tr><td>간질장애</td><td>일상생활이 현저히 제한되는 만성·중증의 간질</td></tr>
<tr><td rowspan="3">정신적장애</td><td colspan="2">지적장애</td><td>지능지수가 70 이하인 경우</td></tr>
<tr><td colspan="2">정신장애</td><td>정신분열병, 분열형정동장애 , 양극성정동장애, 반복성우울장애</td></tr>
<tr><td colspan="2">자폐성장애</td><td>소아자폐등 자폐성장애</td></tr>
</table>

한편 미국의 경우에는 생식기, 소화기, 비뇨기, 피부, 혈액 및 내분비계 등에 장애가 있거나 암 및 에이즈환자 등도 내부장애의 범주에 포함시키고 있으며, 스웨덴에서는 신체적 장애, 정신적 장애, 내부장애 뿐만 아니라 사회적인 장애도 장애의 범주에 포함시키고 있다.

이상과 같이 장애의 종류는 그 나라의 경제, 정치, 사회적인 상황에 따라서 다양하게 분류되고 있으며 특히 구미의 선진국은 세계보건기구(WHO)의 기준에 유사하게 그 범위를 넓혀가고 있다. 이러한 상황에서 우리나라도 복지국가로 나아가기 위해서는 앞으로 장애의 범주를 단계적으로 확대하는 것이 바람직하다.

2. 장애인복지의 필요성

장애인복지는 현대사회에서 현재 장애를 가지고 있는 장애인만을 위한 것이 아니라 사회의 모든 성원을 위한 것으로서 구체적으로는 다음과 같은 이유로 인해 그 당위성이 부여된다(신섭중, 2000).

1) 산업화에 따른 장애유발요인의 증대

산업화를 주도해 온 과학기술의 발전은 생활의 편리함과 인류의 행복을 크게 증진시켜 온 반면 그 부작용으로 산업재해 및 교통사고 등과 같은 장애발생요인을 증대시켰으며, 공해나 오염으로 인한 환경문제와 각종 질병으로 인한 장애인도 지속적으로 증가하고 있다. 우리 주변에는 항상 각종 사고의 위험이 있어 누구든지 장애인이 될 가능성을 지니고 있어 모든 사회구성원이 잠재적 장애인이라고 볼 수 있다. 따라서 장애인복지는 현재 장애를 가지고 있는 장애인이나 그 가족 및 관련인들은 물론 모든 사회구성원을 대상으로 하고 있다고 볼 수 있다.

2) 사회적 부담의 경감

장애인복지는 거동이 불가능한 중증장애인의 보호는 물론 심신에 일부 장애를 가진 사람의 재활과 사회적 통합에 그 주안점을 가지고 있다. 즉 이들이 지닌 장애의 정도를 최소화시키고 잔존 능력의 개발을 통해 사회구성원으로서의 일익을 담당하게 함으로써 이들을 의존적 비경제활동 인구집단에서 끌어내어 생산활동에 기여할 수 있게 도울 수 있다.

따라서 효율적 장애인복지는 소비적 측면보다는 장애인의 재활을 지원, 격리함으로써 사회적 부담을 경감시키는 생산적 측면을 지니고 있다.

3) 장애가 사회환경에 미치는 부정적 효과의 최소화

중증장애인의 경우 그 가정은 정신적 · 신체적 · 경제적 · 물리적 측면에서 상당한 고통과 제약을 받게 된다. 특히 가족 구성원의 수가 적은 현대사회에서 간병 및 보호를 전담할 인원이 부족하게 되고 이로 인한 과중한 부담은 심할 경우 가족의 해체를 가져올 수도 있다.

이와 같은 가족의 문제는 그 가족만의 문제로 끝나지 않고 그들과 관련되는 친지, 이웃, 직장, 지역사회에까지 부정적 영향을 미칠 수도 있다. 따라서 이러한 상황의 원인이 될 수 있는 장애인의 보호체계를 형성함으로써 문제의 확산을 미연에 방지할 수 있을 것이다. 중증장애인이 입소하여 보호받을 수 있는 장애인요양시설 및 일시위탁시설인 Day Care Center나 Short Stay 그리고 간병인 파견 및 레스파이트 케어(Respite Care)서비스 등은 장애인 복지에 중요한 원조체계를 형성한다. 이러한 원조체계에 의해 중증장애인 보호에 따른 부담을 분산시키고 최소화시킴으로써 장애인 자신의 복지는 물론 가족의 생활을 보호할 수 있다.

4) 인간의 존엄성과 국민의 권리보장

"인간은 모두 태어나면서부터 자유이며 존엄과 권리에 있어 평등하다."는 세계인권선언에서 표방하고 있는 바와 같이 인간은 장애가 있든 없든 간에 태어날 때부터 인간답게 생활하며 인간으로서 그 존엄성을 인정받고 살 권리를 지니고 있다. 이 천부적 권리는 어느 누구에 의해서도 무시되거나 거부되어서는 안 된다.

따라서 장애인복지는 장애인의 잠재력 및 문제해결능력을 향상시키고, 그들을 둘러싸고 있는 사회적 · 경제적 · 제도적 · 문화적 환경을 개선하여 장애인이 이 사회의 한 구성원으로서 가치 있는 역할을 수행하며 인간답게 살아갈 수 있도록 하는 역할을 한다. 따라서 장애인의 인간으로서의 존엄성과 권리를 보장하기 위하여 장애인복지는 핵심적인 필요성과 의의를 가지고 있다.

3. 장애인복지의 개념 및 기본이념

1) 장애인복지의 개념

장애인복지는 장애로 인한 문제 또는 장애와 관련된 문제를 예방하고 해결하여 장애인들이 비장애인과 같이 그 사회의 일원으로서 사회참여를 실현하고 인간다운 생활을 영위할 수 있도록 하기 위한 제반 사회적 노력을 의미하는 것이다.

흔히 장애인복지는 복지사회의 척도라고도 한다. 즉 장애인복지의 수준이 어느 정도인지를 알면 그 사회의 복지수준을 알 수 있다는 말이다. 이처럼 장애인복지는 한 사회의 복지수준을 반영하며, 장애인 문제는 장애인만의 문제가 아니라 전체 사회구성원의 문제이다(박옥희, 1999).

예컨대 한 장애인이 있다고 가정해 보았을 때 넓은 의미에서의 장애인복지의 대상은 그 장애인뿐만 아니라 그 장애인을 둘러싸고 직·간접적으로 그 장애인과 상호작용하고 있는 그 가족도 장애인복지의 대상이 될 수 있는 것이다. 이미 선진국에서는 오래 전부터 장애인복지를 광의적인 차원에서 접근하고 있으며 그 이념인 사회통합은 우리 사회전체가 추구해야 하는 가장 큰 목표인 것이다.

한편 세계보건기구는 장애인복지를 의료적, 사회적, 교육적, 직업적 서비스를 통합적으로 사용하여 개인을 훈련시키고 재훈련시켜 개인의 기능적 능력을 가능한 최고의 수준으로 높이는 것으로 정의하였고, 미국의 국립재활전문위원회는 장애인복지를 장애인의 신체적, 정신적, 사회적, 직업적, 경제적 가용능력을 최대한으로 회복시키는 것이라고 정의하고 있다.

2) 장애인복지의 기본이념

장애인복지의 기본이념은 인간으로서의 가치실현이다. 즉 그들이 속한 사회에서 차별을 받지 않고 인간의 존엄성과 가치를 누리며 사회구성원이 받는 권리와 기회를 평등하게 받는 것을 의미하는 것이다. 이는 UN의 1971년 정신지체인 권리선언, 1975년 장애인의 권리선언 등과 1979년에 채택된 세계장애인의 해의 행동계획 및 1981년 세계장애인의 해의 주제인 "완전참여와 평등"에도 나타나고 있는 이념들이다.

이와 같은 다양한 선언들에서 나타나는 장애인복지의 이념을 종합해 볼 때 가장 대표적인 것을 정상화, 사회통합, 자립이라고 할 수 있는데 이를 살펴보면 다음과 같다.

(1) 정상화(normalization)

정상화는 1981년 세계장애인의 해를 기점으로 확산된 장애인복지의 이념 중의 하나로서 1959년 덴마크의 지적장애인부모회에서 처음으로 사용하게 된 용어이다. 즉 정신지체인을 대상으로 '지적장애인을 가능한 한 최대로 정상적인 생활조건에 가깝게 생존하도록 하는 것'이라고 정의한 지적장애인법에서 출발하였으며, 장애인의 시설보호에 대하여 반대하며 장애인의 생활방식과 내용도 비장애인의 생활과 같은 정상적인 생활을 하도록 강조하는 개념이다. 이렇게 스칸디나비아반도에서 시작된 정상화의 이념은 북미에 유행하여 1970년대와 1980년대 초반을 거치면서 장애인재활, 교육, 그리고 복지측면 등에서 중요성이 더욱 강조되었다.

정상화는 기존의 지배적인 서비스 이데올로기에 반대하고, 정상적이고 일상적인 생활의 리듬을 존중할 것을 강조한다. 이 사상의 제창자인 미켈슨(Mikkelsen)은 이의 구현을 위해서 인간생활의 조건을 ①주거조건, ②일과, ③여가의 세 가지로 나누어서 그 각각의 국면이 어떠해야 하는가를 제시하고 있다. 즉 주거조건에 있어서 장애아, 특히 정신지체아동의 생활을 정상화하기 위해서는 시설이 아닌 부모의 집에서 가족들과 함께 살도록 하는 것이며, 성인장애인의 경우는 다른 성인들과 함께 생활하도록 하고 가능한 한 자립할 수 있는 여건을 조성하는 것이다. 일과에 대해서는 장애아동의 경우에는 교육을 받을 권리가 다른 아동들과 동등하게 존중되어져야 하며, 성인의 경우 능력에 맞는 노동을 할 수 있는 여건이 마련되어야 한다. 또한 여가에 있어서는 다른 사람과 똑같이 여가시설을 이용할 수 있는 기회와 권리가 확보될 필요가 있다.

이상과 같이 정상화란 장애인들도 사회의 다른 성원들과 함께 같은 교육을 받아야 하며, 비장애인과 동일한 작업환경 내에서 일할 수 있어야 하며, 사회성원들의 일반적인 활동에 속하는 종교, 여가, 체육활동 등에 적극적으로 참여할 수 있어야 한다는 것을 의미한다.

(2) 사회통합(social integration)

장애인복지의 기본이념은 완전한 사회참여와 평등한 기회를 통한 장애인의 사회통합이다. 장애인의 사회통합은 더불어 사는 사회이며 장애를 갖고 있는 사람이 차별 없이 모든 사회활동에 참여하는 복지사회구현을 의미한다. 사회통합이 더욱 기본적인 가치이념으로 간주되는 이유는 첫째, 장애를 가진 사람은 누구나 인간이라는 기본적인 사실과 둘째, 어느 누구도 장애로부터 자유롭지 않다는 철학에 근거하고 있기 때문이다. 따라서 장애인의 사회통합은 우리사회가 추구해야 하는 사회가치의 정당성을 갖는 이외에도 장애인과 비장애인을 포함한 우리 사회의 모든 구성원이 공감하는 목표이기도 한 것이다.

이렇게 장애인복지의 이념에 있어서의 사회통합이란 장애를 가진 사람들이 가치 있는 방법에 의해 정상적인 지역사회 안에서 인격적인 개인으로서 성공적으로 참여하게 하는 것을 의미한다. 즉 통합화의 과정은 장애인과 비장애인들이 모든 기회에 서로 공동 · 협력해 갈 가능성을 위한 조건추구를 지향하는 과정을 말한다.

그러므로 이러한 통합화의 과정이 성공적으로 이루어질 때 모두가 더불어 사는 정상화의 이념이 구현될 수 있는 것이다.

(3) 자립(independence)

자립(自立)이란 한자로 스스로 일어선다는 의미이며, 또한 자립(independence)은 영어로 의존(dependence)의 반의어(反意語)로서 타인에 대한 의존 또는 종속에서 벗어나는 것을 의미한다.

영국의 장애운동가 브리센든(Brisenden)은 "자립생활은 우리 삶의 목표를 취하기 위한 간단한 방법으로서 실천적으로 상식적인 방법이다. 자립적인 사람은 자신들의 생활전반을 조정하고 관리하는 것이며, 자신들의 모든 과업을 수행하는 것은 아니다. 자립이란 장애인들의 신체적인 것이나 지능적인 능력과 연관되는 것이 아니다. 자립이란 장애인 자신을 스스로 보호하고 관리하기 위하여 아무런 지원 없이 이룰 수 있는 것이 아니다. 장애인들이 스스로 필요한 원조와 지원을 다양한 지원체계를 통해 제공받음으로서 장애인의 자립생활이 이뤄지게 결국 이로 인해 자립이 가능하게 되는 것"이라고 자립을 정의하고 있다.

이렇게 장애인들에게 있어서 자립적인 생활은 장애인들이 자신의 삶을 스스로 선택하고 조정하고 자신의 삶의 전부를 관리하는 일로서 장애인들이 언제 어디서나 자신들이 영위할 수 있는 자유를 누릴 수 있음을 의미한다. 또한 장애인의 자립생활이란 장애인들이 스스로 자신의 삶을 선택하고 관리할 수 있도록 필요한 기술과 원조를 제공하는 일이 필수적으로 요구되는 것이다. 다시 말해 장애인의 자립이란 장애인 자신이 가지고 있는 능력을 최대한 활용하여 직업적, 경제적으로 자립적인 생활을 영위하는 것을 의미한다(오혜경, 1999).

4. 장애인의 재활

1) 의료재활

(1) 의료재활의 개념

ILO에서는 의료재활을 장애인이 자립하고 활동적인 생활을 영위할 수 있도록 개인의 기능적 혹은 심리적 능력을 발달시키는 의료적인 접근방법으로 정의하였고, WHO에서는 질병이나 사고에 대한 후유증, 만성질환, 노인병 등 치료기간이 장기화되기 쉬운 환자의 잠재능력을 활용하여 자연치료를 적극적으로 촉진시키는 기술이며 내 · 외과적 치료의 응용과 함께 물리적 · 심리적 수단을 보완하고 보충하는 의료적 조치라고 정의하고 있다. 러스크(Rusk)는 의료재활을 외상이나 질병에 대한 치료만으로 끝나는 것이 아니라 환자가 장애를 입게 되었을 때, 남아 있는 기능으로 일상생활은 물론 직장생활도 가능하도록 훈련시키는 것으로 정의하고 있다.

장애인은 그 자신의 신체적, 정신적 장애로 인한 것뿐만 아니라 체계적 재활서비스의 부재에 의해서도 사회환경에의 적응에 어려움을 겪고 있으며, 나아가서는 인간다운 삶의 보장에 위협을 받고 있는 대표적인 사회복지 대상영역이다. 어떤 원인으로든지 일단 장애가 발생된 경우에는 장애인이 신체적, 정신적, 사회적 또는 직업적으로 사회에서 정상에 가까운 생활을 할 수 있도록 최대한의 기능을 회복시켜 주어야 한다. 이러한 측면에서 의료재활서비스는 여러 과정 중에서 첫 단계에 해당하는 가장 기초적이고 필수적인 과정이며 장애의 예방, 조기발견, 조기치료 및 추후관리까지의 모든 과정을 포함한다. 질병이나 외상은 치료시기, 치료내용, 치료방법 등에 따라서 그 결과가 현저히 달라질 수 있으므로 발병초기나 외상 직후부터 예상되는 장애에 대해 미리 적절한 조치를 취한다면 장애를 최소화 할 수 있는 반면, 이미 발생한 장애에 대하여 적절한 재활치료를 하지 않는다면 중증장애인이 될 수도 있으므로 여기에 의료재활의 중요성이 있는 것이다(박옥희, 2001).

또한 의료적 욕구는 일반적으로 장애인의 가장 필요로 하는 영역이라고 볼 수 있기 때문에 의료재활 서비스의 공급확대는 장애인의 가장 절실한 필요를 충족시킨다는 측면과 아울러 장애인의 사회통합 촉진과 기여 면에서 가장 필수적인 분야이다. 의료재활은 장애인재활의 기초가 되는 동시에 가장 중요한 부분이며 질병의 발생 및 외상 초기부터 실시되어야 할 뿐만 아니라 장애인들이 사회생활을 영위하는 중에도 계속 필요로 하는 분야라고 볼 수 있다(오혜경, 1999).

(2) 의료재활의 대상

의료재활을 필요로 하는 사람은 심신에 장애가 있는 사람으로 만성질환이나 장애를 지니고 있는 사람들이다. 실제로 임상에서 재활의학전문가가 주로 다루는 분야는 뇌졸중, 편마비, 뇌성마비, 척수질환 및 손상에 의한 하지마비 또는 사지마비, 소아마비, 신경손상, 관절염, 골절, 근육 및 결합조직질환, 경부 및 요추부 동통, 사지절단, 화상, 호흡기장애, 순환기 장애 등이다.

이러한 사람들을 위한 의료재활은 환자의 신체적, 심리적 능력의 회복을 꾀하고 그가 가진 잠재능력을 발휘할 수 있도록 하는 의학적 수단으로 그 영역은 ① 우선적으로 신체적 장애를 예방하는 일과, ② 신체적 장애를 제거 혹은 경감시키는 일, ③ 장애가 잔존하더라도 그 제약 내에서 그의 능력을 최대한으로 발휘해서 생활할 수 있도록 훈련시키는 일이다(남상만 외, 1998).

(3) 의료재활의 내용

의료재활의 내용은 크게 다음의 세 가지 방법으로 분류할 수 있다.

첫째, 수술, 변형의 과정, 마비의 회복훈련 등 기본적인 기능장애의 개선을 도모하는 방법이다.

둘째, 기본적인 기능장애의 회복에 한계가 있는 경우, 다른 기능의 훈련 등을 통해 통상적인 기능을 발휘할 수 있도록 하여 전체적인 능력의 향상을 도모하며, 보장구 등을 활용하여 기능장애를 대체할 수 있는 방법이다.

셋째, 장애인이 자립생활을 영위할 수 있도록 생활환경, 직장생활의 개선 등을 의료적 입장에서 자문하고 서비스하는 방법이다(남상만 외, 1998) .

치료의 종류로는 장애의 원인이 되는 병적 요소를 제거하기 위한 약물치료와 수술치료, 기능을 향상시키기 위한 물리치료, 작업치료, 언어치료 등이 주로 실시된다.

물리치료(physical therapy)는 열, 광선, 전기, 운동, 초음파 등의 물리적 요소를 이용하여 신경근골격계의 병변을 치료하는 것이다. 오늘날에는 의학의 발달과 의용공학의 발달로 인하여 새로운 치료기구들이 개발되면서 새로운 치료방법이 나오고 치료기술도 많이 발전되었다. 대상은 성인의 경우 뇌졸중, 관절염, 근육증, 산재, 교통사고 등으로 인한 후천적 장애 등이며, 아동의 경우는 주로 출산 전, 후 뇌손상으로 인한 뇌성마비, 근육증 등이다.

작업치료(occupational therapy)는 정신이나 신체에 질병 또는 장애가 있는 사람에게 여러 가지 흥미롭고 목적 있는 작업이나 동작, 놀이를 통해 불완전한 신체기능을 회복시키고 일에 대한 동기를 부여하여 장애를 가지고도 학교, 직장, 가정에서 최대한의 독립된 생활을 할 수 있도록 돕는 치료이다. 따라서 건강을 촉진, 유지시키고 신체적, 정신적, 사회적 기능장애가 있는 환자를 치료하고 훈련시키기 위하여 선택된 특정동작이나 활동을 할 수 있도록 가르치게 된다. 작업치료활동은 일상생활에 관계가 깊은 동작이나 목공, 금속공예, 수예, 원예, 인쇄, 게임, 연극 등 창조적, 예술적, 여사선용 등의 활동이 포함되며 이러한 작업의 수행에는 목적의식과 신체적 운동, 정신적 활동성이 요구된다.

언어치료(speech therapy)는 말이나 언어장애로 인하여 인사소통에 문제를 가진 자의 잠재되어 있는 언어능력을 최대한 개발시키며, 의사소통기술을 습득케 하여 일상생활에서 원만한 의사소통을 할 수 있도록 정상적인 언어발달을 유도하는 치료이다. 언어장애는 증상에 따라 언어발달지체 및 장애, 조음장애, 말더듬, 발성장애, 실어증 등으로 구분되며, 치료는 호흡훈련, 발성기관훈련, 조음기관훈련, 낱말훈련, 문장훈련, 회화훈련 등을 통하여 의사소통이 보다 잘 이루어질 수 있도록 하는 전문적인 훈련과정으로 이루어진다(남상만 외, 1998 ; 박옥희, 2001).

2) 교육재활

(1) 교육재활의 개념

교육의 기회균등은 자유와 평등을 표방하는 민주국가의 기본명제이다. 이것은 모든 아동에게 교육을 받을 수 있는 기회를 평등하게 부여함으로써, 어떠한 한계가 있더라도 그 능력과 한계의 범위 내에서 보상교육을 받을 수 있음을 의미한다. 교육에서 평등한 대우가 각별히 요구되는 대상은 장애인이다. 우리나라 헌법 제31조 1항에서 모든 국민은 능력에 따라 평등하게 교육을 받을 권리를 가지고 있다고 명시되어 있는 것으로 보아 그들에게 평등한 대우를 부여하기 위한 교육재활은 필수적인 재활영역이다(오혜경, 1999).

교육재활이란 장애인이 가지고 있는 능력을 최대한으로 향상시키고 발휘하게 하여 잠재능력의 가능성을 개발하며 사회생활에 스스로 적응해 가도록 도움을 주는 교육제도와 교육방법 및 기술을 총칭한다(전용호, 2000). 인간의 지적, 정신적 능력은 성장단계에 있는 교육을 통하여 발달된다. 특히 장애아동의 능력향상을 위하여 교육재활은 반드시 필요한 재활분야이다.

(2) 교육재활의 대상

던(Dunn)은 특수교육의 대상을 "신체적, 심리적 특성의 정도가 평균으로부터 차이가 있는 아동으로 장애아의 각자 능력에 맞는 수준에까지 성취시키기 위하여 특수교사나 특수한 보조적 지도가 필요한 아동"이라고 하였으며, 미국의 공법 PL94-142에서는 특수교육과 관련 서비스를 필요로 하는 자로 정의하고 정신지체, 농, 난청, 신체적 결함, 건강장애, 언어장애, 시각장애, 정서장애, 특정 학습장애를 포함한 자로 규정하고 있다.

우리나라 특수교육진흥법 제 10조에서는 특수교육대상자를 시각장애, 청각장애, 정신지체, 지체부자유, 정서장애(자폐성 포함), 언어장애, 학습장애, 기타 교육부령이 정하는 장애를 지닌 자로 규정하고 있다.

(3) 교육재활의 내용

장애인을 대상으로 한 교육은 장애인이 가지고 있는 특성에 맞추어 교육내용이나 교육방법이 특수한 성격을 띠므로 이를 특수교육이라고 한다. 특수교육은 장애로 인해 일반학교과정을 일반학급에서 교육받기 곤란한 아동이나 교육상 특별한 배려가 필요한 아동에게 특성에 맞는 교육환경을 마련하여 아동의 가능성을 최대한 발휘하도록 하기 위한 교육의 한 분야이다. 이러한 특수교육은 20세기 후반에 이르러 장애인도 비장애인과 함께 생활해야 한다는 사회통합의 이념이 강조됨에 따라 장애아동에 대한 특수교육도 분리교육보다는 비장애아동과 함께 공부하는 통합교육이 강조되어 오늘날에는 통합교육에 역점을 두고 있다. 이러한 특수교육의 기본가정과 원리는 다음과 같다(박옥희, 2001).

첫째, 특수교육의 목적은 일반교육에 비하여 특이하지 않다.

둘째, 특수교육의 방법은 일반교육과 다르다. 즉 특수아동은 정상성에서 벗어난 점 때문에 특별한 시설과 교육방법, 특별한 훈련을 받은 교사와 여러 가지 보조서비스가 필요하다.

셋째, 특수교육은 종합적인 노력의 소산이다. 즉, 특수아동을 발견하여 효과적인 교육적 조치를 하기 위해서는 여러 영역의 전문가들의 관여가 필수적이다.

넷째, 특수아동은 이질적인 집단이다. 특수아동은 동일영역의 장애아동이라 할지라도 개인차가 심하므로 획일적인 교육프로그램을 사용할 수가 없다.

다섯째, 특수교육은 많은 보조서비스를 필요로 한다. 대부분의 특수아동은 의료서비스, 특별한 시설 및 기자재, 특별한 훈련프로그램, 특별한 학급크기 등을 필요로 한다.

여섯째, 특수교육과정은 선별, 진단, 교수, 평가 등 네 가지 요소로 구성된다.

일곱째, 통합교육을 한다. 즉, 특수아동은 필요한 만큼만 특수교육 전문영역에 배치하여 교육받게 하고 될 수 있는 한 일반학급에서 일반아동과 함께 교육받게 한다. 일반학급에서 통합교육을 받기 위해서는 개별화 학습, 융통성 있는 교육 프로그램, 물리적 환경의 개선 등이 필요하다.

3) 직업재활

(1) 직업재활의 개념

인간은 일을 하지 않고는 가치 있는 삶을 살아갈 수 없다. 따라서 직업은 모든 인간에게 중요한 의미를 지닌다. 장애인의 재활대책을 강구함에 있어서도 직업재활영역은 다른 어떤 영역보다 우선적이고 핵심적으로 다루어져야 할 부분임에는 재론의 여지가 없다.

국제노동기구에서는 직업재활이란 "직무지도와 훈련 그리고 취업알선 등과 같은 직업적 서비스를 포함하는 연속적이고 협력적인 재활과정의 일부로써 장애인이 적절한 고용을 확보하고 유지할 수 있도록 원조하는 것"이라고 정의하고 있다. 즉 직업재활이란 심신의 결함을 지닌 장애인들의 신체적, 정신적, 사회적, 직업적, 경제적 능력을 최대한으로 찾고 길러 줌으로써 일할 권리와 의무를 비장애인과 똑같이 갖게 하는 것이라 할 수 있으며 장애인의 성공적인 사회통합을 위한 최대의 과제인 자립생활을 영위하도록 하는 재활사업 중 가장 중요하고 핵심이 되는 과정이다.

(2) 직업재활의 대상

직업재활의 대상은 장애의 원인이나 특성, 연령에 관계없이 그들이 준비가 되어 있고 적절한 고용을 확보하고 유지할 수 있다면 모든 장애인들에게 적용될 수 있다. 그러나 직업재활은 심신의 결함이 있는 모든 장애인에게 필요한 것은 아니다. 즉 장애 정도가 경미하여 특별한 개입 없이 비장애인과 같은 직업에 종사할 수 있는 사람은 직업재활의 대상이 아니라고 볼 수 있다.

따라서 심신의 결함이 직업을 찾는데 장애가 되나 일정한 의료적, 직업적, 교육적, 사회적 재활 서비스를 제공하면 직업을 가질 수 있는 가능성이 있는 장애인을 직업재활의 대상자로 보아야 한다(남상만 외, 1998).

(3) 직업재활의 과정

직업재활은 장애인의 잔존하는 기능을 극대화하여 경제적, 정신적, 사회적, 신체적인 자립을 할 수 있도록 원조하는 것으로 이러한 과정은 여러 분야 전문가들의 지도와 개입에 의하여 이루어진다. 직업재활의 과정은 일반적으로 직업평가, 직업훈련, 취업알선, 사후지도로 구분되며 이를 살펴보면 다음과 같다(전용호, 2000 ; 남상만 외, 1998).

① 직업평가

직업평가는 장애인이 직업훈련의 어떤 분야에 직업적인 능력과 가능성이 있는지를 평가하는 것이다. Mcgowan은 직업평가의 목적을 첫째, 직업에 대한 개인의 적합성을 측정하기 위하여 신체적, 정신적 장애와 작업에 대한 실질적인 제한을 의학적으로 진단 판별하며, 둘째, 현재의 일반적 건강상태를 증진시키고 파악되지 아니한 직업적 능력의 가능성과 한계를 측정하며, 셋째, 신체적 장애에 대한 개선의 정도와 범위를 어떠한 방법으로 제거, 수정 또는 최소화할 수 있는가를 측정하며, 넷째, 장애인의 능력과 한계에 맞는 직업대상을 선택하기 위한 사실적 근거를 제공하기 위함이라고 하였다.

직업평가의 목적은 서비스의 대상자를 어느 범위로 정할 것인가에 따라 달라진다. 그러나 공통적으로 다음의 사항들이 직업평가에서 고려되어야 한다.

첫째, 재활의 가능성을 결정할 것, 둘째, 개인의 능력을 확인할 것, 셋째, 재활을 저해하는 요인을 발견할 것, 넷째, 직업적 방향성을 찾아낼 것, 다섯째, 바람직한 행동계획을 책정할 것 등이다.

이상을 종합해 보면 직업평가의 목적을 달성하기 위해서 직업평가는 장애인의 의학적, 심리적, 교육적, 사회적, 작업기능적인 측면에서 종합적으로 평가해야 한다. 따라서 이러한 직업평가를 통하여 장애인이 직업훈련의 어떤 분야에 직업적인 능력과 가능성이 있는지를 평가하게 된다.

② 직업훈련

직업훈련은 단순히 직업적인 기능의 습득뿐만이 아니라 직업인으로서 갖추어야 할 작업태도, 작업행동, 직업에 대한 이해력, 습관 등 종합적인 영역을 교육하는 것이다. 이러한 장애인의 직업훈련은 내용상 직업적응훈련과 직업훈련으로 나뉘는데, 직업적응훈련은 장애인이 작업환경에 적응하기 위해 직업인이 되기 위한 자세, 태도, 의식 등에 중점을 두고 훈련하는 과정이며, 직업훈련은 특정한 직종의 구체적인 기술과 지식을 습득하는 과정이다.

직업훈련의 의의는 다음의 세 가지로 요약할 수 있다.

첫째, 장애인들을 경제적으로 자립시킴으로써 사회의 부담을 경감시키고 납세자로서 사회에 기여할 수 있도록 하는 생산적인 활동이다.

둘째, 개인의 직업능력을 개발하여 발전시켜 준다.

셋째, 직업훈련 자체가 치료과정이 될 수 있다.

직업훈련의 방법으로는 교육기관을 활용하는 방법, 특수직업 및 훈련기관을 활용하는 방법, 사업주에게 위탁훈련하는 방법이 있다. 일반교육기관을 활용하는 방법은 비장애인을 대상으로 하는 실업고등학교, 전문대학, 대학교 또는 직업훈련원을 장애인이 이용하는 것인데, 대부분의 경우 건물의 시설 개선 없이는 장애인의 활용에 어려움이 있다. 특수기관훈련은 장애인만을 위한 훈련기관을 만들어 장애인들을 훈련시키는 방법을 말하며, 사업주 위탁훈련은 사업주에게 장애인을 위탁하여 작업현장에서 훈련을 받게 하는 것이다.

③ 취업알선

취업알선은 장애인이 직업인으로서 갖추어야 할 직업의 능력을 구비하였을 때 그들이 적합한 직업을 가질 수 있도록 지원하는 일련의 과정이다. 장애인의 취업알선을 위하여 고려해야 할 사항을 살펴보면 다음과 같다(정순민, 1994).

첫째는 취업을 위한 준비가 잘 되어 있는가에 대한 사항이다. 장애인들이 일반적으로 학력이나 사회적인 경험이 부족한데다 전문적인 지식이나 기술이 결여되어 일에 대한 적응력이나 습성의 문제로 인하여 취업과정에서 다소의 문제점이 발생되는 경우가 있다. 따라서 직업적응 능력을 갖추기 위한 기초능력 교육이나 전문적인 훈련을 받아야 할 것이다.

둘째는 장애인에 대한 인식에 관한 사항이다. 장애의 정도나 장애의 여건에 따라 다양한 문제가 있겠지만, 취업에 있어서의 가장 큰 장벽은 장애인의 능력과 가치에 대한 사회적인 인식부족과 편견이라고 할 수 있다. 따라서 장애인에게 취업을 알선함에 있어서 주변환경의 장애인에 대한 인식을 고려해 볼 필요가 있다.

셋째는 고용환경에 대한 사항이다. 장애인들은 일단 취업이 되었다고 할지라도 직장의 직무환경이나 교통편의, 주변환경 등에 대한 부적응으로 인하여 취업의 한계를 느끼는 경우가 적지 않다. 취업능력은 있으나 고용환경에 대한 부적응으로 인하여 취업에 제약을 받거나 취업을 했다고 할지라도 감당하지 못하고 중도포기하고 마는 경우도 있다. 따라서 고용환경에 대한 세심한 검토를 하여 장애인이 보다 효과적으로 적응할 수 있도록 배려해야 할 것이다.

넷째는 장애인고용제도에 관한 사항이다. 장애인의 취업에 있어서 검토해야 할 중요한 사항 중의 하나는 그 사회의 고용정책이다. '장애인고용촉진 및 직업재활법'에서 규정하는 다양한 장애인고용제도에 대한 숙지를 통하여 장애인들이 보다 더 많은 취업지원을 받을 수 있도록 하는 것은 취업알선단계에서 가장 중요한 과업인 것이다.

④ 사후지도

사후지도(follow up service)는 장애인들이 일정한 과정을 마치고 취업한 뒤에 발생하는 직업과 관련된 문제해결을 위한 조력을 제공하는 일련의 활동이다. 상담자는 클라이언트가 취업한 뒤에도 항상 밀접하게 연결되어 있어야 하며 문제발생을 사전에 적절히 예방하고 또한 대책을 수립해야 한다. 일반적으로 장애인들이 직업훈련을 마치고 산업현장으로 진출하게 되면 여러 가지 문제에 직면하게 된다. 장애인에 대한 고용주나 동료들의 편견, 신체장애에 대한 불안감, 열악한 작업환경 등의 문제들이 내재되어 있어 근무하는데 지장을 초래할 경우가 생길 수 있다. 따라서 적절한 사후지도를 통하여 장애인들의 지속적인 고용이 유지될 수 있도록 하는 것은 직업재활과정의 중요한 과제인 것이다.

4) 사회재활

(1) 사회재활의 개념

국제보건기구(WHO)에서는 사회재활을 "전 재활과정에 방해가 되는 모든 경제적 · 사회적 곤란을 감소시켜 장애인으로 하여금 가정이나 지역사회 또는 직장에 적응할 수 있도록 원조하고 사회에 통합 내지는 재결합하는 것을 목표로 하는 재활운영의 일환"으로 정의하고 있다. 이러한 사회재활은 전인재활이라는 차원에서 사회적인 측면으로 장애인이 사회생활이나 가정생활에 잘 적응할 수 있도록 서비스하는 과정, 즉 장애를 가진 인간이 어떻게 하여 인간으로서의 존엄과 삶의 보람을 가지고 살아갈 수 있는가 혹은 그 인간을 둘러싸고 있는 사회에서 어떻게 해야 장애를 가진 사람들에게 적절한 생활환경을 마련하고 살아갈 수 있게 하는가를 의미하는 것이다(남상만 외, 1998). 이와 같이 볼 때 사회재활이란 장애인을 둘러싼 사회적 · 물리적 · 경제적 · 심리적 환경조건을 정비하여 장애인이 인간다운 생활을 하고 궁극적으로는 사회통합될 수 있도록 지원하는 재활분야이다.

(2) 사회재활의 대상

사회재활의 대상은 넓은 의미로 보면 장애를 가진 모든 사람이라고 볼 수 있으나, 좁은 의미로 보면 장애로 인하여 사회적인 불리(handicap)를 경험하는 장애인이라고 할 수 있다. 따라서 사회재활은 사회적인 불리를 가지고 있는 장애인들이 가정, 지역사회, 직장의 사회생활에 보다 잘 적응할 수 있도록 지원하는 재활서비스이다.

(3) 사회재활의 내용

사회재활은 장애인이 완전참가와 평등의 이념에 입각하여 아무런 차별과 불편을 느끼지 않고 그가 속한 사회의 주류문화를 공유하면서 직업재활, 가정생활 등의 사회생활을 충분히 영위하도록 국민의 수용적 태도와 사회적 인식의 개선을 말한다. 이것은 인간이 사회생활을 영위해 나가는 데에 따르는 욕구 전반에 관심을 가지고 장애인이 일반사회의 한 성원이 될 수 있도록 장애인과 사회의 관계를 물심양면으로 개선하는 것을 목표로 한다.

이와 같이 사회재활은 사회의 장애인에 대한 태도가 수용적이어야 하며 물리적 환경이 장애인들의 접근을 용이하게 되도록 해야 한다. 이렇게 하려면 사회개개인의 태도의 변화뿐만 아니라 사회제도나 정책적인 배려로서 장애인들이 현실적으로 사회적 역할을 수행하는데 지장이 없도록 사회적인 환경이 조성되어야 하며 사회복지사는 특히 사회적 활동을 적극적으로 추진시켜야 한다. 장애는 1차적으로 그 개인의 생물학적인 면에서 장애이지만, 인간은 사회생활을 영위하기 때문에 사회적 영향으로부터 벗어날 수 없다. 따라서 행동능력의 제한과 장애라는 이유 때문에 편견과 차별 같은 불이익을 받지 않도록 노력해야 하며 이는 사회재활을 실현하기 위한 중요한 과업이다(전용호, 2000).

한편 국제재활협회의 사회재활위원회가 규정하고 있는 사회재활의 영역으로는 장애인관계법의 정비, 행정의 정비, 경제적 환경의 정비, 물리적 환경의 정비, 장애인의 심리적 · 정서적 문제의 해결, 사회적 · 문화적 기회의 확대 등이 있으며 이러한 영역의 개선을 통하여 장애인의 사회통합이 실현된다고 보고 있다.

5. 장애인복지정책

1) 장애예방정책

모든 정책에 있어서 문제가 생기기 이전에 미리 예방하는 것은 가장 필수적인 대책인 것이다. 즉 장애발생을 예방하는 정책은 장애인문제를 해결하기 위한 가장 최선의 정책이라고 할 수 있는 것이다. 장애발생을 예방하기 위해서는 태아기로부터 노년기에 이르기까지, 즉 모자보건으로부터 노인보건에 이르기까지 일관성 있는 시책을 통해 가능한 모든 장애발생 요인을 제거하도록 노력하는 한편 상병의 조기발견, 조기치료를 통해 장애와 핸디캡으로 진전되는 것을 방지하여야 한다(오혜경 1997). 우리나라에서는 이를 위하여 모자보건, 산업안전, 교통안전의 측면에서 정책적인 접근을 하고 있다.

모자보건사업은 장애발생을 예방하기 위하여 임산부와 영유아를 대상으로 실시하고 있으며, 정부에서는 장애예방에 대한 중요성을 인식하여 관할 보건소에서 신생아에 대한 선천성대사이상검사를 무료로 실시하고 있다. 이 외에도 영유아에 대한 예방접종, 건강진단사업 및 모자보건교육을 위한 책자의 발간 등 장애발생을 예방하기 위한 체계를 구축하고 있다. 또한 대부분의 장애인이 산업재해나 교통사고 같은 후천적인 요인에 의하여 발생되는 것을 고려하여 산업안전과 교통사고예방을 위한 교육, 홍보 및 제도적인 지원이 이루어지고 있다.

그러나 현재 우리나라에서는 모자보건 측면에서의 장애발생예방시책에 대한 보다 체계적인 연구가 미흡한 실정이므로 이에 대한 국가적 차원에서의 전문적이고 종합적인 연구가 요구된다. 또한 교통사고나 산업재해로 인한 응급환자 발생 시 지역 별 의료기관을 중심으로 하는 응급환자 집중의료체계를 구축할 필요가 있으며, 지속적인 안전교육과 홍보를 병행하여야 할 것이다.

2) 소득보장정책

장애인에 대한 소득보장정책은 직접적 소득보장제도와 간접적 소득보장제도로 나눌 수 있다. 직접적 소득보장대책인 공적부조사업은 그간 근간이 되어왔던 생활보호법이 2000년 10월부터 국민기초생활보장법으로 전환됨에 따라 기초생활보장 수급자에게 생계급여, 주거급여, 의료급여, 교육급여, 해산보호, 자활급여 등을 제공하여 최저생활을 보장해 주기 위한 제도이다. 또한 장애인복지법 제44조에 근거하여 다른 사람의 도움 없이는 일상생활을 영위하기 어려운 저소득 중증장애인에게 장애수당을 지급하고 있으며, 장애인복지법 제37조에 의거 자활자립이 가능한 저소득 장애인에게 자립자금을 대여하여 자활자립 및 생활안정을 도모하는 장애인자립자금대여사업을 실시하고 있다. 그러나 자립자금대여사업의 경우 장애인들이 현실적으로 자활 · 자립하는데 부족한 면이 없지 않다고 볼 수 있으므로 대여금액의 현실화가 필수적이며 이와 함께 자활을 지원하기 위한 종합적인 측면에서의 접근이 필요한 실정이다.

간접적인 소득보장시책으로는 장애인의 경제적 부담을 완화하여 소득보장의 효과를 나타내는 이용료 및 세금감면정책이 있는데 이러한 경제적 부담 경감시책에는 전화료 할인, 주차료 할인, 철도요금 할인, 지하철도요금면제, 국내항공료 할인, 고궁, 국 · 공립박물관, 공원 등의 입장료 면제, 소득세 및 상속세 공제, 장애인용 수입물품 관세감면, 보장구에 대한 부가가치세 감면, 승용차에 대한 특별소비세, 자동차세, 교육세 면제 등이 있다.

3) 의료보장정책

장애인은 다른 일반 환자들에 비하여 장기간의 치료와 재활을 필요로 하는 것을 감안하여 현재 의료급여 및 건강보험 급여기간이 365일로 확대되었으며, 장애의 진단 및 재활치료, 의료상담 등을 행할 목적으로 전국에 재활병 · 의원이 운영되고 있다. 이들 재활병 · 의원들은 주로 사회복지법인이 운영하는 병원들이며 대부분이 대도시를 중심으로 편중되어 있기 때문에, 일반 재가 장애인들이 의료서비스욕구를 해소하기에는 부족한 실정이다.

그러므로 재활병원의 지역적인 편중을 해소하여 장애인들의 의료접근성 확보를 보장해 줌과 동시에 종합병원에 재활전문 의료서비스의 확대를 통한 보편적인 의료재활이 이루어질 수 있도록 지원하여야 한다.

4) 고용정책

장애인이 그 능력에 맞는 직업재활을 통하여 인간다운 생활을 할 수 있도록 장애인의 고용촉진과 직업재활 및 직업안정을 도모하기 위하여 1990년 '장애인고용촉진등에관한법률'이 제정되어 300인 이상 근로자를 고용하는 사업주에 대해 근로자의 2% 이상을 장애인으로 고용해야 하는 할당제 의무고용정책을 마련함으로써 장애인고용촉진의 전기를 마련하였다. 그리고 2000년 7월 기존의 '장애인고용촉진등에관한법률'이 '장애인고용촉진 및 직업재활법'으로 개정 시행됨에 따라서 중증장애인과 여성장애인에 대한 고용의 기회가 확대되었으며 국가 및 지방자치단체의 장애인고용이

권장사항이 아닌 의무사항으로 개정되는 등 정부주도 하에 장애인의 직업욕구를 충족시켜줄 수 있는 법적인 기반이 마련되었다.

이상의 일반고용을 촉진하는 제도와 함께 장애인의 고용형태의 중요한 분야라고 할 수 있는 보호고용제도가 있는데, 이는 노동시장에서 일반고용이 어려운 장애인을 대상으로 하여 일정하게 보호된 상황하에서 고용되어 있는 형태를 의미하는 것으로서 근로시설과 보호작업시설 등이 포함된다. 그러나 보호작업시설의 경우 독립시설로 분리되었음에도 불구하고 인적자원에 대한 국가적인 지원이 매우 미흡하여 정상적인 시설운영이 힘든 상황이며, 장애인 생산품의 판로 및 직종개발에 있어서도 제도적인 지원이 미흡한 실정이므로 이에 대한 보완이 필요하다.

5) 교육정책

장애인을 위한 교육정책은 헌법 제31조의 "모든 국민은 능력에 따라 균등하게 교육을 받을 권리를 가진다."는 이념에 근거하고 있다. 2008년부터 시행된 "장애인 등에 대한 특수교육법"에서는 특수교육을 특수교육대상자의 특성에 적합한 교육과정, 교육방법 및 교육매체 등을 통하여 교과교육, 치료교육 및 직업교육 등을 실시하는 것으로 정의하고 있다. 이러한 과정을 통하여 장애인들은 교육의 기회를 평등하게 부여받고 사회의 한 구성원으로서의 역할을 수행해나갈 수 있는 능력을 향상시키게 되는 것이다. 최근의 특수교육의 동향은 격리된 환경의 교육에서 탈피하여 통합교육을 실현하는 방향으로 나아가고 있으나 일반학교 교사나 학생의 인식부족, 장애인 편의시설의 미비, 특수교육인력의 부족 등의 현실적인 저해요소가 있는 실정이다. 그러므로 이러한 문제를 해결할 수 있는 보완책의 마련과 함께 그들이 졸업 후 자립 · 자활할 수 있도록 진학 및 취업에 있어서의 상호연계체계를 구축하는 방안이 마련되어야 한다.

장애인 인권헌장

장애인은 인간의 존엄과 가치를 가지며 행복을 추구할 권리를 가진다. 장애인은 건전한 사회구성원으로 책임 있는 삶을 살아가며 자신의 능력을 계발하여 자립하도록 노력하여야 한다. 국가와 사회는 헌법과 국제연합의 장애인권리선언의 정신에 따라 장애인의 인권을 보호하고 완전한 사회참여와 평등을 이루어 더불어 살아가는 사회를 만들기 위한 여건과 환경을 조성하여야 한다.

1. 장애인은 장애를 이유로 정치 · 경제 · 사회 · 교육 및 문화생활의 모든 영역에서 차별을 받지 아니한다.
2. 장애인은 인간다운 삶을 영위할 수 있도록 소득 · 주거 · 의료 및 사회복지서비스 등을 보장 받을 권리를 가진다.
3. 장애인은 다른 모든 사람과 동등한 시민권과 정치적 권리를 가진다.
4. 장애인은 자유로운 이동과 시설이용에 필요한 편의를 제공받아야 하며, 의사 표현과 정보이용에 필요한 통신 · 수화통역 · 자막 · 점자 및 음성도서 등 모든 서비스를 제공 받을 권리를 가진다.
5. 장애인은 자신의 능력을 계발하기 위하여 장애 유형과 정도에 따라 필요한 교육을 받을 권리를 가진다.
6. 장애인은 능력에 따라 직업을 선택하고 그에 따른 정당한 보수를 받을 권리를 가지며, 직원을 갖기 어려운 장애인은 국가의 특별한 지원을 받아 일하고 인간다운 생활을 보장받을 권리를 가진다.
7. 장애인은 문화, 예술, 체육 및 여가활동에 참여할 권리를 가진다.
8. 장애인은 가족과 함께 생활할 권리를 가진다. 장애인이 전문시설에서 생활하는 것이 필요한 경우에도 환경이나 생활조건은 같은 나이 사람의 생활과 가능한 한 같아야 한다.
9. 장애인은 사회로부터 분리, 학대 및 멸시받지 않을 권리를 가지며, 누구든지 장애인을 이용하여 부당한 이익을 취하여서는 안된다.
10. 장애인은 자신의 인격과 재산의 보호를 위하여 필요한 법률상의 도움을 받을 권리를 가진다
11. 여성 장애인은 임신, 출산, 육아 및 가사 등에 있어서 생활에 필요한 보호와 지원을 받을 권리를 가진다.

12. 혼자 힘으로 의사결정을 하기 힘든 장애인과 그 가족은 인간다운 삶을 영위하기 위하여 필요한 지원을 받을 권리를 가진다.

13. 장애인의 특수한 욕구는 국가정책의 계획단계에서부터 우선 고려되어야 하며, 장애인과 가족은 복지증진을 위한 정책결정에 민주적 절차에 따라 참여할 권리를 가진다.

출처: 보건복지부, 1998, 장애인인권헌장.

출처: 보건복지부, 1998, 장애인인권헌장.

참고문헌

남상만 외, 1997. 장애인복지개론. 홍익재

박옥희, 2001. 장애인복지론. 학문사

신현석, 2007. 장애인복지론. 공동체

오혜경, 1997. 장애인복지학 입문. 아시아미디어리서치

오혜경, 1999. 장애인과 사회복지실천. 아시아미디어리서치

전용호, 2000. 장애인복지론. 학문사

정순민, 1994. 장애인의 재활 · 복지. 중앙경제사

만화로 다시 정리하기

장애인복지는 장애와 관련된 문제를 예방하고 해결하여 장애인들이 사회의 일원으로서 인간다운 생활을 영위할 수 있도록 하기 위한 제반 사회적 노력을 의미합니다.

흔히 장애인복지는 복지사회의 척도라고도 한다. 즉 장애인복지의 수준이 어느 정도인지를 알면 그 사회의 복지수준을 알 수 있다는 말이다.

이처럼 장애인복지는 한 사회의 복지수준을 반영하며, 장애인 문제는 장애인만의 문제가 아니라 전체 사회구성원의 문제이다.

장애의 개념과 유형

한 나라에서 법적으로 규정하고 있는 장애 개념은 그 사회에서 장애인을 어떻게 바라보고 있는가를 알 수 있는 중요한 개념이다.

1975년 UN의 '장애인권리선언'에서는 장애인을 '선천적이든 후천적이든 신체적 또는 정신적 능력의 결함으로 인하여 일상의 개인 또는 사회생활에 필요한 것을 확보하는 데 스스로는 완전히 혹은 부분적으로 행할 수 없는 사람'으로 정의하고 있다.

우리나라의 "장애인복지법"에서는 "장애인이란 신체적 정신적 장애로 인하여 장기간에 걸쳐 일상생활 또는 사회생활에 상당한 제약을 받는 자를 말한다"고 정의하고 있다.

우리나라에서는 1981년 심신장애자복지법 제정 당시부터 지체장애, 시각장애, 청각장애, 언어장애, 정신지체 등 5가지를 장애범주에 포함시켰으며,

5가지 장애범주
- 지체장애
- 시각장애
- 청각장애
- 언어장애
- 정신지체

2000년부터는 심장장애, 신장장애, 정신장애, 발달장애, 뇌병변장애가 추가되어 10가지 유형으로 확대되었고,

(+)
- 심장장애
- 신장장애
- 정신장애
- 발달장애
- 뇌병변장애

2003년 7월부터는 호흡기장애, 간장애, 안면장애, 장루(요루)장애, 간질장애 등으로 확대되어 총 15가지가 되었다.

(+)
- 호흡기장애
- 간장애
- 안면장애
- 장루(요루)장애
- 간질장애

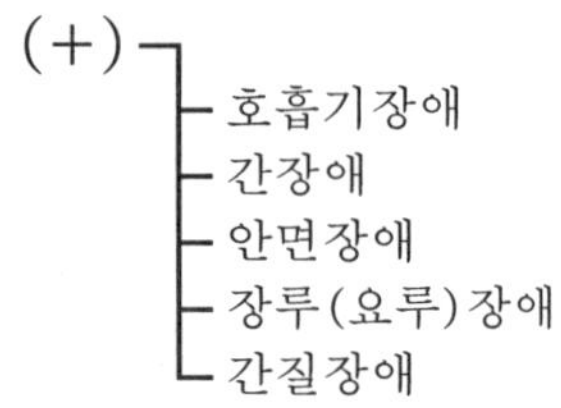

이후 2007년 개정된 장애인복지법에 의거하여 정신지체를 지적장애로, 발달장애를 자폐성장애로 명칭변경하였다.

2007년 개정
정신지체→지적장애
발달장애→자폐성장애

이러한 장애유형은 국가에 따라서 차이가 있으며, 그 사회의 경제적, 정치적, 사회적 수준 또는 그 시대에 따라서 달라질 수 있다.

즉, 미국의 경우에는 생식기, 소화기, 비뇨기, 피부, 혈액 및 내분비계 등에 장애가 있거나 암 및 에이즈환자 등도 내부장애의 범주에 포함시키고 있으며,

스웨덴에서는 신체적 장애, 정신적 장애, 내부장애 뿐만 아니라 사회적인 장애도 장애의 범주에 포함시키고 있다.

이러한 상황에서 우리나라도 복지국가로 나아가기 위해서는 앞으로 장애의 범주를 단계적으로 확대하는 것이 바람직합니다.

장애인복지의 필요성

장애인복지는 장애인들이 비장애인과 같이 그 사회의 일원으로서 사회참여를 실현하고 장애인이 인간의 존엄성과 권리를 가질 수 있도록 다음과 같은 필요성을 가지고 있습니다.

장애인 복지는 왜 필요한가?

첫째, 현대사회에서 산업화에 따른 장애유발 요인이 증대되고 있기 때문에 장애인복지가 필요하다.

우리 주변에는 항상 각종 사고의 위험이 있어 누구든지 장애인이 될 가능성이 있으므로, 이를 복지적 차원에서 준비할 필요가 있다.

둘째, 사회적인 부담을 경감시키기 위해서 장애인복지가 필요합니다.

효율적 장애인복지는 소비적 측면보다는 장애인의 재활을 지원함으로써 사회적 부담을 경감시키는 생산적 측면을 지니고 있다.

셋째, 장애가 사회환경에 미치는 부정적 효과를 최소화시키기 위해서 장애인복지가 필요하다.

장애인복지는 중증장애인 보호에 따른 부담을 분산시키고 최소화시킴으로써 장애인 자신의 복지는 물론 가족의 생활을 보호할 수있다.

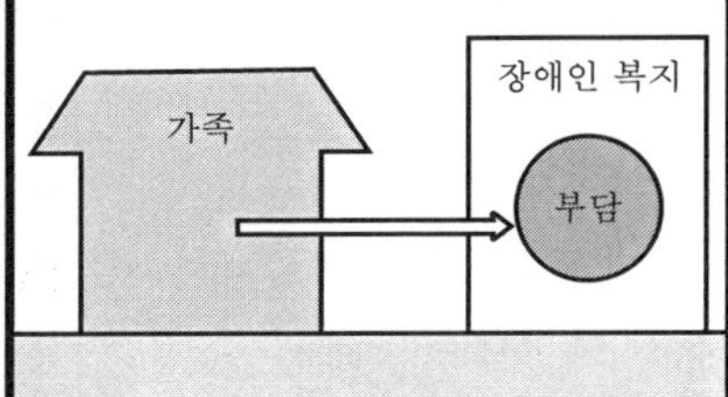

넷째, 인간의 존엄성과 국민의 권리를 보장하기 위해서 장애인복지가 필요합니다.

장애인복지는 장애인이 사회의 한 구성원으로서 가치 있는 역할을 수행하며 인간답게 살아갈 수 있도록 하는 역할을 한다.

장애인의 재활

재활은 장애인들의 사회통합을 위한 중요한 역할을 하며, 의료재활, 교육재활, 직업재활, 사회재활 등이 있다.

- 의료재활
- 교육재활
- 직업재활
- 사회재활

첫째 의료재활은 장애인이 자립하고 활동적인 생활을 영위할 수 있도록 의료적인 차원에서 지원해 주는 활동을 의미한다.

의료재활은 장애인의 가장 필요로 하는 영역이며, 장애인의 사회통합 촉진과 기여면에서 가장 필수적인 분야이다.

둘째, 교육재활은 장애인이 사회생활에 스스로 적응해 가도록 도움을 주는 교육제도와 교육방법 및 기술을 의미한다.

인간의 지적, 정신적 능력은 성장단계에 있는 교육을 통하여 발달된다.

셋째, 직업재활은 장애인이 적절한 고용을 확보하고 유지할 수 있도록 원조하는 것을 의미한다

직업은 모든 인간에게 중요한 의미를 지닌다." "특히 장애인에게 있어서 직업은 생존권의 보장과 사회통합에 가장 핵심적인 역할을 한다.

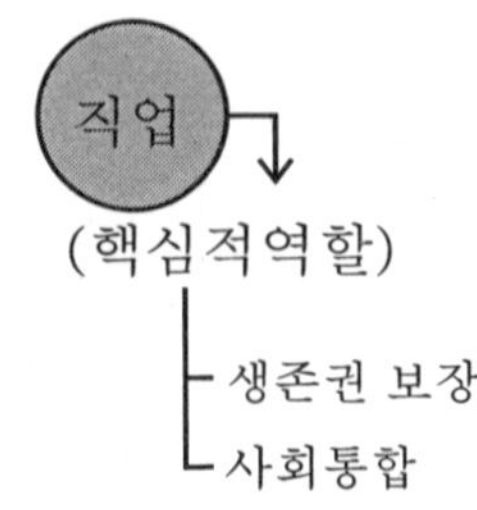

넷째, 사회재활은 장애인을 둘러싼 환경을 정비하여 장애인이 인간다운 생활을 하고 궁극적으로는 사회통합될 수 있도록 지원하는 재활분야이다.

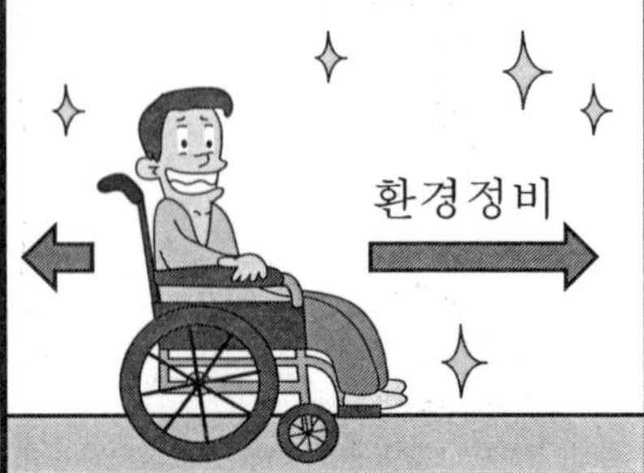

예를 들어서 사회재활에는
장애인관계법의 정비, 경제적 환경의 정비,
물리적 환경의 정비 등이 있다.

사회재활
- 장애인 관계법 정비
- 경제적 환경 정비
- 물리적 환경 정비

이러한 의료적, 교육적, 직업적, 사회적 재활영역은 장애인들이 사회의 한 구성원으로서 보다 가치 있게 생활할 수 있도록 하는 종합적인 서비스체계입니다.

장애인복지 정책

장애인복지정책은 장애인들이 우리 사회의 한 구성원으로서 인간다운 삶을 유지 할 수 있도록 지원하는 정책을 의미한다.

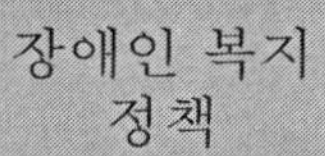

(지원)

인간다운 삶

우리나라의 장애인복지정책은 UN이 정한 세계장애인의 해'인 1981년에,

'심신장애자복지법'의 제정 공포를 계기로 하여 하나의 큰 기틀을 마련하게 됩니다.

이후 1988년 서울장애인올림픽이 개최되고 장애인에 대한 국민적인 관심이 증대되면서, 장애인복지정책은 중요한 국가정책으로서의 역할을 담당하게 된다.

우리나라 장애인복지정책의 기본영역은 장애예방, 소득보장, 의료보장, 고용, 교육정책 등이 있다.

장애인 복지 정책
- 장애예방
- 소득보장
- 의료보장
- 고용
- 교육정책

첫째는 장애예방정책이다. 장애발생을 예방하는 것은 장애인문제를 해결하기 위한 가장 최선의 정책이다.

우리나라에서는 장애예방을 위하여 모자보건, 산업안전, 교통안전의 측면에서 정책적인 접근을 하고 있다.

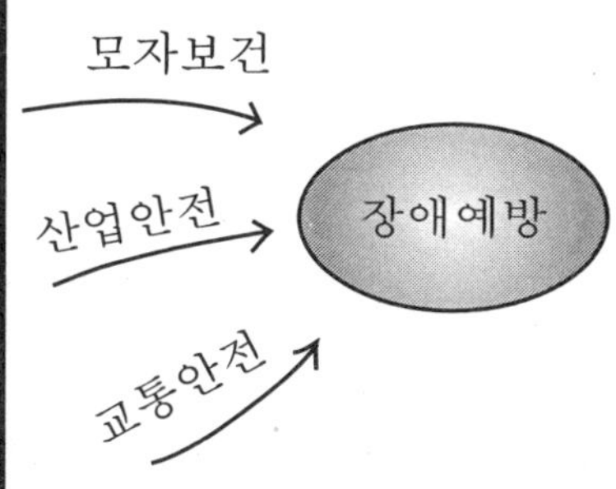

둘째는 소득보장정책이다.
장애인에 대한 소득보장정책은 직접적 소득보장제도와 간접적 소득보장제도로 나뉘어 진다.

직접적 소득보장정책에는 국민기초생활보장제도, 장애수당, 장애인 자립자금대여정책 등이 있으며,

직접적 소득보장정책
- 국민기초생활보장제도
- 장애수당
- 장애인 자립자금대여 정책

간접적인 소득보장정책에는 전화료 할인, 철도요금 할인, 지하철도요금면제, 국내항공료 할인, 소득세 및 상속세 공제, 자동차세, 교육세 면제 등이 있다.

그러니까 지출요인을 줄여서 소득을 간접적으로 보장해 주는 것이구나.

셋째는 의료보장정책이다.
장애인 의료보장 정책에는 건강보험 급여기간의 확대, 장애인 재활병원의 운영, 의료 보장구 지원 등이 있다.

장애인 의료보장 정책
- 건강보험 급여기간의 확대
- 장애인 재활병원 운영
- 의료 보장구 지원

장기적으로는 장애인들의 의료접근성 확보를 보장해 주고, 보다 보편적인 의료재활이 이루어질 수 있도록 지원하여야 한다.

장애인 의료 보장 정책

장애인의 고용정책은 장애인에게 생계를 유지하기 위해 일자리를 제공하는 것 외에 비장애인과 동등하게 사회활동에 참여할 기회를 제공하는 역할을 한다.

장애인 고용정책에는 '장애인고용촉진 및 직업재활법'의 의무고용제도, 장애인 보호고용제도, 장애인직업재활정책 등이 있다.

장애인 고용정책
- 장애인 고용촉진 및 직업재활법의 의무고용제도
- 장애인 보호 공용제도
- 장애인직업재활 정책

장애인 고용정책은 장애인이 적절한 고용을 확보하고 유지하여 궁극적으로 사회통합을 할 수 있도록 지원해 주는 중요한 정책이다.

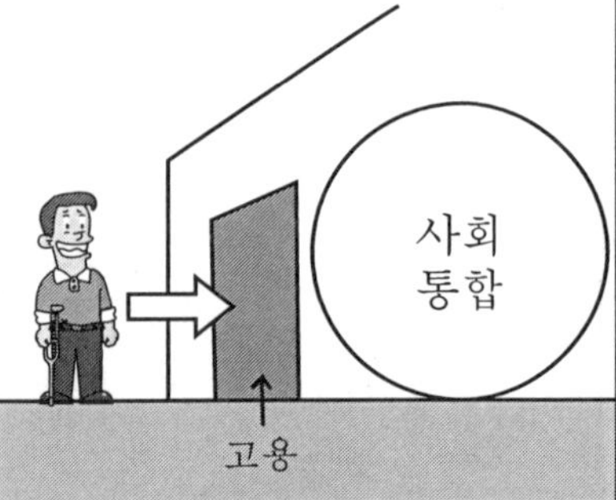

다섯째는 교육정책이다. 장애인을 위한 교육정책은 헌법 제31조의 '모든 국민은 능력에 따라 균등하게 교육을 받을 권리를 가진다.'는 이념에 근거하고 있다.

장애인들은 교육정책을 통하여 교육의 기회를 평등하게 부여받고 사회의 한 구성원으로서의 역할을 수행해 나갈 수 있는 능력을 향상시키게 된다.

Chapter 11

의료사회 복지

1. 의료사회복지의 개념과 기능
2. 의료사회복지 실천의 역사
3. 의료사회복지의 실천과정
4. 의료사회복지사의 기본 지식
5. 의료사회복지의 실천 영역
6. 정신보건사회복지

Focus

의료사회복지는 질병에 대한 다각적인 접근을 바탕으로 질병을 가진 개인과 환경과의 상호관계에 초점을 두고 전문적 실천방법을 활용하여 질병의 예방, 치료 및 재활에 이르기까지 다양한 활동을 수행하는 사회복지의 한 전문분야이다. 이러한 의료사회복지는 환자나 가족들과의 밀접한 대인관계를 통하여 환자의 잠재적 능력과 질병 간에 효과적인 조절을 꾀하고, 궁극적으로는 사회복귀를 효과적으로 달성할 수 있도록 필요한 기능을 수행한다.

1. 의료사회복지의 개념과 기능

1) 의료사회복지의 개념

현대사회에서 질병을 비롯한 건강상의 어려움은 많은 사람들의 관심의 대상이자 사회적 위험 요소로 이해되고 있다. 1940년대 세계보건기구에서 건강을 '신체적, 정신적, 사회적 안녕을 완전히 이룬상태'라고 정의한 이후 의료현장에서 단순한 '신체적 증상(disease)'에만 초점을 두고 다루기보다는 불안이나 고통을 경험하는 '주관적 상태로서의 질환(illness)'을 다루는 것이 더 중요해지고 있다. 즉, 질병에 대한 심리적, 사회적 요인의 중요성에 대한 이해도가 점점 증가하게 되었고, 자연스럽게 건강과 질병에 대한 생리심리사회적(bio-psycho-social) 관점을 바탕으로 환자와 가족을 위한 전문적이고 체계적인 의료서비스를 제공에 대한 관심이 증가하였다.

이와 관련하여 질병이 단순히 인간의 신체적인 부상이나 장애에 그치는 것이 아니라 사회적 상황속에서 야기되는 사회적인 문제이며, 사회제도상의 모순이나 결함과도 관련이 있음을 인식하게 되었기 때문에 질병에 대한 원인과 치료에 대한 견해의 변화와 동시에 보건의료의 심리사회적인 면이 강조되면서 의료사회복지가 중요하게 대두되었고, 지속적으로 발전해오고 있다.

의료사회복지는 의료의 개념을 어떻게 규정하느냐에 따라 협의의 개념과 광의의 개념으로 나뉠 수 있는데 협의의 개념에서는 의료사회복지란 질병의 치료, 회복에 목표를 두고 의료의 입장에서 질병과 직접적으로 관련이 있는 심리사회적인 문제를 다루는 임상사회사업을 의미하고, 광의의 개념은 질병예방, 건강증진 및 지역사회 의료복지 달성을 목표로 하는 포괄적인 개념으로, 건강관리가 그 핵심이다. 따라서 광의의 개념에서 의료사회복지는 주민의 건강유지 및 개발에 치중하고 있다(김기태 외, 2007). 최근 의료서비스는 치료에서 보건의 개념으로 확대되고 있는 바 의료사회복지도 광의의 개념으로 확대되어야 할 것이다.

따라서 의료사회복지는 질병에 대한 다각적인 접근을 바탕으로 질병을 가진 개인과 환경과의 상호관계에 초점을 두고 의료팀의 일원으로 환자 및 가족의 사회기능 향상을 위해 전문적 실천방법을 활용하여 질병의 예방, 치료 및 재활에 이르기까지 다양한 활동을 수행하는 사회복지의 한 전문분야이다(한인영 외, 2006).

2) 의료사회복지의 기능

의료사회복지가 의료기관에서 수행하는 핵심적인 기능은 다음과 같이 설명될 수 있다(김기태 외, 2007).

첫째, 환자나 그 가족에 대한 질병의 성격, 그들의 가족적 성향 및 사회환경 등이 어떠한 상호관계를 맺고 있으며 그들이 질병에 대하여 가지고 있는 심리적 상태 등을 잘 이해한다.

둘째, 환자나 가족들과의 밀접한 대인관계를 통하여 환자의 잠재적 능력과 질병간에 효과적인 조절을 꾀할 수 있도록 한다.

셋째, 필요시에는 그 지역사회가 지니고 있는 의료 및 사회복지 자원으로 그들이 요구하는 욕구에 맞도록 조정한다.

넷째, 환자 및 그 가족들의 정서적 · 사회적 제반 문제와 그들의 능력을 의료팀에게 이해시켜 그들이 상호협동을 할 수 있도록 돕는다.

마지막으로 질병의 예방, 건강의 증진, 환자의 재활지도 및 사회복귀를 효과적으로 달성할 수 있도록 필요한 기능을 수행한다.

2. 의료사회복지 실천의 역사

의료의 역사는 구빈역사와 함께 고대에서 근대에 이르기까지 미분화된 형태로 전개되어왔다. 이는 오늘날 병원을 의미하는 'hospital'이라는 용어나 순례자나 나그네의 접대, 빈곤자 노령자, 허약자 혹은 연소자를 위한 자선시설, 병자 상해자가 치료받은 시설 등으로 설명되고 있는 것에서 알 수 있다. 이러한 용어의 기원에서도 알 수 있듯이 의료와 사회복지의 깊고도 오련 연관을 알 수 있다(김규수, 1995; 김기태 외, 2007: 504). 계속해서 이러한 의료사회복지의 초기 역사를 영국과 미국을 중심으로 간략히 살펴보도록 하겠다(김규수, 1995; 한인영 외, 2006).

1) 영국의 초기 의료사회복지

19세기 후반 영국은 산업혁명 이후 실업자와 빈곤자를 위한 시설 및 기관의 자원분배에 대한 어떠한 조정체계도 확립되지 않은 상태였기 때문에 무질서한 원조가 이루어지고 있었다. 이후 자선조직협회의 로크(Loke)경의 선도로 부녀봉사원(Almoner)의 활동이 조직되었고, 이후 1885년 메리 스튜어트(Mary Stewart)는 자선조직협회의 서기로 근무하다가 왕실시료병원의 사회사업가로 선출되어 근무하였다. 그녀는 의료비 부담능력 유무를 파악하여 진료가 적절하게 이루어지도록 하였으며, 구제가 필요한 사람들을 구빈법 혜택을 받을 수 있도록 지원하였다. 이후 병동에도 의료사회복지서비스를 확장하고 사회사업 업무를 할 수 있는 사람들을 더욱 채용하였고, 실습도 실시하였다.

2) 미국의 초기 의료사회복지

메사추세츠 종합병원의 리차드 카보 박사(Richard C. Cabot)는 환자를 진료하면서 환자 질병의 배후에 있는 사회환경의 영향에 대해서 인식하여, 사회사업적 개입이 필요하다고 판단하였다. 이후 그는 사회사업가로 가네트 펠튼을 발탁하였다. 뿐만 아니라 카보 박사는 1905년 사업보고에서 그가 맡은 환자의 신체적 상태와 심리 · 사회적 상태 간의 관련성에 대해 말하고, 사회사업가와의 협력으로 어떻게 하면 올바른 진단과 적절한 치료를 할 수 있는지에 대해 발표함으로써 의사와 관계자들에게 깊은 감며을 주었다. 이후 그의 영향으로 존스홉킨스 대학원 뿐 아니라 뉴욕의 큰 병원에도 사회사업부를 설치하게 되었다.

3) 한국의 의료사회복지

한국에서도 1950년대 초에 병원에서 최초로 사회복지사를 채용한 이래 1974년 의료법 시행령의 개정으로 종합병원에는 의무적으로 사회복지사를 1인 이상 채용하도록 한 것에 힘입어 의료사회복지사의 수가 증가하였다. 그리고 1977년 의료보험법에서 정신의학사회사업의 의료수가 인정으로 또 한 번 정신과병원을 중심으로 하여 의료사회복지의 발전이 이루어졌고, 1994년부터는 재활의료분야에서도 사회복지사의 활동에 대한 의료보험수가를 청구할 수 있게 되어 그 활용이 크게 증가하고 있다(김기태 외, 2007). 1993년에는 정신의료사회복지사들이 대한의료사회사업가협회에서 분리되어 한국정신의료사회사업학회를 결성하면서 정신의학 분야는 독립된 분야로 성장되었다. 이후 1995년 정신보건법의 제정으로 정신보건전문요원 수련과정 제도에 따라 정신보건사회복지사가 국가자격증을 받게 되었고, 정신보건사회복지는 의료사회복지에서 분화되어 새로운 전문분야로 인정받게 되었다.

3. 의료사회복지의 실천과정

의료사회복지는 사회복지실천의 한 분야로 실천과정은 사회복지실천과정과 크게 다르지 않다. 다만 의료분야라는 특수성을 좀 더 감안한다면 이해하기가 쉬울 것이다. 의료사회복지의 실천과정은 다음과 같다(한인영 외, 2006; 김기태 외, 2007)

1) 초기단계

초기단계는 환자나 가족이 사회복지사를 찾아오거나 의료진에 의해서 의뢰되어 도움을 요청하는 시기에서부터 원조서비스의 준비, 탐색, 문제규정과 사정, 계약, 목표설정 그리고 다음 단계의 설정 등이 이 과정에 포함된다.

준비단계에서는 원조과정을 성공적으로 시작할 수 있도록 하기 위하여 환자가 적절하게 자신을 준비하도록 돕고, 관계형성, 감정이입, 계획 등을 통하 환자, 가족, 집단이 정서적 · 인지적으로 무엇을 경험하고 느끼고 있는지를 예상한다. 그 다음 질병으로 인해 생긴 환자의 욕구에 적절한 서비스를 제공한다.

탐색단계에서 의료사회복지사는 질병으로 인하여 경황이 없는 환자가 정보수집, 사정과 계약 등의 과정에 얼마나 깊이 참여할 수 있을지 판단하고, 가족들이 중요한 정보제공자일 때 특정한 정보가 중요하다는 것을 가족들이 이해하도록 해야한다. 이 때 개인적 · 환경적 · 문화적 요인들과 질병의 상호작용에 대한 이해와 가족의 생활주기로서 가족의 발달단계를 고려하는 것이 중요하다.

사정단계는 초기단계에 포함되는 것이지만 실천과정에서 지속적이고 계속적으로 이루어져야 한다. 사정의 목적은 클라이언트와 의료진이 개입을 위한 표적문제를 결정하고 개입목표를 묘사할 수 있도록 돕는데 있다.

목표설정 및 계약 단계에서는 의료사회복지사와 환자가 함께 일을 하기로 결정하고 이제 그 결과가 어떠할지에 대해 논의하고 계약한다.

2) 개입단계

개입단계는 초기단계에서 이루어진 사정으로 환자와 의료사회복지사가 동의한 목표와 과업들에 따라 직접 행동하는 단계이다. 의료사회복지사의 실천과정에서는 개별상담, 가족상담, 집단상담, 위기개입 등이 이루어진다. 의료사회복지사의 다양한 과업은 임상가의 특정한 역할과 연관된다. 즉, 동기부여자, 자원연결자, 교육자, 조력가, 촉진자, 대변자, 상담가, 사례관리자 등의 역할을 하는 것이다.

3) 종결 및 평가단계

종결은 클라이언트의 변화를 위한 노력을 종결짓는 단계로 모든 사회복지실천은 반드시 이 단계에 이르게 되며 의료사회복지실천에서도 이 단계는 매우 중요한 의미를 갖는 단계이다. 의료세팅에서의 종결에는 중요한 두 가지 양상이 있다. 첫 번째는 퇴원으로 인한 종결로 퇴원 후 생활에 대해

다학문적인 계획을 필요로 한다. 두 번째 양상은 심각한 질병과 부상으로 인해 맞이하게 되는 죽음과 사별이라는 가장 충격적인 종결상태이다. 그러므로 의료사회복지사는 종결기간동안 환자와 가족이 퇴원계획을 수립하고, 죽음과 사별을 받아들이는 과업을 돕는 데 필요한 특별한 지식과 기술을 갖추어야 한다.

4. 의료사회복지사의 기본 지식

의료사회복지 기능을 수행하기 위하여 의료사회복지사는 다음과 같은 지식을 필요로 한다(한인영 외, 2006).

① 질병, 장애, 외상의 신체적 특징에 대한 이해

② 질병에 대한 특징적 반응양태와 행동에 대한 이해

③ 질병에 영향을 미치는 사회문화적 태도와 다른 변수들에 대한 이해

④ 질병별 특수문제에 대한 이해

5. 의료사회복지의 실천 영역

의료사회복지의 실천영역은 임상 영역을 중심으로하여 행정, 교육 영역까지 다양하게 이루어지고 있다. 본 절에서는 실천 영역을 중심으로 의료사회복지사의 역할에 대해 살펴보고자 한다.

1) 임상

일반적으로 종합병원에 근무하는 의료사회복지사는 내과, 정신과, 재활의학과 등 임상과별로 개입해왔다. 하지만 최근에는 특정질환별로 개입하는 추세이며, 개입하는 질환의 범위도 점점 더 확대되어가고 있다. 임상 현장에서 의료사회복지사가 적절한 개입을 하기 위해서는 무엇보다 질환에 대한 이해가 선행되어야 하며, 이를 통하여 환자 및 가족에 대한 개입이 이루어질 것이다. 따라서 의료사회복지사의 개입이 많은 질환을 중심으로 이에 대한 실천적 개입방법에 대해 간략히 살펴보기로 하겠다(한인영 외, 2006).

(1) 당뇨병

당뇨병은 췌장의 인슐린 분비능력이 떨어지거나 우리 몸의 인슐린에 대한 저항성이 생기면 발생되는 것으로, 완치되는 병은 아니지만 꾸준한 자기관리를 통해서 혈당을 조절하면 일상생활에 장애없이 건강하게 살아갈 수 있다. 당뇨병 환자에 대한 의료사회복지사의 개입은 다음과 같다.

첫째, 정보수집과 사정으로 당뇨로 인한 심리사회적 어려움을 사정한다. 둘째, 당뇨병 교실로 당뇨병에 대한 심리적 적응, 생활습관의 개선방법, 스트레스 관리, 가족의 지지에 대해서 교육한다. 셋째, 당뇨캠프, 넷째, 환자 및 가족상담등이 이루어진다.

(2) 만성신부전

신부전이란 신장의 기능을 적절히 수행하지 못하는 상태로 급성신부전과 만성신부전으로 나뉜다. 만성신부전 환자들은 심리적 적응의 어려움과 투석으로 인한 사회적응의 어려움, 가족부담의 증가등 심리사회적으로 많은 어려움을 겪게 된다. 이 과정에서 사회복지사는 첫째, 환자와 가족에 대한 정보수집과 심리사회적 어려움을 사정하고, 둘째, 환자의 식이요법, 운동 등에 대해 환자와 가족에게 교육한다.

(3) 장기이식

장기 등 이식에 관한 법률에 따라 의료사회복지사는 직무수행의 법적인 근거가 마련되었다(추정인 외, 2002). 장기이식이란 신체장기가 어던 질환으로 그 기능을 상실하게 되어 어떤 다른 치료방법으로도 그 기능을 대체 할 수 없을 때, 타인의 장기 전부 또는 일부분을 동일한 또는 각각 다른 사람의 신체에 옮겨 심는 것을 말한다.

장기이식을 받은 환자들은 신체적 문제와 심리적 문제, 가족적 문제, 사회적 문제, 경제적 문제, 장기수요의 불균형으로 인한 고통 등의 다양한 어려움을 겪고 있다. 장기이식 환자에 대한 사회복지사의 활동은 신장이식의 경우 신장기증자와 신장수혜자의 순수성 평가 업무와 장기기능희망자의 접수 및 등록 업무, 뇌사자 발생 시 동의서 작성업무가 주류를 이루었고, 이식 전후의 사회심리적 적응상담과 지지집단 운영, 스트레스 관리 프로그램 등이 이루어지고 있다.

(4) 소아암

소아암은 영아기를 제외한 18세 미만의 소아, 청소년기 질환으로 소아암의 종류로는 백혈병, 뇌종양, 림프종, 신경아세포종, 윌름씨 종양, 망막아세포종, 골종양, 간암, 횡문근육종 등이 있다(홍영수, 1998: 5). 소아암환자의 심리사회적 적응문제 및 가족들의 문제, 특히 형제 자매들의 문제와 경제적 문제는 이들 환자와 가족에게 많은 어려움을 겪게 한다.

사회복지사는 초기면접에서 정보수집과 사정을 통하여 질병이 미치는 사회심리적 영향에 대해서 파악하고, 개별상담, 가족상담, 스트레스 관리 프로그램, 소아호스피스, 경제적 지원 등의 다양한 원조가 이루어지고 있다. 병원 외에 지역사회 내에서 소아암환자를 위한 쉼터, 소아암환자 부모를 위한 지지집단 등에서도 활동을 하고 있다(최윤정, 2002).

(5) 정신분열병

정신분열병은 대표적인 만성정신질환으로 병원과 사회복귀시설 등에서 근무하는 사회복지사가 가장 많이 개입하게 되는 질환 중 하나이다. 정신분열병은 만성질환으로 오랜 기간의 치료가 필요하며 이로 인하여 다양한 심리적, 사회적 어려움을 가지고 있다. 사회복지사들은 우선 정신분열병 환자들에 대한 정신상태검사를 비롯한 심리사회적 사정을 우선적으로 실시하고, 그 외 각종 정신사회재활치료를 실시한다. 여기에는 집단치료, 집단활동요법, 가족교육, 사회기술훈련 등이 포함된다.

(6) 척수손상

척수손상은 과격한 충격, 과격한 굴곡 등에 따라 영향을 받게 되며 척추골절 및 탈구의 직접적인 손상에 의해 하반신마비나 사지마비를 초래하는 것으로, 교통사고, 낙상, 기계적 손상 등에 의해 많이 발생하고 있다. 척수손상환자는 신체의 일부 혹은 전신마비로 독립성을 누릴 수 없고, 외모에 대한 신체상이 바뀌었기 때문에 심리적, 사회적 적응에 매우 어려움을 가지고, 신체적으로도 합병증 관리, 성문제 등 많은 어려움을 겪게 된다. 사회복지사들은 심리사회적 사정 뿐 아니라 가족회의, 척수손상환자 성재활프로그램 등 집단프로그램, 소그룹상담 등을 진행한다.

(7) 뇌졸중

뇌졸중은 우리나라 사망원인 중 상위를 차지하고 있으며 신경계장애의 가장 흔한 원인이다. 뇌졸중의 원인은 크게 출혈과 경색의 두 가지로 나뉜다. 뇌졸중환자의 기능회복에는 환자의 의욕 및 동기가 가장 큰 영향을 미친다. 이들은 정서적 문제와 사회복귀 및 재활문제 등으로 인해 많은 어려움을 겪고 있다. 사회복지사들은 다른 질환과 마찬가지로 심리사회적 사정을 실시하고, 자조집단프로그램 운영, 장애등록에 관한 정보제공, 개별상담 및 가족상담을 실시한다.

2) 행정

(1) 퇴원계획

퇴원계획은 의료 및 정신의료현장에서 요구되는 통합적인 사회복지실천으로 환자 및 보호자의 교육이 강조되는 입원 및 외래에서 중요하다. 퇴원계획의 일차적인 초점은 재입원을 막고 환자의 독립적인 생활과 재활을 촉진하는 것이다(한인영 외, 2006).

전통적인 의료사회복지 관점에서 퇴원계획은 병원에서 근무하는 사회복지사의 주요기능으로 적절하게 모니터링되고 수행된다면 재원일수와 의료비용의 감소를 가져올 수 있었기 때문에 병원에서 중요하게 부각되었다. 퇴원계획을 위한 의료사회복지사의 활동으로는 환자 및 가족의 권익옹호, 퇴원시기의 조정, 누가 돌볼 것인가에 대한 가족의 역할조정, 가옥구조의 변경, 다른기관으로의 전원, 경제적 지원, 보장구 등의 준비, 기타 사회복지서비스의 연결 등이 이에 해당한다(김규수, 1995).

(2) 의료비 지원

경제적으로 어려운 클라이언트에 대한 의료비를 지원하는 것은 현재 의료사회복지사의 업무 중에서 타 전문직이 가장 원하는 역할 중의 하나이다. 따라서 사회복지사는 의료비지원 단체를 비롯한 지역사회의 다양한 자원을 잘 인식하고 이러한 자원을 연결해줄 수 있어야 한다. 최근에는 경기

하락, 외국인 노동자, 가정폭력 피해자 등 의료비 지불에 어려움을 겪고 있는 사람들이 더욱 증가하고 있다. 이와 관련하여 의료비지원을 위한 단체 연결 뿐 아니라 기금마련과 관련하여 의료사회복지사의 다각적인 노력이 필요할 것이다. 이 과정에서 의료비 지원을 위한 기획서 작성은 의료사회복지사에게 기본적으로 요구되는 능력이라 하겠다.

(3) 기타 업무

자원봉사자 관리 업무는 의료세팅에서 대부분 의료사회복지사가 하고 있으며, 그 외 의료사회복지 서비스 질 보장과 관련한 다양한 행정업무를 수행하고 있다.

3) 교육 및 연구

임상, 행정 외에도 중요한 의료사회복지의 실천영역은 교육 및 연구 영역이다. 실천학문이라는 사회복지의 특성상 의료사회복지 영역에서 학생들에 대한 실습지도는 대단히 중요하다고 하겠다. 특히 이론과 임상기술을 겸비한 의료사회복지사를 양성하기 위한 실습은 대학 및 임상기관의 발전에 중요한 과정이라고 하겠다. 실습교육 외에도 수련생 교육, 의대생 교육 등의 교육, 선임사회복지사의 수퍼비전 등이 있으나 의료사회복지 영역에 사회복지사의 숫자가 많지 않은 관계로 정신보건분야를 제외하고 수버비전이 활성화되어 있지는 않은 형편이다.

또한 의료현장에서 전문직으로 자리매김하기 위하여 사회복지 서비스 효과성을 실증연구를 통하여 입증해야한다고 요구되고 이와 관련하여 의료사회복지실천에서의 연구가 중요하게 인식되고는 있으나, 인력의 부족과 과중한 업무 등으로 아직 사회복지연구가 활발하게 이루어지고는 있지 않은 형편이다.

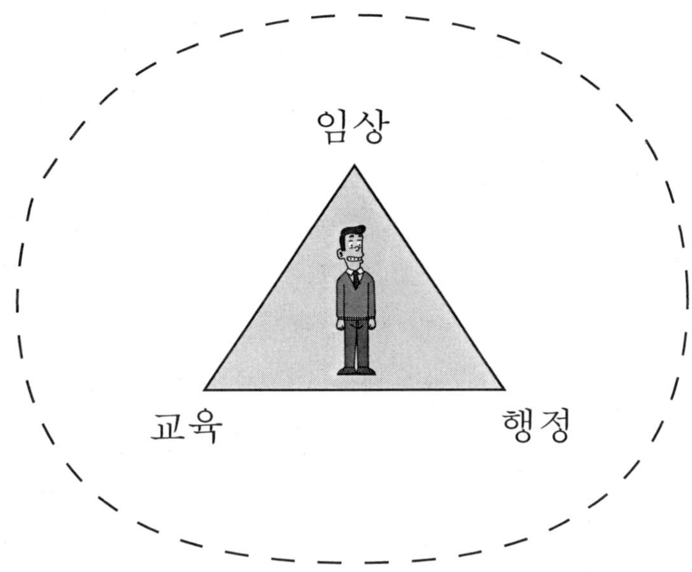

6. 정신보건사회복지

의료사회복지로부터 분화하여 전문화된 영역으로 정신보건사회복지가 있는데 이는 정신의학영역에서 이루어지는 사회복지실천활동이라 할 수 있다. 이러한 정신보건사회복지에 관하여 보다 자세히 살펴보기로 한다.

1) 개념

정신보건사회복지의 정의는 학자에 따라, 시대에 다라 달라져왔다. 따라서 정신보건사회복지의 개념 규정에 대해서는 반드시 통일된 견해는 보이지 않지만 그 개요에 대해서 대체적으로 다음과 같이 요약할 수 있다. 첫째, 정신보건사회복지는 사회복지의 한 분야로서, 정신의학에는 없는 사회복지의 이론 및 실천체계에 기초하고 있다. 둘째, 정신보건사회복지는 케이스워크서비스를 중핵으로 하지만 거기에 그치지 않고 그룹워크 서비스 나아가 관리운영, 교육훈련, 조사연구 및 지역사회에의 교육활동 등의 기능도 하고 있다. 셋째, 정신보건사회복지는 정신의학과도 직접적으로 책임있는 관계에서 행해지는데, 정신보건사회복지사는 정신과의사를 중심으로 하는 정신보건 팀의 일원으로 활동한다. 넷째, 정신보건사회복지는 정신적 · 정서적 장애를 가진 사람들에 대한 서비스의 제공을 주된 목적으로 설치되고 있는 정신과 병 · 의원 및 정신보건의 기관 · 시설에서 실시된다(김기태 외, 2007).

김규수(1995)도 여러 외국 학자들의 논의를 종합하여 정신보건사회복지의 대상은 정신적 및 정서적 장애를 가진 클라이언트이며, 주체는 정신과의사, 사회복지사, 심리학자, 정신과간호사 그리고 작업요법사 등이 치료팀으로 구성되고 활동장소는 병원이나 진료서, 정신보건기관, 지역사회 등으로 확대설명하고 있으며, 그 목적은 정신적 · 정서적 장애로 고통을 받고 있는 사람들의 건강을 회복시키고 정신건강을 촉진하는 활동 등 2차 예방 뿐만 아니라 1차 예방활동으로 확대된 서비스를 내포하고 있으며, 사회사업적 접근방법을 케이스워크로 국한시키지 않고 제반 사회복지실천방법론을 적용함을 의미하고 있다고 하겠다.

따라서 정신보건사회복지란 정신병원 혹은 진료소, 정신보건시설 및 기관에서 행해지는 사회복지라고 볼 수 있을 것이며, 이는 정신적으로 어려움을 겪고 있는 클라이언트 뿐 아니라 클라이언트와 상호작용을 하고 있는 모든 체계에 도움을 준다고 하겠다.

2) 정신보건사회복지사의 역할

정신보건사회복지사는 미국의 정신보건시설에서 가장 많은 비율을 차지하고 있으며, 한국에서는 간호사 다음으로 정신보건시설에서 많은 비율을 차지한다. 정신보건사회복지사는 다양한 세팅에서 자신들의 역할을 수행하면서 많은 기술들을 사용한다. 첫째, 치료자나 상담자의 역할, 둘째, 사례관리자의 역할, 셋째, 옹호자로서의 역할, 넷째, 계획, 행정, 지도감독자로서의 역할을 포함하는 정책입안자의 역할이 있다. 그 외 정신보건사회복지사들은 위기개입과 아동 및 가족서비스, 학교중심서비스와 약물치료 프로그램, 다학문적 팀에서의 사회복지사로서 그 역할을 확대해 가고 있다(김기태 외, 2007).

이러한 정신보건사회복지사의 역할을 시설의 기능에 따라서 진단, 치료, 퇴원 및 사후보호를 중심으로 요약해보면 다음과 같다(박종삼, 1993; 김기태 외, 2005).

(1) 치료시설(종합병원 정신과, 전문정신병원, 정신과의원)

① 평가과정
- 입원사정과 계획
- 심리사회적 평가(개인력조사, 사회력조사, 가족력조사)
- 사회환경조사 평가
- 환자의 경제능력조사 및 사정
- 가족면접 상담 교육

② 치료과정
- 환자의 개별문제 상담
- 가족상담 및 가족교육, 가족집단상담
- 집단활동요법
- 집단치료
- 정신과적 재활요법
- 사회적응을 위한 사회기술훈련
- 병실 내의 프로그램 및 집행
- 치료팀간의 협조
- 심리극 또는 사회극
- 환경치료
- 가정, 학교, 회사방문을 통한 사회사업서비스
- 지역사회자원동원 및 후원자연결
- 지역사회자원의 정보수집 및 제공
- 타병원이나 시설로의 환자의뢰 및 알선
- 지역사회유관단체를 위한 자문활동
- 국민기초생활보장 수급자의 물질적 원조 및 조정
- 자원봉사자 활용 및 자원동원

③ 퇴원과정
- 퇴원계획 및 재활계획 상담 및 지도

- 환자의 욕구 및 사회적응평가
- 사회복귀와 재활을 위한 지역사회기관연결
- 퇴원환자들의 사회복귀를 위한 개별 및 집단지도
- 낮병동 서비스
- 퇴원 後 사후서비스를 위한 가정방문

(2) 사회복귀시설 및 재활시설

① 개별적인 재활계획
② 사회복귀촉진을 위한 상담과 원조
③ 사회기술 및 적응훈련
④ 생활기술 및 대인관계기술 및 지도
⑤ 통원, 금전사용 및 여가활용지도
⑥ 직업훈련과 취업에 관한 지도육성
⑦ 가족교육 및 상담
⑧ 정신장애인 가족회 육성 및 운영
⑨ 가정방문지도(재가서비스)
⑩ 단기 · 위기지향적 가족상담
⑪ 사회복귀를 위한 각종 효과적인 프로그램 실시
⑫ 지역사회자원동원과 후원조직 육성
⑬ 지역사회를 위한 정신건강교육
⑭ 의료기관 및 지역사회기관과의 연결업무

(3) 지역사회정신건강증진센터

① 지역주민의 정신건강증진을 위한 활동(교육 및 계몽활동)
② 정신건강에 관한 상담 및 지도
③ 재가환자들의 가정방문지도 및 상담사업
④ 정신보건에 관한 자문과 교육

⑤ 낮보호서비스

⑥ 지역사회자원의 개발 및 활용

⑦ 의료기관이나 상담기관으로의 의뢰 및 알선

⑧ 지역사회관련기관들과의 연락 및 협조

⑨ 정신장애인의 조기발견 및 조기조치

⑩ 아동기 정신건강문제의 조기발견과 개입

⑪ 약물남용 및 알코올남용문제 상담

⑫ 지역의 정신보건실태 파악

(4) 보건소 및 보건지소

① 정신건강에 관한 상담 및 지도

② 정신보건 계몽과 홍보

③ 지역의 정신보건실태의 파악

④ 정신보건에 관한 자문과 교육

⑤ 지역사회관련기관들과의 연락 및 협조

⑥ 지역사회자원의 개발 및 활용

⑦ 의료기관이나 상담기관으로의 의뢰 및 알선

⑧ 재가환자들의 가정방문지도 및 상담사업

⑨ 정신장애인의 조기발견 및 조기조치

⑩ 지역주민의 정신건강증진을 위한 활동(교육 및 계몽활동)

⑪ 지역사회정신질환의 역학조사활동

(5) 정신요양시설

① 심리사회적 상담 및 개별문제지도

② 각종 집단프로그램 실시

③ 생활훈련실시

④ 가족상담 및 가정방문

⑤ 무연고자를 위한 후원자 연결업무

⑥ 지역사회자원동원과 후원조직 육성

⑦ 대인관계기술, 작업능력의 강화

⑧ 기초생활수급자를 위한 행정업무

이번 장에서는 사회복지의 다양한 분야중에서 의료사회복지 분야에 대해서 간략히 살펴보았다. 의료사회복지의 개념과 기능, 의료사회복지 역사, 의료사회복지의 실천과정과 실천영역에 대해 살펴봄으로써 의료사회복지실천에 대한 대략적으로 이해할 수 있었을 것이다. 아직까지 의료사회복지는 병원을 중심으로 이루어지고 있지만 보건의료복지의 통합, 지역사회 중심의 개입 등에 대해 보다 관심을 가지게 되면서 의료사회복지의 영역도 점차 더 확대될 것으로 이해된다.

참고문헌

김규수. 1995. 『의료사회사업론』서울: 형설출판사.

김기태 · 박병현 · 최송식. 2007. 『사회복지의 이해』 서울: 박영사.

김기태 · 황성동 · 박봉길 · 최말옥. 2005. 『정신보건복지론』경기: 양서원.

최윤정. 2003. "소아암환자쉼터 이용자의 서비스 만족도와 개선방안에 관한 연구" 부산대학교 석사학위논문.

추정인. 1998. "여성신장이식환자의 스트레스 대처를 위한 집단프로그램 적용에 관한 연구". 이화여자대학교 사회복지대학원 석사학위논문.

추정인 · 송효석 · 조성상 · 김후남 · 서향순. 20020. 『이식』서울: 나눔의 집.

한인영 · 최현미 · 장수미. 2006. 『의료사회복지실천론』 서울: 학지사.

홍영수. 1998. "소아암 환자 가족을 위한 사례관리 실천모형 연구" 연세대학교 석사학위논문.

만화로
다시 정리하기

현대사회에서 질병을 비롯한 건강상의 어려움은 많은 사람들의 관심의 대상이다. 또한 질병은 사회적 위험 요소로 인식되고 있다.

예를들면, 요즘같은 신종플루가 만연하면,

질병 → 사회생활 영위할 수 없음 →실직

1940년대에 WHO에서는 건강을 "신체적, 정신적, 사회적 안녕을 완전히 이룬상태"라고 정의하였다.

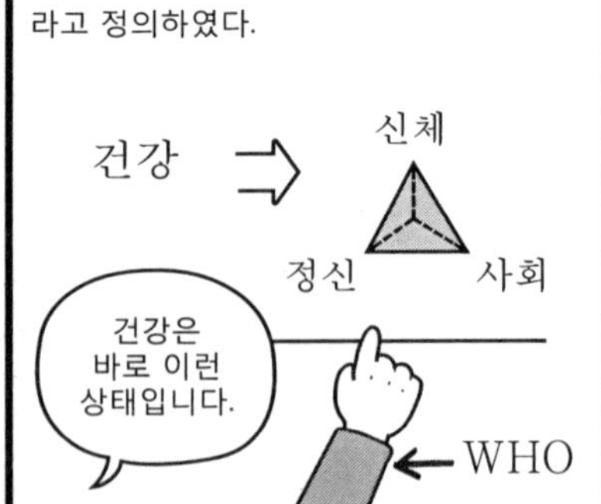

이후 의료현장에서는 단순한 신체적증상(disease)에만 초점을 다루기보다는 불안이나 고통을 경감하는 주관적 상태로서의 질환(illness)을 다루는 것이 더 중요하게 되었음.

따라서 질병은 신체적 부상이나 장애만이 아니라 사회적 상황속에 야기되는 사회적 문제인 것 입니다.

치매 노인의 경우 간병, 부양의 문제
> 가족들 부담의 증가

> 사회문제로 대두
(현재노인장기요양보호제도 생김)

질병에 대한 원인과 치료의 견해에 변화가 생김 따라서 질병의 심리사회적측면에 대한 이해에 초점을 두게되었고, 사회과학분야 전문가의 개입이 필요하게 되었다.

과거	현재
단순히 신체적 증상의 제거에 만 관심	질병의 심리사회적인 측면이 강조(질병에 대한 불안, 고통에 대한 개입 뿐 아니라 사회적 문제에 까지 관심)

의료사회복지는 질병에 대한 다각적 접근을 바탕으로 다양한 활동을 수행하는 사회복지의 한 전문분야라고 할 수 있다.

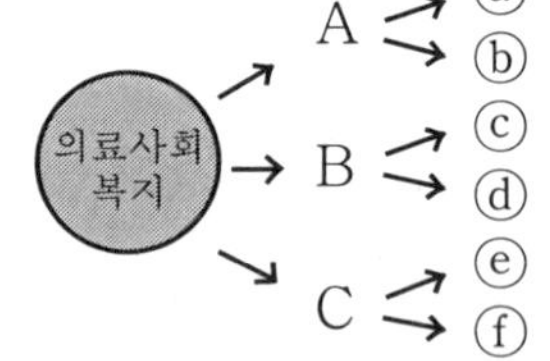

질병에 대한 다각적 접근

다양한 활동

그렇다면 의료사회복지의 기능에 대해서 살펴보자.

첫째, 환자나 그 가족에 대해 이해한 내용을 치료계획에 적용할 수 있도록 합니다.

환자나 그 가족의 성격 파악

- 가족의 사회환경
- 가족들의 상호작용 형태
- 질병에 대한 심리적 상태 잘 이해

이러한 특성을 치료과정에 반영할 수 있도록 함.

둘째, 환자나 가족들과 대인관계를 통해 잠재적 능력과 질병 간에 효과적인 조절 꾀할 수 있도록 한다.

- 개인상담
- 가족상담
- 집단상담 프로그램

위의 과정을 통해 환자와 그 가족들을 도움.

셋째, 필요시 지역사회 자원을 환자와 가족들의 욕구에 맞도록 조정한다.

(예)
- 간병해줄 가족이 없는 경우 간병인 연결
- 보호자가 없는 독거노인 퇴원 시 복지관 밑반찬 연결 서비스 연계

(예) - 의사, 간호사, 원무과 팀 들에게 사회복지사가 면담한 내용에 대해 사례회의 시간을 통해 알린다.

퇴원계획(퇴원 후 재활 및 사회복귀 관련)
: 퇴원 후 이용가능한 서비스 연결

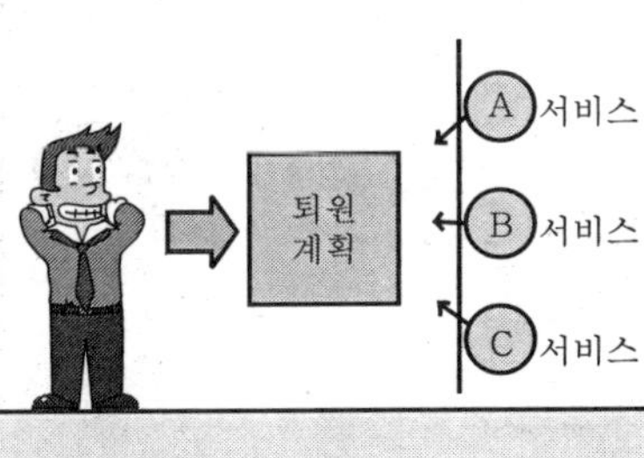

의료의 역사는 빈민에 대한 개입의 역사와 함께 고대에서 근대에 이르기까지 미분화된 형태로 전개되어옴.

"Hospital" 오늘날 병원이라는 용어의 기원. 순례자나 나그네의 접대, 빈곤 노령자, 허약자 연소자를 위한 자선시설, 병자 상해자가 치료받는 시설 등으로 설명되어 옴.

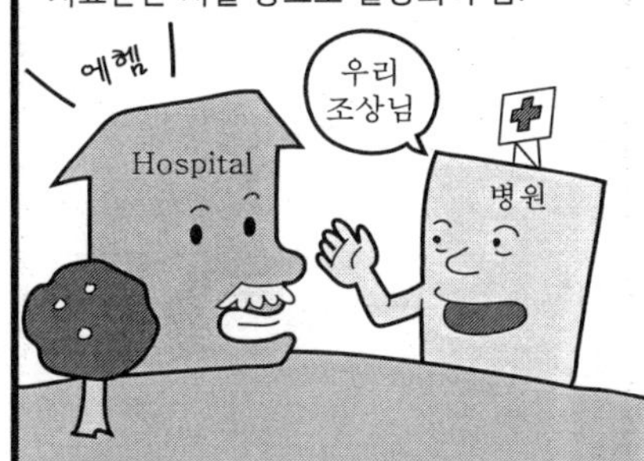

영국의 초기 의료사회복지
알모어(ALmoner) : 부녀봉사원 활동 조직, 부녀봉사원은 아픈 사람들에 대한 부녀봉사원의 자원봉사 활동형태로 진행됨.

1885년 메리 스튜어트

- 자선조직협회의 서기로 근무하다가
- 왕실시료병원의 사회사업가로 선출되어 근무

메리스튜어트는 주로
무슨 일을 하였나요?
(외래환자를 대상으로)

의료비 지불능력 유· 무를 면담을 통해 파악하여 진료가 적절하게 이루어 질 수 있도록 함.

사실은 치료를
받고 싶어도
돈이 없어서~

면담

또 면담을 통해 구제가 필요한 사람들은 구빈법의 혜택을 받을 수 있도록 지원함.

이런 지원제도가
있으니까 포기하지
말고 치료를 받으세요.

구빈법

이후 병동에서도 의료사회복지서비스를 확장하고 사회사업 업무를 할 수 있는 사람들을 더욱 많이 채용하게 됩니다.

- 입원환자에 대한 면담
- 입원환자에 대한 서비스 제공

메사추세츠 종합병원의 리차드 카보 박사는 결핵치료를 하면서 특별한 경험을 한다. 환자의 증상이 완전히 좋아져서 퇴원을 시키고 나면 얼마되지 않아 자꾸 다시 입원을 하는 것이다.

그는 여기서 의문을 가진다.
"왜 병원에서는 다 나았는데 퇴원해서 집에 가면 증상이 악화되는 것인가?"

그 과정을 통해서 환자의 질병 배후에 있는 사회환경의 영향에 대해서 인식하였다.

질병 배후의 사회환경
- 부적절한 영양공급
- 비위생적인 주거환경
- 가족관계에서 스트레스 등

그 후 리차드 카보 박사는 심리사회적환경과 관련한 전문가인 사회복지사를 채용해야할 필요성에 대해 인식, 사회사업가 가네트 펠튼을 발탁한다.

뿐만 아니라 1905년 사업보고에서 "환자의 신체적 상태와 심리사회적상태 간의 관련성"에 대해 피력한다.

또한 그는 사회복지사와의 협력으로 어떻게 하면 올바른 진단과 적절한 치료를 할 수 있는지에 대해 발표하였는데 그의 발표는 의사와 관계자들에게 깊은 감명을 주었다.

이후의 리차드 카보박사의 영향으로 존스홉킨스 대학원 뿐 아니라 뉴욕의 큰 병원에도 사회사업부를 설치하게 됨.

그렇다면 한국의 의료사회복지는 어떻게 진행되어 왔을까?

이를 계기로 의료사회복지사의 수가 증가하였고, 1977년 의료보험법에서 정신의학 사회사업의 의료수가 인정.

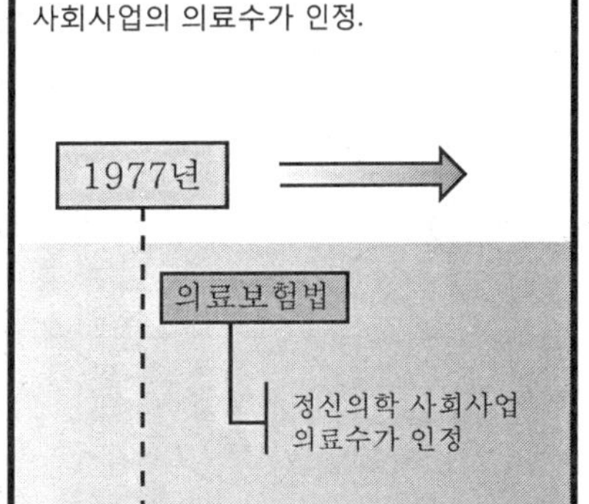

정신과 환자들을 대상으로 사회복지사가 사회사업조사(심리사회적사정), 퇴원계획, 가정방문 등을 실시할 경우 건강보험심사평가원에 의료비 청구가능.

또한 1994년부터 재활의료분야도 사회복지사의 활동에 대한 의료보험수가 청구 가능 -의료사회복지사가 재활의학과 환자를 대상으로 사회사업조사 등 개입을 실시할 경우 의료수가 인정됨.

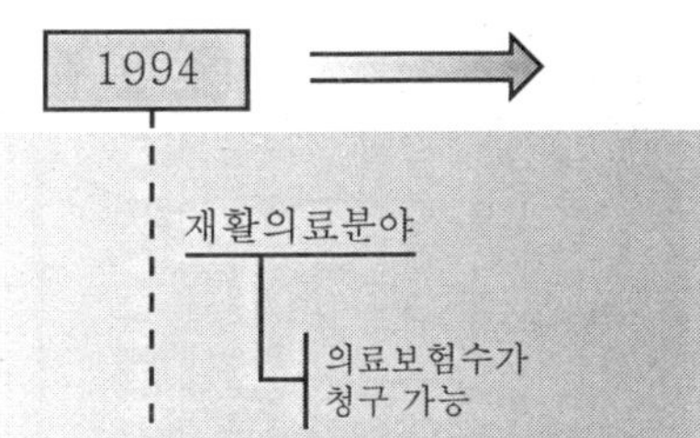

1993년 정신의료사회복지사들이 대한의료사회사업가협회에서 분리되어 한국정신의료사회사업학회 결성 정신보건사회복지분야는 독립된 분야로 성장하게된 계기가 마련되었습니다.

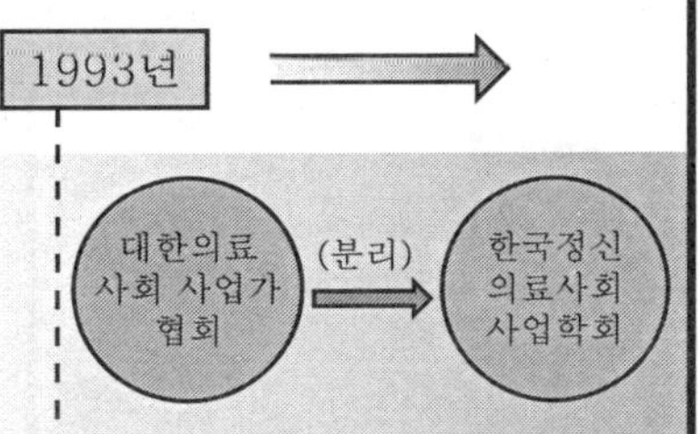

1995년 정신보건법의 개정 : 정신보건전문요원 수련과정제도(의사자격과정으로 비유해보면 인턴, 레지던트 과정) 생김.

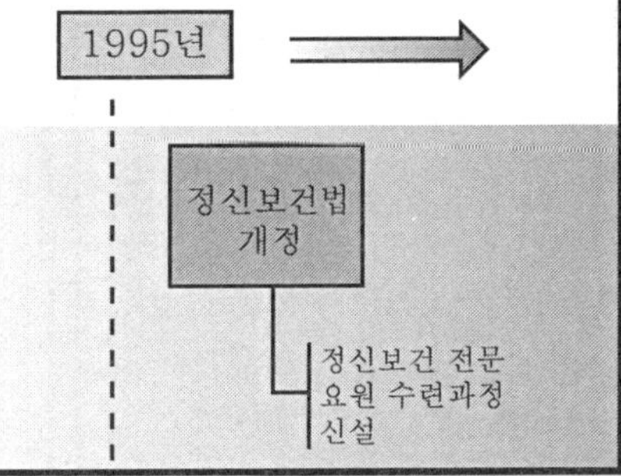

정신보건법에 의해서 정신보건사회복지사는 국가자격증을 받게 되고 의료사회복지에서 분화된 새로운 사회복지의 전문분야가 됨.

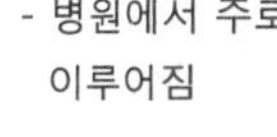

의료사회복지실천과정 : 초기단계
- 환자나 가족이 직접 찾아오거나
- 환자와 가족이 의료진에 의해서 의뢰되어 도움을 요청하는 시기

초기단계
- 원조서비스의 준비(장소 준비, 사회복지사가 클라이언트를 맞기 전에 사전의 준비를 포함)

초기단계
- 클라이언트 문제에 대한 탐색(환자의 정보 수집, 가족들에게 중요한 정보를 얻기, 가족의 현재 상황이나 상태에 대한 정확한 사정)

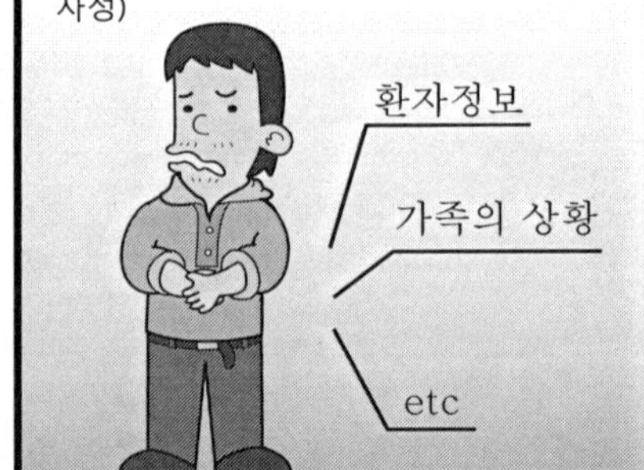

초기단계
- 클라이언트의 심리적, 사회적 상황에 대한 정확한 사정
- 사정을 한 후 개입을 위한목표를 설정함

초기단계
- 계약 단계 : 환자와 의료사회복지사가 함께 일을 하기로 결정하고 앞으로 어떻게할 것인가에 대한 논의

의료사회복지실천과정 : 개입단계
- 초기단계에서 이루어진 사정을 바탕으로 동의한 목표와 과업에 따라 직접 행동

예를들면, 개별상담, 가족상담, 집단상담 등을 실시

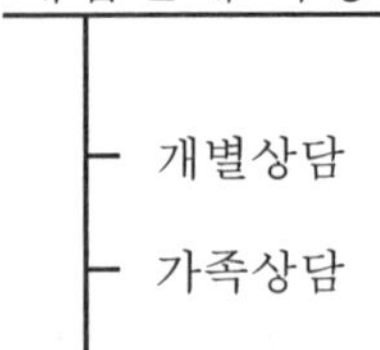

의료사회복지실천과정 : 개입단계
- 의료사회복지사는 동기를 부여하고, 자원연결자, 교육자, 조력가, 촉진자, 대변가, 상담가 등의 역할을 함

의료사회복지실천과정 : 종결 및 평가단계
- 환자가 퇴원하는 경우
- 죽음이나 사별하는 경우(가장 충격적)
-퇴원계획 등의 기술이 필요

둘째, 질병에 대한 특징적 반응 양상과 행동에 대한 이해 예를 들면, 화상환자들의 심리적 반응에 대한 이해가 필요합니다.

넷째, 질병별 특수문제에 대한 이해
예를 들면, 장기이식을 하였을 경우 생기게 되는 신체적문제, 심리적 문제, 가족적 문제 등.

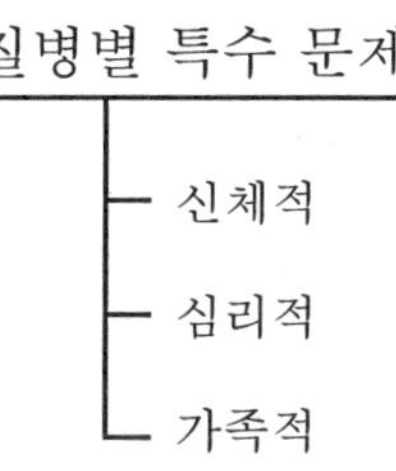

의료사회복지실천영역을 중심으로 한 의료사회복지사의 역할에 대해 살펴보자.

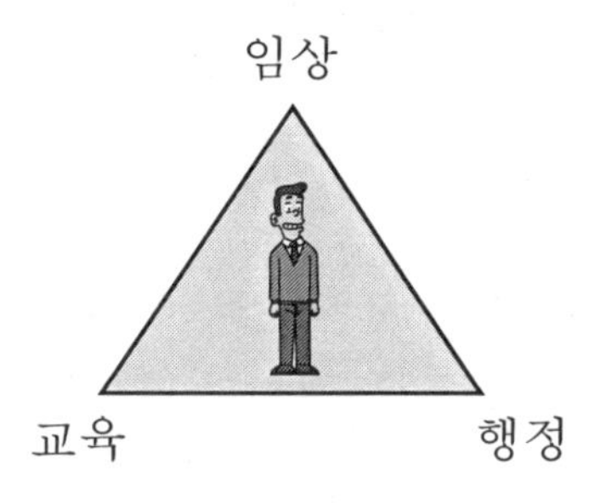

먼저 임상 분야이다. 최근에는 개입하는 질환의 범위가 점점 더 확대되어가고 있다. 임상분야는 질환에 대한 이해가 선행되어야 함.

당뇨병은 췌장의 인슐린 분비능력이 떨어지거나 우리 몸의 인슐린에 대한 저항이 생기면 발생되는 것으로 완치되지는 않지만 꾸준한 자가관리로 건강히 살아갈 수 있음.

당뇨병 환자에 대한 의료사회복지사 개입.
첫째, 정보수집과 사정. 면담을 통해 당뇨로 인한 심리사회적 어려움 사정.

둘째, 당뇨병 교실
- 당뇨에 대한 교육, 심리적적응, 생활습관 개선법, 스트레스 관리 등에 관한 교육

셋째, 당뇨캠프
- 당뇨환자들이 함께 모여서 심리사회프로그램과 집단 프로그램 등을 함께 실시

넷째, 환자와 가족에 대한 상담

신부전이란 신장의 기능을 적절히 수행하지 못하는 상태로 급성신부전과 만성신부전 특히 만성신부전이 환자의 심리사회적 어려움이 큽니다.

의료사회복지사의 개입은
첫째, 환자와 가족에 대한 정보수집 및 심리사회적 어려움 사정.

둘째, 환자의 식이요법 운동 등에 대한 교육

다음으로 의료사회복지 임상에서 중요하게 다루고 있는 장기이식에 대해 살펴보겠습니다.

장기 등 이식에 관한 법률에 따라 의료사회복지사는 직무수행의 법적인 근거가 마련되었다.

장기이식 환자들의 고통

- 신체적문제
- 심리적문제(이식대상자가 언제생길까? 제대로 될까?)
- 가족적문제(나랑 장기가 맞는데 해줄까?)
- 경제적문제(수술비)
- 장기수요불균형 등으로 인한 고통

장기이식 환자에 대한 사회복지사 활동

- 신장기증자와 신장수혜자의 순수성평가
- 장기이식희망자의 접수 및 등록
- 뇌사자 발생시 동의서 작성 업무
- 이식 전후 심리사회적 적응
- 지지집단 운영
- 스트레스 관리 프로그램 운영

다음으로 소아암환자에 대한 의료사회복지사의 개입에 대해 살펴보겠습니다.

소아암: 영아기를 제외한 18세 미만의 소아 청소년기 질환

소아암 환자의 적응 문제

- 가족 및 소아암 환자의 적응문제
- 경제적 문제

소아암환자에 대한 사회복지사 활동

- 개별상담
- 가족상담
- 스트레스 관리프로그램
- 소아호스피스
- 경제적 지원
- 소아암환자쉼터
- 부모를 위한 지지집단 운영

척수손상에 대한 의료사회복지사의 개입

척수손상 : 과격한 충격, 굴곡에 따라 영향을 받게 되어 척추골절 및 탈구의 직접적 손상에 의해 하반신 마비나 사지마비 초래, 교통사고나 낙상, 기계적 손상에 의해 많이 발생.

척수손상에 대한
의료사회복지사의 개입

- 심리사회적사정
- 척수손상환자 성재활프로그램
- 집단프로그램
- 소그룹상담 등 진행

뇌졸중: 우리나라 사망원인 중 상위
뇌출혈과 뇌경색

뇌졸중환자에 대한
의료사회복지사 개입

- 심리사회적사정
- 자조집단프로그램 운영
- 장애등록에 관한 정보제공
- 개별상담
- 가족상담

지금까지 임상영역에 관해 살펴보았습니다. 다음으로 의료사회복지사의 행정 영역에 대해 살펴보겠습니다.

행정에 해당하는 것은 퇴원계획, 의료비 지원, 기타 업무 등이 있다.

행정영역

- 퇴원계획
- 의료비 지원
- 기타업무

첫째, 퇴원계획

- 병원에 근무하는 사회복지사의 주요기능
- 재원일수감소와 의료비용의 감소와 연관해 병원에서 중요해짐

퇴원계획이란?

- 환자 및 가족의 권익옹호
- 퇴원시기의 조정
- 누가 돌볼 것인가에 대한 가족의 역할조정
- 가옥구조변경에 관한 논의
- 다른 기관으로 전원

의료비지원

경제적으로 어려운 클라이언트에 대한 의료비를 지원하는 것은 현재 의료사회복지사의 업무 중에서 타 전문직(의사, 간호사 등)이 원하는 것 중의 하나입니다.

여기에는 의료비지원을 위한 단체, 연결(예를 들면, 사회복지공동모금회, 한국심장재단, 사랑의 리퀘스트 등)과, 기금마련관련 업무가 있습니다.

기타 업무
- 자원봉사자 관리 업무 등

교육 및 연구

- 사회복지학과 학생들에 대한 실습지도
- 정신보건사회복지사 수련생 지도
- 의대생 교육
- 선입사회복지사 수퍼비전

의료사회복지 중에서 전문화된 것으로 분화된 정신보건사회복지에 대해서 살펴보겠습니다.

정신보건
사회복지

의료사회복지

정신보건사회복지의 대상 : 정신적 및 정서적 장애를 가진 클라이언트가 일차적 대상이지만 일반시민의 정신건강증진업무까지 포함

하루종일
우울해요.

정신보건사회복지의 주체
: 정신과 치료팀.

- 정신과의사
- 정신보건사회복지사
- 정신보건임상심리사
- 정신보건간호사 등

활동장소 : 병원, 진료서, 정신보건기관, 지역사회.

의료사회복지 실천 사례에 대해서 알아보자.

혈액투석은 신장기능이 10%정도 남아있을 때부터 만성신부전증 환자에게 시행, 주 3회 1회 투석시간 4시간하게 됩니다.

의료사회복지사는 환자의 가족과 경제적 상황에 관한 정보 수집.

환자는 서울에서 생활 중인 큰 아들과 군대에 가 있는 둘째아들까지 두 아들이 있었고, 큰아들은 현재 실직상태였다. 남편은 알코올중독과 잦은 폭행을 일삼았음.

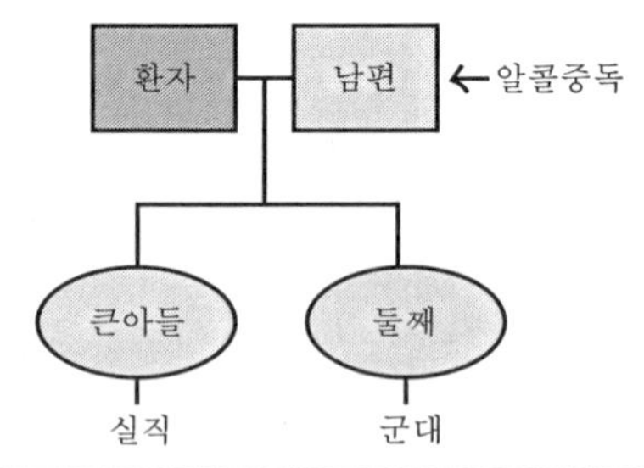

환자는 통원치료를 비정기적으로 받으면서 조그만 공장에서 일을 하면서 가족의 생계를 꾸려가고 있었음.

혈액투석 후, 경제활동 유지할 수 없다는 생각 때문에 생계에 대한 걱정이 몹시 큰 상황이었음.

이 때문에, 혈액투석을 미루고 싶어하였으나 의료사회복지사는 혈액투석에 대한 정확한 정보와 지식 전달하여 혈액투석을 수용하고 적응할 수 있도록 격려함.

의료사회복지사의 개입과정 :
첫재, 환자의 건강상태의 심각성과 혈액투석 거부 시의 건강상에 문제에 대해 명확히 알림.

둘째, 의료사회복지사는 관할 동사무소의 사회복지사와 연락하여 환자를 의료급여 1종으로 전환시켜서 진료비에 대한 부담 경감시킴

향후 환자의 건강이 어느 정도 호전되면 자활후견기관에서 실시하는 사업에 취업할 수 있도록 연계함

셋째, 환자는 혈액투석의 준비단계로 혈관수술을 받아야 했는데, 이와 관련된 정보제공하고 혈관수술 받도록 함.

넷째, 수술 후 처음 투석을 받을 때 두려움과 우울 호소하며 잘 못받아들이는 모습 보였음.

이에 의료사회복지사는 5-6년째 혈액투석을 받아온 여자 환자를 면담에 참석시켜 환자가 현재 겪고 있는 감정을 수용하고 공감.

마지막으로 남편의 알콜문제와 관련하여 치료기관 연계함.

Chapter 12

만화로 배우는

사회복지역사의 이해

사회복지는 기나긴 역사를
가지고 있습니다.
사회복지의
역사

사회복지의 역사를 살펴보는 것은 사회복지를 공부함에
있어서 매우 중요한 부분이다.
사회복지의 과거와
현재를 살펴 보니 사회복지가
무엇인지 더 잘 알 수 있구나.
과거
사회복지의
개념
현재

따라서 지금부터는 고대시대부터
단계별로 사회복지의 역사를 살펴보고자
한다.
슈—욱
start
고대
시대

고대의 사회복지
밥이다!
~♪

고대와 중세의 자선사상은 근대
자본주의 사회의 자선사업가나
사회개량운동가에 영향을 미쳤고,
고대/중세
자선
사상
자선
사업가
사회개량
운동가

그리고 중세 말 이후 사회문제에 대한
합리적이고 세속적인 대응방식을 그리스,
로마의 구제제도와 사상에서 찾으려 하였다.
여기에
답이 있지롱~
구제제도
made in 로마

원시시대에는 낮은
생산력으로 인해 공동체의
상호부조가 필요하였고,
상호부조를 통해
공동체가 존속할 수
있었지.
~♪

상호부조의 대상도 처음에는
씨족공동체에서 점차 외래자에게로
확대되었다.
우리 서로
도웁시다!
O.K
이웃마을

우리는
친구아이가!
이러한 상호부조는
성원상호간의
연대의식에 그 뿌리를
두고 있지.
암, 서로
도와야지

고대 로마의 사회복지의 역사를
살펴보도록 하겠습니다.
"고대로마"
탁탁

로마의 주요 산업은 농업이었으며 여러 나라에 곡물을 수출하고 그 대가로 공업제품을 수입하고 있었다.

또한 계속된 전란으로 인하여 농민들은 농사를 짓지 못하고 농지를 버려두게 되었다.

결국 농민들은 토지를 빼앗기고 부채로 고민하는 빈민계급으로 전락되어 그 생활유지가 불가능하게 되었다.

세월이 흐름에 따라 평민들이 점차 걸인 및 노예로 전락하게 되었고

그래서 로마의 그라커스 형제는 토지법을 만들어 개인의 사유재산에 제한을 두어 빈민을 구제하려고 노력하였으며,

빈민에게는 곡물을 싸게 판매하는 제도를 시행하였다.

이러한 노력들은 고대시대의 사회복지적 노력으로 볼 수 있습니다.

중세의 사회복지

중세라 함은 고대 그리스ㆍ로마시대와 근대 르네상스와의 중간시대, 즉 5세기 말부터 봉건사회가 해체되는 15세기까지의 기간으로 볼 수 있다.

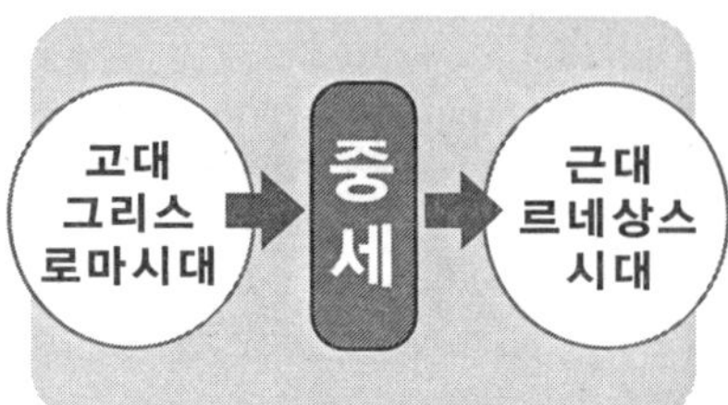

이 시기의 사회복지를 장원과 길드에 의한 구빈사업과 교회와 수도원을 중심으로 한 자선사업 중심으로 살펴보고자 한다.

중세사회의 사회조직으로 장원을 들 수 있는데 그 곳에서의 활동은 공동노동과 공동작업으로 이루어졌지

이러한 사회조직 하에서는 특정개인의 빈곤문제는 전체 지역사회의 문제로 간주되었다.

장원에서 행해진 생활보장의 구제대상으로는 전쟁, 천재, 유행병의 시기를 제외하면 심신장애자, 노인, 병자 및 고아와 같은 무능력한 빈민 등이 대부분이었다.

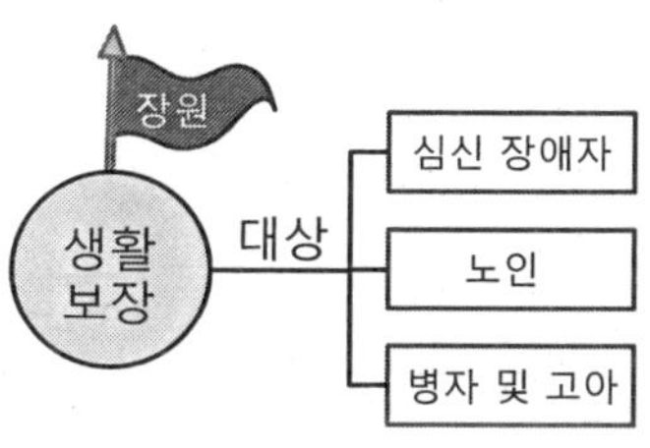

봉건사회로의 과도기인 중세초기에 있어서의 사회문제로는 인구의 감소, 정신적 및 신체적 장애인의 증대 그리고 시민계층(급) 간의 빈부격차의 심화 등이 나타났다.

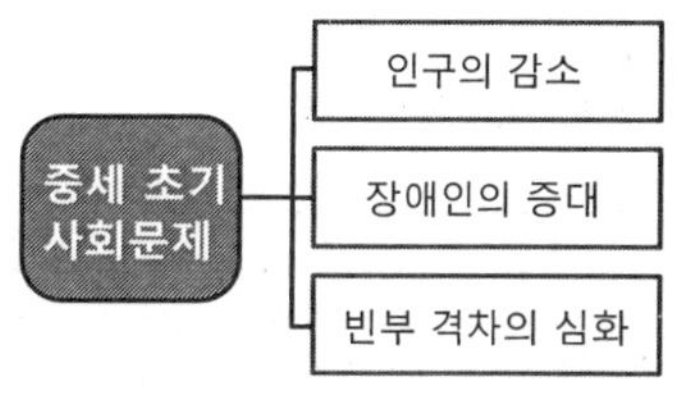

11세기 중엽에서 생겨난 상인길드는 대외적인 경쟁을 막고 대내적인 상업 행위를 회원 간에 균등히 안배하고자 하는 목적으로 만들어졌다.

상인길드에 있어서의 복지적 성격의 사업은 주로 길드 성원 중에 남편을 잃은 과부 및 고아를 보호하거나 또는 교육하는 것이었다.

그리고 12, 13세기에 생겨난 직인길드는 특수산업에 있어 노동조건을 보호하기 위해서 조직된 것으로 친목의 기능을 가지고 있었다.

직인길드는 불행한 성원을 구제하였는데 초기에는 그러한 구제는 자선이라기보다는 상호부조에 가까운 것이었다.

따라서 중세를 대표하는 장원과 길드 제도는 공동체에 의한 강제와 상호부조라는 공통점을 갖고 있습니다.

또한 중세의 사회복지에 있어서 중요한 부분은 기독교의 구제활동이었다. 이러한 기독교의 구제활동은 오늘날 상호부조와 자선사업으로 발전하게 되었다.

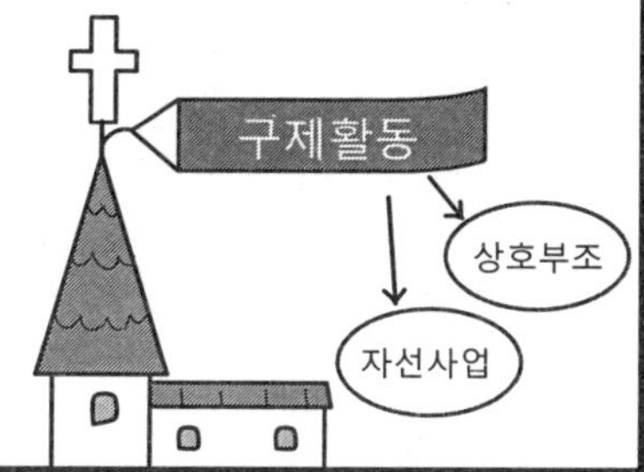

중세시대의 자선사업으로는 조제직 제도, 크세노도치움 그리고 수도원에 의한 자선사업 등이 있다.

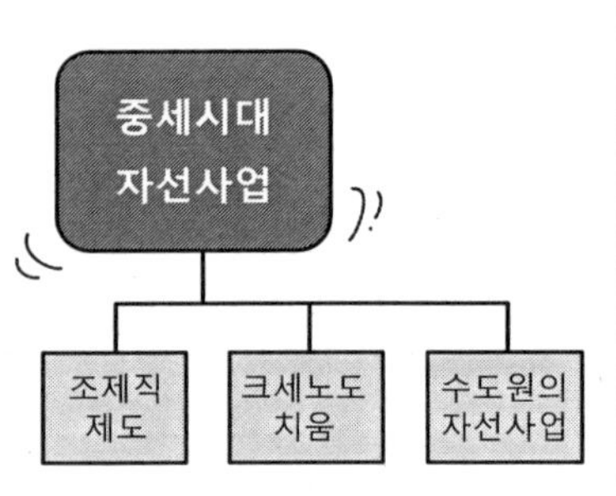

조제직 제도(助祭職制度)는 불행한 신도를 보호하는 최초의 공식적인 제도였다.

조제는 자신에게 해당된 지역의 구빈활동을 담당하였다.

지역을 나눠서
활동하자고!
B 구역
A 구역
C 구역

그리고 조제는 자신의 담당구역내의 구빈활동, 사제는 각 교구의 보고에 의해 금품의 공평한 분배 등의 역할을 수행하였다.

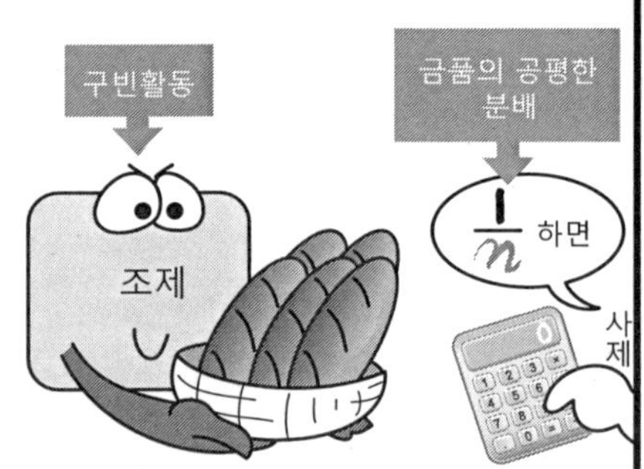

중세시대의 자선사업으로 크세노도치움을 들 수 있다.

이 시설은 집 없는 사람들의 쉼터로서 기능을 했다.

또한 중세시대의 자선사업으로 수도원을 들 수 있다.

수도원은 교회가 발전하여 신앙적 순수성을 잃어가는 경향 속에서 세속을 피하여 청빈, 순종, 정결 등의 계율을 지켜서 신앙에 힘쓰는 조직이었다.

여기에서 중요한 것은 수도원은 전체수입중 1/10을 항상 빈민에게 사용하였다는 것이다.

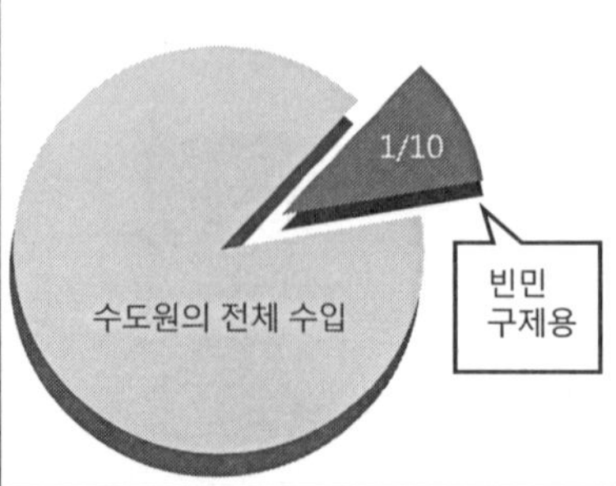

1601년 엘리자베드 빈민법

그 중에서도 1598년부터 검토되어 1601년에 제정된 법을 지칭한다.

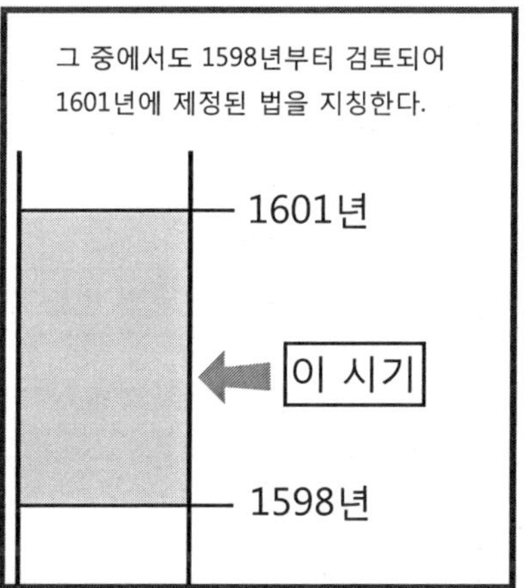

1601년 영국의 엘리자베스 구빈법은 교구가 빈민들을 책임지도록 규정했다.

16세기 봉건사회에서 근대사회로 넘어오면서 양모공업이 발전하게 된다.

그래서 울타리를 치고 양을 기르게 되는 되는데

이러한 제도가 바로 "종획", 즉 "클로우저" 라고 불리는 제도였다.

그런데 문제는 이러한 제도 때문에 공유지나 미개간지에서 농사를 짓던 사람들이 쫓겨나게 돼서 빈민으로 전락했다는 것이다.

이러한 빈민문제는 그 당시 심각한 사회문제가 되고

엘리자베드 빈민법은 노동능력의 유무에 따라 구제대상자 즉 빈민을 구분하였지

즉, 빈민을 노동능력이 있는 빈민, 노동능력이 없는 빈민, 요보호 아동 등 3가지 유형으로 나누고

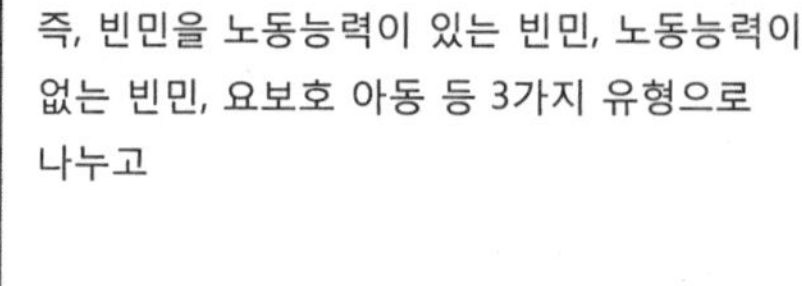

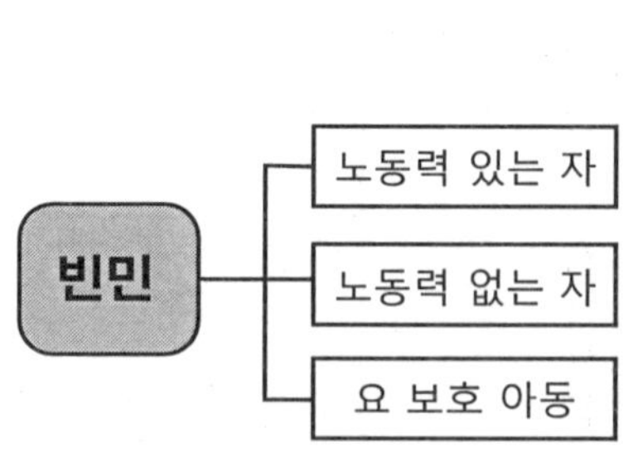

첫째, 노동능력이 있는 빈민은 교정원이나 강제노역장(작업장)에 수용하였고, 교정원에서 노역하기를 거부하는 걸인이나 부랑자는 감옥에 투옥되었다

둘째, 노동능력이 없는 빈민은 구빈원에 수용하였다. 구빈원에 수용되는 사람들은 병자, 노인, 맹인, 농자(聾者), 불구자, 광인 및 아동을 부양해야 하는 모 등이었다.

셋째, 요보호 아동은 도제생활을 하도록 했습니다. 우선 요보호 아동들은 보호하기를 원하는 시민에게 위탁되었고 어느 정도 노동을 할 수 있는 8세 이상의 아동은 도시민에게 맡겨져 도제생활을 하게 하였습니다.

이러한 엘리자베드 빈민법은 사회복지에 대해서도 다음과 같은 세 가지 점에서 크게 기여했다고 볼 수 있다.

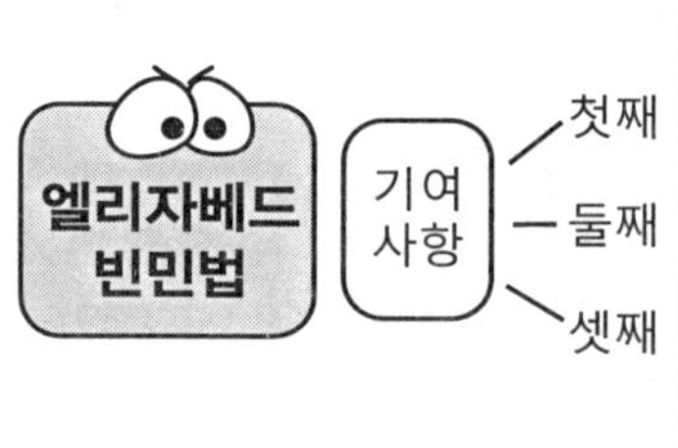

첫째, 빈민법의 조직과 관리, 빈민의 처우방법 및 구제원조기술의 발달에 기여하였다.

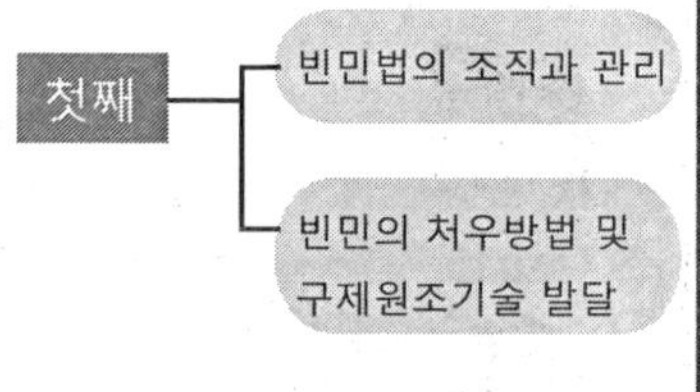

둘째, 구빈문제에 대한 공공적 국가적 책임의식의 발달을 촉진하였다.

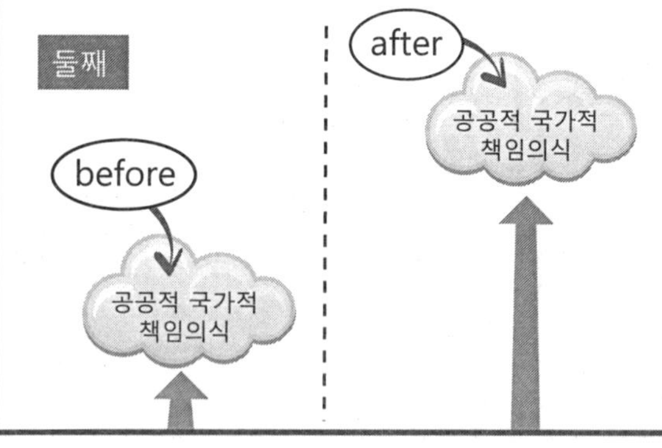

셋째, 모든 구빈활동은 빈곤의 원인을 추구하고, 그것에 대한 예방적, 건설적 수단 및 정책에 해당되는 고용량의 증대나 공중위생의 향상, 의무교육의 보급 등의 보편적 시책이 필요함을 인식시켰다.

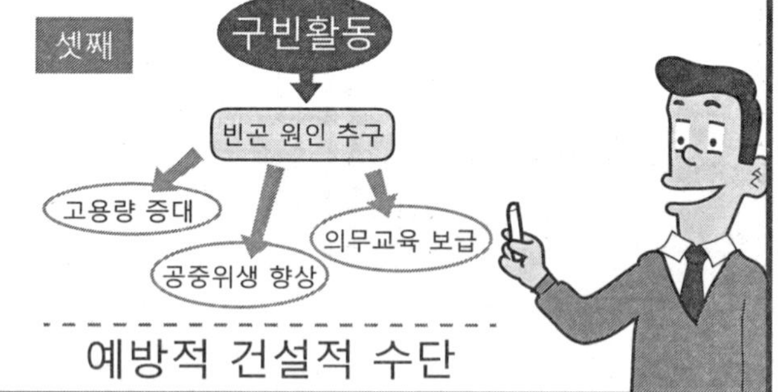

18세기 작업장

작업장은 영국 빈민법사에 있어 중요한 의의를 가지고 있습니다.

작업장 제도의 원래 목적은 이윤과 인도주의의 결합을 추구하는 것이었다.

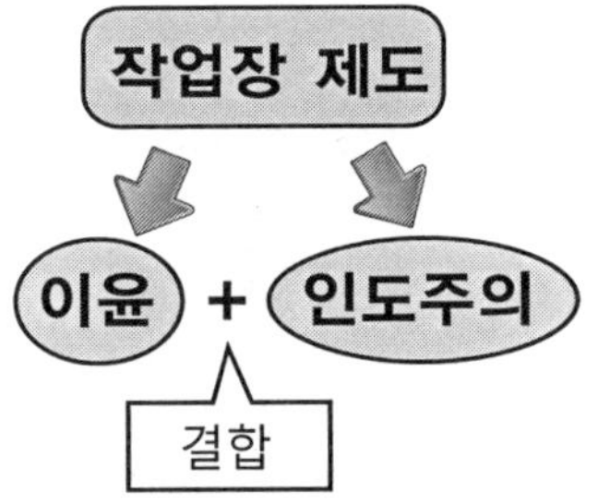

작업장이란 빈민법의 적용을 받는 빈민에게 일자리를 마련해주거나 노약자를 수용하여 생계수단을 제공하였던 기관을 말한다.

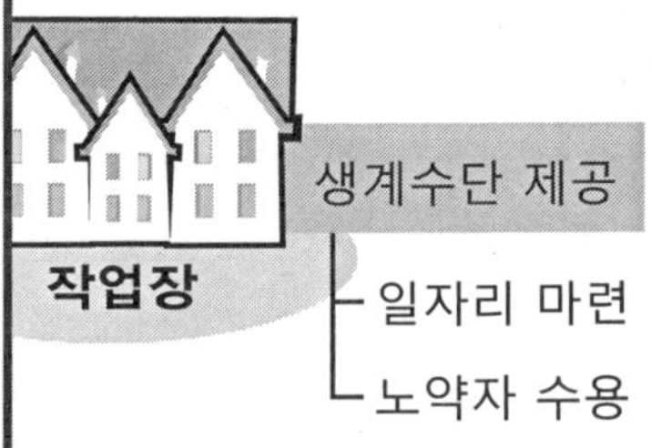

그래서 정부에서는 교구에서 직접 작업장을 설립, 운영하기를 원했으며, 많은 작업장이 나타나게 되었지.

작업장 제도는 초기에는 걸식과 주민에게 부과한 구빈세가 감소되는 효과가 있었다.

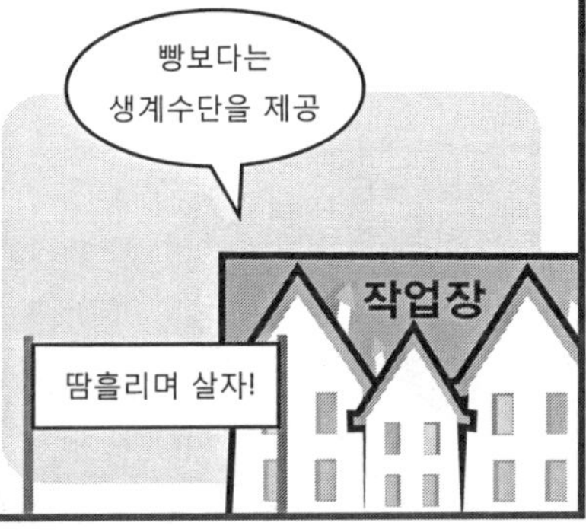

그러나 작업장에서 빈민을 임금으로 고용하는 것이 시설 외 구제비용보다 더 많은 경비가 들었습니다.

그리고 결국 작업장 안에서의 비인도적인 처우는 빈민들이 가장 싫어하는 보호형태로 되었다.

따라서 18세기의 작업장은 경제적인 목적도 실패를 가져왔고 또한 빈민의 억압으로 인도주의 이념 역시 성공을 하지 못했습니다.

스핀햄랜드 제도

작업장제도로 인해 또 다시 암흑의 시대로 전락하였던 구빈행정은

모든 국민들의 결집된 역량이 필요하다는 현실적인 인식 전환 등을 근거로 새로운 방향으로 전개되기 시작하였다.

한 번에 해결하려고 하지 말고 국민들이 힘을 모아 이 문제를 해결합시다!

따라서 18세기 말에서 19세기 초에 걸쳐 빈민법의 인도주의화가 진행된다.

1795년 잉글랜드남부 버크셔주의 치안 판사들이 스핀햄랜드에서 구빈법의 원외구제를 목적으로 스핀햄랜드 제도를 만들게 되었습니다.

스핀햄랜드 제도는 빵의 가격과 가족의 수에 따라 최저생활기준을 선정해

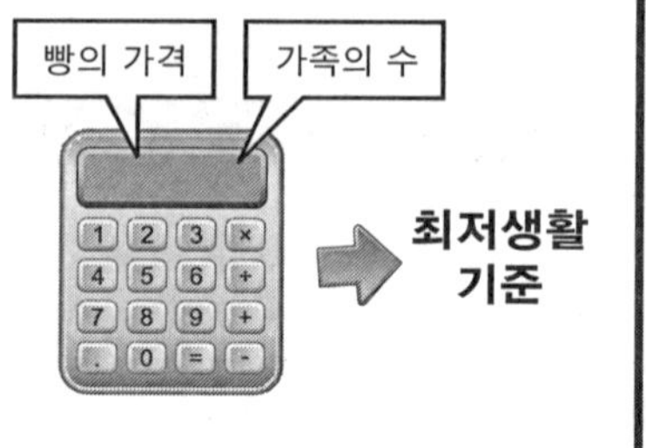

실업자 및 저임금노동자에게 구빈세에 의한 수당을 지급하는 임금보조 제도이다.

당시 영국에서는 산업혁명과 농업혁명의 진행에 의해 농업 노동자의 수입원이 끊기고

임금저하와 물가저하 등에 따라 곤궁상태가 악화되었다.

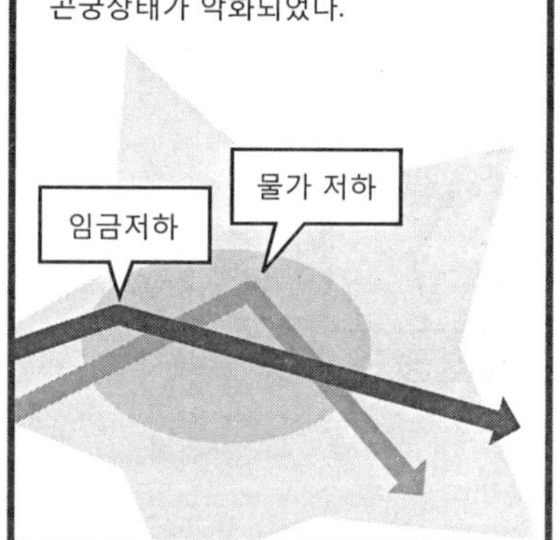

이러한 상황에서 스핀햄랜드 제도는 빈민에게 주는 구제의 액을 빵의 가격과 가족의 크기에 비례해서 정하였고

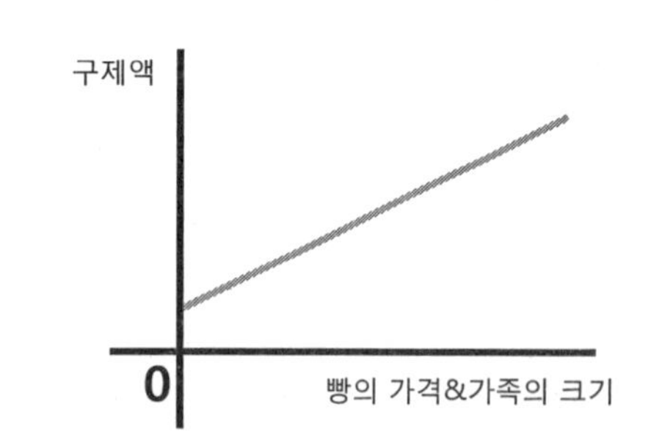

빈민대책을 과학적으로 모색한 대표적인 정책으로 평가되고 있습니다.

스핀햄랜드 제도

과학적 빈민대책

x

f

y

첫째, 신빈민법은 스핀햄랜드법에 의하여 마련되었던 임금보조와 아동수당, 가족수당을 폐지하였고

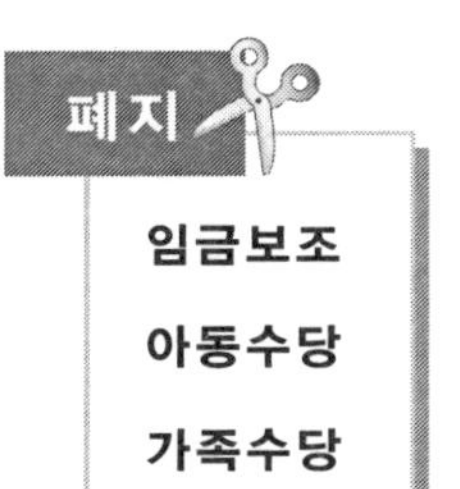

둘째, 노동불능자를 제외하고는 원외구제를 폐지함으로써 구빈세를 감축시켰고

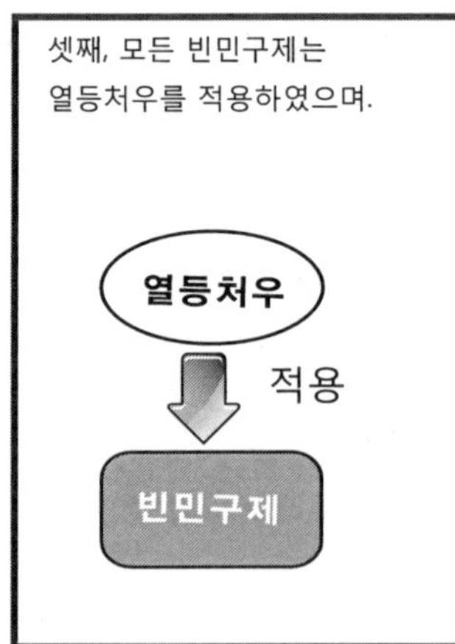
셋째, 모든 빈민구제는
열등처우를 적용하였으며,
열등처우
적용
빈민구제

넷째, 빈민구제 업무의 관리(중앙위원회)를
위해 전국적 통일을 기했다는 것이다.
통일
중앙위원회

그리고 신빈민법의 대표적인 세 가지 원칙은
신빈민법의 원칙
첫째
둘째
셋째

첫째, ① 열등처우의 원칙, 즉,
구빈대상자의 구제수준이 자활노동자들의
생활수준 보다 높지 않아야 한다는 것이다.
이만한 크기면
되겠지?
공적부조
신빈민법

열등처우
구빈대상자
자활 노동자

둘째, ② 작업장제도의 원칙, 즉,
원조를 억제할 수 있는 작업장 수용을
원칙으로 하고,
일할 수 있는 자는
작업장으로~
작업장

다만, 병자, 노인, 허약자,
모자가족에게만 원외구호를 허용했다.
원외구호 허용
병자
노인
허약자
모자가족
콜록
콜록

셋째, ③ 구빈행정의 전국적 통일의
원칙이었다.
통일된 지침을
참고하시오.
O.K
중앙위원회
D지방
B지방
A지방

즉, 행정기구를 개혁해서 전국적인
행정수준의 통일과 구빈행정의
중앙집권화를 시행하였다.
행정기구 개혁
행정수준
통일
구빈행정
중앙집권화

자선조직협회

1834년 빈민법의 개정에도 불구하고 노동계층의 빈곤은 해소되지 못했다.
지긋지긋한 가난!
정치하는 사람들 말은 믿을 게 못 돼!
꼬르륵

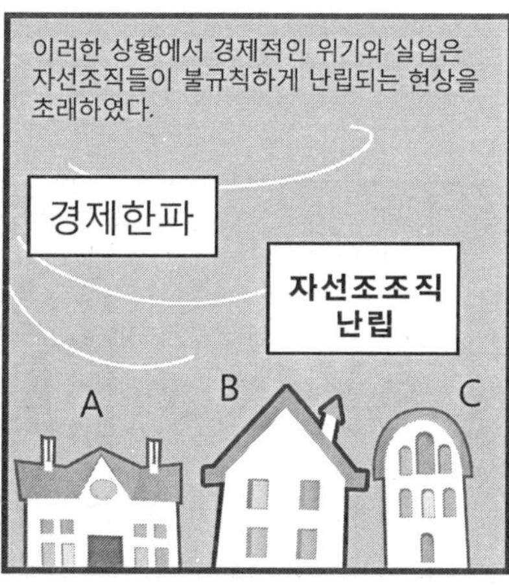
이러한 상황에서 경제적인 위기와 실업은 자선조직들이 불규칙하게 난립되는 현상을 초래하였다.
경제한파
자선조조직 난립
A
B
C

지금부터는 이러한 상황에서 자선조직협회가 나타난 배경과 그 내용을 살펴보고자 합니다.

1860년대는 런던에만 100개가 넘는 자선사업기관들이 나타나게 되었다.
런던
헉! 자선기관들이 이렇게 많아?
100개
바글
바글

그런데 여론은 이러한 선사업기관들의 구호활동이 오히려 대중들을 거지로 유인한다고 비판을 하였다.
오늘부터 거지
거지가 되니까 왠지 관리받는 느낌이 드는구나~

이러한 상황에서 1880년대에 민간활동이 가장 왕성했는데, 런던 민간협회들이 약 550~700만 파운드의 활동비를 사용하였다.
1880년대 런던
이게 다 민간협회들이 쓴 돈이야.
엄청나군!
550~700만 파운드

그러나 이러한 거액이 모두 효율적으로 사용된 것은 아니었다.
그런데, 이 많은 돈을 모두 어디에 썼지?
영수증 좀 보자!
그, 그건......
550

결국 무차별적이고 무원칙한 시여와 자선에 대해 일부 지도층이 느꼈던 분노가 자선조직협회를 태동케 한 직접적인 배경 중의 하나였습니다.
자선조직협회 태동

자선조직협회의 성립과 관련된 시대적 배경을 구체적으로 정리해 보겠습니다.
시대적 배경

첫째, ① 빈민법당국과 민간자선사업 간의 협력관계의 결여
민간자선사업
......
......
빈민법 당국
~서먹~

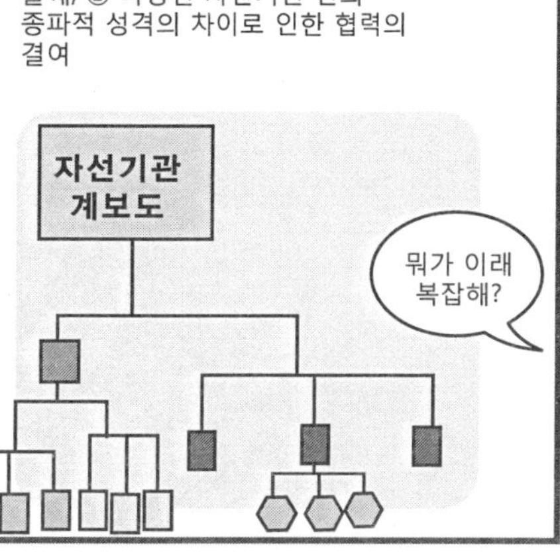
둘째, ② 다양한 자선기관 간의 종파적 성격의 차이로 인한 협력의 결여
자선기관 계보도
뭐가 이래 복잡해?

셋째, ③ 개인의 자선활동에 관한 정보의 부족
개인 자선활동가
개인 자선활동가
자선활동가 셨어요?

넷째, ④ 그 결과 구제의 중복과 낭비의 유발
저 사람은 작년부터 우리가 돕고 있답니다.
어? 저도 돕고 있었는데?

따라서 이러한 문제들을 해결하기 위하여 자산조직협회가 나타나게 되었답니다.
안 되겠다. 협회를 만듭시다!
좋소

자선조직협회는 중복구호를 방지하기 위하여 여러 가지 자선활동을 조정하고 빈곤에 대한 환경조사를 바탕으로 적절한 원조를 제공하게 되었습니다.
자선활동 조정
빈곤에 대한 환경 조사
적절한 원조

이러한 자선조직협회는 사회사업의 역사에 있어서는 비중이 대단히 크다.
내가 좀 중요하지.
자선조직 협회

그 이유는 이 협회의 활동이 후에 전문사회사업의 효시가 되었기 때문이다.
이 분이 저의 효시이십니다.
전문사회사업
자선조직 협회

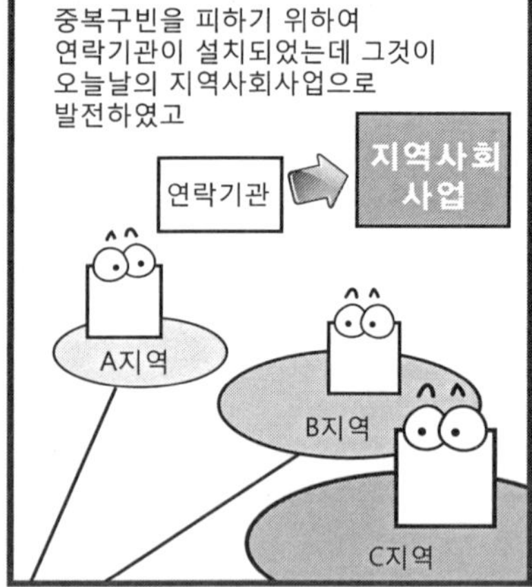
중복구빈을 피하기 위하여 연락기관이 설치되었는데 그것이 오늘날의 지역사회사업으로 발전하였고
연락기관
지역사회 사업
A지역
B지역
C지역

빈민에 대한 철저한 환경조사는 가족사회사업 또는 개별사회사업으로 발전하게 되었다.
개별사회 사업
환경조사
자선조직 협회

또한 우애방문(friendly visiting)과 인격적인 감화활동은 오늘날의 자원봉사활동을 발전시키는 밑거름이 되없습니다.
우애방문
인격적인 감화활동
자원봉사 활동

자선조직협회와 함께 사회사업의 역사에 있어서 중요한 의미를 갖는 활동은 인보관운동(settlement movement)입니다.

인보관 운동은 영국 런던의 한 빈민지역에서 빈번히 발생하는 질병 · 범죄 · 무지 · 비위생적 환경 · 빈곤 등을 교육적, 문화적 관점에서 문제를 해결하고자 성경을 가르치고 교육을 하며 상담을 하는 데서 비롯되었다.

인보관운동은 1854년 데니슨(Edward Denison) 목사가 주축이 되어 시작되었으며

캠브리지 대학과 옥스포드 대학의 학생들과 슬럼가의 노동자들을 연결시켜, 빈곤문제를 해결하려는 일종의 사회이상주의 운동으로 시작되었다.

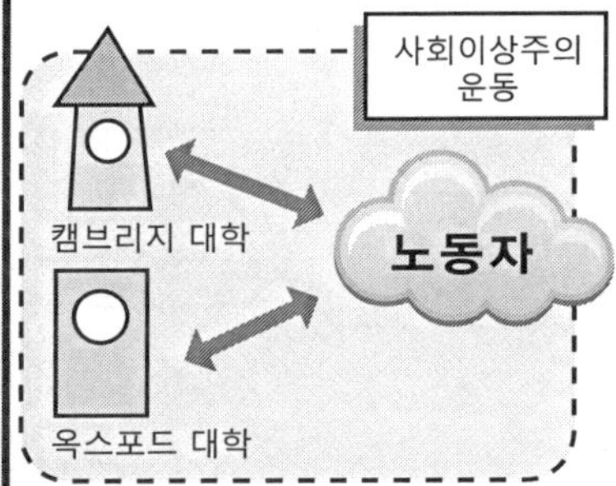

그리고 보조 목사로 일하던 캐논 바네트(Canon S. A. Barnett)에 의하여 본격적으로 실천에 옮겨졌으며

그들은 빈민의 도덕적 감화와 교육을 목적으로 빈민굴에서 생활하며 활동하였으며

당시 인보관운동에 헌신적으로 활약하다 요절한 토인비(A. Toynbee)를 기념하기 위하여 "토인비 홀(Toynbee Hall)"이 설립되었는데,

토인비 홀은 3대 목적을 가지고 있었는데

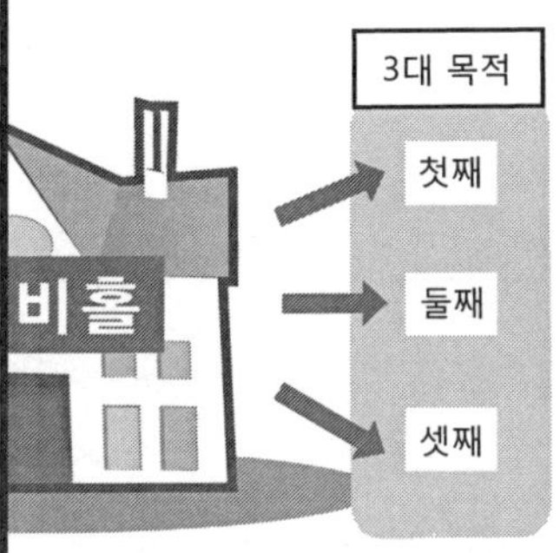

둘째, 빈곤한 사람들의 생활환경에 관한 정보와 긴밀한 사회적 욕구의 파악,

빈곤계층 생활환경 정보 파악

사회적 욕구 파악

셋째, 사회 및 건강문제 그리고 사회입법에 대한 일반 국민들의 관심촉구였다.

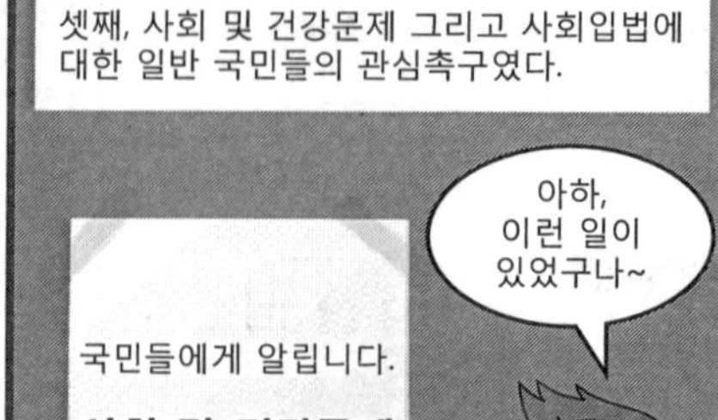

사회보장제도의 성립

바로 이 날을 기해서 영국 복지국가의 2대 지주라고 할 수 있는 사회보장제도와 국민보건서비스에 관한 제반 법령들이 그 효력을 발생하게 되었다.

사회보장제도

국민보건서비스

복지 국가

즉, 가족수당법(Family Allowances Act, 1945)

산업재해국민보험법(National Insurance(Industrial Injuries) Act, 1946)

국민보험법(National Insurance Act, 1946)

국민부조법(National Assistance Act, 1948)

그리하여 모든 국민은 생계를 위협하는 온갖 종류의 사회적 위험 내지 위기에 대비하여 최저생활수준의 소득을 보장받음으로써

궁핍으로부터의 자유를 누리게 되었으며,

또한 포괄적인 의료서비스를 무료로 제공받음으로써

질병으로부터의 자유도 얻게 되었다.

즉 영국 국민은 각종 사회적 위험으로부터 최소한의 보장을 받을 수 있게 되었으며 사회급여도 시혜가 아닌 하나의 권리로서 제공되었다.

이후 베버리지(William Beveridge)가 위원장을 맡은 "사회보험과 관련 서비스에 관한 위원회(Committee on Social Insurance & Allied Services)"에서는

기존의 사회보험과 복지프로그램을 전면적으로 재검토하였으며,

이를 바탕으로 획기적인 개혁내용이 담긴 보고서를 1942년 11월에 발표하였다.

베버리지 보고서에서는 기존의 복잡한 사회보험을 하나의 통일된 체계로 통합할 것을 권고하였으며,

자영업자를 포함한 포괄적인 사회보험을 제안하였다.

베버리지 보고서의 6대 기본원칙으로는

첫째, 행정통합의 원칙

둘째, 적용범위의 포괄화 원칙

셋째, 기여의 균일화 원칙

넷째, 급여의 균일화 원칙
4. 급여의 균일화 원칙
똑같이 보장받고~

다섯째, 급여의 적절화 원칙 (기본욕구 충족)
5. 급여의 적절화 원칙(기본욕구 충족)
이 정도면 기본욕구를 충족할 수 있겠어.
oooo 파운드

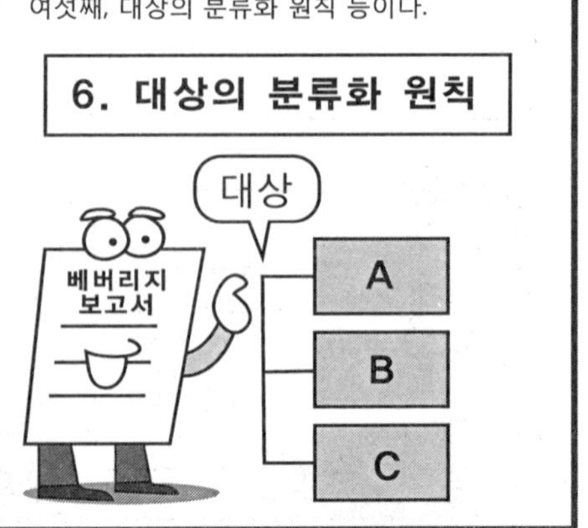
여섯째, 대상의 분류화 원칙 등이다.
6. 대상의 분류화 원칙
대상
베버리지 보고서
A
B
C

또한 베버리지는 사회보험의 성공을 위한 전제로서
사회보험이 성공하기 위해서는!

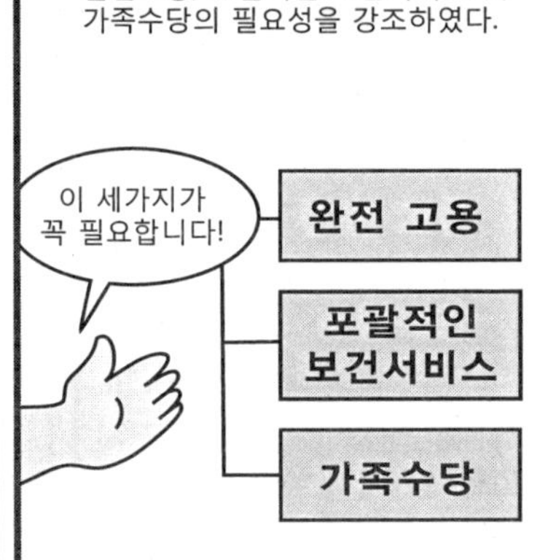
완전고용, 포괄적인 보건서비스 및 가족수당의 필요성을 강조하였다.
이 세가지가 꼭 필요합니다!
완전 고용
포괄적인 보건서비스
가족수당

이러한 원칙을 기반으로 베버리지 보고서의 권고사항들이 속속 입법화되었으며

요람에서
베버리지 보고서
무덤까지
소위 “요람에서 무덤까지”라는 복지국가의 체제를 갖추게 되었답니다.

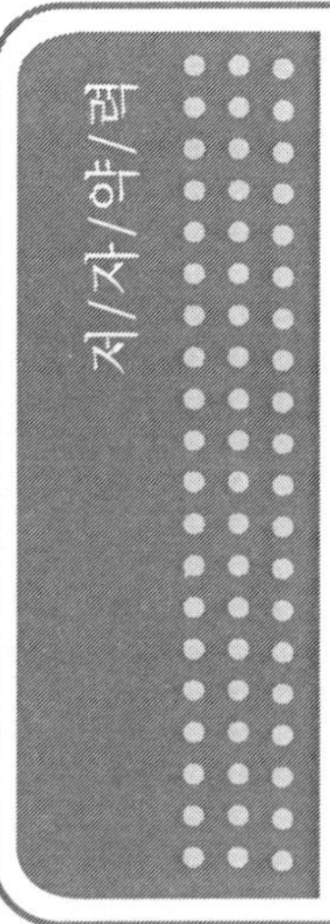

■ **신 현 석**
협성대학교 문학사(사회복지 전공)
서강대학교 행정학석사(사회복지 전공)
대구대학교 철학박사(사회복지방법 전공)
사회복지법인 양지동산 법인사무국장 역임
사회복지개발연구원 전문연구위원
한국지역사회복지학회 이사
現. 경남정보대학교 사회복지과 부교수

■ **최 윤 정**
부산대학교 행정학사(사회복지 전공)
부산대학교 사회복지학석사(사회복지 전공)
부산대학교 사회복지학박사(사회복지실천 전공)
부산진구정신보건센터 정신보건사회복지사
원송병원 정신보건사회복지사
現. 경남정보대학교 사회복지과 조교수

만화로 배우는
사회복지의 이해

| **저자** | 신현석 · 최윤정
| **만화제작** | 이재철 · 유 진
| **편집** | 김재권
| **캐릭터** | LB엔터테인먼트
| **1판 1쇄** | 발행 2014년 2월 25일
| **1판 2쇄** | 발행 2017년 7월 20일
| **1판 3쇄** | 발행 2020년 2월 14일
| **1판 4쇄** | 발행 2021년 3월 5일
| **1판 5쇄** | 발행 2023년 1월 30일
| **1판 6쇄** | 발행 2025년 1월 10일

| **발행인** | 김동훈
| **발행처** | **공동체**

| **주소** | 경기도 고양시 일산동구 호수로 358-39, 동문타워 1차 905호(백석동)
| **전화** | 031)814-3000(대표)
| **팩스** | 031)814-3100
| **홈페이지** | www.compub.co.kr
| **전자우편** | compub@naver.com
| **출판등록** | 2005년 10월 6일
| **등록번호** | 제396-2005-36호

| **ISBN** | 978-89-6352-468-9
정가 18,000원